東洋古典譯註叢書 49-3

譯註 唐宋八大家文抄

歐陽脩 7

책임번역 李相夏
공동번역 邊球鎰 李承炫

傳統文化研究會

東洋古典譯註叢書를 발간하면서

우리의 古典國譯事業은 민족문화 진흥의 기초사업으로 1960년대부터 政府 支援으로 古文獻 現代化 작업을 추진하여 많은 成果를 거두었다. 당시 이 사업 추진의 先行課題로 東洋古典이라 일컬어지는 중국의 基本古典을 먼저 飜譯하여야 한다는 學界의 주장이 있었음에도 불구하고 우리 고전이 아니라는 일부의 偏狹한 視角과 財政 事情 등으로 인하여 배제되어 왔다.

전통적으로 중국의 기본고전은 우리 歷史와 함께 숨쉬며 각종 교육기관의 敎科書로 활용됨은 물론이고 지식인들의 必讀書가 되어 왔으며, 우리 文化의 基底에 자리잡고 거의 모든 방면의 體系와 根幹을 형성하여 왔다. 그래서 학문연구의 기본서 역할을 해왔을 뿐만 아니라 오늘날에도 우리의 國學徒 및 東洋學 研究者들에게 같은 역할을 하고 있음은 주지의 사실이다. 그럼에도 불구하고 中國古典은 우리 것이 아니라 하여 專門機關의 飜譯對象에 포함하지 않음으로써, 대부분 原典에서의 직접 번역이 아닌 重譯이나 拔萃譯의 방식이 주를 이루면서 敎養水準으로 出版되어 왔다.

오늘날 東洋 三國 중에서 우리의 東洋學 연구가 가장 부진한 이유는, 東洋基本古典에 대한 폭넓은 이해의 부족과 漢文古典 讀解力의 저하에 기인함을 우리는 솔직히 인정하여야 한다. 따라서 이들 중국고전에 대한 신뢰할 만한 國譯이 이루어지는 것이 한국학 연구를 촉진시키는 시급한 先行課題라 할 수 있다.

이에 韓國學 및 東洋學의 연구와 古典現代化의 基盤構築을 위해서는, 전문기관으로 하여금 동양고전을 단기간에 각 분야의 專門 研究者와 漢學者가 상호 협동하여 연구번역하여 飜譯의 傳統性과 效率性, 研究의 專門性을 높일 수 있도록 政策的 配慮가 있어야 한다.

이에 本會에서는 元老 및 中堅 漢學者와 斯界의 專攻者로 하여금 協同研究飜譯하여 공부하는 사람들이 믿고 引用하거나 깊이 있는 註釋 등을 활용할 수 있게 하고, 知識

人들의 教養을 증진시켜 줄 수 있는 東洋古典의 國譯書 간행을 지속적으로 추진해 왔다. 근래에 다행히 이 사업에 대하여 각계 지도층의 폭넓은 이해와 지원에 힘입어 2001년도부터 國庫補助를 받아 東洋古典譯註叢書를 간행하게 되었다. 이를 계기로 우리 先學의 註釋과 見解를 반영하는 등 국역사업의 內實을 기하게 되었음을 이 자리를 빌려 衷心으로 감사드리며, 아울러 國譯에 參與하신 관계자 여러분의 勞苦에 깊은 謝意를 표한다.

끝으로 우리의 이러한 작업은 오랜 역사 위에 축적된 先賢들의 業績과 現代學問을 이어주는 튼튼한 架橋와 礎石이 되어 진정한 韓國學과 東洋學 발전에 기여할 것을 굳게 믿으며, 21세기를 우리 文化의 世紀로 열어 가는 밑거름이 되도록 우리의 力量을 本 事業에 경주하고자 한다. 江湖諸賢의 부단한 관심과 지원을 기대해 마지않는다.

社團法人 傳統文化硏究會 理事長 李啓晃

凡 例

1. 本書는 東洋古典譯註叢書 ≪唐宋八大家文抄≫ 歐陽脩의 제7책이다.
2. 본서는 戊申字本 ≪唐宋八大家文抄≫(서울대 奎章閣 所藏本, 刊年未詳)를 저본으로 하고, ≪新五代史≫를 참고하였다.
3. 본서는 원전의 傳統性과 번역의 現代性을 구현하기 위해 노력하였다.
4. 原文에는 우리나라 전통방식의 懸吐를 하였다.
5. 飜譯은 原義에 충실하게 하되, 이해가 어려운 부분은 意譯 또는 補充譯을 하였다.
6. 飜譯文은 한글과 漢字를 混用하였으며, 맞춤법과 띄어쓰기는 한글 맞춤법과 표준어 규정을 따르는 것을 원칙으로 하였다.
7. 譯註는 校勘, 異說, 인용문의 出典, 故事, 역사적 사건, 전문용어, 難解語, 人物, 制度, 官職 등에 관한 사항을 밝혔다.
8. 校勘은 원문의 誤字, 脫字, 衍字, 倒文 등을 대상으로 하였다.
9. 각 篇마다 간략한 題下註를 달아 독자의 이해를 돕고자 하였다.
10. 본서의 校勘에 사용된 符號는 다음과 같다.
    ( )〔 〕: (저본의 誤字)〔교감한 正字〕
    〔 〕: 저본의 脫字 보충
    ( ): 저본의 衍字
11. 본서에 사용된 주요 符號는 다음과 같다.
    " ": 對話, 각종 引用
    ' ': " " 안에서 再引用, 强調
    「 」: ' ' 안에서 再引用, 强調
    ( ): 원문에서는 讀音이 특수한 글자나 僻字의 音

번역문에서는 간단한 譯註

〔 〕: 번역문과 뜻은 같으나 音이 다른 漢字나 句節, 譯註에서 인용한 原文

≪ ≫: 書名이나 典據

〈 〉: 篇章名, 作品名, 補充譯

參考書目

◇ 底本 관련

- ≪唐宋八大家文抄≫(戊申字本), 茅坤 撰, 國會圖書館 所藏本.
- ≪唐宋八大家文鈔≫, 茅坤 撰, 文淵閣四庫全書, 臺灣商務印書館.
- ≪唐宋八大家文鈔 校注集評≫, 高海夫 主編, 三秦出版社, 1998.
- ≪文忠集≫, 歐陽脩 撰, 文淵閣四庫全書, 臺灣商務印書館.
- ≪歐陽脩全集≫, 歐陽脩 撰, 中華書局, 2001.
- ≪漢文大系≫, 新文豊出版有限公司, 臺北, 1978.

◇ 經部

- ≪經典釋文≫, 陸德明 撰, 文淵閣四庫全書, 臺灣商務印書館.
- ≪論語集註大全≫, 朱熹 集註, 胡廣 等編, 朝鮮 內閣本, 성균관대 대동문화연구원.
- ≪大戴禮記≫, 戴德 撰, 盧辯 注, 中華書局, 1985.
- ≪孟子集註大全≫, 朱熹 集註, 胡廣 等編, 朝鮮 內閣本, 성균관대 대동문화연구원.
- ≪書傳大全≫, 蔡沈 集傳, 胡廣 等編, 朝鮮 內閣本, 학민문화사.
- ≪詩傳大全≫, 朱熹 集傳, 胡廣 等編, 朝鮮 內閣本, 학민문화사.
- ≪禮記集說大全≫, 陳澔 集說, 胡廣 等編, 朝鮮 內閣本, 성균관대 대동문화연구원.
- ≪儀禮注疏≫, 阮元 校刻, 十三經注疏(淸 嘉慶刊本), 中華書局, 2009.
- ≪周禮注疏≫, 阮元 校刻, 十三經注疏(淸 嘉慶刊本), 中華書局, 2009.
- ≪周易傳義大全≫, 程頤 傳, 朱熹 本義, 胡廣 等編, 朝鮮 內閣本, 학민문화사.
- ≪中庸章句大全≫, 朱熹 章句, 胡廣 等編, 朝鮮 內閣本, 성균관대 대동문화연구원.
- ≪春秋經傳集解≫, 左丘明 傳, 杜預 註, 林堯叟・朱申 附註, 朝鮮 金屬活字本(戊申字), 影印本, 保景文化社.
- ≪春秋穀梁傳注疏≫, 阮元 校刻, 十三經注疏(淸 嘉慶刊本), 中華書局, 2009.

- ≪春秋公羊傳注疏≫, 阮元 校刻, 十三經注疏(淸 嘉慶刊本), 中華書局, 2009.
- ≪韓詩外傳≫, 韓嬰 撰, 文淵閣四庫全書, 臺灣商務印書館.
- ≪孝經大義≫, 朝鮮 內閣本, 보경문화사, 1987.

◇ 史部

- ≪舊五代史≫, 薛居正 等撰, 文淵閣四庫全書, 臺灣商務印書館.
- ≪舊五代史考異≫, 邵晉涵 撰, 續修四庫全書, 上海古籍出版社.
- ≪國語≫, 左丘明 撰, 朝鮮 鐵鑄字本, 학민문화사.
- ≪南史≫, 李延壽 撰, 標點校勘本, 中華書局, 1975.
- ≪東觀漢記≫, 文淵閣四庫全書, 臺灣商務印書館.
- ≪北史≫, 李延壽 撰, 中華書局, 1997.
- ≪北齊書≫, 李百藥 撰, 標點校勘本, 中華書局, 1972.
- ≪史記≫, 司馬遷 撰, 裴駰 集解, 司馬貞 索隱, 張守節 正義, 標點校勘本, 中華書局, 1959.
- ≪三國志≫, 陳壽 撰, 裴松之 注, 標點校勘本, 中華書局, 1971.
- ≪宋史≫, 脫脫 等修, 국립중앙도서관 소장본, 1739.
- ≪宋史翼≫, 陸心源 輯, 續修四庫全書, 上海古籍出版社, 1995.
- ≪宋書≫, 沈約 撰, 文淵閣四庫全書, 臺灣商務印書館.
- ≪隋書≫, 魏徵 等 撰, 標點校勘本, 中華書局, 1973.
- ≪新唐書≫, 歐陽脩·宋祁 撰, 標點校勘本, 中華書局, 1975.
- ≪新五代史≫, 歐陽脩 撰, 文淵閣四庫全書, 臺灣商務印書館.
- ≪歷代職官表≫, 文淵閣四庫全書, 臺灣商務印書館.
- ≪五代史記注≫, 彭元瑞 等撰, 續修四庫全書, 上海古籍出版社.
- ≪五代史記纂誤補≫, 吳蘭庭 撰, 續修四庫全書, 上海古籍出版社.
- ≪五代史記纂誤補續≫, 周壽昌 撰, 續修四庫全書, 上海古籍出版社.
- ≪五代史纂誤≫, 吳縝 撰, 文淵閣四庫全書, 臺灣商務印書館.
- ≪五代會要≫, 王溥 撰, 文淵閣四庫全書, 臺灣商務印書館.
- ≪二十二史箚記≫, 趙翼 撰, 商務印書館, 1985.
- ≪廿二史考異≫, 錢大昕 撰, 上海古籍出版社, 2004.

- ≪資治通鑑≫, 司馬光 撰, 胡三省 音註, 標點校勘本, 中華書局, 1956.
- ≪資治通鑑綱目≫, 朱熹 撰, 保京文化社, 1987.
- ≪資治通鑑考異≫, 司馬光 撰, 文淵閣四庫全書, 臺灣商務印書館.
- ≪戰國策≫, 劉向 編, 高誘 注, 姚宏 續注, 文淵閣四庫全書, 臺灣商務印書館.
- ≪竹書紀年≫, 沈約 撰, 文淵閣四庫全書, 臺灣商務印書館.
- ≪晉書≫, 房玄齡 等 撰, 標點校勘本, 中華書局, 1974.
- ≪集古錄≫, 歐陽脩 撰, 文淵閣四庫全書, 臺灣商務印書館.
- ≪漢書≫, 班固 撰, 標點校勘本, 中華書局, 1962.
- ≪後漢書≫ 范曄 撰, 標點校勘本, 中華書局, 1965.

◇ 子部

- ≪鶡冠子彙校集注≫, 黃懷信 撰, 中華書局, 2004.
- ≪管子≫, 管仲 撰, 文淵閣四庫全書, 臺灣商務印書館.
- ≪老子道德經≫, 王弼 注, 文淵閣四庫全書, 臺灣商務印書館.
- ≪洞冥記≫, 郭憲 撰, 文淵閣四庫全書, 臺灣商務印書館.
- ≪穆天子傳≫, 郭璞 註, 文淵閣四庫全書, 臺灣商務印書館.
- ≪西京雜記≫, 劉歆 撰, 葛洪 輯, 文淵閣四庫全書, 臺灣商務印書館.
- ≪世說新語≫, 劉義慶 撰, 文淵閣四庫全書, 臺灣商務印書館.
- ≪荀子≫, 荀況 撰, 楊倞 註, 文淵閣四庫全書, 臺灣商務印書館.
- ≪拾遺記≫ 王嘉 撰, 文淵閣四庫全書, 臺灣商務印書館.
- ≪新書≫, 賈誼 撰, 文淵閣四庫全書, 臺灣商務印書館.
- ≪揚子法言≫, 揚雄 撰, 李軌・柳宗元 註, 宋咸・吳祕・司馬光 重添註, 文淵閣四庫全書, 臺灣商務印書館.
- ≪呂氏春秋≫, 呂不韋 編, 高誘 注, 文淵閣四庫全書, 臺灣商務印書館.
- ≪永樂大全≫, 解縉 等撰, 北京圖書館出版社, 2002.
- ≪藝文類聚≫, 歐陽詢 撰, 文淵閣四庫全書, 臺灣商務印書館.
- ≪莊子集釋≫, 莊周 撰, 郭象 注, 陸德明 釋文, 成玄英 疏, 郭慶藩 輯, 王孝魚 點校, 中華書局, 1961.
- ≪冊府元龜≫, 王欽若 撰, 文淵閣四庫全書, 臺灣商務印書館.

- ≪抱朴子≫, 葛洪 撰, 文淵閣四庫全書, 臺灣商務印書館.
- ≪韓非子≫, 韓非 撰, 文淵閣四庫全書, 臺灣商務印書館.
- ≪淮南子≫, 劉安 著, 高誘 注, 上海書店, 1986.

◇ 集部

- ≪古文眞寶後集≫, 黃堅 等編, 朝鮮 內閣本, 학민문화사.
- ≪農巖集≫, 金昌協 撰, 韓國文集叢刊, 民族文化推進會.
- ≪文選注≫, 蕭統 編, 李善 注, 文淵閣四庫全書, 臺灣商務印書館.
- ≪詩品集注≫, 鍾嶸 撰, 曹旭 集注, 上海古籍出版社, 1994.
- ≪研經齋全集≫, 成海應, 韓國文集叢刊, 民族文化推進會.
- ≪青泉集≫, 申維翰 撰, 韓國文集叢刊, 民族文化推進會.
- ≪楚辭集注≫, 朱熹 集注, 朝鮮 木版本, 규장각 소장.
- ≪韓愈文集彙校箋注≫, 韓愈 撰, 劉眞倫・岳珍 校注, 中華書局, 2010.
- ≪弘齋全書≫, 正祖, 韓國文集叢刊, 民族文化推進會.

◇ 논문 및 연구서

- 郭魯鳳, 〈歐陽脩 散文研究〉, ≪中國學研究≫ 제3집, 1988.
- ―――, 〈歐陽脩 經學研究〉, ≪中國學研究≫ 제5집, 1990.
- 郭正忠, ≪歐陽脩評傳≫, 黃一權 번역, 學古房, 2009.
- 黃一權, 〈韓國에서의 歐陽脩 산문 전파와 평가에 관한 연구〉, ≪中國語文學≫ 제53집, 2009.

目 次

〔附 錄〕

歐陽文忠公五代史抄 卷19

歸安 鹿門 茅坤 批評
孫男 闇叔 茅著 重訂

世家

01. 錢鏐世家* 錢鏐의 世家

* 錢鏐(852~932)는 杭州 臨安 사람으로, 初名은 婆留이다. 전류의 事跡은 ≪舊五代史≫에는 卷133 〈世襲列傳 第2〉에 수록되어 있고, ≪新五代史≫에는 卷67 〈吳越世家 第7〉에 수록되어 있다.

전류는 十國 중의 하나인 吳越國을 세웠는데, 吳越國은 南唐의 동쪽인 兩浙 지방을 세력 기반으로 하였다. 전류는 唐나라 말엽 董昌 밑에서 이 지역을 지키며 반란군을 물리치고 여러 차례 승진하여 鎭海軍節度使가 되었는데 동창이 唐나라를 배반하고 稱帝하자 그를 토벌하여 鎭東軍節度使를 더하였다. 이후 杭州를 중심으로 兩浙 13州를 점차로 점거하였으나 中原 王朝의 正朔을 받들고 稱臣하여 唐나라 말엽에 越王, 吳王에 봉해졌고 後梁, 後唐 때 차례로 吳越王, 吳越國王에 봉해졌다. 이는 오월국이 약소한 데다 3面을 强敵들이 둘러싸고 있는 상황을 그가 깊이 인식하였기 때문이었다. 전류가 41년 동안 오월국을 다스리면서 국경을 지키고 백성을 安集하는 정책을 펴자, 경제는 번영하여 漁鹽과 桑蠶의 이익이 江南 지방에서 으뜸이었고 文士들이 모여 들어 人才가 넘쳐 文藝의 수준이 한껏 高揚되었다. 또한 錢塘江에 石塘을 쌓아 바닷물의 역류를 막고 太湖 流域에 보를 축조하고 開墾 사업을 적극 장려하는 정책을 펴서 양절 지방이 부유하고 번성해지는 토대가 되었다. 이러한 전류의 治積들로 인해 백성들은 그를 海龍王이라 일컬었다.

오월국은 전류의 만년에 南吳와 우호 관계를 맺은 뒤 閩國을 두 차례 침입한 일을 제외하면 대체로 큰 전쟁을 벌이지 않았다. 전류 사후 後晉, 後漢,

後周 및 北宋 등 중원 왕조의 교체에도 불구하고 오월국은 그의 아들 錢元瓘, 손자 錢佐, 錢倧, 錢俶 등이 先祖의 정책을 지켜 계속하여 중원 왕조의 책봉을 받았다. 하지만 북송 太宗 太平興國 3년(978)에 전숙이 북송에 땅을 바치며 歸附하여 결국 72년 만에 멸망하였다.

전류는 ≪구오대사≫에 秦王 李茂貞, 南平王 高季興과 함께 〈僭僞列傳〉이 아니라 〈世襲列傳〉에 수록되어 있는데, 이는 그들이 황제를 참칭하지 않고 중원 왕조의 正朔을 받들면서 대를 이어 襲封하였기 때문으로 보인다.

한편 ≪구오대사≫에 전류에 대한 史評이 실려 있는데 참고로 들면 다음과 같다.

"史臣은 말한다. '唐나라 말엽 난리가 일어나고부터 海內가 나뉘고 찢어져 荊, 湖, 江, 浙이 각기 한 지방을 점거하여 子孫에게 물려주며 오랜 세월을 이어내려갔으니, 이러할 수 있었던 것은 어째서인가? 대개 이는 중원이 多事多難하여 조정의 세력이 강하지 못하였기 때문이다. 宋나라가 天運을 향유한 때에 이르러 朗, 陵에서 변란이 일어나자 王師를 명하여 속히 토벌하게 하였는데 화살 하나도 소비하지 않고 두 지방이 모두 복속하였다. 그리하여 마침내 아름다운 玉과 이름난 대나무가 모두 법도를 따라 공물로 올라오게 되고 江, 漢, 睢, 漳이 다 조정에 귀의하게 되었으니, 이러할 수 있었던 것은 어째서인가? 대개 이는 마침 통일의 대업이 돌아갈 주인이 있고 천하의 민심이 흡족하였기 때문이다. 그런데 유독 錢氏가 杭, 越을 80년이 넘도록 지킬 수 있었던 것은 대개 大國을 섬기고 황제를 위해 충성을 다하는 節操가 荊楚, 湖湘과 같지 않았기 때문인 듯하다.'〔史臣曰自唐末亂離 海內分割 荊湖江浙 各據一方 翼子貽孫 多歷年所 夫如是者何也 蓋値諸夏多艱 王風不競故也 洎皇宋之撫運也 因朗陵之肇亂 命王師以遄征 一矢不亡 二方俱服 遂使瑤琨篠簜(소탕) 咸遵作貢之文 江漢睢漳 盡鼓朝宗之浪 夫如是者何也 蓋屬大統有歸 人寰允洽故也 惟錢氏之守杭越 逾八十年 蓋事大勤王之節 與荊楚湖湘不侔矣〕"

吳越世序錢王初起處는 **有生色**이로되 **及錢王略地立國處**하야는 **不足觀覽**이니 **豈吳越王無他大略耶**아 **抑亦史官亡之耶**아 **予**는 **吳人也**라 **錄之**하야 **見**(현)**其創迹云**이라

吳越의 世系와 錢王이 처음 일어난 부분은 생동하는 형상이 있지만 錢王이 땅을 빼앗아 나라를 세운 부분에서는 족히 볼 것이 없으니 어쩌면 吳越王이 별다른 遠大한 謀略이 없어서인가? 아니면 史官이 이 부분을 빠뜨려서인가? 나는 吳人인지라 이를 수록하여 그 처음의 자취를 드러낸다.

錢鏐(류)는 **字**가 **具美**니 **杭州臨安**[1] **人也**라 **臨安里中有大木**한대 **鏐幼時**에 **與群兒戲木下**할새 **鏐坐大石**하야 **指麾群兒爲隊伍**하야 **號令頗有法**하니 **群兒皆憚之**라 **及壯**에 **無賴**하야 **不喜事生業**하고 **以販鹽爲盜**라

錢鏐는 字가 具美니 杭州 臨安 사람이다. 臨安의 마을에 커다란 나무 한 그루가 있었는데 전류가 어린 시절 아이들과 그 나무 아래에서 놀 적에 전류는 큰 바위에 앉아 있으면서 아이들이 隊伍를 이루도록 指麾하여 號令이 자못 법도가 있으니 아이들이 모두 그를 두려워하였다. 장성하여 하는 일 없이 지내며 生業에 종사하는 것을 좋아하지 않았고 소금을 몰래 파는 일로 도적이 되었다.

1) 臨安 : 臨安縣으로, 西晉 太康 元年(280)에 臨水縣을 고쳐 命名한 것인바 吳興郡에 속하였다. 가까이 있는 臨安山에서 縣名이 유래하였다. 隋나라 때는 없앴다가 唐나라 垂拱 4년(688)에 다시 임안현을 설치하고 杭州에 소속시켰다. 後梁 開平 2년(908)에 吳越이 安國縣으로 고쳤다.

縣錄事鍾起有子數人하야 **與鏐飮博**이어늘 **起嘗禁其諸子**하되 **諸子多竊從之遊**라 **豫章人有善術者**가 **望牛斗間有王氣**하니 **牛斗**는 **錢塘分也**[1]라 **因遊錢塘**하야 **占之在臨安**일새 **乃之臨安**하야 **以相法隱市中**하야 **陰求其人**이라 **起與術者善**이러니 **術者私謂起曰 占君縣有貴人**이어늘 **求之市中不可得**이라 **視君之相**하니 **貴矣**라 **然不足當之**라하다 **起乃爲置酒**하고 **悉召縣中賢豪爲會**하야 **陰令術者徧視之**하니 **皆不足當**이라 **術者**(遇)〔**過**〕[2]**起家**할새 **鏐適從外來**라가 **見起**하고 **反走**어늘 **術者望見之**하고 **大驚曰 此眞貴人也**라하야늘 **起笑曰 此吾旁舍錢生爾**라하다 **術者召鏐**하야 **至**에 **熟視之**하고 **顧起曰**

君之貴者는 因此人也라하고 乃慰鏐曰 子骨法非常하니 願自愛라하고 因與起訣曰 吾求其人者는 非有所欲也오 直欲質吾術爾라하고 明日乃去하다 起始縱其子等하야 與鏐遊하고 時時貸其窮乏하다

錢鏐

臨安縣의 錄事 鍾起에게 아들 몇 명이 있어 錢鏐와 함께 술과 도박에 빠져 지냈는데, 종기가 자신의 아들들에게 금지하였는데도 아들들이 몰래 그를 따라 노는 일이 많았다. 豫章 사람으로 方術을 잘하는 이가 牛星과 斗星 사이에 王氣가 서려 있는 것을 보았으니 牛宿와 斗宿는 錢塘의 分野에 해당한다. 이로 인해 전당 지방으로 가서 점을 치자 王氣가 臨安에 있기에 이에 임안으로 가서 저자에 숨어 지내면서 觀相術로 몰래 그 사람을 찾았다.

종기가 이 術者와 친하게 지냈는데 술자가 둘만 있을 때 종기에게 이르기를, "그대의 縣에 貴人이 있음을 점쳐 알았는데 저자에서 찾아보았으나 찾을 수가 없었다. 그대의 相을 보니 귀인의 相이다. 그렇지만 王者에 해당하기에는 부족하다."라고 하였다. 종기가 이에 술자리를 마련하고 縣에 사는 賢士와 豪傑을 모두 불러 모임을 갖고서 몰래 술자에게 두루 살펴보게 하였는데 모두 왕자에 해당하기에는 부족하였다.

술자가 종기의 집을 들렀을 때 전류가 마침 밖에서 찾아왔다가 종기를 보고는 몸을 돌려 달아나자 술자가 그를 바라보고 크게 놀라 말하기를, "이 사람이 참으로 귀인이다."라고 하였는데 종기가 웃으며 말하기를, "이 사람은 우리 옆집의 錢生일 뿐이다."라고 하였다. 술자가 전류를 불러 그가 오자 자세하게 살펴보고 종기를 돌아보며 말하기를, "그대가 귀하게 되는 것은 이 사람 때문일 것이다."라고 하고 나서

전류를 위로하기를, "너의 骨相이 범상치 않으니 부디 自重自愛하거라."라고 하고 이어 종기와 작별하며 말하기를, "내가 이 사람을 찾은 것은 바라는 바가 있어서가 아니고 다만 나의 방술을 증명하고 싶어서였을 뿐이다."라고 하고 이튿날 바로 떠났다. 종기가 그제야 아들들을 전류와 놀게 내버려 두고 이따금 전류가 窮乏할 때면 도와주었다.

1) 牛斗 錢塘分也 : 牛斗는 牽牛星과 北斗星의 별자리로, 12星次 가운데 하나인 星紀를 가리킨다. 고대에는 星紀, 玄枵, 娵訾, 降婁, 大梁, 實沈, 鶉首, 鶉火, 鶉尾, 壽星, 大火, 析木 등 12성차의 위치에 따라 지상의 지역과 나라의 위치를 대응시켰는데, 이것을 천상에서는 分星이라고 하고 지상에서는 分野라고 한다. 錢塘은 吳越로 星紀의 분야인바, ≪周禮≫ 〈春官・保章氏〉에 "星과 土로써 九州의 땅을 나누어 分封한 封域에 모두 分星이 있다."라고 하였는데, 이에 대한 鄭玄의 注에 "이에 대해 지금까지 남아 있어서 말할 수 있는 것은 십이성차의 分野이다. 星紀의 분야는 吳越이고 玄枵의 분야는 齊이고 娵訾의 분야는 衛이고 降婁의 분야는 魯이고 大梁의 분야는 趙이고 實沈의 분야는 晉이고 鶉首의 분야는 秦이고 鶉火의 분야는 周이고 鶉尾의 분야는 楚이고 壽星의 분야는 鄭이고 大火의 분야는 宋이고, 析木의 분야는 燕이다." 하였다.

2) (遇)〔過〕: 저본에는 '遇'로 되어 있으나, ≪新五代史≫와 사고전서본에 의거하여 '過'로 바로잡았다.

鏐善射與槊하고 稍通圖緯諸書라 唐乾符二年에 浙西裨將王郢(영)作亂한대 石鑑鎭[1] 將董昌[2]募鄕兵討賊하고 表鏐偏將하야 擊郢破之라 是時에 黃巢衆已數千이어늘 攻掠浙東하야 至臨安한대 鏐曰 今鎭兵少而賊兵多하니 難以力禦라 宜出奇兵邀之라하고 乃與勁卒二十人伏山谷中한대 巢先鋒度險皆單騎일새 鏐伏弩射殺其將하니 巢兵亂이어늘 鏐引勁卒蹂之하야 斬首數百級이라 鏐曰 此可一用爾니 若大衆至면 何可敵邪(야)리오하고 乃引兵趨八百里하니 八百里는 地名也라 告道旁媼(온)曰 後有問者어든 告曰 臨安兵이 屯八百里矣라하라하다 巢衆至하야 聞媼語하고 不知其地名하고 皆曰 嚮十餘卒도 不可敵이어든 況八百里乎아하고 遂急引兵過하다 都統高駢聞巢不敢犯臨安하고

壯之하야 **召董昌與鏐**라 **俱至廣陵**이러니 **久之**에 **駢無討賊意**라 **昌等不見用**하야 **辭還**하니 **駢表昌杭州刺史**하다 **是時**에 **天下已亂**이라 **昌乃團諸縣兵爲八都**하고 **以鏐爲都指揮使**하고 **成及爲靖江都將**하다

錢鏐는 활과 창을 잘 다루었고 각종 圖讖과 緯書를 대략 통달하였다. 唐 乾符 2년(875)에 浙西의 裨將 王郢이 반란을 일으키자 石鑑鎭의 鎭將 董昌이 鄕兵을 모집하여 賊을 토벌하고 表奏하여 전류를 偏將으로 삼아 왕영을 擊破하였다. 이때에 黃巢의 무리가 이미 수천 명이었는데 浙東을 攻掠하여 臨安에 이르렀다. 그러자 전류가 말하기를, "지금 鎭兵은 적고 賊兵은 많으니 힘으로 막기 어렵습니다. 奇兵을 내어 대적해야 합니다."라고 하고서 정예병 20명과 함께 山谷에서 매복하였다. 황소의 先鋒隊가 험한 곳을 지나갈 때 길이 좁아 모두 기병 한 명씩 가기에 전류가 매복해 두었던 弓弩手들이 쇠뇌로 그 장수들을 射殺하니 황소의 병졸들이 혼란해지거늘 전류가 정예병을 이끌고 그들을 유린하여 首級 수백을 베었다.

전류가 말하기를, "이 방법은 한 번만 쓸 수 있을 뿐이니 만약 大軍이 이르면 어떻게 대적할 수 있겠는가."라고 하고서 군대를 이끌고 八百里로 가니 팔백리는 地名이었다. 길가의 老婆에게 말하기를, "뒤에 묻는 자가 있거든 그에게 임안의 군대가 팔백리에 진을 쳤다고 고하라."라고 하였다. 황소의 무리가 이르러 노파의 말을 듣고 팔백리가 지명인 것은 모르고 모두 말하기를, "지난번에 10여 명 군졸도 대적하지 못하였는데 하물며 팔백리에 진을 친 군사임에랴!"라고 하고 마침내 급히 군대를 이끌고 지나갔다.

都統 高駢이 황소가 감히 임안을 침범하지 못했다는 말을 듣고 장하게 여겨 동창과 전류를 불렀다. 함께 廣陵에 갔는데 오래 지나도 고병이 賊을 토벌하려는 뜻이 없는지라 동창 등이 쓰이지 못하여 하직하고 돌아오니 고병이 表奏하여 동창을 杭州刺史로 삼았다. 이때에 天下가 이미 혼란하니 동창이 이에 각 縣의 병사들을 모아 八都를 만들고서 전류를 都指揮使로 삼고 成及을 靖江都將으로 삼았다.

1) 石鑑鎭 : 원래 石鏡鎭으로 臨安縣의 동남쪽에 있는데, 가까이 있는 石境山에서 이름이 유래하였다. 北宋 초에 宋 太祖 趙匡胤의 조부 趙敬의 諱를 피하여 石鑑鎭으로 고쳤다.

2) 董昌 : 847(?)~896. 杭州 臨安 사람으로 唐나라 말엽에 義勝軍節度使가 되어 兩浙에서 割據하였다. 乾寧 2년(895) 稱帝에 반대하는 黃碣, 吳鐐, 張遜 등을 죽이고 越州에서 스스로 황제로 즉위하여 國號를 大越羅平이라 하고 順天으로 改元하였다. 이듬해 錢鏐가 越州를 함락하자 西小江에 빠져 자살하였다고도 하고(≪新五代史≫) 전류가 사로잡아 唐 昭宗에게 바쳤다고도 한다.(≪舊五代史≫)

中和二年에 越州[1]觀察使劉漢宏이 與昌有隙이라 漢宏遣其弟漢宥都虞候辛約하야 屯兵西陵이라 鏐率八都兵渡江하야 竊敵軍號하야 斫其營한대 營中驚擾라 因焚之하니 漢宥等皆走하다 漢宏復遣將黃珪何肅屯諸暨[2]蕭山[3]한대 鏐皆攻破之라 與漢宏遇하야 戰에 大敗之하고 殺何肅辛約이라 漢宏易服持膾刀以遁이어늘 追者及之하니 漢宏曰 我는 宰夫也라하고 擧刀視之하야 乃免하다

中和 2년(882)에 越州觀察使 劉漢宏이 董昌과 사이가 좋지 않았기에 유한굉이 자기 아우 劉漢宥, 都虞候 辛約을 보내 西陵에 군대를 주둔하였다. 錢鏐가 八都의 군대를 거느리고 江을 건너 敵兵의 軍號를 훔쳐 그 軍營을 부수자 군영 안이 놀라고 소란해 졌는데 이 틈을 타서 군영을 불지르니 유한유 등이 모두 달아났다. 유한굉이 다시 장수 黃珪, 何肅을 보내 諸暨, 蕭山에 주둔하자 전류가 모두 공격하여 무찔렀다. 그리고는 유한굉과 만나 전투하여 크게 패배시키고 하숙과 신약을 죽였다. 유한굉이 옷을 바꿔 입고 회칼을 가지고 달아났는데 추격병이 그를 따라잡으니 유한굉이 말하기를, "저는 백정입니다."라고 하고 회칼을 들어 보여주고서야 벗어났다.

1) 越州 : 隋나라 大業 元年(605)에 吳州를 고쳐 命名한 곳으로, 治所는 지금의 浙江省 紹興市에 있었다. 대업 3년(607)에 會稽郡으로 고쳤다가 唐나라 武德 4년(621)에 다시 월주로 고쳤는데 이후 天寶, 至德 연간에 다시 회계군으로 고쳤다가 乾元 元年(758)에 다시 월주로 고쳤다. 杭州의 남동쪽에 있다.
2) 諸暨 : 秦나라 때 설치한 縣으로 회계군에 속하였다. 縣內에 暨浦와 諸山이 있는 데서 지명이 유래하였다. 唐나라 때는 월주에 속하였다.
3) 蕭山 : 唐나라 천보 元年(742)에 永興縣을 고쳐 명명한 縣으로 회계군에 속하였다. 縣의 서쪽에 있는 소산에서 유래한 지명이다. 건원 원년(758)에 월주

에 소속되었다.

四年에 僖宗遣中使焦居璠(번)爲杭越通和使하야 詔昌及漢宏罷兵이어늘 皆不奉詔라 漢宏遣其將朱褒韓公玫(매)施堅實等以舟兵屯望海[1)]라 鏐出平水[2)]하고 成及夜率奇兵하야 破褒等於曹娥埭(태)[3)]하고 進屯豐山[4)]하니 施堅實等降이라 遂攻破越州라 漢宏走台州[5)]한대 台州刺史執漢宏하야 送於鏐하니 斬于會稽하고 族其家하다 鏐乃奏昌代漢宏하고 而自居杭州하다

中和 4년(884)에 僖宗이 中使 焦居璠을 보내 杭越通和使로 삼아 董昌 및 劉漢宏에게 군대를 물리라고 詔書로 명하였는데 모두 詔命을 받들지 않았다. 유한굉이 자기 장수 朱褒, 韓公玫, 施堅實 등을 보내 水軍을 거느리고 望海에 주둔하였다. 錢鏐가 平水에 출병하고 成及이 밤에 奇兵을 거느리고서 주포 등을 曹娥埭에서 격파하고 진군하여 豐山에 주둔하자 시견실 등이 항복하니 마침내 越州를 격파하였다. 유한굉이 台州로 달아나자 台州刺史가 유한굉을 잡아 전류에게 보내니 會稽에서 斬首하고 滅族시켰다. 전류가 이에 表奏하여 동창으로 유한굉을 대신하게 하고 자신은 杭州에 머물렀다.

1) 望海 : 後梁 開平 3년(909)에 吳越에서 설치한 縣으로 明州에 속하였다. 治所는 지금의 浙江省 寧波市 동북쪽에 있었다.
2) 平水 : 지금의 절강성 紹興縣 동남쪽 22리에 있는 平水鎭이다. 大木山에서 발원하여 剡江에서 합류하는 平水溪에서 유래한 지명으로 지금의 平水江이 흐르는 지역이다. 唐나라 光啓 2년(886)에 錢鏐가 諸暨에서 平水까지 산을 뚫어 500리에 결쳐 길을 냈다고 한 곳이 바로 이곳이다.
3) 曹娥埭(태) : 지금의 절강성 上虞市의 百官鎭 서쪽 曹娥江의 西岸을 가리킨다. 조아강은 옛날에 柯水 혹은 上虞江이라고도 하였는데 상류에 剡溪가 있으며 錢塘江 하류 가운데 최대 支流이다. 後漢 때 단오날 迎神하다가 익사한 부친의 시신을 찾으며 울부짖던 孝女 曹娥가 빠져 죽은 데서 유래하였다고 한다.
4) 豐山 : 지금의 절강성 소흥현 동북쪽 조아강 강변에 있는 지명이다.
5) 台州 : 지금의 절강성 臨海市와 台州市 및 天台, 仙居, 寧海, 象山, 三門, 溫嶺 여섯 縣을 아우르는 지역이다. 天台山에서 유래한 지명으로 唐나라 天寶 元年

(742)에 臨海郡으로 고쳤다가 乾元 元年(758)에 다시 台州로 고쳤다.

光啓[1]**三年**에 **拜鏐左衛大將軍杭州刺史**하고 **昌越州觀察使**하다 **是歲**에 **畢師鐸囚高駢**하니 **淮南大亂**이라 **六合鎭**[2]**將徐約攻取蘇州**하다 **潤州牙將**[3]**劉浩逐其帥周寶**어늘 **寶奔常州**하니 **浩推**[4]**度支催勘官薛朗爲帥**라 **鏐遣都將成及杜稜等攻常州**하야 **取周寶以歸**하니 **鏐具軍禮郊迎**하고 **館寶于樟亭**[5]하다 **寶病卒**[6]에 **稜等進攻潤州**하야 **逐劉浩**하고 **執薛朗**하야 **剖其心以祭寶**하다 **然後遣其弟銶攻徐約**하니 **約敗走入海**어늘 **追殺之**하다

光啓 3년(887)에 錢鏐를 左衛大將軍 杭州刺史에 임명하고 董昌을 越州觀察使에 임명하였다. 이해에 畢師鐸이 高駢을 감옥에 가두니 淮南이 크게 혼란해졌다. 이에 六合鎭의 장수 徐約이 蘇州를 공격하여 점령하였다. 潤州의 牙將 劉浩가 그 主帥 周寶를 쫓아내자 주보가 常州로 달아나니 유호가 度支催勘官 薛朗을 추대하여 主帥로 삼았다. 전류가 都將 成及, 杜稜 등을 보내 상주를 공격하여 주보를 잡아 돌아오니 전류가 軍禮를 갖추어 郊外에서 영접하고 주보를 樟亭에 머물게 하였다. 주보가 병으로 죽자 두릉 등이 진군하여 윤주를 공격하여 유호를 몰아내고 설랑을 잡고는 그 심장을 도려내어 주보에게 제사 지냈다. 그런 뒤에 전류는 자기 아우 錢銶를 보내 서약을 공격하니 서약이 敗走하여 海島로 들어갔는데 추격하여 죽였다.

1) 光啓 : 唐 僖宗의 마지막 연호(885~888)이다.
2) 六合鎭 : 지금의 江蘇省 六合縣에 있던 鎭으로, 隋나라 때 설치하였다. 육합현은 尉氏縣을 고쳐 명명한 것으로 方州의 치소이다. 가까이 있는 六合山에서 유래한 지명으로 隋나라 大業 초에 江都郡에 속하였다. 唐나라 武德 7년(624)에 그대로 방주의 치소가 되었다가 貞觀 초에 揚州에 속하였다. 南唐은 이곳에 雄州 치소를 두었는데 後周 顯德 연간에 웅주 치소를 옮기면서 그대로 六合縣이 되었다.
3) 牙將 : 軍中의 中下級 軍官을 가리킨다. 참고로, ≪韻會≫에 "牙는 旗의 이름이니 상아로 깃대를 장식하여 휘장 앞에 세우고 이것을 牙門이라 한다."라고 하였는바, 군대가 출동할 때 장군이 있는 곳에 牙旗를 세웠던 데서 비롯하여

일을 다스리는 곳을 牙 혹은 衙라 하였다.

4) 推 : 사고전서본에는 '擁'으로 되어 있다.

5) 樟亭 : 樟亭驛으로, 지금의 浙江省 杭州市 남쪽 白塔嶺 아래 錢塘江 가에 있는 驛이다. 唐나라 때 이곳에 驛을 두고 강물을 조망하는 장소로 삼았다. 浙江亭이라고도 하는데 明나라 초에 浙江驛으로 고쳐 명명하였다.

6) 寶病卒 : ≪五代史記纂誤續補≫ 卷6에 "살펴보건대, ≪新唐書≫ 〈本紀〉에는 '錢鏐가 周寶를 죽였다.'로 되어 있고, 〈周寶傳〉에는 '전류가 櫜鞬을 갖추어 주보를 맞이하여 樟亭에 머물게 하였는데 얼마 지나지 않아 죽였다.'로 되어 있다. 〈本紀〉는 文忠公의 손에서 나왔거니와 朱子가 歐陽公의 文集의 異同을 상고한 〈修唐書〉라는 한 조목에서, '李氏 所藏本의 이 단락에 같지 않은 부분이 세 가지가 있다. 첫 번째는 맨앞에서 公이 唐書를 編修할 때 제일 뒤에 史局에 합류하여 오로지 本紀와 志만 편수하였을 뿐이고 列傳은 尙書 宋祁가 편수한 것이니 朝廷에서 한 책이 두 사람 손에서 나와 體制가 통일될 수 없다고 여겨서 마침내 공에게 詔命을 내려 열전을 자세히 살펴 刪修하여 통일된 체제가 되게 하였다고 한 것이다.'라고 하였던바, 열전 역시 공이 확정한 것이니 어찌 도리어 열전만 다르겠는가. ≪資治通鑑≫에는 ≪吳越備史≫(范坰, 林禹 撰)를 따라 '주보가 抗州에서 졸하였다.'로 되어 있고, ≪宋史≫ 〈呂夏卿傳〉에는 呂夏卿이 또 譜學에 통달하여 世系의 여러 表를 창시하여 ≪신당서≫를 만드는 데 있어 가장 공로가 있다고 하였고, 四朝國史와 宋史의 〈文忠公傳〉, 또 正憲公 吳充이 撰述한 〈行狀〉, 魏公 韓琦가 찬술한 〈墓誌銘〉, 文定公 蘇轍이 찬술한 〈神道碑〉, ≪畵墁錄≫(張舜民 撰)에 魏公이 仁宗을 마주하여 아뢴 말을 실어놓았는데 모두 '公이 ≪唐書≫의 紀, 志, 表를 편찬하였다.'로 되어 있으니 필시 여하경이 創始하고서 공에게서 받아 이룬 것일 것이다. 그러하니 表 역시 공이 편수한 것이다.〔按新唐書本紀作鏐殺周寶 寶傳作鏐具櫜鞬迎寶舍樟亭未幾殺之 本紀自出文忠公手 而朱子攷公集異同修唐書一條曰 李本此段不同者三 一則首云公於修唐書最後至局 專修紀志而已 列傳則宋尙書祁所修也 朝廷以一書出於兩手 體不能一 遂詔公看詳列傳 令刪修爲一體 傳亦公所定也 何乃自異 通鑑從吳越備史作寶卒于抗州 宋史呂夏卿傳 夏卿又通譜學 創爲世系諸表 于新唐書最有功 而四朝國史及宋史文忠公傳 又吳正憲公充所撰行狀韓魏公琦所撰墓誌銘蘇文定公轍所撰神道碑畵墁錄載魏公對仁宗語 皆作公撰唐書紀

志表 必夏卿創始而受成于公也 則表亦公修]"로 되어 있다.

昭宗拜鏐杭州防禦使하다 是時에 楊行密孫儒[1]爭淮南하야 與鏐戰蘇常間이러니 久之에 儒爲行密所殺이라 行密據淮南하야 取潤州하고 而鏐亦取蘇常하다 唐升越州威勝軍하야 以董昌爲節度使하야 封隴西郡王하고 杭州武威軍하야 拜鏐都團練使하고 以成及爲副使하다 及은 字弘濟니 與鏐同事攻討하야 謀多出於及이어늘 而鏐以女妻及子仁琇라 鏐乃以杜稜阮結顧全武等爲將校하고 沈崧皮光業林鼎羅隱爲賓客하다

昭宗이 錢鏐를 杭州防禦使에 임명하였다. 이때에 楊行密과 孫儒가 淮南을 爭奪하면서 전류와 蘇州, 常州 지역에서 전투하였는데 오래 지나 손유가 양행밀에게 살해당하였다. 양행밀이 회남을 점거하고서 潤州를 차지하였고 전류 역시 소주, 상주를 차지하였다. 唐나라가 월주를 威勝軍으로 昇格하고서 董昌을 節度使로 삼고 隴西郡王에 봉하였고, 항주를 武威軍으로 昇格하고서 전류를 都團練使로 삼고 成及을 都團練副使로 삼았다. 성급은 字가 弘濟니 전류와 전투하고 토벌하는 일을 함께하며 戰略이 성급에게서 나온 경우가 많았는데, 전류가 자기 女息을 성급의 아들 成仁琇에게 시집보냈다. 전류가 이에 杜稜, 阮結, 顧全武 등을 將校로 삼고 沈崧, 皮光業, 林鼎, 羅隱을 賓客으로 삼았다.

1) 孫儒 : ?~892. 河南 蔡州 사람으로, 唐나라 말엽의 軍閥이다. 보유한 군대가 强盛하였고 사람됨이 殘暴하였는데 江淮 지방에서 횡행하였다. 처음에 蔡州節度使 秦宗權의 휘하 都將이었는데 진종권이 朱全忠과 싸울 때 급히 그를 불렀는데 진종권의 동생 秦宗衡을 죽이고 주전충에게 歸順하였다. 唐 昭宗이 淮南節度使로 임명하였는데 景福 元年(892)에 廬州刺史 楊行密과의 싸움에서 죽임을 당했다.

景福[1]二年에 拜鏐鎭海軍節度使潤州刺史하고 乾寧元年에 加同中書門下平章事하다 二年에 越州董昌反이라 昌素愚하야 不能決事하야 臨民訟에 以骰(투)子[2]擲之而勝者爲直이라 妖人應智王溫巫韓媪等이 以妖言惑昌하야 獻鳥獸爲符瑞[3]라 牙將倪德儒謂昌曰 曩時謠言에 有羅平鳥主越人禍福하야 民間多圖其形하야 禱祀之러니 視王書

名與圖類라하고 **因出圖以示昌**하니 **昌大悅**하야 **乃自稱皇帝**하고 **國號羅平**하며 **改元順天**[4)]하고 **分其兵爲兩軍**하야 **中軍衣黃**하고 **外軍衣白**하야 **銘其衣曰歸義**라 **副使黃竭切戒**[5)]**昌以爲不可**어늘 **昌大怒**하야 **使人斬竭**하고 **持其首至**하야 **罵曰 此賊負我**로다 **好聖明時**에 **三公不肯作**하고 **乃自求死耶**아하고 **投之(圖)〔圊〕**[6)]**中**하다

景福 2년(893)에 錢鏐를 鎭海軍節度使 潤州刺史에 임명하였다. 乾寧 元年(894)에 同中書門下平章事를 더하였다. 乾寧 2년(895)에 越州의 董昌이 배반하였다. 동창은 평소 어리석어 일을 決斷하지 못하여 백성의 訟事를 처리할 때 骨牌를 던져 이긴 자를 옳다고 판정하였다. 妖人 應智, 王溫과 巫覡 韓媼 등이 妖言으로 동창을 迷惑하여 鳥獸를 바쳐 符瑞라고 하였다. 牙將 倪德儒가 동창에게 이르기를, "예전 謠言에 羅平鳥라는 새가 越人의 禍福을 主管한다는 말이 있어 民間에서 많이들 그 형상을 그려 기도하고 제사하였는데 왕께서 이름을 쓰신 것을 보니 그 그림과 비슷합니다."라고 하고 이를 인하여 그림을 꺼내 동창에게 보이니 동창이 크게 기뻐하여 이에 皇帝를 自稱하고 國號를 羅平이라고 하며 順天으로 改元하고 그 군대를 兩軍으로 나누어 中軍은 黃色 옷을 입고 外軍은 白色 옷을 입고서 그 옷에 歸義라는 글자를 새겼다. 副使 黃竭이 동창에게 이렇게 해서는 안 된다고 간절하게 경계하였는데 동창이 크게 노하여 사람을 시켜 황갈을 斬首하고 그 머리를 가져 오게 하고서 꾸짖기를, "이 賊人이 나를 저버렸도다. 聖明한 좋은 시절에 三公이 되려고는 하지 않고 도리어 스스로 죽기를 구한단 말이냐!"라고 하고 그 머리를 측간에 던져버렸다.

1) 景福 : 唐 昭宗의 네 번째 연호(892~893)이다.

2) 骰(투)子 : 주사위로, 占卜을 치거나 벌주를 먹일 때 혹은 遊戲할 때 사용한다. 대체로 짐승의 뼈로 만드는데 육면체 모양에 1부터 6까지 점을 새기고 네 면에는 붉은색을 칠하고 나머지 두 면에는 검은색을 칠한다. 던져서 나온 점의 숫자나 색깔로 승부를 겨루므로 投子, 色子라고도 한다. 전하기로는 三國 시대 魏나라 曹植이 처음 만들었다고 한다.

3) 符瑞 : 祥瑞로운 徵兆로, 대체로 帝王이 천명을 받은 징조를 가리킨다.

4) 改元順天 : ≪舊五代史≫ 卷133에는 '年號를 大聖으로 하였다.〔年號大聖〕'로 되어 있다. ≪五代史記纂誤續補≫ 卷6에 "살펴보건대, 〈改元은〉 僭元이라고

해야 마땅하다.〔按宜曰僭元〕”로 되어 있다. 참고로, 僭元은 分義를 넘어 年號를 僭稱하는 것을 가리킨다.

5) 戒 : 사고전서본에는 ‘誡’으로 되어 있다.

6) (圖)〔圊〕: 저본에는 ‘圖’로 되어 있으나, ≪新五代史≫에 의거하여 ‘圊’으로 바로잡았다. 참고로 사고전서본에는 ‘溷’으로 되어 있다. ‘圊’과 ‘溷’은 모두 厠間의 뜻이 있다.

昌乃以書告鏐하니 鏐以昌反狀聞이라 昭宗下詔削昌官爵하고 封鏐彭城郡王浙江東道招討使라 鏐曰 董氏於吾有恩하니 不可遽伐이라하고 乃以兵三萬으로 屯迎恩門하야 遣其客沈滂諭昌하야 使改過한대 昌以錢二百萬犒(호)軍하고 執應智等送軍中하야 自請待罪하니 鏐乃還兵[1]이어늘 昌復拒命하고 遣其將陳都崔溫等屯香嚴石侯하고 乞兵於楊行密하니 行密遣安仁義救昌이라 鏐遣顧全武攻昌하야 斬崔溫이라 昌所用諸將徐珣湯臼袁邠(빈)等은 皆庸人이라 不知兵하야 遇全武輒敗로되 昌兄子眞이 驍勇善戰일새 全武等攻之하야 逾年不能克이라 眞與其裨將刺羽有隙일새 刺羽譖之라 昌殺眞하니 兵乃敗라 全武執昌歸杭州하야 行至西小江[2]에 昌顧其左右曰 吾與錢公俱起鄕里하야 吾嘗爲大將이러니 今何面目으로 復見之乎아하니 左右相對泣下라 因瞋目大呼하고 投水死하다

董昌이 이에 서신으로 이 사실을 錢鏐에게 알리니 전류가 동창이 배반한 情狀을 보고하였다. 昭宗이 詔命을 내려 동창의 官爵을 削奪하고 전류를 彭城郡王에 봉하고 浙江東道招討使에 임명하였다. 전류가 말하기를, “董氏가 우리에게 은혜가 있으니 대뜸 토벌해서는 안 된다.”라고 하고서 군대 3만 명을 거느리고 迎恩門에 주둔하고서 그 門客 沈滂을 보내 동창을 타일러서 잘못을 뉘우치게 하였다. 그러자 동창이 200萬 錢을 가지고 군대를 犒饋하고 應智 등을 잡아 전류의 軍中에 보내고서 待罪하기를 自請하니 전류가 이에 군대를 돌렸다.

그런데 동창이 다시 명을 거역하고 자기 장수 陳都, 崔溫 등을 보내 香嚴, 石侯에 주둔하고 楊行密에게 원군을 청하니 양행밀이 安仁義를 보내 동창을 구원하였다. 그러자 전류는 顧全武를 보내 동창을 공격하여 최온을 斬首하였다. 동창이 임용한

장수들인 徐珣, 湯臼, 袁邠 등은 모두 용렬한 사람이라 用兵하는 법을 알지 못하여 고전무를 맞닥뜨릴 때마다 패하였으나 동창의 조카 董眞이 용맹하고 전투를 잘하므로 고전무 등이 그를 공격하여 해를 넘기도록 이기지 못하였다. 동진이 자기 裨將 刺羽와 사이가 좋지 않기에 자우가 그를 참소하였다. 동창이 동진을 죽이니 동창의 군대가 그제야 패배하였다.

고전무가 동창을 잡아 杭州로 돌아가 행군하여 西小江에 이르렀을 때 동창이 左右의 수하들을 돌아보며 말하기를, "내가 錢公과 함께 鄕里에서 일어나 내가 일찍이 大將이 되었었는데 지금 무슨 面目으로 다시 그를 본단 말인가!"라고 하니 左右의 수하들이 서로 마주보며 눈물을 흘렸다. 동창이 이에 눈을 부릅뜨고 크게 소리치고는 물에 뛰어들어 죽었다.

1) 昌乃以書告鏐……鏐乃還兵 : ≪新五代史≫ 卷22 〈考證〉에 "살펴보건대, ≪資治通鑑≫에 '錢鏐가 서신을 보내 董昌을 질책하였는데 동창이 듣지 않았다. 이에 군대 3만을 거느리고 越州城 아래에 이르니 동창이 두려워 주모자를 잡아 전류에게 보내고 待罪하기를 청하였다. 그러자 전류가 군대를 이끌고 돌아가 동창의 반란 정황을 조정에 보고하였다. 또 表奏하여 本道의 군대로 동창을 토벌하기를 청하니 5월에 詔命을 내려 동창의 官爵을 削奪하고 전류에게 맡겨 토벌하도록 하면서 전류를 浙東招討使로 삼았다.'라고 하였는데, 이 내용에 근거하면 전류가 군대 3만을 거느리고 월주성에 이른 일은 아직 동창의 반란 정황을 조정에 보고하기 전이고, 조명을 내려 동창의 관작을 삭탈하고 전류를 절동초토사로 삼은 일은 또 전류가 표주하여 동창을 토벌하기를 청한 뒤이니 本紀의 내용과 다르다.〔按通鑑載鏐移書責昌 昌不聽 乃將兵三萬詣越州城下 昌懼 執首謀者送鏐 請待罪 鏐引兵還 以狀聞 又表請以本道兵討昌 五月詔削董昌官爵 委錢鏐討之 以鏐爲浙東招討使 據此則鏐以兵三萬詣越州城 尙在未以狀聞之先 而詔削昌官爵 以鏐爲招討使 又在鏐表請討昌之後 與本紀異〕"라고 하였다. 迎恩門은 浙江省 紹興市 古城의 서북쪽 모퉁이에 있는 문으로 西郭門이라고도 한다. 水陸 兩用의 城門으로 옛날 朝庭에서 관리를 임명할 때나 皇帝가 親臨할 때 반드시 이 문을 지나기 때문에 영은문이라 하였다고 한다. 전하기로는 越王 勾踐이 영은문 밖에 箭樓를 세우고 그 전루 위에서 臥薪嘗膽하였다고 한다.

2) 西小江 : 錢淸江으로, 지금의 浙江省 蕭山市 동남과 紹興市 서북에 있다.

昭宗以宰相王溥(보)鎭越州하니 溥請授鏐라 乃改威勝軍爲鎭東軍하고 拜鏐鎭海鎭東軍節度使하고 加檢校太尉中書令하고 賜鐵券[1)]하야 恕九死하다 鏐如越州受命하고 還治錢塘하야 號越州爲東府하다 光化元年에 移鎭海軍於杭州하고 加鏐檢校太師하고 改鏐鄕里曰廣義鄕 勳貴里하고 鏐素所居營曰衣錦營하다 婺州刺史王壇이 叛附于淮南이어늘 楊行密遣其將康儒應壇하야 因攻睦州라 鏐遣其弟銶敗儒於軒渚하니 壇奔宣州라 昭宗詔鏐圖形淩烟閣[2)]하고 升衣錦營爲衣錦城하고 石鑑山曰衣錦山하고 大官山曰功臣山하다 鏐遊衣錦城하야 宴故老할새 山林皆覆(부)以錦하고 號其幼所嘗戲大木曰衣錦將軍이라하다

昭宗이 宰相 王溥에게 越州를 鎭守하게 하니 왕부가 전류에게 除授해 줄 것을 청하였다. 이에 威勝軍을 鎭東軍으로 고치고 전류를 鎭海軍節度使 및 鎭東軍節度使에 임명하고 檢校太尉 中書令을 더하고 鐵券을 下賜하여 아홉 번 死罪를 赦免해주도록 하였다. 전류가 월주에 가서 詔命을 받고는 돌아와 錢塘을 다스리면서 월주를 東府라고 불렀다. 光化 元年(898)에 진해군을 杭州로 옮기고 전류에게 檢校太師를 더하고 전류의 鄕里를 廣義鄕 勳貴里라고 고쳐 부르고 전류가 평소 지내는 군영을 衣錦營이라고 하였다. 婺州刺史 王壇이 배반하여 淮南에 붙으니 楊行密이 자기 장수 康儒를 보내 왕단에게 호응하여 이를 인하여 睦州를 공격하였다. 전류가 자기 아우 錢銶를 보내 강유를 軒渚에서 패배시키니 왕단이 宣州로 달아났다. 소종이 詔命을 내려 淩烟閣에 전류의 초상을 그리도록 하고 의금영을 승격하여 衣錦城으로 삼고 石鑑山을 衣錦山이라고 하고 大官山을 功臣山이라고 하였다. 전류가 의금성에서 노닐면서 고향 노인들에게 잔치를 베풀 때 山林을 모두 비단으로 덮었고 어린 시절 일찍이 놀았던 큰 나무를 衣錦將軍이라고 불렀다.

1) 鐵券 : 옛날에 임금이 공신에게 내려 주어 免罪 등의 특권을 누리게 한 증명서를 말하는데, 鐵製의 契券에 丹砂로 썼으므로 보통 丹砂契券이라고 한다.
2) 淩烟閣 : 唐 太宗 때 長安에 세운, 당나라 공신들의 화상을 보관하던 누각 이름이다. 처음에는 房玄齡, 杜如晦, 長孫無忌, 魏徵 등을 위시한 24명의 공신

畫像을 걸어 두었다.(≪大唐新語≫ 〈褒錫〉) 漢나라 때 麒麟閣과 더불어 功臣閣을 가리키는 대표적인 말로 쓰인다.

天復二年에 封鏐越王하다 鏐巡衣錦城할새 武勇右都指揮使徐綰與左都指揮使許再思叛하야 焚掠城郭하고 攻內城한대 鏐子傳瑛[1])及其將馬綽[2])陳爲等이 閉門拒之라 鏐歸하야 至北郭門不得入한대 成及代鏐與綰戰[3])하야 斬首百餘級하니 綰屯龍興寺라 鏐微服踰城而入하야 遣馬綽王榮杜建徽等分屯諸門하고 使顧全武備東府하니 全武曰 東府不足慮요 可慮者淮南爾니이다 綰急이면 必召淮兵하리니 淮兵至면 患不細矣니이다 楊公은 大丈夫니 今以難告면 必能閔我라하니 鏐以爲然하다 全武曰 獨行이면 事必不濟리니 請擇諸公子可行者라하니 鏐曰 吾嘗欲以元璙婚楊氏라하고 乃使隨全武如廣陵하다 綰果召田頵(균)於宣州라 全武等至廣陵하니 行密以女妻元璙하고 亟(극)召頵還한대 頵取鏐錢百萬하고 質鏐子元瓘而歸하다

天復 2년(902)에 錢鏐를 越王에 봉하였다. 전류가 衣錦城을 巡行할 때 武勇右都指揮使 徐綰과 左都指揮使 許再思가 배반하여 城郭에 불을 지르고 노략질하고 內城을 공격하자 전류의 아들 錢傳瑛 및 그 장수 馬綽, 陳爲 등이 문을 닫고 저항하였다. 전류가 돌아와 北郭門에 이르러 들어가지 못하자 成及이 전류를 대신하여 서관과 싸워 백여 명의 首級을 베니 서관이 龍興寺에 진을 쳤다.

전류가 微服을 입고 성을 넘어 들어가 마작, 王榮, 杜建徽 등을 보내 각 성문을 나누어 지키도록 하고 顧全武에게 東府를 防備하도록 하니 고전무가 말하기를, "동부는 염려할 것이 없고 우려되는 것은 淮南일 뿐입니다. 서관이 다급해지면 반드시 회남의 군대를 부를 것이니 회남의 군대가 오면 작은 걱정거리가 아닐 것입니다. 楊公(楊行密)은 大丈夫니 지금 난처한 사정을 이야기하면 반드시 우리를 불쌍히 여길 것입니다."라고 하니, 전류가 그의 말을 옳게 여겼다. 고전무가 말하기를, "혼자 가면 일이 반드시 이루어지지 못할 것이니 청컨대 公子들 가운데 함께 갈 만한 분을 택하소서."라고 하니 전류가 말하기를, "내가 일찍이 元璙를 楊氏와 혼인을 맺게 하고 싶었다."라고 하고서 錢元璙에게 고전무를 따라 廣陵에 가게 하였다. 서관이 과연 宣州에서 田頵을 불렀다. 고전무 등이 광릉에 이르니 楊行密이 女息을 전원료에

게 시집보내고 급히 전군을 召還하였는데 전군이 전류의 100萬 錢을 취하고 전류의 아들 錢元瓘을 인질로 잡아 돌아갔다.

1) 鏐子傳瑛：878~913. 본명은 傳錯로, 傳瑛은 뒤에 고친 이름이다. 錢鏐의 셋째 아들로, 모친은 莊穆夫人 吳氏이다. 文穆王 錢元瓘의 형이고 동복 형제로 錢傳璟, 錢元璙, 錢傳璛, 錢元琳이 있다. 그는 騎射에 뛰어났고 草書와 隷書를 잘 썼다. 武勇都의 반란 때 杭州를 수비하는 데 공을 세워 兩浙副大使를 맡았다. 뒤에 後梁의 朱友貞이 조서를 내려 그를 壽昌公主의 駙馬都尉로 간택하여 大同軍節度使가 되고 雪國公에 봉해졌다. 913년 9월에 錢傳璙, 錢傳瓘을 거느리고 常州를 공격하였다가 실패하여 10월에 세상을 떠났다. 太尉에 추증되었다.

2) 其將馬綽：≪二十二史考異≫ 권66에 "≪資治通鑑≫의 注에 路振의 ≪九國志≫를 인용하여 이르기를, '馬綽은 餘杭 사람이다. 젊어서 錢鏐와 함께 董昌을 섬겼는데 여동생을 전류의 아내로 보냈다. 전류는 다시 鏐元瓘에게 마작의 딸을 아내로 맞게 하였다.'라고 하고 또 薛居正의 ≪舊五代史≫를 인용하여 '梁나라 貞明 4年에 秦州節度使 檢校太傳 同平章事 마작에게 檢校太尉를 더하였다.'라고 하였다. 살펴보면 秦州는 吳나라의 관할 안에 있지 않으니 대체로 官銜만 제수하고 부임하지 않은 것이다.〔通鑑注引路振九國志云 馬綽 餘杭人 少與錢鏐俱事董昌 以女弟妻鏐 鏐復爲元瓘娶綽女 又引薛史梁貞明四年 秦州節度使檢校太傅同平章事馬綽加檢校太尉 考秦州不在吳管內 蓋遙授也〕"라고 하였다.

3) 成及代鏐與綰戰：≪五代史記纂誤續補≫ 卷6에 "살펴보건대, 〈吳世家〉에는 乾寧 2년(895)에 蘇州에 주둔하여 그 刺史 成及을 사로잡았다고 하였으니 天復 2년(902)에 어떻게 吳越에 다시 성급이 있을 수 있겠는가. 이는 아마도 서술을 빠뜨리고 歸結處를 빼놓아서일 것이다. 이 책의 節刪한 부분에서 整合하지 못한 것이 매양 이렇다.〔按吳世家 乾寧二年 次蘇州 擒其刺史成及矣 天復二年 安得吳越復有及 蓋脫敍遺歸 此書之節刪失當 每如此〕"로 되어 있다.

天祐元年에 封鏐吳王하다 鏐建功臣堂하고 立碑紀功하야 列賓佐將校名氏於碑陰者五百人하다 四年에 升衣錦城爲安國衣錦軍하다 梁太祖卽位에 封鏐吳越王兼淮南節度使하다 客有勸鏐拒梁命者어늘 鏐笑曰 吾豈失爲孫仲謀[1]邪(야)리오하고 遂受之하다

太祖嘗問吳越進奏吏曰 錢鏐平生有所好乎아하니 **吏曰 好玉帶名馬**라하야늘 **太祖笑曰 眞英雄也**라하고 **乃以玉帶一匣打毬御馬十匹賜之**하다 **江西危全諷等**이 **爲楊渥所敗**[2]하야 **信州危仔倡奔於鏐**하니 **鏐惡**(오)**其姓**하야 **改曰元**하다 **開平**[3]**二年**에 **加鏐守中書令**하고 **改臨安縣爲安國縣**하고 **廣義鄕爲衣錦鄕**하다

後梁 太祖

天祐 元年(904)에 錢鏐를 吳王에 봉하였다. 전류가 功臣堂을 세우고 비석을 세워 功勳을 기록하여 幕僚와 官吏, 將校의 姓名을 비석 뒷면에 새긴 것이 5백 명이었다. 天祐 4년(907)에 衣錦城을 승격하여 安國衣錦軍으로 삼았다. 梁 太祖가 즉위하자 전류를 吳越王에 봉하고 淮南節度使를 겸하게 하였다. 門客 가운데 전류에게 양나라의 명을 거절하라고 한 자가 있었는데 전류가 웃으며 말하기를, "내 어찌 孫仲謀가 되는 데 문제가 있겠느냐."라고 하고 마침내 임명을 받아들였다. 태조가 일찍이 吳越의 進奏吏에게 묻기를, "전류가 평소 좋아하는 것이 있느냐?" 라고 하니 진주리가 아뢰기를, "玉帶와 名馬를 좋아합니다."라고 하였는데 태조가 웃으며 말하기를, "참으로 英雄이로다."라고 하고서 玉帶 1匣과 격구할 때 타는 御馬 10匹을 하사하였다. 江西의 危全諷 등이 楊渥에게 패배하여 信州 危仔倡이 전류에게 달아나니 전류가 그의 姓을 싫어하여 元으로 고쳤다. 開平 2년(908)에 전류에게 守中書令을 더하고 臨安縣을 고쳐 安國縣으로 삼고 廣義鄕을 고쳐 衣錦鄕으로 삼았다.

1) 孫仲謀 : 三國 시대 吳나라 孫權으로, 仲謀는 그의 字이다. 부친인 長沙太守 孫堅과 형인 討逆將軍 孫策의 뒤를 이어 오나라 땅을 다스렸는데, 曹操의 대

군이 침입했을 때 赤壁에서 크게 무찔렀다. 그 뒤에 吳王으로 봉해졌으며, 魏王과 蜀主가 차례로 황제를 칭하자 자신도 黃龍 1년(229)에 황제로 즉위하였다. 諡號는 大皇帝이다.

2) 江西危全諷等 爲楊渥所敗 : 楊渥(886~908)은 字가 奉天으로, 五代十國 시기 吳나라 太祖 楊行密의 맏아들이다. 양행밀이 재위할 때 牙內諸軍使를 맡았고 양행밀의 晩年에 宣州觀察使에 임명되었다. 양행밀이 병으로 죽자 즉위하였는데 정사를 소홀히 하고 노는 것을 좋아하여 張顥, 徐溫이 누차 간하였으나 듣지 않았다. 907년에 장호, 서온이 兵變을 일으켜 軍政을 장악한 뒤 시해당하였다. 이후 그의 아우 楊隆演(897~920)이 뒤를 이었다. ≪五代史記纂誤續補≫ 卷6에 "살펴보건대, 〈鍾傳傳〉, 〈吳世家〉에는 開平 3년(909)에 수록되어 있는데 여기서는 開平 元年(907)에 서술하였고 또 그 당시는 양융연이 다스리던 때이니 여기서 楊渥으로 되어 있는 것은 모두 착오이다.〔按鍾傳傳吳世家在開平三年 此敍元年 又其時爲隆演 此作渥皆誤〕"라고 하였다.

3) 開平 : 後梁 太祖 朱全忠의 開國 연호(907~911)이다.

三年에 **加守太保**라 **楊渥將周本陳章圍蘇州**[1]한대 **鏐遣其弟鋸鏢救之**라 **淮兵爲水柵環城**하고 **以銅鈴繫網**하야 **沈水中**하야 **斷潛行者**라 **水軍卒司馬福**이 **多智而善水行**일새 **乃先以巨竹觸網**하니 **淮人聞鈴聲**하고 **遂擧網**한대 **福乃過**하야 **入城中**하고 **其出也**에 **亦然**이라 **乃取其軍號**하야 **內外夾攻**에 **號令相應**하니 **淮人以爲神**이라 **遂大敗之**하다 **本等走**어늘 **擒其將閭丘直何明等**하다

開平 3년(909)에 守太保를 더하였다. 楊渥의 장수 周本, 陳章이 蘇州를 포위하자 錢鏐가 자기 아우 錢鋸, 錢鏢를 보내 구원하였다. 淮南의 군대가 水柵을 만들어 성을 포위하고 구리 방울을 그물에 달아 물속에 가라앉혀 잠수하여 성 안으로 들어가는 자들을 막았다. 水軍 병졸 司馬福이 꾀가 많고 水泳을 잘하였기에 이에 먼저 큰 대나무를 가지고 그물을 건드리니 淮南 군사들이 방울 소리를 듣고 마침내 그물을 들어올리자 사마복이 이 틈을 타 잠수하여 그물 있는 곳을 지나 城中에 들어갔고, 나올 때에도 그렇게 하였다. 그렇게 해서 城中의 軍號를 알아내어 內外에서 夾攻하면서 號令이 서로 호응하니 淮南 군사들이 귀신같다고 여겼다. 그리하여 마침내 淮

南 군대를 크게 패배시켰다. 주본 등이 달아나자 그 장수 閭丘直, 何明 등을 사로잡았다.

1) 楊渥將周本陳章圍蘇州 : ≪五代史記纂誤續補≫ 卷6에 “살펴보건대, 〈吳世家〉, 〈十國年譜〉에는 楊渥이 天祐 5년(908) 5월에 被殺되고 楊隆演이 즉위한 것이 바로 開平 2년(908)이라고 하였으니 여기서 開平 3년(909)에 楊渥을 일컬은 것은 착오이다.〔按吳世家十國年譜 渥天祐五年五月被殺 隆演立卽開平二年 此三年稱渥誤〕”라고 하였다.

四年에 **鏐游衣錦軍**하야 **作還鄕歌曰 三節**[1]**還鄕兮掛錦衣**하니 **父老遠來相追隨**로다 **斗牛**[2]**無孛**(패)**人無欺**하니 **吳越一王駟馬歸**라하다 **乾化**[3]**元年**에 **加鏐守尙書令兼淮南宣潤等道四面行營都統**하고 **立生祠**[4]**於衣錦軍**이라 **鏐弟鏢居湖州**러니 **擅殺戍將潘長**하고 **懼罪**하야 **奔于淮南**하다 **二年**에 **梁郢**(영)**王友珪立**하야 **冊尊鏐尙父**하다 **末帝貞明三年**에 **加鏐天下兵馬都元帥**하고 **開府置官屬**[5]하다 **四年**에 **楊隆演**[6]**取**(虔)〔**虔**〕[7]**州**하니 **鏐始由海路**하야 **入貢京師**하다 **龍德元年**에 **賜鏐詔書不名**하다

開平 4년(910)에 錢鏐가 衣錦軍에 가서 〈還鄕歌〉를 지어 노래하기를, “三鎭節度使로 고향에 돌아올 때 錦衣를 걸치니 父老들이 멀리 나와 서로 뒤따르도다. 斗宿와 牛宿 사이 살별이 없고 인간 세상에 속이는 이 없으니 吳越의 한 왕이 駟馬 타고 돌아가네.”라고 하였다. 乾化 元年(911)에 전류에게 守尙書令 兼淮南宣潤等道四面行營都統을 더하고 衣錦軍에 生祠를 세웠다. 전류의 아우 錢鏢가 湖州에 있었는데 戍將 潘長을 마음대로 죽이고 죄를 받을까 두려워 淮南으로 달아났다. 乾化 2년(912)에 梁나라 郢王 朱友珪가 즉위하여 冊命을 내려 전류를 尙父로 높였다. 末帝 貞明 3년(917)에 전류에게 天下兵馬都元帥를 더하고 開府하여 官屬을 두게 하였다. 貞明 4년(918)에 楊隆演이 虔州를 취하니 전류가 처음으로 바닷길을 통해 京師에 들어가 공물을 바쳤다. 龍德 元年(921)에 전류에게 詔書를 내렸는데 이름은 쓰지 않았다.

1) 三節 : 鎭海, 鎭東, 鎭南 3軍의 절도사가 된 것을 이른다.

2) 斗牛 : ≪新五代史≫에는 ‘牛斗’로 되어 있다.

3) 乾化 : 後梁 太祖의 마지막 연호(911~915)이다.

4) 生祠 : 善政이나 功勞를 찬양하기 위해 그 사람이 살아 있을 때 세워 제사를 지내는 사당을 가리킨다.

5) 開府置官屬 : 開府는 높은 품계의 관원, 이를테면 三公, 大將軍, 將軍 등이 府署를 만드는 것으로 僚屬들을 선발해 둘 수 있다.

6) 楊隆演 : 897~920. 字는 鴻源, 初名은 楊瀛, 다른 이름은 楊渭로, 吳 太祖 楊行密의 둘째 아들이고 吳 烈祖 楊渥의 동생이다. 908년에 徐溫, 張顥가 楊渥을 시해한 뒤 그를 옹립하였다. 919년에 吳王에 즉위하고 武義로 改元하였다. 920년에 徐溫의 전횡에 시달리며 울울하게 죽었다. 이후 아우 楊溥가 자리를 이어 稱帝하였다.

7) (虐)〔虔〕: 저본에는 '虐'으로 되어 있으나, ≪新五代史≫와 사고전서본에 의거하여 '虔'으로 바로잡았다.

唐莊宗入洛에 鏐遣使貢獻하고 求玉冊[1]이라 莊宗下其議於有司하니 群臣皆以謂非天子면 不得用玉冊이라하고 郭崇韜[2]尤爲不可[3]라 旣而許之하고 乃賜鏐玉冊金印이라 鏐因以鎭海等軍節度로 授其子元瓘하고 自稱吳越國王하고 更名所居曰宮殿 府曰朝하고 官屬皆稱臣하고 起玉冊金券詔書三樓於衣錦軍하고 遣使冊新羅渤海王하고 海中諸國에 皆封拜其君長하다

唐 莊宗이 洛陽에 들어가자 錢鏐가 사신을 보내 공물을 바치고 玉冊을 청하였다. 장종이 有司에게 내려 보내 그 일을 의논하게 하니 신료들이 모두 天子가 아니면 옥책을 쓸 수 없다고 하고 郭崇韜는 더욱 불가하다고 하였다. 이윽고 장종이 허락하고는 이에 전류에게 옥책과 金印을 下賜하였다. 전류가 이에 鎭海軍 等의 節度使를 자기 아들 錢元瓘에게 제수하고 吳越國王이라고 自稱하고 지내는 거처를 宮殿으로, 府를 朝로 명칭을 고치고 官屬들을 모두 신하라 칭하고 玉冊樓, 金券樓, 詔書樓 세 누각을 衣錦軍에 세우고 사신을 보내 新羅王과 渤海王을 冊封하고 海中의 여러 나라에 대해 모두 그 君長을 봉해주고 직책을 주었다.

1) 玉冊 : 帝王이나 后妃에게 尊號를 올릴 때 그 덕을 기리는 글을 새긴 옥 조각을 엮어 매어 책처럼 만든 것을 말한다.

2) 郭崇韜 : 後唐 莊宗 李存勖 정권에서 樞密使로 있으면서 專權을 휘두르면서 뒤에 前蜀을 멸망시키는 戰功까지 세웠으나, 그곳에서의 행실이 문제가 되어 환관 向延嗣, 莊宗의 妃 劉皇后, 莊宗의 아들 李繼岌에 의해 살해당하였다. 그의 死後 明宗이 즉위하면서 安重誨가 樞密使가 되어 다시 專權을 휘둘렀다.

3) 尤爲不可 : ≪五代史記纂誤續補≫ 卷6에 "살펴보건대, 彭注本에는 '尤' 뒤에 '以'字가 있다.〔按彭注本尤下有以字〕"로 되어 있다.

明宗初卽位에 **安重誨用事**어늘 **鏐致書重誨**에 **書辭嫚**이라 **重誨大怒**하다 **是時**에 **供奉官烏昭遇韓玫**(매)**使吳越**이라가 **旣還**에 **玫誣昭遇稱臣舞蹈**하니 **重誨乃奏削鏐王爵元帥尙父**라 **以太師致仕**[1]라 **元瓘等遣人以絹表間道自陳**이러니 **安重誨死**에 **明宗乃復**(복)**鏐官爵**하다 **長興**[2]**三年**에 **鏐卒**하니 **年八十一**이라 **謚曰武肅**이라 **子元瓘立**하다

明宗이 처음 즉위하였을 때 安重誨가 專權을 휘둘렀는데, 錢鏐가 안중회에게 書信을 보낼 때 서신의 말이 거만하여 안중회가 크게 노하였다. 이때에 供奉官 烏昭遇, 韓玫가 吳越에 사신으로 갔다가 돌아온 뒤에 한매가 오소우가 전류에게 稱臣하면서 舞蹈의 禮를 행하였다고 誣告하니 안중회가 이에 전류의 王爵, 元帥, 尙父를 削奪할 것을 上奏하여 전류가 太師로 致仕하였다. 錢元瓘 등이 사람을 보내 비단과 表文을 들고 샛길로 찾아가서 스스로 아뢰었는데 안중회가 죽자 명종이 그제야 전류의 官爵을 회복해주었다. 長興 3년(932)에 전류가 卒하니 향년 81세였다. 謚號는 武肅이다. 아들 전원관이 즉위하였다.

1) 明宗初卽位……以太師致仕 : 舞蹈는 신하가 손을 휘젓고 발을 구르며 임금을 朝見할 때의 禮節을 가리킨다. ≪五代史記纂誤續補≫ 卷6에 "살펴보건대, 〈安重誨傳〉의 내용과 중복된다.〔按複重誨傳〕"로 되어 있다.

2) 長興 : 後唐 明宗의 마지막 연호(930~933)이다.

嗚呼라 **天人之際**는 **爲難言也**라 **非徒自古術者好奇而幸中**이라 **至於英豪草竊**하야도 **亦多自託於妖祥**하니 **豈其欺惑愚衆**에 **有以用之歟**아 **蓋其興也**에 **非有功德積漸之勤**이요 **而黥髡**(경곤)**盜販**이 **倔起於王侯**어늘 **而人亦樂爲之傳歟**아 **考錢氏之終始**컨대

非有德澤施及一方이요 **而百年之際**[1]에 **虐用其人甚矣**니 **其動于氣象者**가 **豈非其孽(얼)歟**아 **是時**에 **四海分裂**하야 **不勝其暴**나 **又豈皆然歟**리오 **是皆無所得而推歟**아 **術者之言**은 **不中者多而中者少**어늘 **而人特喜道其中者歟**인저

오호라! 하늘과 사람의 관계는 말하기가 어려운 것이다. 예로부터 術者들이 奇怪함을 좋아하여 요행히 들어맞기를 바랐을 뿐만 아니라 英雄豪傑이나 山野의 도적들에 이르기까지도 흔히 妖妄한 徵兆에 스스로 가탁하였으니 어쩌면 어리석은 대중들을 속이는 데 쓸 만한 점이 있어서인가? 대개 그들이 興起할 때에는 功德을 점차로 쌓아가는 노력이 있는 것이 아니고 형벌을 받은 죄인이나 도적과 상인의 세력이 갑자기 일어나 王侯가 된 것인데 사람들이 또한 요망한 징조를 전하기 좋아해서인가? 錢氏의 顚末을 상고해보면 德澤이 한 지방에 베풀어진 것이 아니고 백 년 사이에 그 지방 백성들을 매우 잔혹하게 부렸으니 그 天文, 曆象에 나타난 것이 어찌 그 妖孽이 아니겠는가. 이때에 四海가 分裂하여 그 포악하기가 그지없었으나 또 어찌 다 그러했겠는가. 이것이 사실을 전혀 알지도 못하고 추측한 것이겠는가. 術者의 말은 적중하지 않는 경우가 많고 적중하는 경우가 적은데 사람들이 단지 그 적중한 일만 말하기 좋아해서였을 것이다.

1) 百年之際 : ≪新五代史≫ 卷67의 徐無黨의 註釋에는 "錢鏐의 世系의 興亡은 여러 史書가 모두 같으니 대체로 唐나라 乾寧 2년(895)에 鎭海鎭東軍節度使가 되어 兩浙을 모두 소유하고부터 宋나라 太平興國 3년(978)에 국가가 사라지기까지 모두 84년이다.〔鏐世興滅 諸書皆同 蓋自唐乾寧二年爲鎭海鎭東軍節度使兼有兩浙 至皇朝太平興國三年國除 凡八十四年〕"라고 하였다.

02. 劉旻世家* 劉旻의 世家

* 劉旻(895~954)은 太原 沙陀部 사람으로, 다른 이름은 劉崇이다. 劉旻의 事跡은 ≪舊五代史≫에는 卷135 〈僭僞列傳 第2〉에 수록되어 있고, ≪新五代史≫에는 卷70 〈東漢世家 第10〉에 수록되어 있다.

유민은 後漢 高祖 劉知遠의 동생으로, 후한이 後周에 멸망한 뒤 10國 중의 하나인 北漢을 세웠다. 유민은 젊은 시절 도박을 좋아하는 무뢰배였는데 뒤에

군대에 들어갔다가 유지원을 배경으로 삼아 河東馬步軍都指揮使가 되었고 유지원이 후한을 세운 뒤에는 河東節度使가 되었다. 郭威가 후한을 멸망시키자 그는 하동절도사로 점거하고 있던 太原에서 북한을 세워 稱帝하고서 후한의 乾祐 年號를 襲用하였으나 겨우 12州를 지배하는 데 그쳤다. 유민은 후한을 회복하겠다는 생각으로 遼나라에 원군을 청하기 위해 요나라 황제를 숙부로 높이고 자신은 侄皇帝로 낮추었다. 그는 요나라의 원조를 받아 후주와 적지 않은 전쟁을 벌였으나 패배하는 경우가 많았다. 건우 7년(954) 곽위가 세상을 떠나자 유민은 요나라와 연합하여 후주를 다시 쳤으나 高平의 전투에서 柴榮에게 패배하여 천신만고 끝에 태원으로 돌아왔다. 하지만 시영이 계속하여 여러 달 성을 포위 공격하였고, 이로 인해 북한은 국력이 소모되어 다시는 남침하지 못하였다. 이에 유민은 근심과 분노에 휩싸여 병이 들어 세상을 떠났다.

유민 사후 그의 아들 劉承鈞이 계승하였는데 요나라 황제를 父皇帝로 받들었다. 하지만 天會 12년(968)에 北宋 군대가 국경을 압박하여 國勢가 날로 위축되는 것을 근심하다 역시 세상을 떠났다. 이어 그의 아들 劉繼恩이 즉위하였으나 侯霸榮에게 시해당하였다. 이후 劉承均의 養子였던 劉繼元이 계승하였는데 결국 북송 太平興國 4년(979)에 太宗 趙光義가 직접 군대를 거느리고 북한을 쳐서 요나라 군대를 물리치고 태원을 猛攻하여 결국 나라를 세운 지 28년 만에 멸망당하였다.

북한은 10國 가운데 최후로 북송에 멸망하였는데 代州, 忻州, 憲州, 嵐州, 石州 등 지금의 山西省 중부와 북부의 12州를 영토로 하였다. 북한은 땅이 척박하고 백성들이 가난해서 국가의 재정이 부족하여 宰相의 月俸은 後梁 때의 200緡에서 줄어들어 100緡에 불과하였고 節度使는 겨우 30緡이었다고 한다. 이 때문에 대다수 관리들이 國庫를 탐내고 백성들에게 가혹하게 빼앗는 일을 일삼았다. 그리고 북한이 다스릴 때 전쟁을 자주 일으켜서 남자들이 兵役에 시달렸고 賦稅를 지나치게 걷어 요나라에 조공으로 바쳤으므로 전쟁과 세금을 피해 도망하는 백성들이 많았다. 그리하여 盛唐 때 279,100여 戶였던 河東 12州의 인구는 북한이 멸망할 때는 겨우 35,200여 戶로, 盛唐 때의 8분의 1로 줄어들었다고 한다.

한편 ≪구오대사≫에 유민에 대한 史評이 실려 있는데 참고로 들면 다음과 같다.

"史臣은 말한다. '……劉崇(劉旻의 본명)은 나라가 멸망한 뒤의 餘力을 모아 帝王의 칭호를 도적질하였으니 참으로 자신의 역량을 헤아리지 못한 것을 볼 수 있다. 지금 首惡은 비록 죽었지만 남은 후예가 아직 살아 있는데 形勢가 위축되고 民力은 쇠잔해졌으니 망하지 않고 무엇을 기다리겠는가!'〔史臣曰……劉崇以亡國之餘 竊僞王之號 多見其不知量也 今元惡雖斃 遺孽尙存 勢蹙民殘 不亡何待〕"

劉旻傳多風神

〈劉旻傳〉은 풍격과 운치가 많다.

劉旻은 **漢高祖**[1)]**母弟也**라 **初名**은 **崇**이니 **爲人美鬚髯**(수염)이요 **目重瞳子**[2)]라 **少無賴**하야 **嗜酒好博**이라가 **嘗黥**(경)**爲卒**이라 **高祖事晉**하야 **爲河東節度使**에 **以旻爲都指揮使**러니 **高祖卽帝位**하야 **以爲太原**[3)]**尹 北京留守 同中書門下平章事**하다 **隱帝**[4)]**時**에 **累加中書令**이라

劉旻은 漢 高祖의 동복아우이다. 初名은 崇이니 사람이 鬚髯이 아름답고 눈이 重瞳이었다. 어려서 무뢰배로 지내면서 술과 도박을 좋아하다가 墨刑을 당하여 兵卒이 되었다. 고조가 晉나라를 섬겨 河東節度使가 되었을 때 유민을 都指揮使로 삼았다. 고조가 帝位에 오르고서 그를 太原尹 北京留守 同中書門下平章事로 삼았다. 隱帝 때에 누차 승진하여 中書令이 되었다.

1) 漢高祖 : 後晉을 멸망시키고 後漢을 세운 劉知遠(895~948)으로, 河東 太原 사람이다. 沙陀族 출신인데 稱帝한 뒤에 劉暠로 改名하였다. 後唐의 明宗과 後晉의 高祖를 섬겼을 때 戰功이 많았다. 그의 통치 기간에는 각지의 할거 세력들을 제압하기 어려웠고 탐욕스런 부하들이 많아 정치가 제대로 이루어지지 않았다.

2) 目重瞳子 : 重瞳이라 약칭하기도 하는데 하나의 눈에 눈동자가 두 개씩 있는 것을 말한다. 舜 임금과 項羽가 重瞳이었다는 고사에서 유래하여 帝王을 상징한다.

3) 太原 : 중국 山西省의 省都로 太原은 매우 큰 평야라는 뜻이다. 春秋時代에는

晉陽이라 하였고, 戰國時代에는 趙나라의 수도였다. 秦나라 때에는 太原郡에 속했으며 唐나라 이후 太原府에 속했다. 五代에는 晉王 李克用 때부터 後唐의 근거지였다.

4) 隱帝 : 劉承祐(930~951)로, 고조 유지원과 李皇後의 둘째 아들이다. 乾祐元年(948)에 유지원을 이어 즉위하였는데 專權을 휘두르는 권신을 誅殺하다가 郭威의 반란을 초래하였다. 건우 3년(950) 곽위의 叛軍이 開封을 공격할 때 피살당하여 후한이 멸망하였다.

隱帝少하야 **政在大臣**이러니 **周太祖**[1]**爲樞密使**하야 **新討三叛**하야 **立大功**[2]이어늘 **而與旻素有隙**일새 **旻頗不自安**하야 **謂判官鄭珙曰 主上幼弱**하야 **政在權臣**이어늘 **而吾與郭公不叶**(협)하니 **時事如何**오하니 **珙曰 漢政將亂矣**라 **晉陽兵雄天下**하고 **而地形險固**요 **十州征賦足以自給**이니 **公爲宗室老**하야 **不以此時爲計**면 **後必爲人所制**라한대 **旻曰 子言乃吾意也**라하고 **乃罷上供征賦**하고 **收豪傑**하고 **籍丁民以益兵**하다 **三年**에 **周太祖起魏**하야 **隱帝遇弑**하니 **旻乃謀擧兵**이라

隱帝가 어려서 國政이 大臣들의 손에 있었는데 周 太祖가 樞密使가 되어 三鎭의 반란을 막 토벌하여 大功을 세웠다. 그런데 劉旻과 평소 사이가 나빴기에 유민이 몹시 마음이 불안하여 判官 鄭珙에게 말하기를, "主上께서 幼弱하여 국정이 權臣의 손에 있는데 나와 郭公이 화합하지 못하니 이 시국을 어찌하면 좋단 말인가?"라고 하니 정공이 말하기를, "漢나라의 政事는 장차 혼란해질 것입니다. 晉陽의 군대가 天下에 위력을 떨치고 地形은 險固한 데다 10州에서 걷는 賦稅가 自給하기에 충분합니다. 公이 宗室의 元老가

後周 太祖

되어 이때에 계책을 세우지 않으면 뒤에 반드시 남에게 제압을 당할 것입니다."라고 하였다. 그러자 유민이 말하기를, "그대의 말이 바로 나의 뜻이다."라고 하고서 부세를 조정에 올리는 일을 정지하고서 천하의 豪傑을 모으고 壯丁을 軍籍에 등재하여 군대를 보강하였다. 乾祐 3년(950)에 주 태조가 魏州에서 반란을 일으켜 은제가 시해를 당하니 유민이 그제야 擧兵할 것을 도모하였다.

1) 周 太祖 : 五代 때 後周를 세운 郭威(904~954)로, 邢州 堯山 사람이다. 字는 文仲이다. 본래 常氏였는데 어릴 때 모친을 따라 郭氏로 고쳤다고 한다. 처음에 李繼韜의 휘하에 들어가서 後唐과 後晉, 後漢에서 벼슬하였다. 後漢 乾祐 3년(950)에 隱帝가 사람을 보내 자기를 해치려는 것을 알고 병사를 일으켜 開封을 쳤다. 은제가 살해된 뒤 劉贇을 세워 황제로 삼으려다가 澶州에 이르러 兵變을 일으키고 돌아와서 제위에 올라 국명을 周라고 하였다.

2) 新討三叛 立大功 : 河中節度使 李守貞, 永興節度使 趙思綰, 鳳翔節度使 王景崇이 잇따라 일으킨 반란을 처음에 조정에서 누차 토벌하였으나 이기지 못하였는데 마지막에 郭威가 출병하여 李守貞을 시작으로 차례로 이들을 제압하여 위기에 처했던 後漢을 다시 반석에 올려놓은 일을 가리킨다.

周太祖之自魏入也에 **反狀已白**이로되 **而漢大臣不卽推尊之**라 **故未敢卽立**하고 **乃白漢太后**하야 **立旻子贇**(빈)**爲漢嗣**하고 **遣宰相馮道**[1]**迎贇于徐州**라 **當是時**하야 **人皆知太祖之非實意也**로되 **旻獨喜曰 吾兒爲帝矣**니 **何患**고하고 **乃罷兵**하고 **遣人至京師**라

周 太祖가 魏州에서 京師로 들어갈 때 反亂의 情狀이 이미 명백하였는데도 漢나라 大臣들이 곧장 그를 推尊하지 않았다. 그래서 감히 즉위하지 못하고 이에 한나라 太后에게 아뢰어 劉旻의 아들 劉贇을 세워 漢나라의 後嗣로 삼고 宰相 馮道를 보내 徐州에서 유빈을 영접하게 하였다. 이때에 사람들이 모두 이 일이 태조의 본뜻이 아님을 알고 있었는데도 유민만 홀로 기뻐하면서 말하기를, "내 아들이 황제가 되니 무엇을 근심하겠는가!"라고 하고서 이에 出兵을 그만두고 사람을 보내 京師에 이르렀다.

1) 馮道 : 字는 可道이다. 20여 년 동안 後唐·後晉·契丹·後漢·後周 등 五朝

의 재상으로 여섯 명의 황제를 섬긴 인물이다. 풍도는 長樂老라고 自號하고서 스스로 매우 영화롭게 여겼는데, 歐陽脩는 ≪新五代史≫를 편찬하면서 풍도의 傳記를 雜傳에 넣고 염치없는 자라고 혹평하였다.

周太祖少賤하야 黥其頸上爲飛雀하니 世謂之郭雀兒라 太祖見旻使者하고 具道所以立贇之意하고 因自指其頸以示使者曰 自古豈有雕靑天子리오 幸公無以我爲疑라하니 旻喜하야 益信以爲然이라 太原少尹李驤曰 郭公擧兵犯順하니 其勢不能爲漢臣이라 必不爲劉氏立後라하고 因勸旻以兵下太行[1]하야 控孟津[2]하야 以俟變이면 庶幾贇得立이니 贇立而罷兵可也라하야늘 旻大罵曰 驤은 腐儒라 欲離間我父子라하고 命左右牽出斬之하니 驤臨刑歎曰 吾爲愚人畫(획)計하니 死誠宜矣라 然吾妻病하야 不可獨存이니 願與之俱死라하니 旻聞之하고 卽幷戮其妻于市하고 以其事白漢하야 以明無他라 已而오 周太祖果代漢하고 降封贇湘陰公하니 旻遣牙將李䛒(변)奉書周太祖하야 求贇歸太原이어늘 而贇已死라 旻卽慟哭하고 爲李驤立祠하야 歲時祠之라

周 太祖가 젊은 시절 微賤하여 墨刑을 당해 목 위에 飛雀을 새기니 세상 사람들이 郭雀兒라고 불렀다. 太祖가 劉旻의 使者를 보고 劉贇을 세우려는 뜻을 자세히 말해주고 인하여 자기 목을 직접 가리켜 사자에게 보여주면서 말하기를, "예로부터 어찌 文身을 한 天子가 있었는가. 부디 공은 나를 의심하지 말기 바라오."라고 하니 유민이 기뻐서 더욱 믿어 그 말을 사실로 여겼다.

太原의 少尹 李驤이 말하기를, "郭公이 군대를 일으켜 임금을 범하였으니 그 형세가 漢나라의 신하가 될 수 없습니다. 반드시 劉氏를 위해 後嗣를 세워주지 않을 것입니다."라고 하고 이어 군대를 거느리고 太行山을 내려가 孟津을 장악하여 變亂에 대비하면 거의 유빈이 즉위할 수 있을 것이니 유빈이 즉위하고 나서 출병을 그만두면 된다고 유민에게 권하였다. 그런데 유민이 그를 크게 나무라기를, "그대는 腐儒이다. 우리 부자지간을 이간하려 하는구나."라고 하고 左右의 수하들에게 그를 끌어내 斬首하라고 명하니 이양이 형벌에 임하여 탄식하며 말하기를, "내가 어리석은 사람을 위해 일을 계획하였으니 죽는 것이 참으로 마땅하다. 그렇지만 내 아내가 병들어 혼자 살아갈 수 없으니 아내와 함께 죽기를 원한다."라고 하니 유민이 이 말을

듣고 즉시 저자에서 그의 아내까지 아울러 죽이고 그 일을 한나라 조정에 보고하여 〈주 태조에게 자신은〉 다른 뜻이 없음을 밝혔다. 이윽고 주 태조가 과연 한나라를 대신하고 유빈을 湘陰公에 降封하니 유민이 牙將 李䛒에게 서신을 받들어 주 태조에게 보내 유빈을 태원으로 돌려보내 달라고 청하였으나 유빈은 이미 죽었으므로 유민이 곧바로 慟哭하고 이양을 위해 사당을 세워 歲時마다 제사 지냈다.

1) 太行 : 高原 지대인 山西省의 동쪽과 平原 지대인 河北省의 서쪽에 남북으로 띠처럼 길게 경계를 이루는 산맥으로, 河內에서 시작해 동북으로 幽州에 이른다. 남쪽으로는 河南省의 북쪽 경계를 이루며, 백 개의 산봉우리가 있고 13개 주 경계에 걸쳐 있다.

2) 孟津 : 옛날 黃河에 있었던 나루터 이름이다. 지금의 河南省 孟津縣 동북 孟縣 서남쪽에 있다. 전설에 따르면, 周 武王이 여기에서 제후들과 회맹하고 황하를 건넜기 때문에 盟津이라 불렀는데 訛傳되어 孟津이 되었다고도 한다. 전략상 요충지로 역대로 치열한 戰場이 되곤 하였다.

乃以周廣順[1]**元年正月戊寅**에 **卽皇帝位於太原**하야 **以子承鈞爲太原尹**하고 **判官鄭珙趙華爲宰相**하고 **都押衙陳光裕爲宣徽使**하고 **遣通事舍人**[2]**李䛒間行使于契丹**하다 **契丹永康王兀欲**[3]이 **與旻約爲父子之國**이라 **旻乃遣宰相鄭珙致書兀欲**하야 **稱姪皇帝**하야 **以叔父事之**라 **已而**[4]오 **兀欲遣燕王述軋**[5]**政事令高勳**[6]하야 **以冊尊旻爲大漢神武皇帝**하고 **并冊旻妻爲皇后**하다 **兀欲性豪雋**(준)하야 **漢使者至**면 **輒以酒肉困之**라 **珙素有疾**이러니 **兀欲彊之飮**하야 **一夕而以醉卒**이라 **然兀欲聞旻自立**하고 **頗幸中國多故**라 **乃遣其貴臣述軋高勳**하야 **以自愛黃騮九龍十二稻玉帶報聘**[7]이라

이에 周 廣順 元年(951) 正月 戊寅日에 太原에서 皇帝에 즉위하여 아들 劉承鈞을 太原尹으로 삼고 判官 鄭珙, 趙華를 宰相으로 삼고 都押衙 陳光裕를 宣徽使로 삼고 通事舍人 李䛒을 보내 몰래 사잇길로 契丹에 사신으로 가게 하였다. 거란의 永康王 兀欲이 劉旻과 父子之間의 나라가 되기로 맹약하니 유민이 이에 재상 정공을 보내 올욕에게 서신을 보내 姪皇帝라고 자칭하면서 叔父로서 그를 섬겼다. 이윽고 올욕이 燕王 述軋, 政事令 高勳을 보내 冊書로 유민을 推尊하여 大漢神武皇帝로 삼고

유민의 처를 아울러 冊封하여 皇后로 삼았다. 올욕은 성품이 豪放하여 漢나라 사신이 이르면 번번이 술과 고기를 많이 먹여 힘들게 하였다. 정공은 평소 질병이 있었는데 兀欲이 억지로 그에게 술을 마시게 하여 하룻밤 사이에 술에 취하여 卒하였다. 그러나 올욕은 유민이 스스로 황제에 즉위했다는 소식을 듣고 자못 中國에 變故가 많음을 다행스럽게 여겼다. 이에 자기의 貴臣 술알, 고훈을 보내 자신이 아끼던 黃騮馬, 九龍十二稻玉帶를 가지고 答訪하게 하였다.

1) 廣順 : 後周 太祖 郭威의 開國 연호(951~954)이다.
2) 通事舍人 : 황제를 朝見할 때 신하를 인도하고 詔命을 출납하는 업무를 관장하였다. 본래 ≪周禮≫ 〈地官・舍人〉에서 宮中의 내부 사무를 관장하였던 舍人에서 비롯한 관직으로 후세에는 황제 가까이에서 侍衛하는 관직으로 발전하였던 바, 秦漢 때 太子舍人은 太子의 屬官이었고 魏晉 이후에는 中書通事舍人을 두어 詔命을 전달하는 업무를 관장하게 하였으며, 隋唐 때에는 황제의 말을 기록, 정리하는 史官의 역할을 하였던 起居舍人과 아울러 通事舍人을 두었다.
3) 兀欲 : 遼 世宗 耶律阮(917~951)으로, 兀欲은 初名이다. 遼 太祖 耶律阿保機의 長孫이고 遼 太宗 耶律德光의 조카로 遼나라의 3대 황제이다. 耶律倍의 長子로 모친은 柔貞皇后 蕭氏이다. 946년 後晉의 石重貴가 稱臣하지 않자 태종이 토벌군을 일으켜 이듬해 후진의 國都인 東京 開封府를 점령하여 후진을 멸망시키고 開封 宮中에서 大遼로 국호를 고치고 大同으로 改元하였는데, 이때 올욕도 토벌군에 참여하여 永康王에 봉해졌다. 같은 해 태종이 죽자 南征한 장수들의 추대로 鎭州에서 帝位에 올랐다. 上京에서 述律后(太祖의 妃)와 耶律李胡(太祖의 아들)의 군대를 물리쳤는데 大臣 耶律屋質의 권고로 이들과 화해하여 정식으로 즉위하고 天祿으로 改元하였다. 天祿 5년(951) 南征하였을 때 耶律察割에게 시해당하였다.
4) 已而 : ≪新五代史≫와 사고전서본에는 '而已'로 되어 있다.
5) 述軋 : 遼나라 초기의 장수 耶律牒蠟으로, 述軋은 그의 字이고 다른 字는 述蘭인데 '舒幹'로 되어 있는 곳도 있다. 會同 元年(938)에 後晉에 사신가서 石敬瑭을 英武明義皇帝로 冊立하였다. 회동 6년(943)에 석경당의 아들 石重貴가 이어 즉위한 뒤 契丹에 손자라고 칭하고 신하라고 칭하지 않은 일로 태종을

따라 후진을 토벌하였다.

6) 高勳 : 字는 鼎臣으로 후진 北平王 高信韜의 아들이다. 후진에서 벼슬하여 閤門使가 되었는데 會同 9년(946)에 杜重威와 함께 거란에 투항하였다. 요 태종이 開封을 침입하였을 때 四方館使에 제수하였는데 天祿 연간에는 樞密使가 되어 軍政을 관장하였다. 應曆 初年에 趙王에 봉해지고 외직으로 나가 上京留守가 되었다가 이윽고 南京으로 옮겼다. 景宗 때 南院樞密使가 되었는데 毒藥으로 駙馬都尉 蕭啜裏를 죽이려다 발각되어 銅州로 유배갔다. 얼마 뒤 尙書令 蕭思溫을 謀害하다가 죽임을 당하였다.

7) 以自愛黃騮九龍十二稻玉帶報聘 : 九龍은 옛날 龍이 자식 아홉을 낳았다는 전설에서 비롯하여 裝飾으로 만들어 祥瑞로운 상징으로 삼은 것으로 여기서는 玉帶에 아홉 용으로 장식을 두른 것을 가리킨다. 처음에는 周나라 때 어떤 殿閣의 문 위에 세 개의 銅柱를 세우고 각 銅柱마다 용 3마리를 휘감아 놓은 것을 九龍殿이라고 명명한 데서 비롯되었는데 이후로 九龍으로 장식한 九龍燭, 九龍帳, 九龍冠, 九龍輿의 명칭이 생겨났다. 稻는 어떤 물건의 폭을 나타나는 단위로, 腰帶의 폭을 가리킬 때 주로 쓴다. ≪五代史記纂誤續補≫ 卷6에 "살펴보건대, ≪鐵圍山叢談≫(蔡絛 撰)에서 紫雲樓金帶를 서술하면서 '게다가 지난날 腰帶들은 方銙(네모 갈고리)가 크지 않았는데 이 요대는 도리어 유독 크기가 12稻나 된다.'라고 하였고 ≪老學菴筆記≫(陸游 撰)에서 '王荊公이 준 玉帶는 폭이 14稻이니 玉抱肚라 부른다.'라고 하였고 ≪猗覺寮雜記≫(朱翌 撰)에서 '요대의 폭을 '道'를 가지고 말하는 것은 마땅히 '稻'字를 써야 한다. ≪五代史≫에 劉旻이 12稻의 玉帶를 漢 高祖에게 드렸다고 하였다.'라고 하였으니 여기서 稻는 폭을 말한 것으로, 역시 당시 물건의 제도인 것이다. 의당 대략 해설하는 말을 지어 '淸泰는 廢帝의 年號이다.'라고 비교하여 말하는 것이 맞다. 朱新仲(朱翌)이 '劉旻이 漢 高祖에게 드렸다.'라고 한 것은 기억나는 대로 우연히 말한 것일 뿐이다.〔按鐵圍山叢談 敍紫雲樓金帶曰 且往時諸帶 方銙不大 此帶乃獨大至十二稻 老學菴筆記 王荊公所賜玉帶 闊十四稻 號玉抱肚 猗覺寮雜記 帶闊狹以道言 當用稻字 五代史 劉旻以十二稻玉帶遣漢高祖 是稻以闊狹言 亦當時物制也 宜略作解語 較曰 淸泰廢帝年號也爲有當 朱新仲謂劉旻遣漢高祖 記憶偶談耳〕"라고 하였다.

已而오 兀欲爲述軋所弑하야 述律[1)]代立이라 旻遣樞密直學士王得中聘于述律하야 求兵以攻周하니 述律遣蕭禹厥率兵五萬助旻이라 旻出陰地攻晉州라가 爲王峻所敗[2)]라 是歲에 大寒이라 旻軍凍餒하야 亡失過半이라 明年에 又攻府州[3)]라가 爲折德扆(의)所敗라 德扆因取岢嵐軍[4)]하다

이윽고 兀欲이 述軋에게 시해를 당하여 述律이 이어 즉위하였다. 劉旻이 樞密直學士 王得中을 보내 술률에게 聘問하게 하여 派兵하여 周나라를 공격할 것을 청하니 술률이 蕭禹厥을 보내 군대 5만 명을 거느리고 유민을 도왔다. 유민이 陰地에서 출병하여 晉州를 공격하였다가 王峻에게 패배하였다. 이해에 추위가 심하여 유민의 군사들이 추위에 떨고 굶주려서 병력 손실이 절반을 넘었다. 이듬해 다시 府州를 공격하다가 折德扆에게 패배하니 절덕의가 이를 인하여 岢嵐軍을 취하였다.

1) 述律 : 耶律璟(931~969)으로, 述律은 初名이다. 後周에서는 信祖 郭璟의 諱를 피하여 耶律明이라고 불렀다. 遼 太宗 耶律德光의 長子로, 모친은 靖安皇後 蕭氏이다. 즉위하기 전에 壽安王에 봉해졌었다. 天祿 5년(951) 遼 世宗 耶律阮이 耶律察割 등에게 시해되었는데 이때 그는 토벌하러 나가 軍中에 있었던 바, 돌아와 야율찰할을 죽이고 帝位에 올랐으니 요나라의 4대 황제이다. 그는 중국 역사상 유명한 昏君이자 暴君으로, 재위 18년 동안은 요나라 정치의 암흑 시기였다. 應曆 19년(969)에 近侍에게 시해당하였다.

2) 旻出陰地攻晉州 爲王峻所敗 : 陰地는 陰地關으로, 지금의 山西省 靈石縣 서남쪽에 있는 關이다. 晉州는 지금의 山西省 臨汾市에 있던 지명으로, 처음 北魏 建義 元年(528)에 唐州를 고쳐 명명한 것이다. 隋나라 때에는 臨汾郡, 平陽郡으로 고쳤다가 唐나라 武德 元年(618)에 다시 晉州가 되었다. ≪五代史纂誤≫ 卷下에는 "지금 살펴보건대, 〈王峻傳〉에는 劉旻이 周나라 군대가 대거 이르렀다는 소식을 듣고 곧바로 포위를 풀고 떠나 王峻과 칼끝을 맞댄 적이 없었으니 어찌 왕준에게 패배하였다고 할 수 있겠는가.〔今按王峻傳 旻聞周兵大至 卽解去 未嘗與峻交鋒 安得云爲峻所敗也〕"라고 하였다.

3) 府州 : 後梁 乾化 元年(911)에 설치하였는데 治所는 지금의 陝西省 府谷縣에 있었다.

4) 岢嵐軍 : 唐나라 長安 3년(703)에 설치하였는데 治所는 지금의 山西省 岢嵐

縣에 있었다.

周太祖崩한대 旻聞之喜하야 遣使乞兵于契丹하니 契丹遣楊衮將鐵馬萬騎及奚諸部兵五六萬人號稱十萬하야 以助旻이라 旻以張元徽爲先鋒하고 自將騎兵三萬攻潞州하니 潞州李筠遣穆令鈞以步騎三千拒元徽于太平驛[1)]이어늘 元徽擊敗之하고 遂圍潞州라

周 太祖가 崩御하자 劉旻이 이 소식을 듣고 기뻐하여 사신을 보내 契丹에 파병을 요청하니 거란이 楊衮을 보내 鐵馬 1만 騎 및 奚의 諸部 군대 5~6만 명을 거느리고 10만이라 호칭하고서 유민을 도왔다. 유민이 張元徽를 先鋒軍으로 삼고 직접 騎兵 3만을 거느리고서 潞州를 공격하니 노주의 李筠이 穆令鈞을 보내 步兵과 騎兵 3천을 거느리고 太平驛에서 장원휘를 막게 하였는데 장원휘가 쳐서 패배시키고 마침내 노주를 포위하였다.

1) 潞州李筠遣穆令鈞以步騎三千拒元徽于太平驛 : 潞州는 北周 宣政 元年(578)에 설치하였는데 治所는 지금의 山西省 襄垣縣 북쪽에 있었다. 옛날 이곳에 潞子가 세운 나라가 있었던 데서 州名이 유래하였다. 隋나라 때 上黨郡이 되었다가 唐 武德 元年(618)에 다시 노주로 고쳤는데 天寶 初年에 다시 상당군으로 고치고 乾元 元年(758)에 또다시 노주로 고쳤다. 이후에도 隆德府, 노주, 潞安府로 改名을 거듭하였다. 太平驛은 옛터가 지금의 산서성 양원현의 서남쪽 18리 떨어진 太平村에 있었다. ≪二十二史考異≫ 권66에 '穆令鈞'에 대해 '≪資治通鑑≫에는 令均으로 되어 있다'고 하였다. ≪五代史記纂誤續補≫ 卷6에 "살펴보건대, 南監本과 彭注本에는 '三'이 '二'로 되어 있다.〔按南監本彭注本三作二〕"라고 하였다.

是時에 世宗新卽位하야 以謂旻幸周有大喪[1)]而天子新立하여 必不能出兵하리니 宜自將以擊其不意라하다 自宰相馮道等으로 多言不可어늘 世宗意甚銳라 顯德元年三月에 親征하야 甲午에 戰于高平[2)]할새 李重進白重贊將左하고 樊愛能何徽將右하며 向訓史彥超居中軍하고 張永德以禁兵衛蹕이라 旻亦列爲三陣하야 張元徽居東偏하고 楊衮居西偏하고 旻居其中이라 衮望周師하고 謂旻曰 勍敵也니 未可輕動이라하야늘 旻

奮髯曰 時不可失이니 **無妄言也**하라하니 **袞怒而去**라 **旻號令東偏先進**한대 **王得中叩馬諫曰 南風甚急**하니 **非北軍之利也**라 **宜少待之**라하야늘 **旻怒曰 老措大**[3]는 **毋妄沮吾軍**이라하고 **卽麾元徽**하니 **元徽擊周右軍**이라 **兵始交**에 **愛能徽退走**하야 **其騎軍亂**하고 **步卒數千棄甲叛降元徽**하니 **呼萬歲聲振川谷**이라 **世宗大駭**하야 **躬督戰士**하니 **士皆奮命爭先而風勢愈盛**이라 **旻自麾赤幟收軍**하되 **軍不可遏**이라 **旻遂敗**라 **日暮**에 **旻收餘兵萬人**하야 **阻澗而止**하다

이때에 周 世宗이 막 卽位하여, 劉旻이 周나라에 大喪이 있고 天子가 막 즉위하여 절대로 출병하지 못하리라는 점을 기회로 여기고 있을 것이니 친히 군대를 거느리고 가서 예측하지 못한 틈을 노려 공격해야 한다고 하였다. 宰相 馮道 등 이하로 대다수가 그렇게 해서는 안 된다고 말하였는데 世宗이 뜻이 매우 확고하였다.

後周 世宗

顯德 元年(954) 3월에 親征하여 甲午日에 高平에서 전투할 때 李重進, 白重贊이 左軍을 거느리고 樊愛能, 何徽가 右軍을 거느리며 向訓, 史彦超가 中軍에 자리하고 張永德이 禁兵을 거느리고 황제를 호위하였다. 유민 역시 세 개의 軍陣을 펼쳐서 張元徽가 동쪽에 자리하고 楊袞이 서쪽에 자리하고 유민이 그 가운데에 자리하였다. 양곤이 주나라 군대를 바라보고 유민에게 "强敵이니 가벼이 움직여서는 안 됩니다."라고 하였는데 유민이 수염을 손으로 떨치면서 말하기를, "適期를 놓쳐서는 안 되니 맘대로 지껄이지 말라."라고 하니 양곤이 노하여 떠났다. 유민이 東軍에 먼저 전진하라고 號令하자 王得中이 말고삐를 잡고 간하기를, "南風이 매우 세차니 北軍에게 유리하지 않습니다. 조금 기다려야 합니다."라고 하

였는데 유민이 노하여 말하기를, "늙은 措大는 함부로 우리 군대를 저지하지 말라." 라고 하고 곧장 장원휘를 지휘하니 장원휘가 주나라의 右軍을 쳤다.

兩軍이 처음 接戰하자 번애능과 하휘가 물러나 달아나서 그들의 騎兵들이 혼란해지고 步卒 수천 명이 갑옷을 버리고 배반하여 장원휘에게 투항하니 萬歲를 외치는 소리가 川谷을 진동하였다. 세종이 크게 놀라 몸소 戰士들을 督勵하니 士卒들이 모두 목숨을 바쳐 앞을 다투었고 남풍의 기세가 더욱 거세어졌다. 유민이 직접 붉은 기를 휘두르며 군대를 수습하였으나 궤멸하는 군대를 막지 못하여 유민이 마침내 패배하였다. 저녁 무렵에 유민이 남은 병졸 1만 명을 수습하여 계곡에 의지하여 멈춰 쉬었다.

1) 大喪 : 帝王, 皇后, 世子의 喪을 말하는데, 여기서는 954년 1월 崩御한 周 太祖 郭威의 喪을 말한다.

2) 顯德元年三月……戰于高平 : 顯德은 後周 世宗 柴榮의 연호(954~959)이다. 高平은 지금의 山西省 晉城市에 속하는 지역으로, 산서성 東南部, 澤州盆地의 北端, 太行山의 서남쪽 기슭에 있다. 漢族의 始祖로 추앙받는 炎帝의 고향이기도 하고, 전국 시대 秦나라 白起가 趙나라 趙括의 군사를 대파하고, 降卒 40여만 명을 땅에 파묻어 통일의 기초를 닦은 長平 전투가 벌어졌던 곳이다. ≪二十二史考異≫ 권66에 '顯德元年'에 대해, "世家에서는 凡例에 따라 本國의 紀年을 쓰는데 여기서 乾祐를 쓰지 않고 顯德을 쓴 것은 범례와 부합하지 않는다.〔世家例書本國之紀年 此不書乾祐而書顯德 亦與例不合〕"라고 하였다. ≪五代史記纂誤續補≫ 卷6에 "살펴보건대, 〈周本紀〉에서 '3月 癸巳日에 劉旻과 高原에서 전투하여 패배시키고 추격하여 高平에 미쳐 다시 패배시켰다'라고 하였는데 여기서는 고원에서 전투한 일을 먼저 서술하지 않고 곧장 고평에서 전투하였다고만 서술하였으니 뒤에서 追擊하였다고 한 곳은 다시 어느 곳이란 말인가? 〈劉詞傳〉에서도 단지 고평만 서술하여, '世宗이 고평에서 전투할 때 樊愛能 등의 군대가 패배하여 남쪽으로 달아났다.'라고 하였으니 번애능 등의 패배는 대체로 처음 고원에서 接戰하던 때에 있었던 것이고 고평은 바로 이기고 나서 추격한 곳인 듯하다. 〈本紀〉에 '癸巳'로 되어 있는데 이는 甲午日보다 하루 전으로, 뒷부분의 日暮를 가지고 미루어 보면 사실 같은 날에 일어난 일이다. ≪資治通鑑≫에는 바로 '癸巳'로 되어 있는데 ≪資治通鑑考

異≫에서 '≪世宗實錄≫에 甲午日에 賊이 고평 남쪽의 고원에 진을 쳤다고 하였는데 살펴보면 뒷부분에 다시 甲午日이 있으니 이는 필시 癸巳의 착오이다. 지금 ≪十國紀年≫(劉恕 撰)을 따른다.'라고 하였으니 여기서 '甲午'로 되어 있는 것은 착오이다.〔按周本紀 三月癸巳 及劉旻戰于高原敗之 追及于高平 又敗之 此不先敍戰高原 直敍戰高平 下曰追擊者 更是何地 劉詞傳亦單敍高平 曰世宗戰高平 樊愛能等軍敗南走 愛能等敗 蓋在高原接戰之始 高平乃旣勝追擊之地也 本紀作癸巳是先甲午一日 以下日暮推之 實是同日事 通鑑正作癸巳 考異曰世宗實錄 甲午賊陳於高平南之高原 按下又有甲午 此必癸巳誤也 今從十國紀年 則此作甲午誤〕"라고 하였다.

3) 措大 : 貧寒하고 失意한 선비나 書生의 뜻으로, 본래 큰 일을 조치할 수 있다〔擧措大事〕는 의미에서 나온 말이다.

是時에 **周之後軍**은 **劉詞將之**하야 **在後未至**어늘 **而世宗銳於速戰**하야 **戰已勝**에 **詞軍繼至**라 **因乘勝追擊之**하니 **旻又大敗**하야 **輜重器甲**[1]과 **乘輿服御物**이 **皆爲周師所獲**이라 **旻獨乘契丹黃騮**(류)하고 **自鵰窠**(조과)**嶺**[2]**間道馳去**라가 **夜失道山谷間**이러니 **得村民爲鄕導**하야 **誤趨平陽**[3]이라가 **得他道以歸**로되 **而張元徽戰歿于陣**이라 **楊袞怒旻**하야 **按兵西偏不戰**이라 **故獨全軍而返**이라 **旻歸**하야 **爲黃騮治廏**하고 **飾以金銀**하고 **食以三品料**[4]하고 **號自在將軍**이라

이때에 周나라의 後軍은 劉詞가 거느리고서 후방에서 아직 이르지 않았는데 世宗이 速戰하는 데 급급하여 전투를 이기고 나서 유사의 군대가 이어 이르렀다. 이를 인하여 승세를 타고 追擊하니 劉旻이 또 크게 패하여 輜重, 器甲과 乘輿, 服御 등의 물품이 모두 周나라 군대에 노획되었다. 유민이 혼자 契丹의 黃騮馬를 타고 雕窠嶺의 샛길로 내달려 가다가 밤에 山谷 사이에서 길을 잃었는데 村民을 길잡이로 삼아 平陽으로 잘못 내달렸다가 다른 길을 찾아 돌아왔으나 張元徽는 軍陣에서 戰歿하였다. 楊袞은 유민에게 노하여 서쪽에서 군대를 머무르게 한 채 싸우지 않았으므로 혼자 군대를 온전히 지켜 돌아왔다. 유민이 돌아와서 황류마를 위해 마구간을 수리하고 金銀으로 장식하고 三品의 馬料를 먹이고 自在將軍이라고 불렀다.

1) 輜重器甲 : 輜重은 말이나 수레에 실은 군수용의 물품들 혹은 이를 수송하는 부대를 가리키고 器甲은 무기와 갑옷을 가리킨다.
2) 雕窠(조과)嶺 : 지금의 山西省 長子縣의 서남쪽에 있는 고개이다.
3) 平陽 : 지금의 산서성 臨汾市의 서남쪽 18리 떨어진 金殿鎭에 있었다. 春秋 시대에 晉나라 大夫 羊舌氏의 邑으로, 晉 頃公 12년(B.C. 514)에 平陽縣을 설치하였다. 堯 임금이 도읍하였다고 하는 곳으로 平河의 북쪽에 있었는데 ≪詩經≫에 나오는 唐國이다.
4) 三品料 : 三品 관원의 봉록에 준할 정도의 좋은 飼料라는 뜻으로, '三品芻', '三品蒭豆'라고도 한다. 唐나라 때 奸臣 李林甫가 19년 동안이나 재상 자리에 있으면서 천자의 聰明을 가리고 권력을 제멋대로 부렸는데, 諫官들을 불러 이르기를, "그대들은 儀仗으로 세우는 말들을 보지 못했는가? 종일토록 아무 소리 없이 서 있으면 삼품의 꼴과 콩을 실컷 먹지만, 한 번 울었다 하면 바로 쫓겨나니, 나중에 비록 울지 않으려 한들 되겠는가?〔君等獨不見立仗馬乎 終日無聲而飫三品芻豆 一鳴則黜之矣 後雖欲不鳴 得乎〕"라고 한 데서 온 말이다. ≪唐書≫ 卷223 〈李林甫傳〉

世宗休軍潞州하야 **大宴將士**할새 **斬敗將樊愛能何徽等七十餘人**하니 **軍威大振**이라 **進攻太原**할새 **遣符彦卿史彦超北控**忻**口**[1]하야 **以斷契丹援路**라 **太原城**은 **方四十里**어늘 **周師去城三百步**에 **圍之**匝(잡)하야 **自四月至於六月**히 **攻之不克**하고 **而彦卿等爲契丹所敗**하고 **彦超戰歿**이라 **世宗遽班師**하다

世宗이 潞州에서 군대를 휴식시키면서 將士들에게 크게 연회를 베풀 때 敗將 樊愛能, 何徽 등 70여 인을 斬首하니 군대의 威嚴이 크게 떨쳤다. 진군하여 太原을 공격할 때 符彦卿, 史彦超를 보내 북쪽으로 忻口를 장악하여 契丹의 援兵이 오는 길을 차단하였다. 太原城은 둘레가 40里인데 周나라 군대가 城에서 300步 거리를 두고 포위하여 4월에서 6월까지 공격하여 이기지 못하고 부언경 등이 거란에게 패배하고 사언초가 戰歿하니 世宗이 급거 회군하였다.

1) 忻口 : 지금의 山西省 忻州市 북서쪽 15리 떨어진 忻口村이다. 두 산이 끼고 있고 滹沱河가 그 사이를 흐르고 있다. 漢 高祖가 흉노를 치러 갔다가 平城에

서 포위되었는데 그곳에서 탈출하고 회군하여 이곳에 이르러 六軍이 忻然하였던 데서 지명으로 삼았다고 한다.

初에 **周師之圍城也**에 **旻遣王得中送楊袞以歸**하고 **因乞援兵于契丹**하니 **契丹發數萬騎助旻**하야 **遣得中先還**이라 **至代州**에 **代州**[1]**將桑珪殺防禦使鄭處謙**하고 **以城降周**하고 **幷送得中於周**라 **世宗召問得中虜助兵多少**한대 **得中言送袞歸**요 **無所求也**라하니 **世宗信之**라 **已而**오 **契丹敗符彦卿于忻口**라 **得中遂見殺**하다 **旻自敗于高平**하고 **已而被圍**로 **以憂得疾**하야 **明年十一月卒**[2]하니 **年六十**이라 **子承鈞立**하다

당초 周나라 군대가 성을 포위했을 때 劉旻이 王得中을 보내 楊袞을 호송하여 돌아오게 하고 인하여 契丹에 援兵을 청하니 거란이 기병 수만 명을 출동하여 유민을 도우면서 왕득중을 보내 먼저 돌아오도록 하였다. 왕득중이 代州에 이르렀을 때 대주 장수 桑珪가 防禦使 鄭處謙을 죽이고 성을 가지고 주나라에 투항하면서 왕득중까지 주나라에 호송하였다. 世宗이 왕득중을 불러 그에게 거란 원병의 수효를 묻자 왕득중이 양곤을 호송하여 돌아가는 길이었고 거란에게 요구한 것이 없다고 하니 세종이 이 말을 믿었다. 그런데 이윽고 거란이 忻口에서 符彦卿을 패배시키니 왕득중이 마침내 죽임을 당하였다. 유민이 高平에서 패하고 얼마 있다 포위를 당한 뒤로 근심으로 병을 얻어 이듬해 11월에 卒하니 향년 60세였다. 아들 劉承鈞이 즉위하였다.

1) 代州 : 隋나라 때 肆州를 고쳐 설치한 곳으로, 治所는 지금의 山西省 代縣에 있었다. 수나라 大業 3년(607)에 雁門郡으로 고쳤다가 唐나라 武德 元年(618)에 다시 대주를 설치하였다. 天寶 初年에 다시 雁門郡으로 고쳤다가 乾元 元年(758)에 다시 대주가 되었다.
2) 旻自敗于高平……明年十一月卒 : ≪五代史纂誤≫ 卷下에 "지금 〈本紀〉를 살펴보건대, 周 太祖가 廣順 4년 甲寅年(954) 正月 丙子日 초하루에 南郊에서 제사를 지내고 大赦免을 단행하고 改元하여 顯德 元年으로 삼았다. 이달 壬辰日에 太祖가 崩御하고 丙申日에 世宗이 즉위하였고 2월에 漢나라 군대가 와서 토벌하여 潞州부터 공격하였다. 3월 乙酉日에 노주로 가고 癸巳日에 劉旻과 高平에서 전투하여 패배시키고 6월 乙巳日에 회군하였다. 또 〈十國世家年譜〉를 살펴보건대, 甲寅年 세종 현덕 원년 正月에 卽位하였으니 바로 劉旻의 乾

祐 7년인데 注에서는 '이해에 承鈞이 즉위하였다.'고 하였다. 이를 통해 미루어 보면 이는 세종이 현덕 원년 갑인년에 太原을 포위하고 6월이 되어서 회군하였고 이해에 유민이 卒하고 劉承鈞이 즉위한 것이다. 그런데 지금 〈劉旻世家〉에서는 도리어 '이듬해 11월에 卒하였다.'고 하였으니 〈本紀〉, 〈年譜〉와 상응하지 않는다. 아마도 〈유민세가〉에 '明年' 2자가 잘못 들어간 듯하다.〔今按本紀 周太祖以廣順四年甲寅歲正月丙子朔有事于南郊 大赦改元爲顯德元年 是月壬辰 太祖崩 丙申 世宗卽位 二月 漢人來討 攻自潞州 三月乙酉 如潞州 癸巳 及劉旻戰于高平 敗之 六月乙巳 班師 又按十國年譜 甲寅 世宗顯德元年 正月卽位 卽劉旻之乾祐七年 乃注云是歲承鈞立 以此推之 則是世宗以顯德元年甲寅歲圍太原 至六月班師 是歲旻卒承鈞立也 今世家乃云明年十一月卒 則與本紀年譜不相應 蓋世家誤有明年二字也〕"라고 하였다.

或問十國은 固非中國有也라 然猶命以封爵而稱中國年號來朝貢者도 亦有之矣어늘 本紀之不書는 何也오 曰 封爵之不書는 所以見其非中國有也니 其朝貢之來如夷狄[1)]하야 以夷狄書之則甚矣라 問者曰 四夷十國이 皆非中國有也어늘 四夷之封爵朝貢則書하고 而十國之不書는 何也오 曰 以中國而視夷狄인댄 夷狄之可也어니와 以五代之君而視十國인댄 夷狄之則未可也라 故十國之封爵朝貢이 不如夷狄인댄 則無以書之요 書如夷狄인댄 則五代之君이 未可以夷狄之也라 是以로 外而不書하여 見其自絶於中國焉爾라 問者曰 外而不書면 則東漢之立은 何以書오 曰 吾於東漢에 常異其辭於九國也라 春秋因亂世而立治法하고 本紀以治法而正亂君이라 世亂則疑難之事多하니 正疑處難을 敢不愼也아 周漢之事는 可謂難矣哉인저 或謂劉旻嘗致書于周하야 求其子贇不得而後自立이라 然則旻之志는 不以亡漢爲讎요 而以失子爲讎也라 曰 漢嘗詔立贇爲嗣면 則贇爲漢之國君이요 不獨爲旻子也라 旻之大義는 宜不爲周屈이라 其立雖未必是나 而義當不屈于周니 此其可以異乎九國矣라 終旻之世토록 獨稱乾祐라가 至承鈞立하야 然後改元[2)]하니 則旻之志가 豈不可哀也哉리오

어떤 이가 묻기를, "十國은 본래 中國의 소유가 아니다. 그런데도 명하여 封爵을 내려주고 중국의 年號를 쓰면서 와서 朝貢하는 자도 있는데 本紀에서 기록하지 않은 것은 어째서인가?"라고 하였다. 내가 말하기를, "봉작을 기록하지 않은 것은 중국의 소유가 아님을 보이기 위한 것이니 그들이 夷狄처럼 와서 조공하였다고 이적으로서 기록하면 지나친 것이다."라고 하였다. 묻는 자가 말하기를, "이적과 십국이 모두 중국의 소유가 아닌데 이적의 봉작과 조공은 기록하고 십국은 기록하지 않은 것은 어째서인가?"라고 하였다. 내가 말하기를, "중국의 입장에서 이적을 본다면 이적이라 할 수는 있지만 五代의 군주의 입장에서 십국을 본다면 이적이라 할 수는 없다. 그래서 십국의 봉작과 조공이 이적만 못하다면 기록할 것이 없고, 이적처럼 기록할진댄 오대의 군주가 그들을 이적으로 여길 수 없다. 이 때문에 제외하여 기록하지 않아서 그들이 중국과 스스로 관계를 끊었음을 드러낸 것일 뿐이다."라고 하였다.

묻는 자가 말하기를, "제외하여 기록하지 않았다면 東漢(北漢)의 건국은 어찌하여 기록한 것인가?"라고 하였다. 내가 말하기를, "내가 동한에 대해서는 늘 九國에 대해 쓰던 말과 다르게 썼다. ≪春秋≫는 亂世에 근거하여 治法을 세웠고 本紀는 治法을 가지고 亂君을 바로잡았다. 세상이 혼란하면 疑難할 일이 많으니 疑難을 바로잡고 처리함에 감히 신중하지 않겠는가. 後周와 後漢의 일은 서술하기 어렵다고 할 만하다."라고 하였다. 어떤 이가 말하기를, "劉旻이 일찍이 후주에 서신을 보내 그 아들 劉贇을 보내 달라고 하였다가 그렇게 할 수 없게 된 뒤에 스스로 즉위하였다. 그렇다면 유민의 뜻은 후한을 멸망시킨 것을 원수로 여긴 것이 아니고 아들을 잃은 것을 원수로 여긴 것이다."라고 하였다. 내가 말하기를, "후한이 일찍이 유빈을 세워 後嗣로 삼도록 詔命을 내렸으면 유빈은 후한의 國君이지 유민의 아들만은 아니다. 유민의 大義로는 의당 후주에 굴복하지 않아야 한다. 그 즉위가 비록 꼭 옳은 것은 아니지만 의리상 마땅히 후주에 굴복하지 않아야 하니 이것이 동한이 九國과 다를 수 있는 점이다. 유민이 생을 마치도록 乾祐를 연호로 쓰다가 劉承鈞이 즉위한 뒤에 改元하였으니 유민의 뜻이 어찌 서글프게 여길 만하지 않겠는가."라고 하였다.

1) 夷狄 : 사고전서본에는 '四夷'로 되어 있다. 아래도 같다.
2) 終旻之世……然後改元 : 劉旻이 자신이 세운 東漢이 後漢의 正統을 이은 왕조임을 표방하였다는 말이다. 乾祐는 후한의 마지막 황제 隱帝의 연호이다. 건우 7년(954) 유민이 서거한 뒤 劉承鈞(926~968)이 遼나라의 책봉을 받아 제위에 올랐는데 건우 10년(957)에 天會(957~973)로 개원하였다.

歐陽文忠公五代史抄 卷20

歸安 鹿門 茅坤 批評
孫男 闇叔 茅著 重訂

01. 四夷附錄* 사이부록

* 〈四夷附錄〉은 ≪新五代史≫ 卷72~74에 해당하는데 ≪唐宋八大家文抄≫에서는 이 가운데 권72의 契丹 太祖 耶律阿保機가 興起하는 부분에서부터 中原으로 세력을 확장한 그의 아들 太宗 耶律德光의 사망 부분까지를 수록하였다. 서두에서 歐陽脩는 중국을 둘러싼 이민족의 종류와 대략적인 내력, 그리고 이민족과 중국의 관계를 서술하였다. 이를 통해 구양수가 가지고 있는 이민족에 대한 관점을 알 수 있다. 구양수는 이민족의 흥망성쇠와 중국과의 관계가 중국에 직접적인 이해관계를 미치므로 이에 신중하게 대처해야 한다는 입장을 피력하였다.

거란은 처음에 여덟 개의 부족으로 나뉘어져 부족장인 大人 중에 한 사람을 추대하여 여덟 부족을 통솔하게 하였으며 한 사람이 그 자리를 독점하지 않고 돌아가면서 맡았다. 이후 중국의 劉仁恭과의 관계 설정 문제로 새로 추대된 야율아보기는 권력을 독점하여 자리에서 물러나지 않고 부족을 계속 통솔하였다. 이후 야율아보기의 거란은 중국이 五代의 혼란한 시기를 맞은 틈을 타 그들의 대치 관계를 이용해 때에 따라 어느 한 쪽을 도우면서 점점 중국에 영향력을 행사하였다. 야율아보기는 투항한 漢人을 등용하고 중국의 제도를 받아들이면서 계속 세력을 키워가던 도중 사망하였고 뒤를 이은 야율덕광은 石敬瑭이 後唐에 반란을 일으키면서 거란에 응원을 요청한 기회를 맞이하여 중국에 군대를 파병해 석경당의 즉위를 도왔다. 석경당은 後晉을 세우고 즉위 후 야율덕광에 대해 자신을 兒皇帝라 부르면서 거란을 섬겼는데 석경당의 사후에 出帝가 즉위해서는 이전의 관계를 파기하고 대등한 관계를 유지하려 하였다. 때마침 후진 내부에서 반란이 일어나자 야율덕광은 이를 기회로 여러 차례 중국에 침입하여 마침내 후진을 멸망시키고 얼마 뒤 病死하였다. 이상이 본집에 실린 〈사이부록〉 내용의 대강이다. 아울러 이러한 역사적인 사실과 함께 거란의 풍속과 內政 등도 실려 있어 거란을 이해하는 데 도움이 된다.

歐公次契丹本末如畫라 **錄而識之**하니 **較之史記匈奴傳**에 **特相伯仲**이라

歐陽公이 契丹의 本末을 차례로 서술한 것이 그림과 같으므로 수록하니, ≪史記≫ 〈匈奴傳〉과 비교할 때 특히 伯仲之間이다.

嗚呼라 **夷狄居處飮食**을 **隨水草寒暑徙遷**하고 **有君長部號而無世族文字記別**이라 **至於弦弓毒矢**와 **彊弱相并**과 **國地大小**와 **興滅不常**하야는 **是皆烏足以考述哉**아 **惟其服叛去來**가 **能爲中國利害者**는 **此不可以不知也**라 **自古夷狄之於中國**에 **有道未必服**이요 **無道未必不來**하니 **蓋自因其衰盛**[1]이라 **雖常置之治外**나 **而羈縻制馭恩威之際**에 **不可失也**니 **其得之未必爲利**어니와 **失之有足爲患**하니 **可不愼哉**아 **作四夷附錄**하노라

오호라! 夷狄은 거처와 음식을 물과 풀, 더위와 추위에 따라 옮기며 君長과 部族의 칭호는 있어도 世族과 문자의 기록은 없었다. 그들이 弦弓과 독화살로 싸우는 일과 强弱에 따라 서로 倂呑하는 일과 국토의 大小와 興亡이 일정하지 않은 일의 경우 이 모두를 어찌 고찰해 기록할 것이 있겠는가. 오직 그들이 복종하여 오고 배반하여 떠나는 것이 중국의 利害가 될 수 있는 것은 몰라서는 안 된다. 예로부터 이적은 중국에 도가 있다고 반드시 복종하지도 않았고 도가 없다고 반드시 오지 않는 것도 아니었으니, 대개 그 盛衰에 따라 행동을 달리했던 것이다. 비록 항상 중국이 다스리는 범위의 밖에 그들을 두어왔지만 그들을 단속하여 제어하고 은혜와 위엄을 아울러 펼치면서 관리하는 일은 실수가 있어서는 안 된다. 이런 일을 제대로 잘 한다고 해서 반드시 이로운 것은 아니지만 잘못하면 우환이 되기에 충분하니, 삼가지 않을 수 있겠는가. 〈四夷附錄〉을 짓는다.

1) 蓋自因其衰盛 : 이 구절을 中國의 ≪二十四史全譯≫(漢語大詞典出版社, 2004)에서는 오랑캐들이 자신들의 盛衰에 따라 행동했다는 뜻으로 풀이하였다. 이 풀이도 뜻이 통하기는 하나 앞 문장과의 연결을 고려하면 오랑캐들이 중국에

도가 있고 없고를 판단 기준으로 삼은 것이 아니라 중국의 융성하면 와서 복종하고 쇠약하면 중국을 노리는 등 중국의 성쇠에 따라 자신들의 행동을 결정했다는 뜻으로 보는 것이 더 사리에 맞는 해석일 듯하다.

夷狄種號多矣라 **其大者**는 **自以名通中國**하고 **其次小遠者**는 **附見**하고 **又其次微不足錄者**는 **不可勝數**라 **其地環列九州之外**에 **而西北常彊**하야 **爲中國患**하니 **三代獫狁**(험윤)은 **見於詩書**하고 **秦漢以來**로 **匈奴著矣**요 **隋唐之間**에 **突厥爲大**하고 **其後有吐蕃回鶻**(흘)**之彊**[1]하며 **五代之際**에 **以名見中國者十七八**에 **而契丹最盛**이라

이적의 종족 명칭은 많다. 큰 종족은 스스로 자신들의 이름으로 중국과 관계를 맺고, 다음으로 세력이 작고 멀리 사는 종족은 큰 종족에 붙어 알려졌고, 또 그 다음으로 세력이 미미하여 기록하기에 충분하지 않은 종족은 이루 다 헤아릴 수 없다. 그들의 땅은 중국의 九州 바깥을 빙 둘러 있는데 서북쪽의 종족이 항상 강하여 중국의 근심거리가 되었다. 三代 시절의 獫狁은 詩書에 보이고 秦·漢 이래로는 匈奴가 두드러졌고 隋나라와 唐나라 사이에는 突厥의 세력이 컸고 그 뒤에는 吐蕃과 回鶻이 강대하였으며 五代 시절에는 중국에 이름이 알려진 17,8 종족 중에 契丹이 가장 강성하였다.

1) 三代獫狁……其後有吐蕃回鶻(흘)之彊 : 獫狁은 玁狁으로도 표기한다. 현재 중국의 陝西, 甘肅, 內蒙古 일대에 살던 종족이다. 周나라 때 尹吉甫, 南仲 등이 험윤을 정벌한 일을 노래한 것이 ≪詩經≫의 〈唐風 杕杜〉, 〈小雅 采薇〉, 〈小雅 六月〉, 〈小雅 采芑〉, 〈小雅 出車〉 등이다. 匈奴는 기원전 3세기 말부터 몽골초원 일대에 있었던 유목 민족으로 秦 始皇帝 무렵에 부족이 통일되었으며 이후 세력을 확대하면서 漢나라 때에는 매우 강성해졌다. 이후 내분을 거듭하며 세력이 약화되다가 五胡十六國 때 완전히 와해되었다. 突厥은 Türk의 音譯으로 처음에는 몽골의 유목민족인 柔然에 소속되었다가 6세기 무렵 유연을 격파하고 독립하여 독자적인 세력을 이루었다. 隋·唐 교체기의 중국의 혼란을 틈타 세력을 더욱 넓혔으나 당나라가 안정된 후 당나라의 공격으로 세력이 약해졌고 동족 간의 다툼으로 점점 더 쇠퇴하다가 위구르에 멸망당했다. 吐蕃은 7세기에서 9세기 사이에 티베트 지역에서 성장한 왕국으로 4,5세기부터

세력을 확장하여 6세기 무렵에는 국가체제를 정비하고 당나라와 대립하였다. 한때 서역 교역권을 장악하기도 했으나 불교를 받아들인 이후 당나라와 평화조약을 맺었다. 이후 국내에서 불교를 둘러싼 대립과 왕위계승 다툼으로 남북으로 분열되었고 마지막에는 농노의 반란으로 멸망하였다. 回鶻은 Uyghur의 음역이다. 몽골 고원과 중앙아시아 일대를 기반으로 활동하였으며 시대에 따라 高車, 韋紇, 回紇, 畏吾兒 등으로 불렸다. 회흘은 대체적으로 중국과는 우호적인 관계를 유지하면서 돌궐과 대립하였다. 토번에 의해 멸망을 겪기도 하였으나 13세기 몽골 제국이 등장하기 전까지 甘肅과 新疆 지역에 흩어져 작은 세력을 유지하면서 실크로드의 교역을 지배하였으며 훗날 칭기즈칸에게 복속되었다.

契丹自後魏[1]**以來**로 **名見中國**하니 **或曰 與庫莫奚**[2]**同類而異種**이라 **其居曰梟羅箇沒里**[3]니 **沒里者**는 **河也**니 **是謂黃水之南黃龍**[4]**之北**이니 **得鮮卑之故地**라 **故又以爲鮮卑之遺種**이라 **當唐之世**하야 **其地北接室韋**하고 **東隣高麗**하고 **西界奚國**하고 **而南至營州**[5]라 **其部族之大者**를 **曰大賀氏**라하니 **後分爲八部**하야 **其一曰但皆利部**요 **二曰乙室活部**요 **三曰實活部**요 **四曰納尾部**요 **五曰頻沒部**요 **六曰內會**雞**部**요 **七曰集解部**요 **八曰奚**嗢**部**라 **部之長**은 **號大人**이니 **而常推一大人**하야 **建旗鼓以統八部**라 **至其歲久**어나 **或其國有災疾而畜(收)〔牧〕**[6]**衰**하야 **則八部聚議**하야 **以旗鼓**로 **立其次而代之**하니 **被代者以爲約本如此**라하야 **不敢爭**이라

契丹은 後魏 이래로 이름이 중국에 알려졌다. 혹자는 庫莫奚와 같은 부류면서 다른 종족이라 말한다. 그들의 거처는 梟羅個沒里로 沒里는 강이라는 뜻이니, 黃水의 남쪽과 黃龍의 북쪽을 가리킨다. 이는 鮮卑族의 옛 땅을 얻은 것이므로 또 선비족의 남은 종족이라고도 한다. 唐나라 때 그 땅은 북쪽으로 室韋와 접하고 동쪽으로 高麗와 인접하고 서쪽으로 奚國과 경계가 닿고 남쪽으로 營州에 이르렀다. 그 부족 중 큰 부족이 大賀氏인데, 뒤에 여덟 部로 나뉘어 첫 번째는 但皆利部, 두 번째는 乙室活部, 세 번째는 實活部, 네 번째는 納尾部, 다섯 번째는 頻沒部, 여섯 번째는 內會雞部, 일곱 번째는 集解部, 여덟 번째는 奚嗢部라고 하였다. 部의 長을 大人이라 불

렀는데, 항상 한 사람의 대인을 추대하여 깃발과 북을 세워 여덟 부를 통치하였다. 오랜 세월동안 자리에 있었거나 혹 나라 안에 재앙과 질병이 발생해 牧畜이 쇠락하게 되면 여덟 부가 모여 의논하여 깃발과 북으로 다음 사람을 세워 대신하게 하니, 교체 당한 자는 맹약이 본래 이와 같다고 여겨 감히 다투지 못하였다.

1) 後魏 : 중국 南北朝 시대의 北魏(386~534)로, 鮮卑族 拓拔氏의 후예인 珪가 건국하였다. 後燕을 격파하고 華北으로 진출하여 漢族의 문화를 흡수하였으며 세력을 확장하여 長江 이북 지역을 통일하였다. 후에 권세가인 宇文氏와 高氏의 내부 권력 다툼으로 분열하여 西魏와 東魏로 갈라졌다. 동위는 高洋에게 찬탈당하여 北齊가 되었고, 서위는 宇文覺에게 찬탈당하여 北周가 되었다.
2) 庫莫奚 : 중국 북방의 종족인 東胡의 하나로, 奚族이라고도 한다. 중국의 南北朝 시대에는 北朝에 복속되었으며, 이후로 隋・唐과 突厥, 回鶻 등에 복속되었다. 거란이 세력을 확장하면서 거란에 복속하여 점점 거란과 동화되었다. 악기 奚琴은 이들 해족의 악기라는 설이 있다.
3) 梟羅箇沒里 : 현재 내몽골 지역을 흐르는 潢水를 가리킨다. 潢水는 黃水로 표기하기도 한다. 황수는 몽골어로 Šira Mören이라고 하는데, 梟羅個沒里는 바로 이 시라무렌의 음역이다.
4) 黃龍 : 遼나라 때 설치한 黃龍府를 가리킨다. 淸나라 때 農安縣을 설치하고 吉林長春府에 소속시켰다.
5) 其地北接室韋……南至營州 : 室韋는 失韋로도 표기하며 唐나라 때에는 黑龍江, 松花江 일대와 몽골고원에 걸쳐 살던 민족이다. 통일 국가를 형성하지는 못하고 흩어져 살았으며 이들 중 蒙兀室韋의 후예가 蒙古族이다. 高麗는 高句麗를 가리킨다. 奚國은 곧 庫莫奚이다. 營州는 北魏가 治所를 和龍에 두고 설치한 이래 隋나라 때 폐지되었고 당나라가 營州都督府를 설치하였다. 지금의 河北 옛 永平府 지역에 해당한다.
6) (收)〔牧〕 : 저본에는 '收'로 되어 있으나, ≪新五代史≫에 의거하여 '牧'으로 바로잡았다.

某部大人遙輦[1]次立이러니 時劉仁恭[2]據有幽州[3]하야 數(삭)出兵摘星嶺[4]攻之하고 每歲秋霜落이면 則燒其野草하니 契丹馬多饑死라 卽以良馬賂仁恭하야 求市牧地하고

請聽盟約甚謹이어늘 **八部之人以爲遙輦不任事**라하야 **選於其衆**하야 **以阿保機**[5] **代之**라

어느 部의 大人인 遙輦이 차례에 따라 통솔자가 되었는데, 당시 劉仁恭이 幽州를 점거하고서 자주 병사를 摘星嶺으로 보내 공격하고 매년 가을 서리가 내리면 들판의 풀을 불살라버리니 契丹의 말들이 많이 굶어 죽었다. 그리하여 거란에서는 곧장 좋은 말을 유인공에게 뇌물로 바치면서 牧地와 교환하기를 요구하고 매우 공손하게 맹약을 따르겠다고 청하였다. 그러자 거란의 八部의 사람들이 요련은 일을 맡을 수 없다고 하여 그 무리 중에서 사람을 뽑아 阿保機가 그 자리를 대신하였다.

1) 遙輦 : 요련은 거란의 氏族 명칭으로 이 씨족의 족장들의 姓氏이기도 하다. 唐나라 開元 연간에 大賀氏가 맡아오던 거란의 可汗 자리를 이들 부족이 차지하여 중국의 五代 시절까지 이어졌으며 이후 耶律氏에게 부족의 통치권이 넘어갔다. 이 당시에는 遙輦欽德이 痕德可汗으로 있었다.

2) 劉仁恭 : ?~914. 深州 사람으로 그의 부친인 劉晟 때부터 范陽節度使 李可擧의 휘하에 있었다. 唐 昭宗 연간에 범양절도사 李匡籌에게 반란을 일으켰다가 패배하여 河東의 李克用에게 歸附하였는데, 이극용이 범양을 공격하여 함락하고서 조정에 청하여 유인공을 범양절도사로 삼았다. 이후 점차 세력을 키워 이극용의 영향력에서 벗어나 이극용의 徵兵 요청도 거절하면서 반목하고 河北에서 세력을 확장해가던 중 朱溫과 羅紹威의 군대에 패하여 기세가 꺾여 주온과 이극용의 세력 사이에서 스스로를 보전하였다. 말년에 荒淫無度하여 幽州의 大安山에 크게 궁전을 짓고 향락에 빠졌으며 仙術에 미혹되어 지내다가 아들 劉守光에 의해 유폐되었다. 이후 유수광이 이극용의 아들 李存勖에게 패하자 유인공도 함께 사로잡혀 죽임을 당하였다.

3) 據有幽州 : ≪五代史記纂誤續補≫ 卷6에 다음과 같이 고증하였다. "살펴보건대 〈唐本紀〉에는 乾寧 元年(894)에 劉仁恭을 幽州 留後로 삼았고 4년(897)에 晉을 배반하였다고 되어 있다. 그리고 〈劉守光傳〉에는 유인공이 유주 유후가 된 것은 晉이 실로 唐에 명을 청한 것으로 되어 있으니, 이때 어찌 '점거〔據有〕'라고 말할 수 있겠는가. 대개 阿保機가 君長의 자리를 맡은 지 9년째에 처음으로 雲中의 회합이 있었으니, 이때는 天復 5년(905)이다. 9년 전으로 미루어 올라가면 마땅히 건녕 3년(896)이 되어야 한다.〔按唐本紀乾寧元年以仁恭爲幽州留後 四年叛晉 劉守光傳仁恭爲幽州留後 晉實請命于唐 此時安得曰

據有 蓋阿保機立九年 始有雲中之會 是爲天復五年 推九年前 宜爲乾寧三年〕"

4) 摘星嶺 : 지금의 北京 房山의 다른 이름이다. ≪欽定日下舊聞考≫ 권130 〈京畿 房山縣〉에서 劉仁恭의 기사를 언급한 후 다음과 같이 고증하였다. "살펴보건대 방산은 王母山이라고도 부르니 ≪元和郡縣志≫에 보인다. 그러나 별도로 摘星이라는 명칭은 없다. ≪記纂淵海≫ 및 ≪大淸一統志≫에는 모두 '방산의 摘星嶺이 높이 구름 위로 솟아 있다.'라고 하였고, 阮旻錫의 〈上房山記〉에는 '가장 높은 봉우리가 齋星陀이니 적성령이라고도 부른다.'라고 하였다. 이 嶺은 형세가 홀로 빼어나다. 그러므로 ≪唐書≫에서 마침내 적성령을 산의 이름으로 삼은 것이다. ≪水經注≫의 〈聖水〉 條 아래에 大房嶺을 大房山과 通稱하고 있는 것이 또한 그 예이다.〔考房山又名王母山 見於元和郡縣志 別無摘星之名 記纂淵海及大淸一統志皆謂房山摘星嶺高入雲霄 阮旻錫記謂峯之最高者爲齋星陀 亦謂摘星嶺也 此嶺形勢獨勝 故唐書遂以嶺名山 水經注於聖水條下大房嶺與大房山通稱 亦其例也〕"

5) 阿保機 : 872~926. 契丹을 통합하여 遼나라를 건국한 耶律阿保機이다. 耶律은 姓氏이고 아보기는 이름이다. 본래 迭剌部의 수장인 耶律撒剌的의 장남으로 그의 어머니는 遙輦氏 출신인 蕭巖母斤이다. 907년에 요련씨의 痕德可汗의 뒤를 이어 可汗에 올랐으며 이때부터 선출 방식이던 가한을 세습으로 바꾸었다. 女眞을 정벌하고 渤海를 멸망시켰으며 발해 원정 후 돌아오다가 병사하였다.

阿保機는 亦不知何部人也라 爲人多智勇而善騎射라 是時에 劉守光[1]暴虐幽涿(탁)之人이라 多亡入契丹이어늘 阿保機乘間入塞하야 攻陷城邑하고 俘其人民하야 依唐州縣하야 置城以居之라 漢人敎阿保機曰 中國之王은 無代立者라하니 由是로 阿保機益以威制諸部而不肯代라 其立九年에 諸部以其久不代라하야 共責誚之어늘 阿保機不得已傳其旗鼓하고 而謂諸部曰 吾立九年에 所得漢人多矣라 吾欲自爲一部하야 以治漢城하니 可乎아하니 諸部許之라 漢城在炭山[2]東南(欒)〔灤〕[3]河上하야 有鹽鐵之利하니 乃後魏滑鹽縣也라 其地可植五穀이라 阿保機率漢人耕種하고 爲治城郭邑屋廛市를 如幽州制度하니 漢人安之하야 不復思歸라 阿保機知衆可用하고 用其妻述律[4]

策하야 使人告諸部大人曰 我有鹽池하니 諸部所食이라 然諸部知食鹽之利하고 而不知鹽有主人하니 可乎아 當來犒(호)我하라하야늘 諸部以爲然하야 共以牛酒會鹽池라 阿保機伏兵其旁하니 酒酣에 伏發하야 盡殺諸部大人이라 遂立하야 不復代하다

阿保機는 또한 어느 部의 사람인지 알지 못한다. 사람됨이 智謀와 勇力이 많고 말타기와 활쏘기를 잘했다. 이때 劉守光이 幽州와 涿州 사람들에게 포학하게 굴었으므로 도망하여 거란으로 들어오는 사람이 많았는데, 아보기가 그 틈을 타서 邊塞로 들어가 城邑을 공격하여 함락하고 백성들을 포로로 잡고서 唐나라의 州縣을 모방하여 城을 설치해 살게 했다. 漢人들이 아보기에게 "중국의 왕은 교대하여 즉위하는 경우가 없다."라고 조언하니, 이때부터 아보기는 더욱 威力으로 여러 部를 제압하면서 자리에서 물러나 교대하려 하지 않았다.

아보기가 자리를 맡은 지 9년째에 여러 部의 사람들이 아보기가 오랫동안 자리를 차지하고 교대하지 않는다고 하면서 함께 책망하자, 아보기가 어쩔 수 없이 그 깃발과 북을 전해주고 여러 부의 사람들에게 말하기를 "내가 자리를 맡은 9년 동안 漢人을 많이 얻었다. 내가 스스로 한 部를 만들어 漢城을 다스리고자 하는데 그래도 되겠는가?"라고 하니 여러 부의 사람들이 허락하였다. 한성은 炭山 동남쪽 灤河 가에 있어 鹽鐵에서 나는 이익이 있었으니, 바로 後魏의 滑鹽縣이다. 그 땅이 五穀을 심을 수 있었으므로 아보기는 한인들을 이끌고 농사를 짓고 성곽과 마을과 저자를 幽州의 제도대로 만드니 한인들이 편안히 정착하여 고향으로 돌아갈 생각을 다시 하지 않았다.

아보기는 무리들이 쓸 만함을 알고서 아내인 述律의 계책을 따라 사람을 시켜 여러 부의 대인에게 고하기를 "나에게 鹽池가 있으니 여러 부족이 이곳의 소금을 먹는다. 그러나 여러 부에서는 소금을 먹는 이익만 알고 소금에 주인이 있음은 알지 못하니, 이래서야 되겠는가. 당연히 와서 나를 대접해야 할 것이다."라고 하였다. 그러자 여러 부의 대인들이 그 말을 옳게 여겨 함께 소와 술을 가지고 염지로 모였다. 아보기가 연회 장소 곁에 병사를 숨겨 두니 술자리가 거나해짐에 숨어 있던 병사들이 나와서 여러 부의 대인들을 모조리 죽였다. 아보기가 마침내 즉위하여 다시는 다른 사람으로 교대하지 않았다.

1) 劉守光 : ?~914. 幽州節度使 劉仁恭의 아들이다. 부친 유인공을 유폐하고 스스로 大燕皇帝라 칭하였으나 晉王 李存勖의 공격을 받아 부친과 함께 사로잡혀 참살되었다.

2) 炭山 : 臧勵龢의 ≪中國古今地名大辭典≫에서는 다음과 같이 고증하였다. "살펴보건대 炭山의 이름은 遼나라 때 가장 드러났는데 예로부터 설이 많아 하나로 통일되지 않는다. 歐陽脩는 灤水가 탄산의 동북쪽에서 나온다고 했는데, 胡三省의 ≪資治通鑑注≫와 顧祖禹의 ≪方輿紀≫는 구양수의 설을 따랐으니, 대개 지금의 獨石口 바깥의 黑龍山이다. ≪明一統志≫에서는 '탄산은 萬全右衛성 남쪽에 있다.'라고 하였는데, 尹耕의 ≪兩鎭三關通志≫와 孫世芳의 ≪宣府鎭志≫가 이를 따랐다. 지금 萬全縣 남쪽에 산이 있는데 그곳 사람들이 탄산이라고 칭하는 것이 이것이다. 고찰하건대 ≪遼史≫ 〈地理志〉에 탄산은 歸化州에 있다고 하였으니, 그 땅이 黑龍山과는 400리 쯤 된다. 그리고 난수가 이곳에서 나온다고는 말하지 않았으니 구양수의 설은 근거할 만한 것이 못 된다. ≪명일통지≫에서 지칭한 것은 그 산이 야트막하고 보잘것없어 대대로 군주가 巡游하는 땅에는 매우 걸맞지 않다. 오직 ≪口北三廳志≫에 興和城 동북쪽에 있다고 한 것이 가장 근사하니, 지금 그 말을 따른다." 이 고찰을 따르면 탄산은 현재 중국 察哈爾省 張北縣 동북쪽에 있다.

3) (欒)〔灤〕: 저본에는 '欒'으로 되어 있으나, ≪新五代史≫에 의거하여 '灤'으로 바로잡았다.

4) 述律 : 遼 太祖 耶律阿保機의 皇后인 述律平(879~953)으로 술률은 姓氏이다. 야율아보기가 907년에 天皇帝를 칭하고 建國하자 地皇后로 받들어졌으며 이후 다시 應天大明地皇后로 加上되었다. 야율아보기가 탕구트를 공격하러 떠났을 때 내부에서 반란이 일어나자 황후가 이를 알고 군대를 이끌고 공격하여 평정하기도 하였으며 晉의 李存勖과 結盟하여 이존욱이 숙모의 예로 대우하기도 하는 등 거란의 軍政에 깊이 관여하며 큰 역할을 하였다. 야율아보기가 사망한 뒤 攝政하면서 국사를 주관하였고, 아들 耶律德光이 즉위하자 廣德至仁昭烈崇簡應天皇太后로 존숭되었다. 야율덕광 사후에 야율덕광 이전의 본래 황태자였던 耶律倍의 아들 耶律阮(世宗)이 스스로 황제에 오르자 황태후가 직접 親征하였으나 신하의 간언으로 뜻을 접었고 이후 祖州에 연금 당

했다가 세상을 떠났다. 시호는 淳欽皇后이다.

梁將簒唐에 **晉王李克用**[1]**使人聘于契丹**하니 **阿保機以兵三十萬會克用于雲州東城**하야 **置酒**하고 **酒酣**에 **握手約爲兄弟**라 **克用贈以金帛甚厚**하고 **期共擧兵擊梁**하니 **阿保機遺晉馬千匹**[2]이라 **旣歸而背約**하야 **遣使者袍笏梅老**[3]**聘梁**하니 **梁遣太府卿高頃軍將郎公遠等報聘**이라 **逾年**에 **頃還**할새 **阿保機遣使者解里隨頃**하야 **以良馬貂裘朝霞錦**[4]**聘梁**하야 **奉表稱臣**하야 **以求封冊**하니 **梁復遣公遠及司農卿渾特**하야 **以詔書報勞**하고 **別以記事**[5]**賜之**하고 **約共擧兵滅晉然後**에 **封冊爲甥舅之國**하고 **又使以子弟三百騎入衛京師**라 **克用聞之大恨**이러니 **是歲克用病**하야 **臨卒**에 **以一箭屬**(촉)**莊宗**[6]하야 **期必滅契丹**하다 **渾特等至契丹**에 **阿保機不能如約**하고 **梁亦未嘗封冊**이라 **而終梁之世**히 **契丹使者四至**[7]라

梁나라가 장차 唐나라를 찬탈하려 할 때 晉王 李克用이 契丹에 사람을 보내 聘問하니, 阿保機가 병사 30만을 데리고 雲州 東城에서 이극용과 회합하여 술자리를 마련하고 술이 거나해지자 손을 잡고서 형제가 되기로 약속하였다. 이극용이 몹시 후하게 금과 비단을 선물로 주고 함께 병사를 일으켜 양나라를 치기로 약속하니 아보기는 진나라에 말 1천 필을 주었다.

그런데 돌아와서는 약조를 배반하고 袍笏官 梅老를 사신으로 보내 양나라에 빙문하니, 양나라에서는 太府卿 高頃과 軍將 郎公遠 등을 보내 답례로 빙문하였다. 해를 넘겨 고경이 돌아갈 때 아보기가 解里를 사신으로 고경에게 딸려보내 좋은 말과 담비 갖옷과 朝霞錦을 가지고 양나라에 빙문하여 表文을 받들고 신하로 칭하면서 冊封을 청하였다. 양나라에서는 다시 낭공원과 司農卿 渾特을 보내 조서를 내려 노고에 답하고 별도로 記事를 내려주었다. 그리고 함께 병사를 일으켜 진나라를 멸망시킨 뒤에 거란을 책봉하여 서로 사위와 장인의 나라가 되기로 약속하고, 또 거란의 子弟 3백 騎를 양나라의 京師로 들어오게 해 호위하게 하였다.

이극용은 이 사실을 듣고 크게 한스러워하였는데, 이해에 이극용이 병이 들어 임종할 때 화살 하나를 莊宗에게 맡기면서 기필코 거란을 멸하라는 약속을 받았다. 혼특 등이 거란에 당도하자 아보기는 약조대로 하지 못하였고 양나라도 거란을 책

봉해주지 않았다. 양나라가 망할 때까지 거란의 사자가 네 차례 이르렀다.

1) 李克用 : 856~908. 突厥 沙陀部으로 雲州를 거점으로 하여 세력을 키웠다. 黃巢의 난이 일어나자 唐나라 황제의 명을 받고 軍功을 세워 晉王에 봉해졌다. 후에 後梁을 세우는 朱溫과 대립하였으며 太原에서 포위되어 위협을 받던 중 병사했다. 아들 李存勗이 후량을 멸망시키고 後唐을 세우자 太祖로 추존되었다.

2) 阿保機以兵三十萬會克用于雲州東城……阿保機遺晉馬千匹 : 저간의 사정과 말 1천 필을 주게 된 경위에 대해 ≪資治通鑑考異≫ 卷28에 다음과 같이 기술하였다. "태조(이극용)가 阿保機의 族黨이 차츰 성대해진다고 여겨 그를 불렀다. 天祐 2년(905) 5월에 아보기가 部族 30만을 거느리고 雲州 東城에 이르렀는데, 장막 안에서 이야기하고 손을 맞잡으며 매우 기뻐하면서 형제가 되기로 약속하였다. 열흘을 머무르고 떠나면서 아우인 骨都舍利와 首領인 沮稟梅를 남겨두어 인질로 삼고 초겨울에 크게 擧兵하여 황하를 건너 反正하기로 약속하였다. 그런데 때마침 昭宗이 도적을 만나 중지하였다.〔太祖以阿保機族黨稍盛召之 天祐二年五月 阿保機領其部族三十萬 至雲州東城 帳中言事握手甚歡 約爲兄弟 旬日而去 留男骨都舍利 首領沮稟梅爲質 約冬初大擧渡河反正 會昭宗遇盜而止〕"

3) 袍笏梅老 : 袍笏은 品級이 있는 文官을 가리킨다. 梅老는 문장상으로는 人名으로 보이기도 하나, 突厥 때 可汗과 함께 국사를 논의했던 부의룩(buyïruq, 梅錄)이라는 관직이 있었고 梅錄將軍이라는 관명이 있었으며 梅老 역시 音寫했을 때 이와 유사할 것으로 여겨지므로 혹 官名을 가리킬 수도 있으나, 未詳이다.

4) 朝霞錦 : 朝霞는 태양이 막 솟아오를 때의 雲氣를 가리킨다. 이를 미루어보면 붉은 색을 주된 바탕으로 하여 무늬가 들어간 비단으로 이해할 수 있다. 조하금은 통일신라의 특산물로 唐나라에 조공물로 보내진 기록이 ≪三國史記≫ 〈新羅本紀〉에 보이며, 〈雜志〉에는 따로 조하금을 만드는 朝霞房을 둔 사실도 보인다. 이러한 사실에 근거하여 거란의 조하금 역시 신라에서 遼河를 거쳐 거란으로 수출된 물품으로 보는 견해도 있다.

5) 記事 : 記事는 황제의 起居 및 政事의 기록을 가리킨다. 문맥상 중국의 제도에

관한 글을 보내준 것으로 이해되나 未詳이다.

6) 莊宗 : 이극용의 아들로 후당을 창건하는 이존욱(885~926)의 廟號이다. 즉위한 뒤 거란을 공격하고 後燕과 後梁을 멸망시켰다. 말년에 魏州에서 兵亂이 일어나 나라가 혼란해지자 피신하던 중 伶人 郭從謙에게 살해당하였다.

7) 終梁之世 契丹使者四至 : ≪五代史記纂誤續補≫ 권6에는 다음과 같이 고증하였다. "〈梁本紀〉를 살펴보건대 開平 원년(907) 4월에 거란의 아보기의 사신 袍笏 梅老가 온 것이 첫 번째이고, 5월에 거란이 사신을 보내온 것이 두 번째이고, 2년(908) 2월에 거란이 사신을 보내온 것이 세 번째이고, 3년(909) 閏8월에 거란이 사신을 보내온 것이 네 번째이다. 그리고 乾化 원년(912) 4월에 거란의 아보기가 사신을 보내온 것이 다섯 번째이니, 진실로 네 번만 온 것이 아니다.〔按梁本紀開平元年四月 契丹阿保機使袍笏梅老來 一至也 五月契丹遣使者來 二至也 二年二月 契丹遣使者來 三至也 三年閏八月 契丹遣使者來 四至也 乾化元年四月 契丹阿保機遣使者來 五至也 固不至四至也〕"

莊宗天祐十三年에 **阿保機攻晉蔚州**[1]하야 **執其振武節度使李嗣本**[2]이라 **是時**에 **莊宗已得魏博**[3]하고 **方南向與梁爭天下**할새 **遣李存矩發山北兵**한대 **存矩至祈溝關**[4]에 **兵叛**하야 **擁偏將盧文進**하야 **擊殺存矩**하고 **亡入契丹**이라 **契丹攻破新州**[5]하고 **以文進部將劉殷守之**어늘 **莊宗遣周德威擊殷**하니 **而文進引契丹數十萬大至**라 **德威懼**하야 **引軍去**라가 **爲契丹追及大敗之**라 **德威走幽州**어늘 **契丹圍之**하니 **幽薊之(閒)〔間〕**[6]에 **虜騎遍滿山谷**하야 **所得漢人**을 **以長繩連頭繫之於木**이어늘 **漢人夜多自解逃去**라 **文進又教契丹爲(水)〔火〕**[7]**車地道**하고 **起土山以攻城**이어늘 **城中鎔銅鐵汁揮之**하니 **中者輒爛墮**라 **德威拒守百餘日**에 **莊宗遣李嗣源閻寶李存審等救之**하니 **契丹數爲李嗣源所敗**하야 **乃解去**하다

莊宗 天祐 13년(916)에 阿保機가 晉의 蔚州를 공격하여 振武節度使 李嗣本을 붙잡았다. 이때 장종은 이미 魏博을 점거하고 한창 남쪽으로 향하여 梁나라와 천하를 다투면서 李存矩를 보내 山北의 병사를 징발하게 하였는데, 이존구가 祈溝關에 이르렀을 때 병사들이 반란하여 偏將인 盧文進을 擁衛하여 이존구를 공격해 죽이고는

달아나 契丹으로 들어갔다. 거란이 新州를 격파하고 노문진의 部將인 劉殷에게 그곳을 지키도록 하자 장종이 周德威를 보내 유은을 치게 하니 노문진이 거란의 수십만 대군을 이끌고 이르렀다. 주덕위가 겁을 먹고 군사를 이끌고 떠나다가 거란에게 추격을 당해 대패하였다. 주덕위가 幽州로 달아나자 거란이 포위하니 유주와 薊州 사이에 오랑캐 騎兵이 산골짜기에 가득 차서, 사로잡은 漢人을 줄지어 나무에 묶어 두었는데 많은 한인들이 밤사이 스스로 묶인 줄을 풀고 도망갔다. 노문진이 또 거란에게 火車를 만들고 땅굴을 파고 흙산을 쌓아 성을 공격하게 하자 성 안에서 구리와 쇠를 녹여 쇳물을 뿌리니 이를 맞은 자들이 화상을 입고서 떨어졌다. 주덕위가 항거하며 방어한 지 백 여일에 장종이 李嗣源과 閻寶와 李存審 등을 보내 구원하니 거란이 이사원에게 여러 번 패하여 마침내 포위를 풀고 떠났다.

1) 蔚州 : 지금의 河北省 蔚縣이다.
2) 執其振武節度使李嗣本 : ≪五代史記纂誤續補≫ 권6에는 "살펴보건대 〈義兒傳 李嗣本傳〉에는 이사본이 戰歿했다고 되어 있다.〔按義兒嗣本傳 作嗣本戰歿〕"라고 고증하였다.
3) 魏博 : 唐나라 때 설치한 方鎭의 이름으로 지금의 하북성 大名縣과 磁縣 및 河南省 滑縣, 山東省 冠縣 등이 관할지역이었다.
4) 祈溝關 : 祈溝는 岐溝로도 표기한다. 지금의 하북성 涿縣 서남쪽 30리에 있었다. 唐나라 말엽에 關門을 설치하였다.
5) 新州 : 唐나라 말엽에 설치한 州로 지금의 하북성 涿鹿縣에 治所가 있었다.
6) (聞)〔間〕: 저본에는 '聞'으로 되어 있으나, ≪新五代史≫에 의거하여 '間'으로 바로잡았다.
7) (水)〔火〕: 저본에는 '水'로 되어 있으나, ≪新五代史≫ 및 ≪舊五代史≫ 〈李嗣本列傳〉에 의거하여 '火'로 바로잡았다.

契丹比他夷狄尤頑傲라 父母死에 以不哭爲勇하고 載其尸深山하야 置大木上하고 後三歲에 往取其骨焚之하고 酹(뢰)而呪曰 夏時向陽食하고 冬時向陰食하야 使我射獵에 猪鹿多得하소서하다 其風俗與奚鞊羯(갈)頗同이러니 至阿保機稍并服旁諸小國而多用漢人하야 漢人敎之以隷書之半增損之하야 作文字數千하야 以代刻木之約[1]하고

又制婚嫁置官號하고 **乃僭稱皇帝**하야 **自號天皇王**이라 **以其所居橫帳**[2] **地名爲姓**하야 **曰世里**라하니 **世里**는 **譯者謂之耶律**이라 **名年曰天贊**이라하고 **以其所居爲上京**하야 **起樓其間**하야 **號西樓**[3]하고 **又於其東千里起東樓**하고 **北三百里起北樓**하고 **南木葉山**[4] **起南樓**하야 **往來射獵四樓之間**이라 **契丹好鬼而貴日**하야 **每月朔旦**에 **東向而拜日**하고 **其大會聚視國事**에 **皆以東向爲尊**하야 **四樓門屋皆東向**이라

契丹은 다른 夷狄에 비해 더욱 완악하고 오만하다. 부모가 죽었을 때 곡하지 않는 것을 용맹하다 하고 그 시신을 싣고 깊은 산속으로 가서 큰 나무 위에 두고는 3년 뒤에 가서 그 뼈를 수습하여 태우고 술을 따르며 주문을 외기를 "여름에는 陽地를 향해 드시고 겨울에는 陰地를 향해 드시면서 우리가 사냥할 때 돼지와 사슴을 많이 잡게 하소서."라고 하였다. 그 풍속이 奚族과 靺羯族과 아주 비슷했는데, 阿保機가 차츰 주변 여러 小國을 병탄하여 복종시키고 漢人을 많이 기용하자, 한인들이 隸書의 절반을 가지고서 加減하여 수천 개의 문자를 만들어, 나무에 새겨 기록하던 방식을 대체하였다.

또 婚禮를 제정하고 官號를 만들고 마침내 皇帝를 僭稱하여 스스로 天皇王이라 불렀다. 그리고 거처하던 橫帳이 있던 곳의 地名을 姓으로 삼아 世里라 하니, 세리는 통역하는 사람들이 耶律이라고 부른다. 年號는 天贊이라 하고, 거처하던 곳을 上京으로 삼아 그곳에 望樓를 세워 西樓라 하고, 또 동쪽으로 천 리 되는 곳에 東樓를 세우고, 북쪽으로 3백 리 되는 곳에 北樓를 세우고, 남쪽의 木葉山에 南樓를 세워 四樓 사이를 왕래하며 사냥하였다. 거란은 귀신을 좋아하고 해를 숭상하여 매월 초하루 아침에 동쪽을 향해 해에 절하였고, 큰 모임과 國事를 볼 때는 모두 東向을 존귀한 자리로 여겨 四樓의 門屋이 모두 동향이다.

1) 隸書之半增損之……以代刻木之約 : 契丹文字는 거란족이 遼를 건국한 후 만들어 사용한 문자이다. 거란문자는 大字와 小字로 나뉘는데 대자는 耶律阿保機가 漢字를 참작하여 만든 表意文字이며, 소자는 야율아보기의 동생 耶律迭刺가 위구르 문자를 참조하여 만든 表音文字이다. 여기에서 말한 것은 야율아보기의 대자를 가리킨 것이다. 요나라가 멸망한 후 金나라에 의해 사용이 금지되었으므로 현재 그 뜻이 失傳되어 해독이 이루어지지 못하고 있다. 우리나라

에도 국립중앙박물관에 契丹小字七言絶句銅鏡이 소장되어 있다.

2) 橫帳 : 御營이다. ≪遼史≫ 卷45 〈百官志〉에 "遼나라 풍속에 동쪽을 향하여 좌측을 숭상하였으므로 御帳은 동쪽을 향하고, 遙輦氏의 九帳은 남쪽을 향하고, 皇族인 三父帳은 북쪽을 향하였다. 그리하여 동서쪽이 經이 되고 남북쪽이 緯가 되었으므로 御營을 橫帳이라 불렀다.〔遼俗東嚮而尙左 御帳東嚮 遙輦九帳南嚮 皇族三父帳北嚮 東西爲經 南北爲緯 故謂御營爲橫帳云〕"라고 하였다.

契丹小字七言絶句銅鏡

3) 西樓 : 遼나라의 祖州로 오늘날의 內蒙古 巴林左旗 부근이다. 야율아보기가 이곳에서 가을에 사냥을 하고 서루를 세웠으며 후에 성을 짓고 조주라 불렀는데, 야율아보기의 선조가 태어난 땅이므로 조주라고 이름한 것이다.

4) 木葉山 : 요나라의 永州에 있던 산으로 潢河와 老哈河가 만나는 지점에 있다. 지금의 內蒙古自治區 동부에 있다. 전설에 따르면 흰 말을 타고 노합하를 내려온 神人과 푸른 소가 끄는 수레를 타고 황하를 내려온 天女가 이곳에서 결혼하여 여덟 자녀를 낳아 거란족의 시조가 되었다고 한다. ≪요사≫ 卷37 〈地理志〉에 "목엽산 위에 거란의 시조묘를 건립하였는데……매번 행군하거나 春秋의 時祭 때 반드시 흰 말과 푸른 소를 사용하여 근본을 잊지 않는 뜻을 나타낸다.〔有木葉山 上建契丹始祖廟……每行軍及春秋時祭 必用白馬靑牛 示不忘本〕"라고 하였다.

莊宗討張文禮[1)]하야 圍鎭州하니 定州王處直[2)]懼鎭且亡이면 晉兵必幷擊己하야 遣其子郁說(세)契丹하야 使入塞以牽晉兵[3)]이라 郁謂阿保機曰 臣父處直使布愚款曰 故趙王王鎔이 王趙六世[4)]에 鎭州金城湯池요 金帛山積하고 燕姬趙女가 羅綺盈廷이러니 張文禮得之而爲晉所攻하야 懼死不暇라 故皆留以待皇帝라하니 阿保機大喜라 其妻述律不肯曰 我有羊馬之富하고 西樓足以娛樂이어늘 今捨此而遠赴人之急이라 我聞晉

兵强天下요 **且戰有勝敗**하니 **後悔何追**아하야늘 **阿保機躍然曰 張文禮有金玉百萬**하야 **留待皇后**하니 **可共取之**라하고 **於是**에 **空國入寇**하다

莊宗이 張文禮를 토벌하여 鎭州를 포위하니, 定州의 王處直은 진주가 장차 패망하면 晉나라 병사들이 반드시 자기까지 공격할까 두려워하여 그 아들 王郁을 보내 契丹을 설득해 거란군을 변경으로 불러들여 진나라 병사를 견제하게 하였다. 왕욱이 阿保機에게 말하기를 "신의 아비인 처직이 신을 시켜 충정을 아뢰게 하기를 '옛날 趙王 王鎔이 趙나라에서 6대를 왕 노릇 할 때 진주는 金城湯池였고 금과 비단이 산처럼 쌓여있었으며 燕나라와 趙나라의 美姬들이 비단옷을 입고 宮庭에 가득하였는데, 장문례가 이것을 얻고서 진나라의 공격을 받아 죽음을 두려워할 겨를도 없게 되었습니다. 그러므로 이러한 보배를 모두 남겨두고서 황제를 기다리고 있습니다."라고 하니, 아보기가 크게 기뻐하였다.

後唐 莊宗

그러자 아보기의 아내 述律이 수긍하지 않고서 말하기를 "우리에게는 양과 말이 넘쳐나고 西樓는 즐거움을 누리기에 충분한데, 지금 이곳을 버려두고 멀리 남의 위급함을 구하기 위해 달려가려 하십니다. 제가 듣건대 진나라 병사는 천하에 막강하고 또 전쟁에는 승패가 있는 법이니, 〈전쟁에서 지고 나서〉 후회한들 어찌 되돌릴 수 있겠습니까."라고 하자, 아보기가 펄쩍 뛰며 말하기를 "장문례가 百萬이나 되는 금과 옥을 남겨두어 황후를 기다리고 있으니 함께 가지러 갑시다."라고 하고는 이에 온 나라의 병사를 다 동원하여 쳐들어갔다.

1) 張文禮 : ?~921. 燕 땅 사람이다. 처음에는 劉仁恭의 牙將으로 있다가 滄州를 점거하고 반란을 일으켰으나 패배하였고, 鎭州로 도주하여 趙王 王鎔에게

의탁하였다. 晉王 李存勗이 後梁을 공격할 때 원조하였으며 후에 왕용을 살해하고 스스로 留後가 되었다. 겉으로는 이존욱에게 稱臣하면서 後梁과 내통하고 契丹과도 結交하다가 발각되어 이존욱이 토벌하자 놀라서 病死하였다.

2) 王處直 : 863~923. 字는 允明으로 京兆 萬年 사람이다. 그의 사촌인 王郜가 義武軍節度使로 있을 때 왕처직은 後院中軍都知兵馬使로 있었는데, 朱溫이 義武軍을 공격하자 왕고는 달아나 李克用에게 歸附했고 왕처직은 주온에게 항복하여 太原郡王에 올랐다. 이후 주온이 後梁을 개국하자 北平王에 봉해졌다. 주온이 成德節度使 趙王 王鎔을 공격하자 왕처직은 脣亡齒寒 관계인 왕용이 제거되면 자신도 공격을 받을까 두려워 진왕 이존욱에게 의탁하였다. 이후 왕용이 張文禮에게 피살되고 이를 명분으로 이존욱이 장문례를 토벌할 때 호응하지 않아 이존욱의 노여움을 샀으며 아들을 몰래 거란에 보내 이존욱을 배반하였다. 그러나 거란과의 通交를 원하지 않았던 定州의 군졸들과 의붓아들 王都의 거사로 구금되었다가 피살되었다.

3) 遣其子郁說(세)契丹 使入塞以牽晉兵 : ≪五代史記纂誤續補≫ 卷6에 다음과 같이 고증하였다. "살펴보건대 아래 글에 또 '王郁이 거란으로 떠나고 난 뒤 왕처직은 아들 왕도에게 유폐되었다.'라고 하여, 한결같이 왕욱이 본디 定州에 있던 사람처럼 말하였다. 그러나 〈王處直傳〉에는 '왕처직에게 孼子인 왕욱이 있었는데, 王郜가 晉나라로 달아날 때 왕욱 또한 달아나니 晉王이 자신의 딸을 아내로 삼아주고 新州防禦使로 삼았다. 왕처직은 莊宗이 반드시 장문례를 토벌하려는 것을 보고 더욱 스스로 의심하여, 이에 몰래 왕욱과 交通하여 그로 하여금 북쪽의 거란을 불러들여 변경으로 들어오게 하여 진나라를 견제하게 했다. 또 왕욱을 불러 후사로 삼겠다고 허락하였다. 왕도가 이 사실을 듣고 좋아하지 않았고 정주 사람들도 모두 거란을 불러들여서는 안 되니 스스로 우환을 남기게 될까 염려된다고 말했으나 왕처직은 따르지 않았다. 왕욱은 진나라로 달아난 뒤로부터 왕처직이 자신을 용납하지 않으리라 걱정해 왔는데, 이 일로 말미암아 크게 기뻐하면서 그 틈을 타서 후사의 자리를 취할 수 있으리라 여겼다.'라고 되어 있다. ≪資治通鑑≫과 ≪遼史≫ 〈王郁傳〉에 근거할 때 ≪新五代史≫의 이 부분은 잘못된 말이다.〔按下又曰 郁已去 處直爲其子都所廢 壹似郁素在定者 王處直傳 處直有孼子郁, 當郜之亡于晉也 郁亦奔焉 晉王以女妻之 爲新州防禦使 處直見莊宗必討文禮 益自疑 乃陰與郁交通 使郁北招

契丹入塞以牽晉 且許召郁爲嗣 都聞之不悅 而定人皆言契丹不可召 恐自貽患 處直不聽 郁自奔晉 嘗恐處直不容 因此大喜 以爲乘其隙可取之 證以通鑑遼史郁傳 此失辭矣〕"

4) 趙王王鎔 王趙六世 : 王鎔(873~921)은 그 선조가 回紇 사람이다. 10살 때 부친 王景崇을 이어 成德軍節度使가 되었으며 朱溫이 後梁을 건국하자 신하를 자청하여 趙王에 봉해졌다. 후에 이존욱에게 붙었다. 軍政을 장악하지 못하고 신하들에게 휘둘리다가 장문례에게 살해당하였다. 왕용이 조나라에서 6대 동안 왕 노릇 했다는 것은, 왕용을 포함하여 그 윗대로 王景崇-王紹鼎-王元逵-王廷湊-王武俊의 6대가 성덕군 절도사를 지내면서 그 지역의 실권을 장악한 사실을 가리킨다.

郁之召契丹也에 **定人皆以爲契丹必爲患**이니 **不可召**로대 **而處直不聽**이러니 **郁已去**에 **處直爲其子都所廢**라 **阿保機攻幽州不克**하고 **又攻涿州陷之**러니 **聞處直廢而都立**하고 **遂攻中山**하야 **渡沙河**라 (郁)〔**都**〕[1]**告急於莊宗**이어늘 **莊宗自將鐵騎五千**하야 **遇契丹前鋒於新城**이라 **晉兵自桑林馳出**에 **人馬精甲**이 **光明燭日**하니 **虜騎愕然稍却**이라 **晉軍乘之**하니 **虜遂散走**라가 **而沙河氷薄**하야 **虜皆陷沒**이라 **阿保機退保望都**[2]한대 **會天大雪**하야 **契丹人馬饑寒多死**하니 **阿保機顧盧文進**하야 **以手指天曰 天未使我至此**로다하고 **乃引兵去**하다 **莊宗躡其後**하야 **見其宿處**한대 **環秸**(갈)[3]**在地**하고 **方隅整然**하야 **雖去而不亂**하니 **歎曰 虜法令嚴**이 **蓋如此也**로다하다

王郁이 契丹을 불러들이려 하자 定州 사람들 모두 거란은 반드시 우환거리가 될 것이니 불러들여서는 안 된다고 하였으나 王處直이 듣지 않았는데, 왕욱이 거란으로 떠나고 난 뒤 왕처직은 아들 王都에 의해 유폐되었다. 阿保機가 幽州를 공격하여 이기지 못하고 다시 涿州를 공격해 함락시켰는데, 왕처직이 유폐되고 왕도가 자리를 차지했다는 말을 듣고는 마침내 中山을 공격하여 沙河를 건넜다. 왕도가 莊宗에게 위급함을 고하자, 장종은 스스로 鐵騎 5천을 거느리고 新城에서 거란의 선봉 부대와 조우하였다. 晉나라 병사들이 뽕나무 숲에서 달려 나왔는데 人馬의 精甲이 햇살에 번쩍이니 오랑캐 기병들이 놀라서 조금 후퇴하였다. 이에 진나라 군대가 승세

를 타고 공격하니 오랑캐들이 마침내 흩어져 달아나다가 사하의 얼음이 얇아 모두 강 속에 빠졌다.

아보기는 퇴각하여 望都를 지켰는데 마침 하늘에서 큰 눈이 내려 거란의 人馬가 굶주림과 추위로 많이들 죽으니, 아보기가 盧文進을 돌아보며 손으로 하늘을 가리키고 말하기를 "하늘이 나로 하여금 여기에 오지 못하게 하는구나!"라고 하고는 마침내 병사를 이끌고 떠났다. 장종이 그 뒤를 따라가서 거란군의 宿營地를 살펴보았는데 땅에 環秸이 놓여 있고 사방이 가지런하여 비록 떠났어도 어지럽지 않으니, 탄식하며 말하기를 "오랑캐의 법령의 엄격함이 이와 같구나."라고 하였다.

1) (郁)〔都〕: 저본 및 사고전서본에는 '郁'으로 되어 있으나, ≪新五代史≫에 의거하여 '都'로 바로잡았다.
2) 望都 : 지금의 河北省 保定市 望都縣이다.
3) 環秸(갈) : 장막 안에 볏짚 등을 이용해 만든 깔개이다.

契丹雖無所得而歸나 然自此頗有窺中國之志러니 患女眞渤海等在其後하야 欲擊渤海라가 懼中國乘其虛하야 乃遣使聘唐以通好하야 同光之間[1]에 使者再至라 莊宗崩에 明宗遣供奉官姚坤하야 告哀於契丹한대 坤至西樓에 而阿保機方東攻渤海라 坤追至慎州[2]見之하니 阿保機錦袍大帶垂後하야 與其妻對坐穹廬[3]中하야 延坤入謁이라 阿保機問曰 聞爾河南北有兩天子[4]라하니 信乎아하야늘 坤曰 天子以魏州軍亂으로 命總管令公將兵討之러니 而變起洛陽하야 凶問今至矣라 總管返兵河北하야 赴難京師하야 爲衆所推하야 已副人望이라하니 阿保機仰天大哭曰 晉王[5]與我約爲兄弟하니 河南天子는 卽吾兒也라 昨聞中國禍亂에 欲以甲馬五萬往助吾兒러니 而渤海未除하야 志願不遂라하고 又曰 我兒旣沒에 理當取我商量이어늘 新天子安得自立고하야늘 坤曰 新天子將兵二十年에 位至大總管하고 所領精兵三十萬이니 天時人事를 其可得違아하니 其子突欲[6]在側曰 使者無多言하라 蹊(혜)田奪牛[7]가 豈不爲過리오하야늘 坤曰 應天順人을 豈比匹夫之事리오 至如天皇王得國而不代가 豈彊取之耶리오하다 阿保機卽慰勞坤曰 理正當如是爾라하고 又曰 吾聞此兒有宮婢二千人樂官千人이요 放鷹走

狗하고 嗜酒好色하며 任用不肖하고 不惜人民이라하니 此其所以敗也라 我自聞其禍로 卽擧家斷酒하고 解放鷹犬하고 罷散樂官이라 我亦有諸部樂官千人이로대 非公宴이어든 不用이라 我若所爲가 類吾兒면 則亦安能長久리오하고 又謂坤曰 吾能漢語나 然絶口不道於部人은 懼其效漢而怯弱也라하고 因戒坤曰 爾當先歸하라 吾以甲馬三萬會新天子幽鎭之間하야 共爲盟約하되 與我幽州면 則不復侵汝矣리라하다 阿保機攻渤海하야 取其扶餘一城하야 以爲東丹國[8)]하고 以其長子人皇王突欲爲東丹王이러니 已而오 阿保機病死어늘 述律護其喪하야 歸西樓하야 立其次子元帥太子耀屈之[9)]라 坤從至西樓而還하다

契丹이 비록 소득 없이 돌아왔으나 이때부터 자못 중국을 엿보려는 뜻을 품었다. 그러나 女眞과 渤海 등이 거란의 배후에 있음을 걱정하여 발해를 공격하려고 하다가 중국이 그 빈틈을 탈까 두려워하였다. 그리하여 마침내 사신을 보내 唐나라에 聘問하여 우호를 다져 同光 연간에 거란 사신이 중국에 두 번 이르렀다. 莊宗이 崩御하자 明宗은 供奉官 姚坤을 보내 거란에 國喪을 알렸는데, 요곤이 西樓에 도착했을 때 阿保機는 한창 동쪽으로 발해를 공격하던 중이었으므로 요곤은 그를 쫓아 愼州에 이르러 아보기를 만났다.

아보기는 錦袍에 큰 띠를 묶어 뒤로 늘어뜨리고 그 아내와 穹廬 속에 마주 앉아 요곤을 불러들여 알현하게 하였다. 아보기가 요곤에게 묻기를 "듣자하니 너희 河南과 河北에 두 명의 天子가 있다던데, 사실인가?"라고 하자, 요곤이 "천자께서 魏州의 軍亂 때문에 總管 令公(명종)에게 병사를 거느리고 토벌하라고 명하였는데, 변고가 洛陽에서 일어나 흉흉한 소문이 지금 이르게 된 것입니다. 총관은 하북에서 병사를 돌이켜 京師로 달려가 난리를 수습하여 무리들에게 추대되어 이미 사람들의 바람에 부응하였습니다."라고 하였다.

그러자 아보기가 하늘을 우러러 크게 곡하고서 "晉王(李克用)이 나와 형제가 되기를 약속하였으니, 하남의 천자(장종)는 바로 나의 조카아이이다. 지난번에 중국에서 난리가 났다는 소식을 듣고 5만의 甲馬를 이끌고 가서 우리 조카를 도와주려 했는데 발해를 제거하지 못해 뜻을 이루지 못했다."라고 하고, 또 말하기를 "우리 조카아이가 이미 죽었으면 이치상 내게 상의해야 마땅한데 새 천자는 어찌하여 스

스로 자리에 올랐는가?"라고 하였다. 요곤이 "새 천자께서 병사를 거느린 지 20년에 지위가 大總管에 이르고 통솔하는 精兵이 30만이니, 天時와 人事를 거스를 수 있겠습니까."라고 하니, 아보기의 아들 突欲이 곁에 있다가 말하기를 "사자는 말을 많이 하지 마시오. 남의 밭을 짓밟았다고 소를 빼앗는 것이 어찌 지나친 처사가 아니겠소."라고 하였다. 요곤이 "하늘의 명에 순응하고 사람의 뜻을 따르는 것을 어찌 匹夫의 일에 견주겠습니까. 가령 天皇王(아보기)께서 나라를 얻고서 그 지위를 교대하지 않은 것이 어찌 강제로 차지한 것이겠습니까."라고 하였다.

그러자 아보기가 즉시 요곤을 위로하면서 말하기를 "이치가 참으로 응당 이와 같다."라고 하고, 또 말하기를 "내가 듣자하니 우리 조카아이에게 宮婢 2천과 樂官 1천 명이 있고 매와 개를 풀어 사냥을 하고 술을 즐기고 여색을 좋아하며 不肖한 자를 임용하고 백성들을 아끼지 않았다 하니, 이것이 패망한 원인이다. 내가 그 난리 소식을 듣고부터 즉시 온 집안에 술을 끊게 하고 매와 개를 놓아주었으며 악관을 해산시켰다. 그리고 나에게도 여러 部의 악관 1천 명이 있었지만 공적인 연회가 아니면 쓰지 않았다. 내가 만약 우리 조카아이처럼 행동한다면 또한 어찌 이 자리에 장구하게 있을 수 있겠는가."라고 하였다. 또 요곤에게 이르기를 "내가 漢語를 할 줄 알지만 部人에게 입을 닫고 한어를 말하지 않는 것은 그들이 漢人을 본받아 겁많고 나약해질까 두려워서이다."라고 하고는, 이어서 요곤을 타이르기를 "너는 먼저 돌아가라. 내가 3만의 甲馬를 거느리고 幽州와 鎭州 사이에서 새 천자와 회동하여 함께 맹약하되, 나에게 유주를 주면 다시는 너희를 침범하지 않을 것이다."라고 하였다.

아보기가 발해를 공격하여 扶餘城을 취하여 東丹國을 세우고 長子인 人皇王 돌욕을 東丹王으로 삼았는데, 얼마 뒤 아보기가 病死하자 부인 述律이 상여를 호송하여 서루로 돌아와 次子인 元帥太子 耀屈之를 황제로 세웠다. 요곤은 술률을 따라 西樓를 거쳐 중국으로 돌아왔다.

1) 同光之間 : 同光은 五代 後唐 莊宗의 연호로 923~926년 사이에 사용되었다.

2) 愼州 : 唐나라 때 설치한 羈縻州이다. 기미주는 변경 지역 또는 변경 밖에 거주하는 이민족 집단을 간접적으로 통치하기 위해 설치한 구역으로, 각 구역의 이민족 수장에게 당나라의 관직인 都督이나 知事 등을 제수하고 변경 지역의

당나라 관리의 감독을 받게 했다. 투르크, 위구르, 티베트, 土谷渾, 契丹, 靺鞨 등 많은 이민족 지역에 설치된 바 있다. 愼州의 治所는 지금의 河北省 涿州市 서북쪽에 있었다.

3) 穹廬 : 遊牧民族들의 이동식 천막집이다. 오늘날 몽골의 게르(Ger)도 穹廬에 속한다.

4) 河南北有兩天子 : 당시 後唐 莊宗은 後梁을 멸망시키고 河南의 洛陽에 도읍했는데, 河北에서 반란이 일어나자 부친 李克用의 養子였던 李嗣源에게 반란을 토벌하게 하였다. 그 와중에 장종은 낙양에서 부하에게 살해당했고 이사원은 아들 李從珂와 사위 石敬瑭 등에 의해 황제로 옹립되어 반란을 수습하고 帝位에 올랐다. 이와 관련한 자세한 내용은 본 史抄의 本紀 부분의 〈唐莊宗紀〉와 〈唐明宗紀〉 및 雜傳 부분의 〈皇甫暉傳〉 등에 자세하다.

5) 晉王 : 후당 장종의 부친인 이극용이다.

6) 突欲 : 900~937. 耶律阿保機의 長子로 916년에 皇太子에 책봉되었고 926년 거란이 발해를 멸망시키고 세운 東丹國의 왕이 되었다. 황제가 되지는 못했으나 그의 아들 耶律阮이 遼나라 3대 황제인 世宗이 되자 義宗 文獻欽義皇帝로 추존되었다.

7) 蹊(혜)田奪牛 : 작은 잘못을 지나치게 벌한다는 말이다. ≪春秋左氏傳≫ 宣公 11년에 "소를 끌고 남의 밭을 지났는데 밭의 주인이 그 소를 빼앗을 경우, 소를 끌고 남의 밭을 지나간 자에게 진실로 죄가 있지만 그렇다고 그 소를 빼앗는 것은 벌이 너무 무겁다.〔牽牛以蹊人之田 而奪之牛 牽牛以蹊者 信有罪矣 而奪之牛 罰已重矣〕"라고 하였다.

8) 東丹國 : 동쪽에 있는 契丹이라는 뜻이다. 거란이 926년에 발해를 멸망시키고 발해 지역을 통치하기 위해 세운 나라이다. 遼 成宗 때인 928년에 없어졌다.

9) 元帥太子耀屈之 : 902~947. 耀屈之는 遼나라 2대 황제인 太宗 耶律德光의 본명으로 堯骨로도 표기한다. 元帥太子는 그가 황제가 되기 전의 칭호이다. 야율아보기가 죽고 그의 모친 述律平이 攝政을 하였는데 술률평이 장자인 돌욕 대신 야율덕광을 황제로 삼자 돌욕은 後唐에 투항하여 明宗 이사원의 휘하로 들어갔다. 이후 명종이 죽고 후당에서 황위 계승을 둘러싼 내분이 일어나자 돌욕이 야율덕광을 불러들였고 야율덕광은 군대를 이끌고 남하하여 후당을 멸망시켰다. 이후 들어선 後晉 역시 야율덕광에 의해 멸망당했으나 漢族들

의 반발이 거세지자 開封을 포기하고 幽州로 돌아가던 중 病死하였다.

當阿保機時하야 **有韓延徽者**하니 **幽州人也**라 **爲劉守光參軍**이라 **守光遣延徽聘于契丹**한대 **延徽見阿保機不拜**어늘 **阿保機怒**하야 **留之不遣**하고 **使牧羊馬**러니 **久之**에 **知其材**하고 **召與語奇之**하야 **遂用以爲謀主**하니 **阿保機攻党項**[1]**室韋服諸小國**이 **皆延徽謀也**라 **延徽後逃歸**하야 **事莊宗**한대 **莊宗客將王緘譖之**하니 **延徽懼**하야 **求歸幽州省其母**하야 **行過常山**에 **匿王德明**[2]**家**라 **居數月**에 **德明問其所向**하니 **延徽曰 吾欲復走契丹**이라하야늘 **德明以爲不可**라 **延徽曰 阿保機失我**가 **如喪兩目而折手足**하니 **今復得我**면 **必喜**리라하고 **乃復走契丹**이라 **阿保機見之**하고 **果大喜**하야 **以謂自天而下**라 **阿保機僭號**에 **以延徽爲相**하야 **號政事令**이라하고 **契丹謂之崇文令公**[3]이라 **後卒于虜**하다

阿保機가 契丹을 다스리던 때에 韓延徽이라는 자가 있었으니 幽州 사람으로 劉守光의 參軍이 되었다. 유수광이 한연휘를 거란으로 聘問 보냈는데, 한연휘가 아보기를 만나 절하지 않자 아보기가 노하여 억류하여 돌려보내지 않고 양과 말을 치게 했다. 오래 지나서 아보기가 그의 재능을 알아보고 불러다 함께 대화하고는 기특하게 여기고 마침내 기용하여 謀主로 삼으니, 아보기가 党項과 室韋를 공격하고 여러 小國을 복속한 것이 모두 한연휘의 계책이었다.

한연휘는 뒤에 거란에서 도주하여 중국으로 돌아와 莊宗을 섬겼는데, 장종의 客將인 王緘이 참소하니 한연휘가 두려워하여 모친을 뵈러 유주로 돌아가게 해달라고 청하여 행로가 常山을 지날 때 王德明의 집에 숨었다. 몇 달이 지나 왕덕명이 한연휘에게 어디로 가려는지 물으니 한연휘가 "내 다시 거란으로 달아나려 하오."라고 하였는데 왕덕명은 불가하다고 하였다. 그러자 한연휘는 "아보기가 나를 잃은 것이 마치 두 눈을 잃고 손발이 잘린 것과 같으니, 지금 다시 나를 얻으면 반드시 기뻐할 것이다."라고 하고는 마침내 다시 거란으로 달아났다. 아보기는 한연휘를 보고 과연 크게 기뻐하면서 하늘에서 내려왔다고 하였다. 아보기가 황제를 僭稱했을 때 한연휘를 재상으로 삼아 政事令이라 호칭했고, 거란 사람들은 그를 崇文令公이라 하였다. 후에 거란에서 졸하였다.

1) 党項 : 중국 서북방의 이민족으로 唐兀로 표기하기도 하는 탕구트(Tangut)이다. 중국이 隋·唐의 통일왕조였을 때에는 중국의 원정군과 吐蕃의 성장으로 세력이 위축되어 있었으나 당나라 말기 黃巢의 난으로 중국이 어지러울 때 당항족 平夏部의 수장이었던 拓跋思恭이 당나라를 도와 난을 평정한 이래 李氏 성을 하사받고 節度使에 임명되기도 하였다.
2) 王德明 : 五代 때 成德軍留後였던 張文禮(?~921)의 改名이다. 장문례는 劉仁恭의 牙將 출신으로 유인공의 아들 劉守文을 따라 滄州를 鎭守하다가 유수문이 幽州로 돌아간 사이 창주를 점거하고 반란을 일으켰다. 그러나 곧 패배하여 趙王 王鎔에게 의탁하여 왕용의 의붓아들이 되어 이름을 왕덕명으로 고쳤는데, 뒤에 왕용을 살해하여 자리를 차지하고 다시 이름을 장문례로 고쳤다. 이후 晉王 李存勖을 섬기는 한편 몰래 後梁 및 契丹과도 내통하다가 이존욱이 자신을 치려한다는 소식을 듣고 發病하여 죽었다.
3) 崇文令公 : 韓延徽가 거란에서 崇文館大學士를 지냈으므로 이렇게 부른 것이다.

耀屈之後更名德光이라 **葬阿保機木葉山**하고 **諡曰大聖皇帝**라하고 **後更其名曰億**하다 **德光立三年**에 **改元曰天顯**이라하고 **遣使者**하야 **以名馬聘唐**하고 **幷求碑石爲阿保機刻銘**하니 **明宗厚禮之**하고 **遣飛勝指揮使安念德報聘**이라 **定州王都**[1]**反**에 **唐遣王晏球**[2]**討之**하니 **都以蠟丸書**[3]**走契丹求援**이어늘 **德光遣禿餒**(독뇌)**萴剌等**하야 **以騎五千救都**라 **都及禿餒擊晏球於曲陽**이라가 **爲晏球所敗**하니 **德光又遣惕**(척)**隱**[4]**赫邈**하야 **益禿餒以騎七千**이어늘 **晏球又敗之于唐河**라 **赫邈與數騎返走**라가 **至幽州**하야 **爲趙德鈞**[5]**所執**하고 **而晏球攻破定州**하야 **擒禿餒萴剌**하야 **皆送京師**하니 **明宗斬禿餒等六百餘人**하고 **而赦赫邈**하야 **選其壯健者五十餘(十)〔人〕**[6]하야 **爲契丹直**하다

耀屈之는 뒤에 이름을 德光으로 바꾸었다. 木葉山에 阿保機를 장사 지내고 시호를 大聖皇帝라 하였으며 뒤에 아보기의 이름을 億으로 바꾸었다. 耶律德光이 재위한 지 3년째에 天顯으로 改元하고 사신을 보내 名馬를 가지고 唐나라(後唐)에 聘問하면서 아울러 아보기를 위해 銘文을 새길 비석을 구하니, 明宗이 후하게 예우하고

飛勝指揮使 安念德을 보내 報聘하였다. 定州의 王都가 반란하자 당나라가 王晏球를 보내 토벌하였다. 왕도가 蠟丸書를 契丹에 급히 보내 구원을 요청하자 야율덕광은 禿餒와 荝剌 등을 보내 騎兵 5천으로 왕도를 구원하게 했다. 왕도와 독뢰가 曲陽에서 왕안구를 공격하다가 왕안구에게 패하니, 야율덕광이 다시 惕隱 赫邈를 보내 독뢰에게 기병 7천을 보태주었는데 왕안구가 다시 唐河에서 패배시켰다. 혁모는 기병 몇과 함께 도로 거란으로 달아나다가 幽州에 이르러 趙德鈞에게 잡혔고 왕안구가 정주를 격파하여 독뢰와 즉랄을 사로잡아 모두 京師로 압송하니, 명종이 독뢰 등 6백여 인을 참수하고 혁모는 사면하여 건장한 거란인 50여 인을 뽑아 契丹直으로 삼았다.

1) 王都 : ?~929. 본래 성명은 劉雲郎으로 中山 徑邑 사람이다. 처음에는 李應之라는 사람의 養子였다가 이응지가 義武軍節度使 王處直의 병을 낫게 해 준 이후 신임을 얻자 당시 아들이 없던 왕처직이 왕도를 양자로 들였다. 후에 왕처직이 몰래 契丹의 耶律阿保機와 내통하면서 晉王 李存勖을 배반하려 했는데, 定州 사람들은 그것을 원하지 않아 마침내 왕도를 왕처직 대신 추대하였다. 왕도는 왕처직을 연금한 뒤 결국 살해하고 이존욱에게 투항하였다. 이존욱은 자신의 아들 李繼岌을 왕도의 여식에게 장가보내고 왕도를 의무군절도사로 삼았다. 그 뒤 평소 왕도를 싫어했던 明宗 李嗣源이 즉위한 후 그를 제거하려 하자 왕도는 거란과 내통하여 위기를 벗어나려 했는데 명종이 보낸 토벌군에 성이 함락되자 스스로 焚死하였다.

2) 王晏球 : 873~932. 五代 때 後梁과 後唐의 장수이다. 字는 瑩之로 洛陽 사람이다. 朱溫에게 발탁되었고 주온이 후량 太祖로 즉위하자 右千牛衛將軍이 되었다. 후량 末帝 때 龍驤四軍指揮使로 있다가 말제의 사망 소식을 듣고 후당에 투항하여 李氏 성을 하사받아 李紹虔으로 개명하였다. 이후 明宗 때에 청하여 본래 이름을 회복하였다. 王都가 반란을 일으키자 招討使가 되어 토벌하고 거란군을 패퇴시켰으며 이 공으로 天平軍節度使가 되었다.

3) 蠟丸書 : 밀랍을 뭉쳐 그 안에 서신을 넣은 것으로 비밀스럽게 통신할 때 사용하였다.

4) 惕(척)隱 : 契丹의 관직명으로 皇族에 관한 일을 담당했다. ≪遼史≫ 卷45 〈百官志〉에 "大惕隱司는 太祖가 설치하였으니 皇族의 政教를 관장하였다.〔大惕

隱司 太祖置 掌皇族之政教]"라고 하였다.

5) 趙德鈞 : ?~937. 본명은 趙行實이다. 後唐 莊宗 이존욱을 섬겨 李紹斌이라는 이름을 받고 北平王에 봉해졌으며 幽州 지방에서 강력한 군세를 지니고 행세하였다. 후당 말엽에 거란과 내통하면서 나라를 찬탈하려고 시도하다가 거란 및 石敬瑭이 세운 後晉 연합군의 공격을 받고 거란에 잡혀가 옥중에서 죽었다.

6) (十)〔人〕: 저본에는 '十'으로 되어 있으나, ≪新五代史≫에 의거하여 '人'으로 바로잡았다.

初에 阿保機死에 長子東丹王突欲當立이어늘 其母述律遣其幼子安端少君하야 之扶餘代之하고 將立以爲嗣라 然述律尤愛德光하니 德光有智勇하야 素已服其諸部라 安端已去에 而諸部希述律意하야 共立德光하니 突欲不得立하야 長興元年에 自扶餘泛海奔于唐이어늘 明宗因賜其姓爲東丹하고 而更其名曰慕華라하고 以其來自遼東으로 乃以瑞州[1]爲懷化軍하고 拜慕華懷化軍節度瑞愼等州觀察處置等使라 其部曲五人을 皆賜姓名하야 罕只曰罕友通이라하고 穆葛曰穆順義라하고 撒羅曰羅賓德이라하고 易密曰易師仁이라하고 蓋禮曰蓋來賓이라하고 以爲歸化歸德將軍郎將이라 又賜前所獲赫邈姓名曰狄懷惠라하고 揑列曰列知恩이라하고 荊剌曰原知感이라하고 福郎曰服懷造라하고 竭失訖曰乙懷宥라하고 其餘爲契丹直者도 皆賜姓名하다 二年에 更賜突欲姓李하고 更其名曰贊華라하다 三年에 以贊華爲義成軍節度使하다

당초에 阿保機가 죽었을 때 長子인 東丹王 突欲이 즉위해야 마땅한데, 그 모친 述律이 막내 아들인 安端少君을 보내 扶餘로 가서 돌욕을 대신하게 하고 장차 그를 세워 후사로 삼으려 했다. 그러나 술률은 耶律德光을 더욱 사랑하였으니, 야율덕광은 智謀와 勇力이 있어 평소부터 이미 여러 部를 복종시켰다. 安端가 東丹國으로 떠나고 나서 여러 부에서 술률의 뜻에 영합하여 함께 야율덕광을 세우니, 돌욕은 황제의 자리에 오르지 못하게 되어 長興 원년(930)에 부여에서 바다를 건너 唐나라로 달아났다. 明宗이 그에게 姓을 내려 東丹이라 하고 이름을 고쳐 慕華라고 하였다. 그리고 돌욕이 遼東에서부터 왔으므로 이에 瑞州를 懷化軍이라 하고 동단모화를 懷化軍節度使와 瑞愼等州觀察處置使 等에 배수하였다. 그리고 그의 부하 다섯

사람에게 모두 성명을 하사하여 罕只는 罕友通, 穆葛은 穆順義, 撒羅는 羅賓德, 易密은 易師仁, 蓋禮는 蓋來賓이라 하고 歸化將軍과 歸德將軍과 歸化郞將과 歸德郞將으로 삼았다. 또 전에 사로잡은 赫邈에게도 성명을 하사하여 狄懷惠라 하고, 揑列은 列知恩, 莂剌은 原知感, 福郎은 服懷造, 竭失訖은 乙懷宥라 하였으며, 그 나머지 契丹直이 된 자들에게도 모두 성명을 하사하였다. 2년(931)에 돌욕의 성을 고쳐 하사하여 李氏로 하고, 이름을 贊華로 바꾸었다. 3년(932)에 이찬화를 義成軍節度使로 삼았다.

1) 瑞州 : 오늘날의 遼寧省 지역에 해당한다.

契丹自阿保機時로 侵滅諸國하야 稱雄北方이러니 及救王都하야 爲王晏球所敗하야 喪其萬騎하고 又失赫邈等하니 皆名將이요 而述律尤思念(突)〔突〕[1]欲이라 由是로 卑辭厚幣하야 數(삭)遣使聘中國하야 因求歸赫邈莂剌等한대 唐輒斬其使而不報하니 當此之時하야 中國之威幾振이라 距幽州北七百里에 有楡關[2])하니 關東臨海하고 北有兎耳覆舟山[3])이라 山皆斗絶이요 幷海東北에 有路狹하야 僅通車하며 其旁地可耕種이라 唐時에 置東西狹石淥疇米磚(전)長揚黃花紫蒙白狼等戍[4])하야 以扼契丹於此라 戍兵常自耕食하고 惟衣絮는 歲給幽州러니 久之에 皆有田宅하고 養子孫하야 以堅守爲己利라 自唐末로 幽薊(계)割據하야 戍兵廢散이어늘 契丹因得出陷平營하니 而幽薊之人이 歲苦寇鈔하고 自涿州로 至幽州百里히 人迹斷絶하야 轉餉에 常以兵護送이어늘 契丹多伏兵於鹽溝[5])하야 以擊奪之라 莊宗之末에 趙德鈞鎭幽州할새 於鹽溝에 置良鄕縣하고 又於幽州東五十里에 築城하야 皆戍以兵하고 及破赫邈等하야 又於其東에 置三河縣이라 由是로 幽薊之人이 始得耕牧하고 而輸餉可通이라 德光乃西徙橫帳하야 居捺剌泊[6])하야 出寇雲朔之間하니 明宗患之하야 以石敬瑭[7])鎭河東하야 總大同彰國振武威塞等軍禦之러니 應順淸泰[8])之間에 調發饋餉하야 遠近勞(敝)〔敝〕[9])라

契丹은 阿保機 때부터 여러 나라를 침공해 멸망시켜 북방의 강자로 일컬어졌다. 그러다 王都를 구원하러 갔다가 王晏球에게 패하여 1만의 騎兵을 잃고 또 赫邈 등을 잃으니 이들은 모두 名將이었다. 그리고 述律은 突欲을 특히 그리워하였다. 이

때문에 말을 정중하게 하고 폐백을 후하게 갖추어 자주 사신을 보내 중국에 聘問하면서 혁모와 萴剌 등을 돌려보내 주기를 요구하였는데, 唐나라(後唐)가 번번이 사신을 참수하고 답하지 않으니 이때가 되어 중국의 위세가 거의 떨쳐졌다.

幽州 북쪽 7백 리 되는 지점에 楡關이 있으니, 동쪽으로는 바다와 접해 있고 북쪽으로는 兎耳山과 覆舟山이 있다. 산은 모두 가파르고 험준하며 바닷가 동북쪽에 좁은 길이 있어 겨우 수레가 다니며 그 옆에는 농사를 지을 수 있는 땅이 있다. 당나라(李唐) 때 東狹石, 西狹石, 淥疇, 米磚, 長揚, 黃花, 紫蒙, 白狼 등의 邊戍를 설치하여 여기에서 거란을 억제하였다. 戍兵들은 항상 스스로 농사를 지어 식량을 자급했고 의복과 솜만은 해마다 유주에서 공급받았는데, 오랜 시간이 지나자 모두 田宅을 소유하고 자손을 기르게 되어 그곳을 굳게 지키는 것이 자신들에게 이득이라 생각하였다.

당나라(李唐) 말엽부터 유주와 薊州를 軍閥이 割據하여 수병들이 해산되자 거란이 이 틈을 타고 병사를 이끌고 나와 平州와 營州를 함락시키니 유주와 계주 사람들이 해마다 노략질로 고통받았다. 涿州에서부터 유주에 이르는 백 리에 인적이 끊어져 군량을 수송할 때 항상 병사들이 호송하였는데, 거란이 자주 鹽溝에 병사를 숨겨두고서 공격하여 탈취하였다.

莊宗 말년에 趙德鈞이 유주를 鎭守할 때 염구에 良鄕縣을 설치했고, 또 유주 동쪽 50리에 성을 쌓아 모두 병사를 두어 지키고, 혁모 등을 격파하고서는 다시 그 동쪽에 三河縣을 설치하였다. 이때부터 유주와 계주 사람들이 비로소 농사와 목축을 할 수 있었고 군량도 운송할 수 있게 되었다. 그러자 耶律德光이 橫帳을 서쪽으로 옮겨 揆剌泊에 머무르면서 雲州와 朔州로 나와 노략질하니, 明宗이 근심하여 石敬瑭에게 河東을 鎭守하면서 大同軍, 彰國軍, 振武軍, 威塞軍 등의 병사를 거느리고 막게 하였다. 應順·淸泰 연간에 그곳에서 군량을 징발하여 운송하느라 遠近의 지역들이 고달프고 피폐해졌다.

1) (灾)〔突〕: 저본에는 '灾'로 되어 있으나, ≪新五代史≫에 의거하여 '突'로 바로잡았다.
2) 楡關 : 隋나라 開皇 3년(583)에 최초로 설치하였으며 지금의 山海關 부근에 있다. 산해관이 설치되고 난 뒤로는 산해관의 별칭으로도 쓰였다.

3) 兎耳覆舟山 : 두 산 모두 河北省 撫寧縣 부근에 있다.
4) 唐時置東西狹石淥疇米磚長揚黃花紫蒙白狼等戍 : 모두 楡關 인근에 설치했던 변경의 요새들이다. ≪新唐書≫ 卷39 〈地理志〉의 平州 北平郡(지금의 河北省 盧龍縣) 조항에는 본문에 나오는 요새를 포함하여 溫溝, 白望, 昌黎, 遼西까지 모두 12개의 요새를 永泰 元年(765)에 설치했다고 되어 있다. ≪신당서≫에는 '淥疇'가 '錄疇'로 되어 있다.
5) 鹽溝 : 閻溝로도 표기하며 오늘날의 北京市 方山縣 일대이다. 이곳에 鹽溝河가 있었다.
6) 揆剌泊 : ≪遼史拾遺≫에는 "納蘭泊", ≪文獻通考≫에는 "庫爾泊" 등으로 문헌에 따라 표기가 조금씩 다르다. 정확한 위치는 未詳이나 ≪通鑑釋文辨誤≫ 卷12에서는 "史炤의 ≪通鑑釋文≫에 '납란박은 地名이니 幽州와 가깝다.'라고 하였다. 내가 살펴보건대 歐陽公의 〈四夷雜錄〉에 '당시 유주에서 방비를 세우니 거란 군주가 서쪽으로 橫帳을 옮겨 납란박에 거하면서 雲州와 朔州로 나와 노략질하였다.'라고 하였으니, 납란박은 운주와 삭주의 邊塞 바깥에 있는 것이지 유주와 가까운 곳이 아니다.〔史炤釋文曰 納蘭泊 地名 近幽州 余按歐陽公四夷雜錄 時幽州有備 契丹主西徙橫帳 居納蘭泊 出寇雲朔之間 則納蘭泊在雲朔塞外 不近幽州也〕"라고 하였다.
7) 石敬瑭 : 892~942. 沙陀部 사람으로 李克用의 部將이던 臬捩鷄의 아들이다. 後唐 莊宗과 明宗을 섬겨 전공을 올렸으며 명종의 딸과 혼인하였다. 명종이 帝位에 오르는데 공이 있었으며 河東節度使로 太原을 鎭守하였다. 末帝(廢帝)가 그를 제거하려 하자 契丹에 稱臣하면서 耶律德光과 父子 관계를 맺고 그의 원조를 받아 후당을 멸하고 後晉을 세워 高祖가 되었다.
8) 應順淸泰 : 應順은 후당 閔帝 李從厚의 연호로 934년에 사용되었고, 淸泰는 후당 末帝 李從珂의 연호로 934~936년에 사용되었다.
9) (敨)〔敝〕: 저본에는 '敨'으로 되어 있으나, ≪新五代史≫에 의거하여 '敝'로 바로잡았다.

德光事其母甚謹하야 常侍立其側하야 國事必告而後行이라 石敬瑭反[1]에 唐遣張敬達等討之하니 敬瑭遣使求救於德光이라 德光白其母曰 吾嘗夢石郎召我러니 而使

者果至라 豈非天耶아하니 母召胡巫하야 問吉凶하야 巫言吉乃許라 是歲九月에 契丹出雁門[2)]할새 車騎連亘(긍)數十里라 將至太原에 遣人謂敬瑭曰 吾爲爾今日破敵可乎아하야늘 敬瑭報曰 皇帝赴難에 要在成功이요 不在速이라 大軍遠來하고 而唐軍甚盛하니 願少待之하라한대 使者未至에 而兵已交하야 敬達大敗라 敬瑭夜出北門하야 見德光하야 約爲父子하고 問曰 大兵遠來어늘 戰速而勝者는 何也오하야늘 德光曰 吾謂唐兵能守雁門而扼諸險要면 則事未可知러니 今兵長驅深入而無阻하니 吾知大事必濟라 且吾兵多難久라 宜以神速破之니 此其所以勝也라하다 敬達敗에 退保晉安寨[3)]하니 德光圍之라 唐遣趙德鈞延壽救敬達한대 而德鈞父子按兵團柏谷[4)]不救라 德光謂敬瑭曰 吾三千里赴義하니 義當徹頭라하고 乃築壇晉城南하야 立敬瑭爲皇帝하고 (皆)〔自〕[5)]解衣冠被之하고 冊曰 咨爾子晉王아 予視爾猶子하니 爾視予猶父하라하다 已而오 楊光遠[6)]殺敬達降晉하고 晉高祖自太原入洛陽에 德光送至潞州어늘 趙德鈞延壽出降하니 德光謂晉高祖曰 大事已成이라 吾命大相溫[7)]하야 從爾渡河하고 吾亦留此하야 俟爾入洛而後北하리라하다 臨訣에 執手噓欷하고 脫白貂裘하야 以衣高祖하고 遺以良馬二十匹戰馬千二百匹하고 戒曰 子子孫孫無相忘이어다하니 時天顯[8)]九年也라

耶律德光은 모친을 매우 근실하게 섬겨 항상 모친의 곁에 侍立하여 國事를 반드시 모친에게 아뢴 후에 시행하였다. 石敬瑭이 반란을 일으키자 唐나라가 張敬達 등을 보내 토벌하니 석경당이 사신을 보내 야율덕광에게 구원을 요청하였다. 야율덕광이 모친에게 사뢰기를 "제가 石郎이 저를 부르는 꿈을 꾼 적이 있는데 과연 석경당의 사자가 왔습니다. 이 어찌 하늘의 뜻이 아니겠습니까."라고 하니, 모친은 胡人 무당을 불러 길흉을 묻고 무당이 길하다고 하자 출병을 허락하였다. 이해 9월 契丹이 雁門으로 나올 때 수레와 말이 수십 리에 연이어졌다.

장차 太原에 당도하려 할 때 사람을 보내 석경당에게 이르기를 "내가 너를 위해 오늘 적들을 격파해도 되겠는가?"라고 하자, 석경당이 답하기를 "皇帝께서 어려움을 구원하러 달려오셨는데, 그 목적은 요컨대 공을 이루는 데 있지 빨리 공격하는 데 있지 않습니다. 거란의 大軍은 멀리서 왔고 당나라 병사들은 매우 강성하니 바라

건대 조금만 기다리십시오."라고 하였다. 그런데 석경당의 사신이 거란군에 당도하기도 전에 兩軍이 이미 교전하여 장경달이 대패하였다. 석경당이 밤에 北門으로 나가 야율덕광을 만나 父子 관계를 맺기로 약속하고 묻기를 "대군이 멀리서 왔는데 전투를 신속히 하여 승리한 것은 어째서입니까?"라고 하자, 야율덕광이 말하기를 "나는 당나라 병사가 안문을 지키고서 여러 險要한 곳을 점거한다면 일이 어찌 될지 알 수 없다고 생각했다. 그런데 지금 병사들이 오래 내달려 적지에 깊이 들어왔는데도 막아서는 자가 없으니, 大事를 반드시 이루리라는 것을 내 알겠다. 또 우리 병사가 많아 지구전을 펼치기 어려우므로 응당 신속히 적을 격파해야 한다. 이것이 승리한 까닭이다."라고 하였다.

장경달이 전투에서 패배하고 퇴각하여 晉安寨를 지키니 야율덕광이 포위하였다. 당나라에서 趙德鈞과 趙延壽 父子를 보내 장경달을 구원하게 하였는데, 조덕균 부자는 병사를 團柏谷에 머물러두고 장경달을 구원하지 않았다. 야율덕광이 석경당에게 이르기를 "내가 의리를 위해 3천 리를 달려왔으니, 의리를 철저하게 해야 한다."라고 하고 드디어 晉城 남쪽에 壇을 쌓고 석경당을 황제로 세우고 자신의 衣冠을 벗어 입혀주고서 책봉하기를 "아! 너 아들 晉王아. 내가 너를 아들처럼 보니 너는 나를 아비처럼 보라."라고 하였다.

얼마 뒤 楊光遠이 장경달을 죽이고 晉나라에 항복하고, 晉 高祖(석경당)가 太原으로부터 洛陽으로 들어갈 때 야율덕광이 전송하여 潞州에 이르자 조덕균과 조연수가 나와서 항복하니, 야율덕광이 진 고조에게 이르기를 "대사는 이미 이루어졌다. 내가 大相溫에게 명하여 너를 따라 河水를 건너게 하고, 나 또한 이곳에서 머무르다가 네가 낙양에 들

後晉 高祖

어가기를 기다린 뒤 북쪽으로 가겠다."라고 하였다. 이별할 때 손을 잡고 한숨을 쉬고는 흰 담비 갖옷을 벗어 고조에게 입혀주고 良馬 20匹과 戰馬 1천 2백 필을 남겨주며 훈계하기를 "자자손손 서로 잊지 말지어다."라고 하니, 때는 天顯 9년(934)이었다.

1) 石敬瑭反 : 石敬瑭이 後唐의 末帝(廢帝) 李從珂에게 반란을 일으킨 것이다.
2) 雁門 : 지금의 山西省 代縣이다.
3) 晉安寨 : ≪舊五代史≫ 卷48 〈末帝紀 下〉에 "나머지 무리를 수습하여 晉祠 남쪽의 진안채를 지켰다.〔收合餘衆 保于晉祠南晉安寨〕"라고 하였는데, 여기에서 晉祠는 산서성 太原縣 서남쪽 甕山 기슭에 晉水가 발원하는 곳에 있는 사당으로, 晉나라의 시조이자 周 成王의 아우인 唐叔虞를 봉안한 곳이다.
4) 團柏谷 : 산서성 祁縣 동남쪽 60리 지점에 있다. 團柏鎭이라고도 한다.
5) (皆)〔自〕: 저본에는 '皆'로 되어 있으나, ≪新五代史≫에 의거하여 '自'로 바로잡았다.
6) 楊光遠 : ?~944. 字는 德明, 本名은 阿檀으로 沙陀部 사람이다. 후당 莊宗을 섬겨 幽州馬步軍都指揮使가 되었고, 석경당이 반란을 일으켰을 때 張敬達을 따라 석경당을 토벌하다가 晉安寨에서 거란군에게 포위당하였다. 결국 장경달을 살해하고 後晉에 투항하여 宣武軍節度使가 되었다. 후진에서 天平軍節度使, 魏博行府節度使, 西京留守 등을 역임했고 平盧節度使로 나갔을 때 거란과 결탁하여 후진에 반란하였다가 李守貞에게 패배하여 피살되었다.
7) 大相溫 : 遼나라의 將帥 職名으로 ≪遼史≫ 卷46 〈百官志〉에 보이는 '大詳袞'이 바로 이것이다. 동일 기사가 ≪舊五代史≫ 卷48 〈末帝紀 下〉에서는 "晉 高祖가 오랑캐 왕과 함께 潞州에 이르렀다. 오랑캐 왕이 蕃將 대상곤을 보내 5천의 騎兵을 거느리고 진나라 고조를 전송하여 남쪽으로 가게 하였다.〔晉高祖與戎王至潞州 戎王遣蕃將大詳袞率五千騎 送晉高祖南行〕"라고 되어 있다. ≪구오대사≫ 〈권48考證〉에 "大詳袞은 舊本에는 大相溫으로 되어 있으니, 지금 고친다.〔大詳袞舊作大相溫 今改〕"라고 하였다.
8) 天顯 : 遼 太宗 耶律德光의 연호로 926~938년 사이에 사용되었다.

高祖已入洛이어늘 德光乃北에 執趙德鈞延壽以歸하다 德鈞은 幽州人也라 事劉守光

守文하야 爲軍校하고 莊宗伐燕得之하야 賜姓名曰李紹斌(빈)이라 其子延壽는 本姓劉氏니 常山人也라 其父(邢)〔邪〕[1]爲蓨縣[2]令이러니 劉守文攻破蓨縣할새 德鈞得延壽하고 幷其母种(충)氏而納之하야 因以延壽爲子라 延壽爲人이 資質姸柔하고 稍涉書史라 明宗以女妻之하고 號興平公主라 莊明之世에 德鈞鎭幽州十餘年[3]할새 以延壽故로 尤見信任이라 延壽는 明宗時爲樞密使라가 罷하고 至廢帝立하야 復以爲樞密使라 晉高祖起太原에 廢帝遣延壽將兵討之어늘 而德鈞亦請以鎭兵討賊하니 廢帝察其有異志하야 使自飛狐[4]出擊其後라 而德鈞南出吳兒[5]하야 會延壽於西唐[6]하니 延壽因以兵屬之라 廢帝以德鈞爲諸道行營都統하고 延壽爲太原南面招討使어늘 德鈞爲延壽求鎭州節度使하니 廢帝怒曰 德鈞父子握彊兵하야 求大鎭하니 苟能敗契丹而破太原이면 雖代予亦可라 若翫寇要君이면 但恐犬兎俱斃[7]라하고 因遣使者하야 趣(촉)德鈞等進軍이라 德鈞陰遣人聘德光하야 求立己爲帝어늘 德光指穹廬前巨石하고 謂德鈞使者曰 吾已許石郞矣니 石爛可改也라하다 德光至潞州하야 鎖德鈞父子而去라 德光母述律見之하고 問曰 汝父子自求爲天子는 何邪(야)오하야늘 德鈞慙不能對하고 悉以田宅之籍獻之라 述律問 何在오하야늘 曰 在幽州라하니 述律曰 幽州屬我矣어늘 何獻之爲오하다 明年에 德鈞死하니 德光以延壽爲幽州節度使하고 封燕王하다

高祖가 洛陽에 입성하자 耶律德光이 이에 북쪽으로 가면서 趙德鈞·趙延壽 부자를 잡아 돌아갔다. 조덕균은 幽州 사람이다. 劉守光과 劉守文을 섬겨 軍校가 되었고 莊宗이 燕을 쳐서 조덕균을 얻어 李紹斌이라는 姓名을 하사하였다. 그 아들 조연수는 本姓이 劉氏이니 常山 사람이다. 그 아비 劉邪이 蓨縣 縣令이었는데 유수문이 수현을 공격하여 격파했을 때 조덕균이 조연수를 얻고 그 어미 种氏까지 가족으로 들이고서 조연수를 아들로 삼았다. 조연수는 자질이 빼어나고 유순하였으며 經史를 대략 익혔다. 明宗이 자신의 딸을 조연수에게 시집보내고 興平公主라 불렀다. 장종과 명종의 治世에 조덕균이 幽州를 십여 년간 鎭守하는 동안 조연수 때문에 더욱 신임을 받았다. 조연수는 명종 때 樞密使가 되었다가 파직되었고, 廢帝가 즉위하자 다시 추밀사로 삼았다.

晉 고조가 太原에서 擧事하자 폐제가 조연수를 보내 병사를 거느리고 토벌하게

했는데 조덕균도 鎭兵을 이끌고 賊徒를 토벌하겠다고 청하니, 폐제가 그에게 다른 뜻이 있음을 알고 飛狐로부터 나가 적의 후방을 치게 하였다. 조덕균이 남쪽으로 吳兒로 나와 西唐에서 조연수와 만나니, 조연수가 이로 인해 병사를 조덕균에게 맡겼다. 폐제가 조덕균을 諸道行營都統으로 삼고 조연수를 太原南面招討使로 삼았는데, 조덕균이 조연수를 위해 조연수를 鎭州節度使로 임명해주기를 청하니, 폐제가 노하여 말하기를 "조덕균 부자가 강성한 군대를 장악하고서 大鎭을 달라고 요구하니, 만일 거란을 패퇴시키고 태원을 격파한다면, 나를 대신해 황제가 되는 것도 할 수 있겠구나. 만약 그들이 도적들을 가벼이 여기고 군주를 협박하는 것이라면 그저 개와 토끼가 모두 죽는 꼴이 될까 두렵다."라고 하고는 사자를 보내 조덕균 등에게 진군을 재촉하였다.

조덕균이 몰래 야율덕광에게 사람을 보내 聘問하면서 자신을 황제로 세워달라고 요구하자 야율덕광이 穹廬 앞의 큰 돌을 가리키며 조덕균의 사자에게 말하기를 "내가 이미 石郎(石敬瑭)에게 황제 자리를 허락하였으니 돌이 문드러져야 약속을 바꿀 수 있다."라고 하였다. 야율덕광이 潞州에 이르러 조덕균 부자를 결박하여 떠났다. 야율덕광의 모친 述律이 이들을 보고 묻기를 "너희 부자가 스스로 천자가 되기를 요구한 것은 어째서인가?"라고 하자, 조덕균이 부끄러워 대답하지 못하고서 田宅의 장부를 모두 바쳤다. 술률이 묻기를 "전택이 어디에 있는가?"라고 하자 "幽州에 있습니다."라고 하니, 술률이 말하기를 "유주는 우리 땅인데 무엇을 바친단 말인가."라고 하였다. 이듬해 조덕균이 죽으니 야율덕광이 조연수를 幽州節度使로 삼고 燕王에 봉하였다.

1) (刑)〔邢〕: 저본에는 '刑'으로 되어 있으나, ≪新五代史≫에 의거하여 '邢'으로 바로잡았다.

2) 蓨縣 : 蓨縣은 지금의 河北省 景縣이다. 漢나라 때 脩縣을 설치하였고 隋나라 때 蓨縣으로 고쳤다.

3) 莊明之世 德鈞鎭幽州十餘年 : ≪五代史記纂誤續補≫ 卷6에 다음과 같이 고증하였다. "살펴보건대 위의 글에서는 '莊宗 말년에 趙德鈞이 幽州를 鎭守할 때'라고 하였고, ≪舊五代史≫ 〈趙德鈞傳〉에는 '장종을 따라 梁나라를 평정하고 滄州節度使로 승진하고 同光 3년(925, 장종3)에 자리를 옮겨 유주를 진수하

였다.'라고 하였다. 장종과 明宗의 治世는 겨우 11년이고, 동광 3년에 유주를 진수했을 때부터 長興 4년(933, 명종7)에 이르기까지는 9년에 그친다. 그런데 ≪구오대사≫에서도 '십여 년'이라고 하였으니, 이는 廢帝 때까지 겸하여 말한 것이다. 이 부분은 오류이다.〔按上文莊宗之末 趙德鈞鎭幽州 薛史德鈞傳 從平梁 遷滄州節度使 同光三年移鎭幽州 莊明之世僅十一年 以同光三年鎭幽州 至長興四年 止九年 薛史亦作十餘年 蓋兼廢帝時言之 此誤〕"라고 하였다.

4) 飛狐 : 漢나라 때의 廣昌縣으로, 隋나라 때 비호로 이름을 고쳤다. 지금의 河北省 淶源縣에 해당한다.

5) 吳兒 : 골짜기의 이름으로 지금의 山西省 黎城縣 동북쪽 太行山의 입구이다. ≪資治通鑑≫의 胡三省의 주석에 "오아곡은 潞州 黎城 동북쪽, 涉縣 서남쪽에 있다."라고 하였다.

6) 西唐 : 지금의 산서성 沁縣 서북쪽으로 西湯으로도 표기한다.

7) 犬兎俱斃 : 쫓는 자와 쫓기는 자가 모두 죽고 엉뚱한 사람이 이익을 차지한다는 뜻이다. 여기서는 조덕균 부자가 황제의 자리를 탐하다가 조덕균 부자와 폐제가 모두 죽고 거란이 이익을 차지하게 될 것이라는 말이다. ≪戰國策≫ 〈齊策〉에 "齊나라가 魏나라를 치려 하자 淳于髡이 齊王에게 말하기를, '韓子盧라는 개는 천하에서 가장 빠른 개이고 東郭逡이라는 토끼는 海內에서 가장 빠른 토끼입니다. 한자로가 동곽준을 쫓아 세 바퀴나 산을 돌고 다섯 번이나 산을 뛰어올랐습니다. 토끼는 앞에서 온 힘을 다해 달렸고 개는 뒤에서 몸이 부서지도록 쫓다가 개와 토끼가 모두 지쳐서 각각 그 자리에서 죽었습니다. 농부가 이것을 보고 아무런 수고도 들이지 않고 이익을 독차지했습니다.'라고 하였다.〔齊欲伐魏 淳于髡(곤)謂齊王曰 韓子盧者 天下之疾犬也 東郭逡者 海內之狡兎也 韓子盧逐東郭逡 環山者三 騰山者五 兎極於前 犬廢於後 犬兎俱罷(피) 各死其處 田父見之 無勞倦之苦而擅其功〕"라고 하였다.

契丹當莊宗明宗時하야 攻陷營平二州러니 及已立晉하야 又得雁門以北幽州節度管內[1]하야 合一十六州라 乃以幽州爲燕京하고 改天顯十一年爲會同元年하고 更其國號大遼하고 置百官하되 皆依中國하고 參用中國之人이라 晉高祖每遣使聘問에 奉表稱臣하고 歲輸絹三十萬[2]疋하며 其餘寶玉珍異로 下至中國飮食諸物히 使者相屬於

道하야 **無虛日**이라 **德光約高祖不稱臣**하고 **更表爲書**하고 **稱兒皇帝**하야 **如家人禮**라 **德光遣中書令韓熲**(경)하야 **奉冊高祖爲英武明義皇帝**하니 **高祖復遣趙瑩馮道等**하야 **以太常鹵簿**[3]로 **奉冊德光及其母尊號**하고 **終其世**히 **奉之甚謹**이라 **高祖崩**에 **出帝**[4]**卽位**어늘 **德光怒其不先以告**하고 **而又不奉表**하고 **不稱臣而稱孫**하야 **數遣使者責晉**하니 **晉大臣皆恐**이로대 **而景延廣對契丹使者語**에 **獨不遜**[5]이라 **德光益怒**러니 **楊光遠反靑州**에 **招之**하다

契丹은 莊宗・明宗 때에 營州와 平州를 공격해 함락하였는데, 晉나라가 건국하고 나서 또 雁門 이북의 幽州節度使의 管內를 얻어 도합 16州가 되었다. 이에 幽州를 燕京으로 삼고, 天顯 11년을 고쳐 會同 元年(938)으로 삼고, 國號를 大遼로 고치고, 百官을 두되 모두 중국의 제도를 따르고 중국 사람을 섞어 등용하였다.

馮道

晉 高祖는 매번 사신을 보내 聘問할 때마다 表를 받들어 올리며 자신을 신하라 칭하였고 해마다 비단 30만 疋을 보냈으며, 그 밖의 寶玉과 진귀한 물건들로부터 아래로 중국의 음식 등 여러 물품에 이르기까지 이를 운송하는 사신들이 길에 서로 이어지지 않는 날이 없었다. 耶律德光은 약조를 맺어 고조에게 신하라 칭하지 않게 하고 表는 書라고 명칭을 고치게 하고 고조를 兒皇帝라 일컬으면서 집안사람을 대우하는 예와 같이 하였다. 야율덕광이 中書令 韓熲을 보내 고조를 英武明義皇帝로 봉하는 冊文을 받들어 올리게 하니, 고조는 다시 趙瑩과 馮道 등을 보내 太常寺의 鹵簿로 야율덕광과 그 모친의 尊號를 적은 冊文을 받들어 올리게 하고, 종신토록 거란을 매우 공손히 받들었다.

고조가 崩御하자 出帝가 즉위했는데 야율덕광은 출제가 즉위를 먼저 고하지 않고 또 表를 받들어 올리지도 않았으며 자신을 신하라 칭하지 않고 손자라 칭한 것을 노여워하여 자주 사자를 보내 진나라를 책망하였다. 그러자 진나라 大臣들이 모두 두려워하였는데 景延廣은 거란의 사신과 대화할 때 유독 공손하지 않았다. 야율덕광이 더욱 노여워하였는데 楊光遠이 靑州에서 진나라에 반란을 일으키자 거란이 그를 불렀다.

1) 及已立晉 又得雁門以北幽州節度管內 : ≪五代會要≫ 卷29에 "晉나라 天福 원년(936) 11월에 高祖가 帝位에 올랐다. 耶律德光이 援助한 공로가 있으므로……雁門 이북과 幽州에 소속된 縣들을 할양하였다.〔晉天福元年十一月 高祖踐位 以德光有援助之力……割雁門以北及幽州所屬縣〕"라고 하였다.
2) 三十萬 : ≪五代會要≫ 卷29에는 十三萬으로 되어 있다.
3) 太常鹵簿 : 太常의 鹵簿라는 뜻이다. 태상은 국가의 儀禮와 禮樂 등을 담당했던 太常寺이다. 鹵簿에서 鹵는 방패, 簿는 행렬의 차례를 기록한 장부로 帝王이 거둥할 때의 儀仗 또는 그 행렬을 가리킨다.
4) 出帝 : 914~964. 後晉 高祖 石敬瑭의 조카인 石重貴이다. 少帝로도 불린다. 진나라에서 同中書門下平章事를 지내고 鄭王과 齊王에 연이어 봉해졌다. 석경당이 죽자 뒤를 이어 황제가 되었는데 거란에 대해 자신을 손자라고 할 뿐 신하라 칭하지 않고 독자 노선을 걸어 거란과 반목하였다. 즉위 초에 두 차례에 걸친 거란의 침공을 막아냈으나 開運 3년(946)에 거란의 침입을 막지 못하고 포로로 잡혀 負義侯에 봉해졌으며 18년 뒤 建州에서 죽었다.
5) 景延廣對契丹使者語 獨不遜 : 본 史抄 卷8의 〈晉臣景延廣傳〉에 자세하다.

開運元年春에 德光傾國南寇하야 分其衆爲三하되 西出雁門하야 攻幷代라가 劉知遠[1]擊敗之于秀容[2]하고 東至于河하야 陷博州하야 以應光遠하고 德光與趙延壽南攻陷貝州라 德光屯元城[3]하니 兵及黎陽[4]이라 晉出帝親征하야 遣李守貞等東馳馬家渡[5]하야 擊敗契丹이어늘 而德光與晉相距于河러니 月餘에 聞馬家渡兵敗하고 乃引衆擊晉하야 戰于戚城[6]이라 德光臨陣하야 望見晉軍旗幟光明而士馬嚴整하고 有懼色하야 謂其左右曰 楊光遠言晉家兵馬半已餓死라하더니 何其盛也오하다 兵旣交에

殺傷相半하고 **陣間斷箭遺鏃**이 **布厚寸餘**라 **日暮**에 **德光引去**하야 **分其兵爲二**하야 **一出滄州**하고 **一出深州以歸**하다

開運 원년(944) 봄에 耶律德光이 온 나라의 병사를 모두 이끌고 남쪽을 침략하면서 군사들을 셋으로 나누되, 서쪽으로는 雁門으로 나가 幷州와 代州를 공격하다가 秀容에서 劉知遠에게 격퇴되었고, 동쪽으로는 黃河에 이르러 博州를 함락하여 楊光遠과 호응하고, 야율덕광은 趙延壽와 남쪽으로 貝州를 공격하여 함락하였다. 야율덕광이 元城에 駐屯하니 병력이 黎陽까지 미쳤다. 晉 出帝가 親征하여 李守貞 등을 보내 동쪽으로 馬家渡로 달려가 거란을 격퇴하게 하자 야율덕광이 진나라 군대와 황하에서 대치하였다. 한 달 남짓 지나 마가도에 있던 병사가 패했다는 소식을 듣고 마침내 군사를 이끌고 진나라를 공격하여 戚城에서 전투를 벌였다. 야율덕광이 軍陣에 나와 진나라 군대의 旗幟가 번쩍이고 兵馬가 엄숙하고 정돈된 것을 바라보고는 두려운 낯빛을 띠면서 좌우의 수하들에게 말하기를 "양광원이 진나라 병마의 반은 벌써 굶어 죽었다고 하더니 어찌면 저리도 강성한가?"라고 하였다. 병사들이 교전하자 피차 半數가 죽고 다쳤고 두 진영 사이의 戰場에는 부러진 화살대와 버려진 화살촉이 한 치 남짓의 두께로 펼쳐져 있었다. 해가 저물자 야율덕광은 군대를 이끌고 떠나면서 병사를 둘로 나누어 한 무리는 滄州로, 한 무리는 深州로 나가 거란으로 돌아갔다.

1) 劉知遠 : 895~948. 突厥 沙陀族 출신으로 後唐 明宗을 섬기다가 이후 石敬瑭을 도와 後晉을 건국하는데 공을 세우고 군권을 장악했으며 河東節度使, 中書令 등을 역임하였다. 거란이 후진을 침공했을 때 사령관이 되어 出兵을 거부하다가 出帝가 거란에 잡혀가자 晉陽에서 帝位에 올라 五代 後漢을 세우고 汴京에 도읍하였다. 즉위 1년 만에 병사하였으며 廟號는 高祖이다.
2) 秀容 : 지금의 山西省 忻縣 일대에 해당한다.
3) 元城 : 지금의 河北省 大名縣에 해당한다. 五代 후당 때 興唐으로 부르다가 후진 때 다시 元城이라 하였다.
4) 黎陽 : 지금의 하북성 浚縣 일대에 해당한다.
5) 馬家渡 : 麻家渡로도 쓰며, 지금의 山東省 鄄城縣 일대로 黃河의 나루였다.
6) 戚城 : 지금의 河南省 濮陽縣 북쪽에 있다.

二年正月에 德光復傾國入寇하야 圍鎭州하고 分兵攻下鼓城[1]等九縣하니 杜重威守鎭州하야 閉壁不敢出이라 契丹南掠邢洺磁하야 至于安陽河[2]하야 千里之內에 焚剽殆盡이라 契丹見大桑木하고 罵曰 吾知紫披襖[3]出自汝身하니 吾豈容汝活耶아하고 束薪於木而焚之라 是時에 出帝病하야 不能出征일새 遣張從恩安審琦皇甫遇等禦之라 遇前渡漳水[4]라가 遇契丹하야 戰于榆林하야 幾爲所虜어늘 審琦從後救之라 契丹望見塵起하고 謂救兵至하야 引去어늘 而從恩畏怯하야 不敢追하야 亦引兵〔南〕[5]走黎陽이라 契丹已北에 而出帝疾少間하야 乃下詔親征하야 軍于澶州[6]하고 遣杜重威等北伐이라 契丹歸至古北[7]하야 聞晉軍且至하고 卽復引而南하야 及重威戰于陽城衛村[8]이라 晉軍饑渴하야 鑿井輒壞일새 絞泥汁而飮이라 德光坐奚車[9]中하야 呼其衆曰 晉軍盡在此矣니 可生擒之라 然後平定天下라한대 會天大風하고 晉軍奮死擊之하니 契丹大敗라 德光喪車하야 騎一白橐(탁)駝而走하야 至幽州하야 其首領大將을 各笞數百이로대 獨趙延壽免焉이라 是時에 天下旱蝗하고 晉人苦兵하니 乃遣開封府軍將張暉假供奉官聘于契丹하야 奉表稱臣하야 以修和好라 德光語不遜이나 然契丹亦自厭兵이라 德光母述律嘗謂晉人曰 南朝漢兒爭得一向臥邪(야)아 自古聞漢來和蕃이요 不聞蕃去和漢이니 若漢兒實有回心이어든 則我亦何惜通好리오하다 晉亦不復遣使나 然數以書招趙延壽라 延壽見晉衰而天下亂하고 嘗有意窺中國이요 而德光亦嘗許延壽滅晉而立之러니 延壽得晉書하고 僞爲好辭報晉하되 言身陷虜思歸하고 約晉發兵爲應하고 而德光將高牟翰[10]亦詐以瀛州降晉하니 晉君臣皆喜라

2년(945) 정월에 耶律德光이 다시 온 나라의 병력을 다 기울여 침략하여 鎭州를 포위하고 병사를 나누어 鼓城 등 아홉 개 縣을 공격하여 함락하니, 杜重威는 진주를 지키면서 성문을 걸어잠그고 감히 나오지 못하였다. 契丹이 남쪽으로 邢州와 洺州와 磁州를 攻掠하여 安陽河에까지 이르러 천 리 이내의 지역을 거의 다 불태우고 노략질하였다. 거란이 큰 뽕나무를 보고는 욕하기를 "紫披襖가 네 몸에서 나온 것을 우리가 알고 있으니 네가 살아 있는 것을 우리가 어찌 용납하겠는가."라고 하고는 나무에 땔감을 묶고 불살랐다. 이때 出帝는 병이 들어 출정하지 못하였으므로 張從

恩과 安審琦와 皇甫遇 등을 보내 거란군을 막게 하였다. 황보우가 前軍으로 漳水를 건너다가 거란군을 만나 榆林에서 접전하여 거의 사로잡힐 뻔했는데 안심기가 후방에서 구원하였다. 거란군이 먼지가 일어나는 것을 바라보고는 구원병이 이르렀다고 여겨 병사를 이끌고 퇴각했는데, 장종은은 두려워 겁을 먹고 감히 추격하지 못하고서 역시 병사를 이끌고 남쪽으로 黎陽으로 달아났다.

거란군이 북쪽으로 가고 나서 출제의 병도 조금 나아 마침내 조서를 내려 親征하여 澶州에 주둔하고 두중위 등을 보내 北伐하게 하였다. 거란이 돌아가다가 古北에 이르러 晉나라 군대가 장차 이를 것이라는 소식을 듣고 곧바로 다시 군사를 이끌고 남하하여 두중위와 陽城, 衛村에서 전투하였다. 진나라 군대가 굶주리고 목말라 우물을 팠으나 번번이 무너져 진흙을 묶어 짜서 그 즙을 마셨다. 야율덕광이 奚車에 앉아 軍衆에 외치기를 "진나라 군대가 모두 여기에 있으니 저들을 사로잡은 연후에 천하를 평정할 수 있다."라고 하였는데, 때마침 하늘에서 큰 바람이 불고 진나라 군대가 죽을힘을 다해 공격하니 거란군이 대패하였다. 야율덕광은 수레를 잃고서 흰 낙타 한 마리를 타고 달아나 幽州에 이르러 首領과 大將들에게 각각 수백 대의 매질을 하였는데 趙延壽만은 벌을 면하였다.

이때 천하에 가뭄과 蝗蟲의 재해가 들고 진나라 사람들이 전쟁에 괴로워하니 開封府의 軍將인 張暉를 임시 供奉官으로 거란에 聘問하게 하여 表文을 바치며 신하라고 칭하여 우호를 맺었다. 야율덕광의 말이 불손하였으나 거란 스스로도 전쟁에 염증을 느끼고 있었다. 야율덕광의 모친인 述律이 일찍이 진나라 사람에게 말하기를 "南朝의 漢兒는 어찌하여 한결같이 누워만 있으려 하는가? 예로부터 漢이 와서 蕃國과 화친했다는 말은 들었어도 번국이 가서 한과 화친했다는 말은 듣지 못했다. 만약 한아가 실제로 마음을 돌이킨다면 우리도 어찌 우호 맺기에 인색하겠는가."라고 하였다.

진나라는 다시 사신을 보내지 않았으나 조연수에게는 자주 서신을 보내 불렀다. 조연수는 진나라가 쇠퇴하고 천하가 어지러운 것을 보고서 일찍부터 중국을 노리는 마음을 품었고 야율덕광도 조연수가 진나라를 멸하고 황제로 서는 것을 허락했는데, 조연수가 진나라의 서신을 받고서는 거짓으로 좋은 말로 진나라에 답하면서 몸이 오랑캐 땅에 매여 있으나 중국으로 돌아가고 싶다고 말하고 진나라와 약조하여 병사를 일으켜 호응하기로 하였다. 그리고 야율덕광의 장수 高牟翰도 거짓으로 瀛州를 가지고 진나라에 투항하니 진나라의 君臣이 모두 기뻐하였다.

1) 鼓城 : 본래는 春秋시대 鼓國의 昔陽邑으로 隋나라 때 昔陽縣을 설치하였다가 鼓城으로 이름을 고쳤다. 治所가 지금의 河北省 晉縣에 있었다.
2) 安陽河 : 지금의 하북성 북쪽 경계에 있는 洹水이다.
3) 紫披襖 : 披襖는 披襖子로 겉에 걸쳐 입는 禮服의 일종이다. 또 披風이라는 망토의 일종을 가리키기도 하는데 이는 武士들이 두르던 것이기도 하다. 문맥상 紫披襖는 晉나라 君臣 혹은 軍士의 복색을 가리키는 듯하다.
4) 漳水 : 지금의 山西省에서 發源하여 衛河로 흘러들어가는 漳河이다.
5) 〔南〕 : 저본에는 빈칸으로 되어 있으나, ≪新五代史≫와 四庫全書本에 의거하여 보충하였다.
6) 澶州 : 지금의 하북성 濮陽縣 일대이다. 후대인 宋나라 때 遼 成宗과 宋 眞宗이 澶淵의 맹약을 맺고 화친했던 곳이기도 하다.
7) 古北 : 지금의 하북성 密雲縣 동북쪽에 있는 古北口이다. 虎北口, 長城口라고도 한다.
8) 陽城衛村 : 陽城은 지금의 河北省 淸苑縣 서남쪽의 지명이고, 衛村은 지금의 山西省 潞城縣 경내의 촌락 이름이다.
9) 奚車 : ≪資治通鑑≫ 卷284의 주석에 "奚族 사람들은 산을 벌목하고 밭농사를 짓고 수레를 깎아 만드는 것을 생업으로 하니, 거란의 수레는 모두 해족에게서 취한다. 살펴보건대 輜車의 제도는 중국과 같은데 뒤가 넓고 앞은 줄였으며 材木이 부실해 부서지기 쉬우므로 무거운 것은 실을 수 없고 山地를 다니기에 편하다. 바퀴통이 길고 바퀴는 넓으며, 바퀴의 테는 두께가 4치가 못 되고 수레의 뒤턱 나무는 5치가 못 된다. 수레를 탈 때 낙타에게 멍에를 지우고 수레 위에는 물들인 휘장을 달며 부유한 자는 毛氈 휘장과 무늬 비단을 장식한다.〔奚人業伐山陸種斲車 契丹之車皆資于奚 按輜車之制如中國 後廣前殺而無般 材儉易敗 不能任重而利于行山 長轂廣輪 輪之牙 其厚不能四寸 而軫之材不能五寸 其乘車駕之以駝 上施幰帷 富者加氈幰文繡之飾〕"라고 하였다.
10) 高牟翰 : ?~959. 高模翰, 高松으로도 표기하며 본래 渤海 사람이다. 발해가 멸망할 때 高麗로 망명했다가 죄를 짓고 다시 遼나라로 도망쳤다. 요나라 군

대가 石敬瑭을 도우러 출병할 때 많은 공을 세웠으며 後晉이 요나라를 배반하자 統軍副使가 되어 후진을 격퇴하였다. 계속 승진하여 開府儀同三司, 左相에까지 이르렀다.

三年七月에 遣杜重威李守貞張彦澤等出兵하야 爲延壽應하야 兵趨瀛州[1)]한대 牟翰空城而去라 晉軍至城下하야 見城門皆啓하고 疑有伏兵하야 不敢入하고 遣梁漢璋追牟翰한대 及之에 漢璋戰死하니 重威等軍屯武彊이라 德光聞晉兵出하고 乃入寇鎭州하니 重威西屯中渡[2)]하야 與德光夾水而軍이라 德光分兵하야 竝(방)西山出晉軍後하야 攻破欒城縣[3)]하니 縣有騎軍千人皆降於虜라 德光每獲晉人에 刺其面하되 文曰奉勅不殺하고 縱以南歸라 重威等被圍糧絶하야 遂擧軍降하니 德光喜謂趙延壽曰 所得漢兒皆與爾라하고 因以龍鳳赭(자)袍[4)]賜之하야 使衣以撫晉軍하고 亦以赭袍賜重威하고 遣傅(往)〔住〕兒[5)]監張彦澤將騎二千하야 先入京師하니 晉出帝與太后爲降表하야 自陳過咎라 德光遣解里하야 以手詔賜帝曰 孫兒但勿憂하라 管取一喫飯處라하다 德光將至京師에 有司請以法駕奉迎하니 德光曰 吾躬擐甲胄하야 以定中原하니 太常[6)]之儀는 不暇顧也라하고 止而不用이라 出帝與太后出郊奉迎이어늘 德光辭不見하고 曰 豈有兩天子相見於道路邪(야)아하다 四年正月丁亥朔旦에 晉文武百官班于都城北하야 望帝拜辭하고 素服紗帽以待라 德光被甲衣貂裘貂帽하고 立馬于高岡하니 百官俯伏待罪라 德光入自封丘門[7)]하야 登城樓하야 遣通事宣言諭衆曰 我亦人也니 可無懼어다 我本無心至此하니 漢兵引我來爾라하고 遂入晉宮하니 宮中嬪妓迎謁이어늘 皆不顧하고 夕出宿于赤岡[8)]이라 封出帝負義侯하야 遷于黃龍府[9)]라 癸巳에 入居晉宮하야 以契丹守諸門하고 門廡殿庭에 皆磔(책)犬掛皮하야 以爲厭勝[10)]이라 甲午에 德光胡服視朝于廣政殿이라 乙未에 被中國冠服하고 百官常參에 起居如晉儀하되 而氈(전)裘左衽[11)]하고 胡馬奚車가 羅列階陛하니 晉人俛(부)首不敢仰視라 二月丁巳朔에 金吾六軍殿中省仗太常樂舞陳于廷하니 德光冠通天冠하고 服絳紗袍하고 執大珪以視朝하야 大赦하고 改晉國爲大遼國하고 開運四年爲會同十年하다

3년(946) 7월에 杜重威, 李守貞, 張彦澤 등을 보내 출병하여 趙延壽에 호응하여

병사들을 瀛州로 달려가게 하였는데, 高牟翰은 성을 비우고 떠나버렸다. 晉나라 군대가 성 아래에 이르러 성문이 모두 열린 것을 보고는 伏兵이 있을까 의심하여 감히 성에 들어가지 못하고 梁漢璋을 보내 고모한을 추격하게 했는데 따라잡았을 때 양한장이 싸우다 죽으니, 두중위 등이 武彊에 군사를 주둔하였다. 耶律德光이 진나라가 출병했다는 말을 듣고는 마침내 鎭州를 침입하니 두중위가 서쪽으로 中渡에 주둔하여 야율덕광과 강을 끼고 대치하였다. 야율덕광이 병사를 나누어 西山을 끼고 진나라 군대의 후방으로 나와 欒城縣을 공격해 격파하니, 난성현의 騎兵 1천 명이 모두 오랑캐에게 항복하였다.

야율덕광은 진나라 사람을 잡을 때마다 얼굴에 刺字하여 "칙명을 받들어 죽이지 않는다.[奉勅不殺]"라는 문신을 새기고 풀어주어 남쪽으로 돌려보냈다. 두중위 등이 포위당해 양식이 떨어지자 마침내 군사들을 모두 데리고 항복하니 야율덕광이 기뻐하며 조연수에게 이르기를 "사로잡은 漢人들을 모두 너에게 주겠다."라고 하고 龍鳳赭袍를 내려주어 그 옷을 입고 진나라 군사들을 慰撫하게 하고 두중위에게도 赭袍를 내려주었다. 그리고 傅住兒를 보내 장언택을 감독하여 기병 2천을 거느리고 먼저 京師로 들어가게 하니, 진나라 出帝와 太后가 항복하는 表文을 지어 스스로 잘못을 진술하였다. 야율덕광이 耶律解里를 보내 손수 적은 詔書를 출제에게 내려 말하기를 "손자는 공연히 근심하지 말라. 먹고 살 땅 한 곳은 너에게 보장하겠다."라고 하였다. 야율덕광이 장차 경사에 이르려 할 때 有司가 法駕로 맞이하기를 청하니, 야율덕광이 말하기를 "내가 몸소 甲胄를 두르고 中原을 평정했으니 太常寺의 儀禮는 돌아볼 겨를이 없다."라고 하고 중지시켜 사용하지 않았다. 출제와 태후가 郊外로 나가 맞이하자 야율덕광이 사양하고 만나지 않으며 말하기를 "어찌 두 천자가 길에서 서로 만날 수 있겠는가."라고 하였다.

4년(947) 정월 丁亥일 초하루 아침에 진나라 문무백관들이 都城 북쪽에 도열하여 출제를 바라보고 절하면서 작별하고 素服과 紗帽를 착용하고서 기다렸다. 야율덕광이 갑옷과 貂裘를 입고 貂帽를 쓰고 높은 언덕에 말을 세우니 백관들이 俯伏하여 待罪하였다. 야율덕광이 封丘門으로 들어가 城樓에 올라 通事(통역관)를 보내 무리들에게 선언하기를 "나도 사람이니 두려워하지 말라. 나는 본래 이곳에 올 생각이 없었는데 漢兵이 나를 여기에 오도록 이끈 것이다."라고 하고는 드디어 진나라 궁궐로 들어갔다. 그러자 궁중의 姬妾과 歌舞하는 여인들이 맞이하며 拜謁하였는데 야율덕광이 모두 돌아보지 않고서 저녁에 赤岡으로 나가 유숙하였다. 출제를 負義侯에 봉하여 黃龍府로 옮겼다.

癸巳일에 진나라 궁궐로 들어가 있으면서 契丹 군사로 하여금 궁궐의 여러 문을 지키게 하고 門廡와 殿廷에 모두 개를 찢어 가죽을 걸어 厭勝으로 삼았다. 甲午일에 야율덕광이 胡服을 입고 廣政殿에서 조회를 보았다. 乙未일에 중국의 冠服을 착용하고 백관들의 常參을 할 때 의식 절차를 진나라의 儀禮대로 하되 氈裘를 左衽으로 하고 胡馬와 奚車를 섬돌에 나열하니, 진나라 사람들이 머리를 숙이고 감히 올려다보지 못하였다. 2월 丁巳일 초하루에 金吾의 六軍과 殿中省의 儀仗과 太常寺의 樂舞를 宮廷에 늘여 세우니, 야율덕광이 通天冠을 쓰고 絳紗袍를 입고 大珪를 쥐고서 조회를 보면서 大赦免令을 내리고 晉國을 大遼國으로, 開運 4년을 會同 10년(947)으로 고쳤다.

1) 瀛州 : 後魏때 설치한 지역 명칭으로 시대에 따라 河間으로 부르기도 하였다. 지금의 河北省 河間縣이다.
2) 中渡 : 지금의 하북성 定縣 동남쪽에 있던 다리 이름이다.
3) 欒城縣 : 春秋시대 때 晉나라의 欒邑으로 漢나라 때 關縣을 설치하고 後漢 때 欒城縣으로 고쳤다. 시대에 따라 廢置를 거듭하다가 唐나라 때 欒氏로 이름을 고쳤고 五代 後唐 때 옛 이름을 회복하였다. 지금의 하북성 趙縣 서남쪽이다.
4) 龍鳳赭(자)袍 : 龍鳳 무늬가 새겨진 赭袍이다. 자포는 赭黃袍로 붉은색과 황색이 들어간 천자의 곤룡포를 가리킨다.
5) 傅(往)〔住〕兒 : '住'는 저본에는 '往'으로 되어 있으나, ≪新五代史≫에 의거하여 '住'로 바로잡았다. 傅住兒는 ≪舊五代史≫와 ≪遼史≫에서는 富珠哩로 표기하고 있다.
6) 太常 : 국가의 祭祀와 禮樂을 담당하던 관청이다.
7) 封丘門 : 汴京 北城에 있던 城門의 이름이다.
8) 赤岡 : 지금의 河南省 開封市 동북쪽의 지명이다.
9) 黃龍府 : 지금의 吉林省 農安縣에 治所를 두었던 遼나라의 행정 구역이다.
10) 門廡殿廷……以爲厭勝 : 개를 찢어 가죽을 건다는 것은 磔攘을 가리킨다. 책

양은 犧牲을 찢어 갈라 사방의 문에 걸어두는 것이다. ≪禮記≫ 〈月令〉에도 이러한 방식이 보인다. 猒勝은 주문이나 저주 등으로 사람이나 사물을 제압하여 복종시키는 주술을 가리킨다.

11) 氈(전)裘左衽 : 氈裘는 북방의 유목민족들이 입던 털가죽으로 만든 옷이고, 左衽은 옷깃을 왼쪽으로 여미는 것으로 오랑캐의 풍속이다.

德光嘗許趙延壽滅晉而立以爲帝라 故契丹擊晉에 延壽常爲先鋒하야 虜掠所得을 悉以奉德光及其母述律이라 德光已滅晉而無立延壽意어늘 延壽不敢自言하고 因李崧以求爲皇太子하니 德光曰 吾於燕王에 無所愛惜하니 雖我皮肉이라도 可爲燕王用者어든 吾可剖也어니와 吾聞皇太子是天子之子라하니 燕王豈得爲之리오하고 乃命與之遷秩이라 翰林學士張礪進擬延壽中京留守大丞相錄尙書事都督中外諸軍事한대 德光索筆하야 塗其錄尙書事都督中外諸軍事하고 止以爲中京留守大丞相하고 而延壽前爲樞密使封燕王皆如故라 又以礪爲右僕射兼門下侍郎同中書門下平章事하야 與晉故相和凝幷爲宰相이라 礪는 明宗時翰林學士라 晉高祖起太原에 唐廢帝遣礪督趙延壽하야 進軍於團柏谷이러니 已而오 延壽爲德光所鎖하야 幷礪遷于契丹이라 德光重其文學하야 仍以爲翰林學士한대 礪嘗思歸하야 逃至境上이라가 爲追者所得이라 德光責之하니 礪曰 臣本漢人이라 衣服飮食言語不同이라 今思歸而不得하니 生不如死라하야늘 德光顧其通事(唐高)〔高唐〕英[1]曰 吾戒爾輩善待此人이어늘 致其逃去하니 過在爾也라하고 因笞唐英一百而待礪如故하니 其愛之如此라 德光將視朝에 有司給延壽貂蟬冠[2]하고 礪三品冠服이어늘 延壽與礪皆不肯服하고 而延壽別爲王者冠以自異라 礪曰 吾在上國時에 晉遣馮道奉冊北朝[3]할새 道齎二貂冠하니 其一은 宰相韓延徽冠之하고 其一은 命我冠之라 今其可降服耶아하고 卒冠貂蟬以朝라 三月丙戌朔에 德光服靴袍[4]하고 (禦)〔御〕[5]崇元殿할새 百官入閤하니 德光大悅하야 顧其左右曰 漢家儀物이 其盛如此로다 我得於此殿坐하니 豈非眞天子耶아하다 其母述律遣人賫書及阿保機明殿書賜德光이라 明殿은 若中國陵寢下宮[6]之制하니 其國君死葬이어든 則於其墓側起屋하야 謂之明殿하고 置官屬職司하야 歲時(擧)〔奉〕表起居[7]를 如事

生이라 **置明殿(孝)〔學〕**[8]**士一人**하야 **掌答書詔**하야 **每國有大慶弔**어든 **學士以先君之命爲書**하야 **以賜國君**하니 **其書常曰報兒皇帝云**이라

耶律德光이 일찍이 趙延壽에게 晉나라를 滅하고 그를 황제로 세울 것을 허락하였다. 그러므로 契丹이 진나라를 공격할 때 조연수가 항상 선봉이 되어 노략하여 얻은 것을 모두 야율덕광과 그 모친인 述律에게 바쳤다. 야율덕광이 진나라를 멸하고 나서도 조연수를 황제로 세울 뜻이 없자 조연수가 감히 스스로 말하지는 못하고 李崧을 통해 자신을 皇太子로 삼아주기를 청하니, 야율덕광이 말하기를 "나는 燕王에게 아까워하는 것이 없으니, 비록 나의 가죽과 살이라도 연왕을 위해 쓸 수 있는 것이 있다면 내가 갈라줄 수 있다. 그러나 내가 듣기로 황태자란 천자의 아들이라 하니, 연왕이 어찌 황태자가 될 수 있겠는가."라고 하고 마침내 명하여 조연수의 官秩을 올려 주었다. 翰林學士 張礪가 조연수를 中京留守 大丞相 錄尙書事 都督中外諸軍事로 삼자고 上奏하자 야율덕광이 붓을 찾아 녹상서사 도독중외제군사를 지우고 단지 중경유수 대승상으로 삼고 조연수의 이전 직임인 樞密使와 燕王의 封爵은 모두 예전대로 하였다. 또 장려를 右僕射 겸 門下侍郞 同中書門下平章事로 삼아 진나라의 옛 재상인 和凝과 함께 재상으로 삼았다.

장려는 明宗 때 한림학사이다. 진 高祖가 太原에서 起兵하자 唐 廢帝가 장려를 보내 조연수를 독려하여 團柏谷으로 진군하게 했는데, 얼마 뒤 조연수가 야율덕광에게 구금되어 장려와 함께 거란으로 보내졌다. 야율덕광은 장려의 文學을 중히 여겨 그대로 한림학사로 삼았는데, 장려는 항상 중국으로 돌아가고 싶어 하여 도망쳐 국경에 이르렀다가 추격하는 자에게 붙잡혔다. 야율덕광이 장려를 꾸짖으니 장려가 말하기를 "신은 본래 漢人이라 衣服과 飮食과 言語가 다릅니다. 이제 중국으로 돌아가고 싶어도 돌아가지 못하니 살아도 죽느니만 못합니다."라고 하였다. 그러자 야율덕광이 通事 高唐英을 돌아보며 말하기를 "내가 너희들에게 이 사람을 잘 대우하라 당부하였거늘, 도망가게 만들었으니 허물이 너에게 있다."라고 하고는 고당영에게 笞 1백 대를 때리고 장려를 예전처럼 대우하였다. 야율덕광이 장려를 아낌이 이와 같았다. 야율덕광이 조회를 보려할 때 有司가 조연수에게 貂蟬冠을 주고 장려에게 三品 관원의 冠服을 주자 조연수와 장려가 모두 착용하려 하지 않고 조연수는 별도

로 王者의 冠을 만들어 자신을 존귀하게 하였다. 장려가 말하기를 "내가 上國(遼나라)에 있을 때 진나라에서 馮道를 보내 北朝에 冊文을 받들어 올릴 적에 풍도가 두 개의 貂冠을 주었으니, 하나는 재상 韓延徽가 쓰고 하나는 나에게 쓰라고 명하였다. 그런데 지금 어찌 관복의 등급을 낮출 수 있겠는가."라고 하고 마침내 貂蟬冠을 쓰고 조회에 나갔다.

3월 丙戌일 초하루에 야율덕광이 靴袍 차림으로 崇元殿에 거둥하였을 때 百官이 入閤하니 야율덕광이 크게 기뻐하면서 좌우에 있는 이들을 돌아보며 말하기를 "漢家의 儀物이 성대하기가 이와 같구나. 내가 이 전각에 앉게 되었으니 어찌 眞天子가 아니랴."라고 하였다. 그 어미 술률이 사람을 보내 서신과 耶律阿保機의 明殿의 書詔를 야율덕광에게 내렸다. 명전은 중국의 陵寢下宮의 제도와 같으니, 임금이 죽어 장사 지내면 묘 옆에 가옥을 세워 명전이라 부르고 官屬과 職司를 두어 歲時에 起居表를 받들어 올리기를 살아 있을 때 섬기던 것처럼 하였다. 그리고 明殿學士 한 사람을 두어 답하는 書詔를 짓는 일을 관장하게 하여 나라에 큰 慶弔事가 있을 때마다 학사가 先君의 命이라고 하면서 서조를 지어 임금에게 내렸으니, 서조에서 항상 "兒皇帝에게 답한다."라고 하였다.

1) (唐高)〔高唐〕英 : 저본에는 '唐高英'으로 되어 있으나, ≪新五代史≫에 의거하여 '高唐英'으로 바로잡았다.

2) 貂蟬冠 : 文武高官들이 쓰던 冠으로 담비 꼬리와 매미 날개로 장식하였다. 문관들이 쓰는 모자에는 매미의 날개 같은 무늬를 수놓아 청렴함을 상징하고, 무관의 모자에는 담비의 꼬리로 장식하여 추운 북방 지방에서 고생함을 상징했다고 한다.

3) 晉遣馮道奉冊北朝 : 契丹의 도움을 받아 石敬瑭이 後晉을 건국한 후, 야율덕광이 中書令 韓熲을 보내 석경당을 英武明義皇帝로 봉하는 冊文을 받들어 올리게 하자 석경당이 다시 趙瑩과 馮道 등을 보내 야율덕광과 그 모친의 尊號를 적은 冊文을 받들어 올린 일을 말한다.

4) 靴袍 : 鞾袍라고 쓰기도 하며 天子가 입는 복식의 일종이다. 靴는 검은 가죽신이며 袍는 붉은색의 비단옷이다.

5) (禦)〔御〕 : 저본에는 '禦'로 되어 있으나, ≪新五代史≫에 의거하여 '御'로 바로

잡았다.

6) 陵寢下宮 : 下宮은 親廟라는 말과 같다. 능침에 세운 전각을 가리킨다.

7) (擧)〔奉〕表起居 : 起居表를 올린다는 말이다. 기거표는 안부를 묻는 表文이다. '奉'은 저본에는 '擧'로 되어 있으나, ≪新五代史≫에 의거하여 '奉'으로 바로잡았다.

8) (孝)〔學〕 : 저본에는 '孝'로 되어 있으나, ≪新五代史≫에 의거하여 '學'으로 바로잡았다.

德光已滅晉에 遣其部族酋豪及其通事하야 爲諸州鎭刺史節度使하고 括借天下錢帛以賞軍이라 胡兵人馬는 不給糧草하고 日遣數(十)〔千〕[1)]騎하야 分出四野하야 劫掠人民하야 號爲打草穀[2)]이라하니 東西二三千里之間에 民被其毒하야 遠近怨嗟라 漢高祖[3)]起太原에 所在州鎭이 多殺契丹守將하고 歸漢하니 德光大懼라 又時已熱하야 乃以蕭翰爲宣武軍節度使하다 翰은 契丹之大族이니 其號阿鉢이요 翰之妹亦嫁德光이라 而阿鉢本無姓氏하야 契丹呼翰爲國舅러니 及將以爲節度使하야 李崧爲製姓名曰蕭翰이라하니 於是始姓蕭하다 德光已留翰守汴하고 乃北歸할새 以晉內諸司伎術宮女諸軍將卒數千人從이라 自黎陽渡河하야 行至湯陰하야 登愁死岡[4)]하야 謂其宣徽使高勳曰 我在上國에 以打圍食肉爲樂이러니 自入中國으로 心常不快라 若得復(복)吾本土면 死亦無恨이라하야늘 勳退而謂人曰 虜將死矣리라하니 相州梁暉殺契丹守將하고 閉城距守라 德光引兵破之하고 城中男子無少長히 皆屠之하고 婦女悉驅以北이라 後漢以王繼弘鎭相州하야 得(髑髏千)〔髑髏十〕[5)]數萬枚하야 爲大塚葬之라 德光至臨洺[6)]하야 見其井邑荒殘하고 笑謂晉人曰 致中國至此는 皆燕王爲罪首라하고 又顧張礪曰 爾亦有力焉이라하다 德光行至欒城에 得疾하야 卒于殺胡林[7)]이라 契丹破其腹하야 去其腸胃하고 實之以鹽하야 載而北하니 晉人謂之帝羓(파)焉이라 永康王兀欲[8)]立하야 謚德光爲嗣聖皇帝하고 號阿保機爲太祖하고 德光爲太宗하다

耶律德光이 晉나라를 멸하고서 部族의 酋長과 通事들을 보내 여러 州鎭의 刺史와 節度使로 삼고 천하의 재물을 긁어모아 군대에 상으로 주었다. 거란군의 人馬에게

는 양식과 건초를 지급하지 않고 날마다 수천의 騎兵을 사방 들판으로 나누어 내보내 백성들을 노략질하여 이들을 打草穀이라 부르니 東西 2,3천 리 사이의 백성들이 그 害毒을 입어 遠近의 지역들이 원망하고 탄식하였다.

漢 高祖가 太原에서 일어나자 곳곳의 州鎭들이 많이들 거란의 守將을 죽이고 한나라에 歸附하니 야율덕광이 크게 두려워하였다. 또 계절이 이미 더워져 마침내 蕭翰을 宣武軍節度使로 삼았다. 소한은 거란의 大族이니 阿鉢이라 불렀고 소한의 누이 또한 야율덕광에게 시집갔다. 아발은 본래 姓氏가 없어 거란에서는 소한을 國舅라고 불렀는데 장차 소한이 절도사가 되려 할 때 李崧이 蕭翰이라는 姓名을 지어주니 이에 비로소 姓이 蕭가 되었다. 야율덕광이 소한을 남겨 汴州를 지키게 하고서 마침내 북쪽으로 돌아갈 때 진나라의 여러 內司의 기술자들과 궁녀와 諸軍의 將卒들 수천 명을 따르게 하였다.

야율덕광이 黎陽에서 黃河를 건너 湯陰에 이르러 愁死岡에 올라 宣徽使 高勳에게 이르기를 "내가 上國에 있을 때에는 사냥하고 고기를 먹으며 즐겼는데 중국에 들어오고 나서는 마음이 항상 유쾌하지 못했다. 만약 다시 나의 本土로 돌아갈 수 있다면 죽어도 여한이 없겠다."라고 하자, 고훈이 물러나와 다른 사람에게 이르기를 "오랑캐가 장차 죽을 것이다."라고 하였다. 이에 相州의 梁暉가 거란의 守將을 죽이고 성문을 닫아걸고 항거하였는데, 야율덕광이 병사를 이끌고 가서 격파하고 성 안의 남자는 老小할 것 없이 모두 도륙하고 부녀자들은 모두 북쪽으로 끌고 갔다. 후에 漢나라에서 王繼弘에게 상주를 鎭守하게 하여 해골 十數萬 개를 수습하여 大塚을 만들어 묻어주었다.

後漢 高祖

야율덕광이 臨洺에 이르러 마을이 황폐한 것을 보고는 웃으면서 진나라 사람에게 이르기를 "중국이 이 지경이 된 책임을 따지자면 모두 燕王(趙延壽)이 으뜸가는 죄인이다."라고 하고, 또 張礪를 돌아보며 말하기를 "너 또한 책임이 있다."라고 하였다. 야율덕광이 欒城에 이르러 병을 얻어 殺胡林에서 죽었다. 거란이 야율덕광의 배를 열어 장기를 제거하고 소금을 채워 싣고 북쪽으로 가니, 진나라 사람들이 "帝羓(황제를 말린 고기라는 뜻)"라고 불렀다. 永康王 兀欲이 즉위하여 야율덕광에게 嗣聖皇帝라는 諡號를 올리고 阿保機는 太祖, 야율덕광은 太宗이라고 하였다.

1) (十)〔千〕: 저본에는 '十'으로 되어 있으나, ≪新五代史≫에 의거하여 '千'으로 바로잡았다.
2) 胡兵人馬……號爲打草穀 : 契丹의 兵制에 따르면 거란군은 본래 人馬에게 별도로 양식이나 건초를 제공하지 않고 기병들이 침략지를 약탈하여 자급하게 하였으며 이를 打草穀이라 하였다.(≪遼史≫ 卷34 〈兵衛志上 兵制〉)
3) 漢高祖 : 五代 後漢의 高祖 劉知遠이다.
4) 自黎陽渡河……登愁死岡 : 黎陽은 지금의 河南省 濬縣 인근에 있던 지명이다. 湯陰은 지금의 하남성 湯陰縣 서남쪽에 治所를 두었다. 愁死岡은 愁思岡이라고도 한다. ≪資治通鑑≫ 卷220 〈唐紀36〉의 주석에 "愁思岡은 鄴城 서쪽에 있다. 歐陽脩의 ≪新五代史≫에 근거하면 相州 탕음현에 있다. 薛居正의 ≪舊五代史≫에서는 '탕음현 경계에 한 언덕이 있는데 그 지역 사람들은 愁死岡이라 부른다.'라고 하였다.〔愁思岡在鄴城西 據歐史在相州湯陰縣 薛居正曰湯陰縣界有一岡 土人謂之愁死岡〕"라고 하였고, ≪明一統志≫ 卷28 〈彰德府 愁思岡〉에 "安陽縣 경내에 있다. 陳思王 曹植이 魏 文帝에게 용납받지 못하여 이곳에서 슬프게 읊조렸으므로 이런 명칭이 붙었다. 거란 군주가 晉 少帝 및 모후와 보좌하는 신하들을 잡아 이 언덕에 이르렀다. 후세 사람들이 와전하여 愁死岡이라 불렀다.〔在安陽縣境內 陳思王植不爲魏文帝所容 於此悲吟因名 契丹主執晉少帝及母后輔臣至此岡 後人訛呼爲愁死岡〕"라고 하였다.
5) (髑髏千)〔髑髏十〕: 저본에는 '髑髏千'으로 되어 있으나, ≪新五代史≫에 의거하여 '髑髏十'으로 바로잡았다.
6) 臨洺 : 漢나라 때의 易陽縣으로 지금의 河北省 永年縣에 治所가 있었다.
7) 殺胡林 : 지금의 하북성 欒城縣 서북쪽에 있다. ≪困學紀聞≫ 卷10 〈地理〉의

주석에 "≪紀異錄≫에는 '숲 안에서 여우〔狐〕를 쏘아 죽였기 때문에 이름한 것이다.'라고 하였고, ≪續通典≫에는 '唐 則天武后 때 突厥을 습격하여 오랑캐들이 이곳에서 죽었으므로 이름한 것이다.'라고 하였다.〔紀異錄云 林內射殺狐因以名之 續通典云 唐天后時 襲突厥 群胡死於此 故以名之〕"라고 하였다.

8) 兀欲 : 918~951. 遼 世宗으로 자는 德謹, 거란의 성은 耶律, 이름은 兀欲이다. 漢式 성은 劉, 이름은 阮이다. 거란의 성에 한식 이름을 붙여 耶律阮이라고도 부른다. 太宗 야율덕광의 조카이다. 947년에 태종이 죽은 뒤 恒州에서 즉위했고 述律太后가 세운 태종의 동생 李胡와 싸우다가 화해하고 태후와 이호를 祖州로 옮겼다. 951년 耶律察割에게 피살당했다.

歐陽文忠公新唐書抄 卷上

歸安 鹿門 茅坤 批評
孫男 闇叔 茅著 重訂

志*

* ≪新唐書≫에는 〈禮樂志〉, 〈儀衛志〉, 〈車服志〉, 〈曆志〉, 〈天文志〉, 〈五行志〉, 〈地理志〉, 〈選擧志〉, 〈百官志〉, 〈兵志〉, 〈食貨志〉, 〈刑法志〉, 〈藝文志〉 등 도합 13志가 수록되어 있는데 이는 ≪신당서≫ 전체의 약 22%에 달하는 분량이다. (蔡雄錫, ≪≪高麗史≫ 刑法志 譯註≫, 72쪽 참조.) 이 가운데서 茅坤은 9志를 採錄하였는바, 〈병지〉와 〈형법지〉는 全文을 轉載하고, 〈예악지〉, 〈역지〉, 〈오행지〉, 〈지리지〉, 〈백관지〉 〈식화지〉, 〈예문지〉는 구체적인 沿革이나 목록을 나열하는 부분들은 생략하고 序文에 해당하는 도입부만 발췌하여 수록하였다. 니콜로 마키아벨리가 ≪君主論≫에서 "모든 국가의 주춧돌은 좋은 법과 좋은 군대인데, 좋은 군대가 없는 경우엔 좋은 법을 가지는 것이 불가능하지만, 좋은 군대가 있다면 필히 좋은 법을 가지게 된다."라고 말하였듯이 군대와 법률이 국가를 이룩하고 떠받치는 2개의 핵심 제도이므로 〈병지〉와 〈형법지〉는 특별히 전문을 전재한 것으로 보인다.

한편 ≪舊唐書≫에는 〈禮儀志〉, 〈音樂志〉, 〈曆志〉, 〈天文志〉, 〈五行志〉, 〈地理志〉, 〈職官志〉, 〈輿服志〉, 〈經籍志〉, 〈食貨志〉, 〈刑法志〉 등 도합 11志가 수록되어 있어 ≪신당서≫와 대비할 때 차이가 있음을 알 수 있다.

01. 兵志* 병지

* 唐代의 兵制는 세 차례의 변화가 있었다. 玄宗 이전에는 府兵制를 시행하였는데 중앙에 12衛를 설치하여 折衝府를 통솔하였다. 12衛는 左右衛, 左右驍衛, 左右武衛, 左右威衛, 左右領軍衛, 左右金吾衛로, 衛마다 上大將軍 1인, 大將軍 1인, 將軍 2인을 두어 각지의 절충부를 거느리게 하였다. 하지만 이미 高祖

와 太宗 때 募兵 방식을 병행하였다. 현종 때에 이르러 均田制가 붕괴되며 부병제 역시 무너져내려 彍騎, 長從宿衛가 京師를 宿衛하는 府兵의 임무를 대신하고 長征健兒가 征伐하고 鎭戍하는 부병의 임무를 대신하다가 모병 혹은 職業兵이 부병을 완전히 대체하게 되었다. 唐代 후기에는 彍騎가 有名無實해져서 중앙의 숙위 임무는 元從禁軍에서 발전된 北衙 禁軍이 완전히 담당하였는데 左右羽林軍, 左右龍武軍, 左右神策軍, 左右神武軍, 左右神威軍 도합 10軍이었다. 禁軍 가운데 6軍 즉, 좌우용무, 좌우신책, 좌우신위는 대체로 환관들이 통솔하였다. 지방은 藩鎭의 節度使들이 저마다 重兵을 거느리고 軍號를 가지고 있었는바, 이를테면 魏博節度使의 군대를 天雄軍이라고 하거나 徐泗節度使의 군대를 武寧軍이라고 하는 식이었는데, 이는 五代에 이르러 점점 더 많아졌다. 요약하자면, 兵農一致의 皆兵制 방식에서 완전한 모병제로의 변화를 통해 중앙의 권력이 지방의 실력자인 절도사에게로 분산되어 당나라의 멸망을 가져오고 오대의 혼란을 불러왔다고 하겠다.

歐陽脩 등이 ≪신당서≫를 편찬할 때 〈選擧志〉 및 〈兵志〉를 추가하였는데 이 두 편의 志는 이전의 史書에 없던 항목이었다. 그런데 〈선거지〉는 대체로 ≪通典≫의 〈選擧門〉에 의거한 반면, 〈병지〉의 경우에는 특별히 의거한 문헌이 없는 일종의 創作이었다. 〈병지〉 서문의 서술을 살펴보면, 戰國 시대 이후로 군사 제도가 국가의 흥망을 좌우할 정도로 중요한 것이라는 인식이 이 글을 짓게 만든 계기가 되었음을 알 수 있다. 오대의 분열을 수습한 宋나라가 前代의 역사를 반성하면서 내세운 정책은 이른바 '重內輕外', 즉 중앙을 강하게 하고 지방을 약하게 하는 정책으로, 〈병지〉의 작자 역시 兵權을 장수에게 주어서는 안 된다는 주장을 편다. 이러한 각도에서 당 고조와 태종이 당나라를 창업할 수 있었던 원인을 바로 부병제에서 찾고 있는 것이다. 〈병지〉의 서술 순서를 보면, 당대 병제를 略述하면서 저자의 주장을 펴고 있는 서문을 시작으로, 부병제를 큰 비중으로 서술한 뒤, 方鎭 제도의 得失을 비교 분석하고, 부병제가 무너진 뒤 당대 후기에 금군과 번진의 길항 속에 당나라가 멸망해 가는 과정을 기술하고, 마지막으로 당대의 馬政에 대해 개괄적으로 史實만 서술하였다.

〈병지〉는 制度를 서술하기 위한 목적이 아니라 후세 사람들을 警戒하기 위한 목적으로 지었기 때문에 구체적인 사실의 정확한 考證에 소홀한 측면이 있다. 동시에 일종의 著作으로서의 성격이 강한 글이고 資料를 모아놓은 글이 아니기 때문에 자료를 刪節하고 綜合하며 작자의 사상을 주장하는 과정에서 왜곡이나 오류가 더러 발생하곤 하였다. 그래서 산절한 부분이 맞지 않고 意義가 모호한 경우가 생겨났는데, 이는 특히 작자가 많은 자료를 참고하지 않거나 자세히 考核하지 않았기 때문이기도 한 것으로 보인다. 하지만 ≪신당서≫ 〈병지〉는 중국 史學史에서 군사 제도의 沿革을 다룬 최초의 글이라는 점에서 후대의 군사 제도 서술에 커다란 영향을 끼친 점은 부인할 수 없다.

끝으로, 〈병지〉를 번역하면서 史書, 法典, 類書 등 다양한 문헌들에 수록된 兵制 관련 내용을 상호 비교하면서 병제의 연혁과 變遷을 서술한 주석들은 모두 唐長孺가 지은 ≪唐書兵志箋正≫의 箋注 가운데 지나치게 세세한 考證은 제외하고 내용 이해에 긴요하다고 생각되는 것들을 일부 발췌하여 번역한 것임을 밝혀 둔다.

按唐兵制爲古今最어늘 **而歐陽公志文亦稱古今絶調矣**라 **予故錄之**라

살펴보건대, 唐나라의 兵制가 古今에 가장 좋은데 歐陽公의 志文 역시 古今의 名文이라 일컬어진다. 그래서 내가 수록하였다.

古之有天下國家者가 **其興亡治亂**이 **未始不以德**이오 **而自戰國秦漢以來**로 **鮮不以兵**하니 **夫兵豈非重事哉**아 **然其因時制變**하야 **以苟利趨便**하야 **至於無所不爲**로되 **而考其法制**하면 **雖可用於一時**나 **而不足施於後世者多矣**오 **惟唐立府兵之制**[1]하야 **頗有足稱焉**이라

옛날에 천하와 국가를 소유한 이는 그 興亡과 治亂이 德에서 비롯되지 않은 적이 없었고, 戰國時代와 秦·漢時代 이래로는 군대에서 비롯되지 않은 적이 드무니, 군대가 어찌 중요한 일이 아니겠는가. 그러나 시대에 따라 제도를 바꾸어 이익을 탐내고 편리함을 좇아 하지 못하는 짓이 없는 데에 이르렀다. 하지만 그 法制를 살펴보건대 비록 한 시대에는 사용할 만하나 후세에 시행하지 못할 것들이 많았고, 오직 당나라는 府兵制를 세워 자못 칭찬할 만한 것이 있다.

1) 府兵之制 : 府兵制이다. 부병제는 唐나라 때에 행하여진 兵農一致의 군사 제

도이다. 均田制 하의 농민에게서 20세 이상의 남자를 뽑아 부병으로 삼아, 농한기를 이용하여 군사 훈련을 받아 경비에 임하게 하고 그 대신 조세를 면해 주었다. 당나라는 10개 道에 634개의 府를 설치하고 명칭을 折衝府라 하였는 바, 折衝都尉, 果毅都尉 등을 두어 그들을 거느리게 하였다. 부병의 시초는 西魏 때 ≪周禮≫를 본떠 전국에 6軍을 두고, 6군을 다시 1백 府로 나누어 郎將이 거느리게 한 것이다.

蓋古者兵法起於井田[1]이러니 **自周衰**로 **王制壞而不復**(복)하고 **至於府兵**하얀 **始一寓之於農**하여 **其居處教養畜材待事動作休息**이 **皆有節目**하니 **雖不能盡合古法**이나 **蓋得其大意焉**이라 **此高祖太宗之所以盛也**라 **至其後世**하야 **子孫驕弱**하야 **不能謹守**하야 **屢變其制**라 **夫置兵**은 **所以止亂**이러니 **及其弊也**하얀 **適足爲亂**이오 **又其甚也**엔 **至困天下以養亂**하야 **而遂至於亡焉**이라

옛날에 兵制는 井田에서 비롯하였는데 周나라가 쇠미해진 뒤로 王制가 무너져 회복되지 못하였고 府兵에 이르러 비로소 한결같이 그 編制를 農制와 융합하여 그 일상생활과 훈련, 材用을 축적하여 사변에 대비하는 법, 일을 하고 휴식하는 것들에 모두 절목이 있었으니, 비록 모두 古法에 합치하지는 않으나 대개 그 大意에 맞았다. 이것이 高祖와 太宗 시대가 융성한 까닭이다. 후세에 이르러서는 자손들이 교만하고 나약하여 신중하게 지키지 못하고 그 제도를 누차 바꾸었다. 대저 군대를 설치한 것은 亂을 그치게 하기 위한 것이었는데 폐단이 생기게 되어서는 오히려 그 자체가 亂이 되기에 알맞을 뿐이었고 더욱 심한 경우에는 천하를 곤궁하게 하여 亂을 길러서 마침내 망하는 데 이르렀다.

1) 井田 : 중국의 夏・殷・周 三代 때에 실시된 田制이다. 一里四方의 농지를 '井' 자 모양으로 아홉 등분하여 중앙의 한 구역을 公田, 주위의 여덟 구역을 私田이라 하여 여덟 농가에 나누어주고, 여덟 집에서 공동으로 공전을 경작하여 그 수확을 국가에 바치게 한 제도이다.

蓋唐有天下二百餘年에 **而兵之大勢三變**이니 **其間蓋自有府兵**하고 **府兵後廢而爲**

礦(확)**騎**[1]하고 **礦騎又廢**에 **而方鎭**[2]**之兵**이 **盛矣**러니 **及其末也**하얀 **彊臣悍將**이 **兵布天下**하고 **而天子亦自置兵於京師**하니 **曰禁軍**이라 **其後天子弱**하고 **方鎭强**하여 **而唐遂以亡滅者**는 **措置之勢使然也**라 **若乃將卒營陣車騎器械征防守衛凡兵之事**는 **不可以悉記**오 **記其廢置得失終始治亂興滅之迹**하야 **以爲後世戒(亡)〔云〕**[3]이라

대개 당나라가 천하를 다스린 지 2백 여 년에 兵制의 大勢가 세 차례 변하였다. 그 사이에 府兵을 두었고, 府兵이 뒤에 폐지되자 礦騎를 시행하였고, 확기가 또 폐지되자 方鎭의 군대가 흥성하였다. 그러다가 당나라 말엽에 이르러 强盛한 臣下와 豪悍한 將帥의 군대가 천하를 뒤덮었고, 천자 역시 京師에 스스로 군대를 배치하니 명칭이 禁軍이다. 그 뒤에 천자가 약해지고 방진이 강해져서 당나라가 마침내 멸망한 것은 조치한 형세가 그렇게 만든 것이다. 저 將卒, 營陣, 車騎, 器械, 征防, 守衛 등과 같은 군대에 관한 제반 사항을 일일이 다 기록할 수는 없고, 廢置의 得失과 始終·治亂·興滅의 자취를 기록하여 후세의 경계로 삼는다.

1) 礦(확)騎 : 唐나라 宿衛兵의 명칭이다. 唐 玄宗 11년(723)에 수도를 숙위하던 府兵들이 대거 도망하자 재상 張說의 건의를 받아들여 서울 근방의 府兵과 白丁들을 선발 모집하여 礦騎制를 시행하였다. 해마다 두 달만 수도를 숙위하면 변경으로 出征가는 것을 면제해주는 제도이다.
2) 方鎭 : 한 지방의 병권을 장악하는 軍事의 長官을 말하는데, 곧 절도사를 가리킨다. 곧 국경 지방을 방어하기 위해 설치한 절도사 중심의 체제를 말한다. 뒤에 절도사가 힘을 키워 藩鎭이 할거하는 형국이 되었다.
3) (亡)〔云〕: 저본에는 '亡'으로 되어 있으나, ≪新五代史≫와 사고전서본에 의거하여 '云'으로 바로잡았다.

府兵之制는 **起自西魏後周**[1]하야 **而備於隋**요 **唐興**에 **因之**라 **隋制**에 **十二衛**는 **曰翊衛 曰驍騎衛 曰武衛 曰屯衛 曰禦衛 曰候衛**[2]니 **爲左右**하고 **皆有將軍**하야 **以分統諸府之兵**이라 **府有郎將副郎將坊主團主**하야 **以相統治**하고 **又有驃騎車騎二府**하야 **皆有將軍**이러니 **後更驃騎曰鷹揚郎將**하고 **車騎曰副郎將**이요 **別置折衝果毅**라

府兵制는 西魏, 後周에서 비롯하여 隋나라 때 完備되었고 唐나라가 일어난 뒤에

이를 因襲하였다. 隋나라 제도에서 12衛는 翊衛, 驍騎衛, 武衛, 屯衛, 禦衛, 候衛이니 左右를 나누고 모두 將軍을 두어 각 府의 軍兵을 나누어 統率하게 하였다. 府에는 郎將, 副郎將, 坊主, 團主를 두어 統治하게 하고 또 驃騎, 車騎 두 府를 만들어 모두 將軍을 두었는데 뒤에 驃騎를 고쳐 鷹揚郎將이라 하고 車騎를 고쳐 副郎將이라 하였다. 별도로 折衝, 果毅를 설치하였다.

1) 西魏後周 : 西魏(535~556)는 中國 南北朝 시대에 鮮卑族 拓跋珪가 세운 北魏(386~534)로부터 분열되어 나온 割據 政權으로, 북위 말엽 실권자였던 宇文泰가 북위 孝文帝의 손자 元寶炬를 황제로 삼고 國號를 大魏라 하여, 高歡이 장악한 東魏, 南朝의 梁나라와 鼎立한 데서 비롯하였다. 鄴을 수도로 삼은 동위와 대비하여 長安을 수도로 한 데서 후대에 西魏라고 일컬어졌다. 556년 우문태가 병으로 죽자, 그의 조카 宇文護가 정권을 장악하였는데 이듬해 우문호가 恭帝를 핍박하여 우문태의 아들 宇文覺에게 禪讓하게 하여 北周로 정권이 교체되었다. 後周(557~581)는 바로 北周로, 宇文氏가 다스려 宇文周라고도 한다. 577년 東魏를 이어받은 北齊를 멸망시켜 北方을 통일시켰으나, 581년 역시 실권자였던 楊堅이 선양을 받아 稱帝하고 隋나라를 건국함에 이르러 멸망하였다.

2) 隋制……曰候衛 : ≪隋書≫ 권28 〈百官志〉에는 "〈煬帝는〉 左右衛를 左右翊衛로 고치고 左右備身을 左右騎衛로 고치고 左右武衛는 예전 명칭을 그대로 쓰고 領軍을 左右屯衛로 고치고 左右禦를 加設하고 左右武候를 左右候衛로 고치니 이것이 12衛이다."라고 하고, ≪通典≫ 권28 '武官左右驍衛' 조에는 "煬帝가 즉위하고 左右備身府를 左右驍衛로 고쳤다.〔煬帝卽位 改左右備身府爲左右驍衛〕"라고 하고, ≪唐六典≫ 권24 '左右驍衛大將軍'조에는 "隋 煬帝 때에 이르러 左右備身을 左右驍騎로 고쳤는데 얼마 뒤 左右驍衛府가 거느리는 부대를 豹騎라 명명하고 다시 備身을 별도로 설치하였다."라고 하여, '驍騎衛'를 '騎衛', '驍衛', '驍騎', '驍衛府' 등으로 각각 다르게 일컬었는데 ≪唐書兵志箋正≫ 권1에서는 '驍騎'가 올바른 명칭이고 다른 명칭들은 '驍'나 '騎'자가 빠진 것으로 보았다.

自高祖[1)]初起로 開大將軍府하야 以建成爲左領大都督하야 領左三軍하고 燉煌公爲

右領大都督하야 領右三軍하고 元吉統中軍[2)]이라 發自太原에 有兵三萬人이러니 及諸起義以相屬하고 與降群盜로 得兵二十萬이라 武德[3)]初에 始置軍府하야 以驃騎車騎兩將軍府領之라 析關中爲十二道하니 曰萬年道 長安道 富平道 醴泉道 同州道 華州道 寧州道 岐州道 豳(빈)州道 西麟州道 涇州道 宜州道니 皆置府라 三年에 更以萬年道爲參旗軍하고 長安道爲鼓旗軍하고 富平道爲玄戈軍하고 醴泉道爲井鉞軍하고 同州道爲羽林軍하고 華州道爲騎官軍하고 寧州道爲折威軍하고 岐州道爲平道軍하고 豳州道爲招搖軍하고 西麟州道爲苑遊軍하고 涇州道爲天紀軍하고 宜州道爲天節軍[4)]하야 軍置將副各一人하야 以督耕戰[5)]하고 以車騎府統之[6)]라 六年에 以天下旣定으로 遂廢十二軍하야 改驃騎曰統軍하고 車騎曰別將이라 居歲餘에 十二軍復(복)하야 而軍置將軍一人[7)]하고 軍有坊하야 置主一人하야 以檢察戶口勸課農桑[8)]하다

高祖가 처음 起兵했을 때부터 大將軍府를 열어 李建成을 左領大都督으로 삼아 左三軍을 거느리게 하고 燉煌公(李世民)을 右領大都督으로 삼아 右三軍을 거느리게 하고 李元吉에게 中軍을 통솔하게 하였다. 太原에서 出兵할 때 3만 명의 軍士가 있었는데 여러 起義軍들을 소속시키고 투항한 도둑 무리를 합쳐서 20만의 군사를 얻었다. 武德 初年(618)에 비로소 軍府를 설치하여 驃騎, 車騎 두 將軍府로 거느리게 하였다. 關中을 나누어 12道를 만드니 萬年道, 長安道, 富平道, 醴泉道, 同州道, 華州道, 寧州道, 岐州道, 豳州道, 西麟州道, 涇州道, 宜州道이다. 이 12道에 모두 府를 설치하였다. 무덕 3년(620)에 다시 만년도를 參旗軍으로 삼고 장안도를 鼓旗軍으로 삼고 부평도를 玄戈軍으로 삼고 예천도를 井鉞軍으로 삼고 동주도를 羽林

唐 高祖

軍으로 삼고 화주도를 騎官軍으로 삼고 영주도를 折威軍으로 삼고 기주도를 平道軍으로 삼고 빈주도를 招搖軍으로 삼고 서인주도를 苑遊軍으로 삼고 경주도를 天紀軍으로 삼고 의주도를 天節軍으로 삼아 軍마다 將과 副 각 1인을 두어 耕戰을 감독하게 하고 車騎府로 다른 府들을 통솔하였다. 무덕 6년(623)에 天下가 이미 안정되었다고 하여 마침내 12軍을 폐지하고서 표기를 고쳐 統軍이라 하고 거기를 고쳐 別將이라 하였다. 한 해 남짓 지나 12군을 회복하고서 군마다 장군 1인을 두고 군에 坊을 만들어 坊主 1인을 두어 戶口를 조사하고 農桑을 권장하였다.

1) 高祖 : 李淵(566~635)으로, 字는 叔德이고 隴西 成紀 사람이다. 北周의 關隴 귀족 출신으로, 唐國公을 襲封하였다. 이모부와 이모인 隋 文帝 및 文獻皇後의 총애를 받아 千牛備身에 기용되어 이후 여러 刺史를 역임하고 衛尉少卿이 되었다. 이후 여러 차례 戰功을 올려 太原 留守가 되었다. 隋나라가 무너져 내리는 상황을 보고 晉陽에서 起兵하여 大將軍府를 열고서 아들 李建成, 李世民 등과 함께 군대를 거느리고 남하하여 長安을 함락하였다. 처음에 隋 煬帝의 손자 代王 楊侑를 세워 恭帝로 삼고 양제를 太上皇으로 올린 뒤 본인은 唐王에 봉해졌는데 618년에 양제가 시해당한 뒤 공제를 핍박하여 禪位받아 唐나라를 세웠다.

2) 開大將軍府……元吉統中軍 : 고조 이연이 대장군부를 열었을 때 左右中 三軍을 편제하였는데 맏아들 李建成을 隴西公에 봉하면서 左軍을 거느리게 하고 次子 李世民을 燉煌公에 봉하면서 右軍을 거느리게 하고 넷째 아들 李元吉을 姑臧公에 봉하면서 中軍을 거느리게 하였다.

3) 武德 : 당 고조의 年號(618~626)이다.

4) 析關中爲十二道……宜州道爲天節軍 : 12軍을 설치한 일에 대해 여기서는 年月을 기재하지 않았는데 ≪舊唐書≫ 권1 〈高祖紀〉 武德 2년 7월에 "12군을 설치하여 關內의 諸府를 나누어 예속시켰다.〔置十二軍 以關內諸府分隷焉〕"라고 하고 ≪通典≫ 권28 〈將軍總敍〉는 ≪구당서≫와 같고 ≪唐會要≫ 권72 '京城諸軍'조에는 무덕 3년으로 되어 있다. ≪唐書兵志箋正≫ 권1에서는 ≪新唐書≫ 〈兵志〉가 ≪통전≫과 ≪당회요≫를 뒤섞어 가져다 썼는데 두 문헌의 年月이 같지 않은 까닭에 애초 12道를 나눌 때 軍名을 밝히지 않다가 무덕 3년이 되어서야 비로소 參旗 이하의 名號를 든 듯 하다고 하였다.

5) 耕戰 : 農耕과 戰爭을 합칭한 말로, 古代에 농경과 전쟁을 중시하여 두 가지를 결합할 것을 주장한 데서 나온 말이다. ≪商子≫ 〈愼法〉에 "백성 중에 이익을 얻으려는 자는 농경이 아니면 얻을 수 없고, 해를 피하려는 자는 전쟁이 아니면 면할 수 없나니, 경내의 백성들은 모두가 먼저 농경과 전쟁에 힘쓴 다음에야 좋아하는 것을 얻을 수 있다.〔民之欲利者非耕不得 避害者非戰不免 境內之民 莫不先務耕戰 而後得其所樂〕"라고 하였다.

6) 以車騎府統之 : 앞부분의 '무덕 초년에 비로소 軍府를 설치하여 驃騎, 車騎 두 將軍府로 거느리게 하였다'라는 말과 이 구절을 보면, 驃騎將軍과 車騎將軍이 諸軍을 통솔한다는 뜻으로 읽히는데, ≪당서병지전정≫ 권1에서는 唐나라 초기의 兵制는 실제 隋나라 開皇 연간의 옛 제도를 회복한 것으로, 표기장군과 거기장군은 1府의 長에 지나지 않는다고 하였다.

7) 居歲餘……而軍置將軍一人 : ≪冊府元龜≫ 권990에는 "처음에 황제가 天下가 크게 안정되었다고 하여 전쟁을 그만두려고 마침내 12軍을 혁파하고 文德을 크게 폈는데 이때에 이르러 突厥이 자주 쳐들어오므로 황제가 그들을 멸망시키려는 뜻을 품고 다시 12軍을 설치하고서 太常卿 竇誕을 叅旗將軍으로, 吏部尙書 楊恭仁을 鼓旗將軍으로, 淮安王 神通을 玄戈將軍으로, 右驍衛將軍 劉弘基를 井鉞將軍으로, 右衛大將軍 張瑾을 羽林將軍으로, 左驍衛大將軍 長孫順德을 騎官將軍으로, 右監門將軍 樊世興을 天節將軍으로, 右武候將軍 安脩仁을 招搖將軍으로, 右監門衛大將軍 楊毛를 折威將軍으로, 左武候將軍 王長諧를 天紀將軍으로, 岐州刺史 柴紹를 平道將軍으로, 錢九隴을 苑遊將軍으로 삼아 병사와 말을 선발하고 훈련하여 크게 군대를 일으킬 것을 도모하였다." 라고 하였다.(≪당서병지전정≫ 卷1)

8) 軍有坊……以檢察戶口勸課農桑 : ≪隋書≫ 권28 〈百官志〉에는 "諸府는 모두 軍坊을 거느리는데 坊마다 坊主 1인을 두고 보좌 2인을 두며, 鄕團마다 團主 1인을 두고 보좌 2인을 둔다."라고 하여, 수나라 개황 연간의 舊制는 이러하였는데 뒤에 당나라는 중간에 폐지되었던 이 제도를 회복시켰는바, 여기서 말한 坊主의 직임은 里正과 대략 비슷하다. ≪통전≫ 권3 〈鄕黨〉에서 唐令을 인용하여, "里마다 正 1인을 두어 戶口를 조사하고 農桑을 감독하고 非違를 檢察하고 賦役을 독촉하는 일을 관장하였다."라고 하였는데 앞의 두 가지 일은 坊主의 일과 완전히 똑같고 非違를 검찰하는 일은 軍府에 따로 法曹와 司馬가

있고 군인들은 租調와 雜役을 면제받으므로 독촉할 필요가 없으니 軍에 坊主가 있는 것은 민간에 里正이 있는 것과 같다. 이는 西魏와 北周에서 軍民을 나누어 통치하였던 제도를 계승한 것일 뿐이다.(≪당서병지전정≫ 卷1)

太宗貞觀[1]**十年**에 **更號統軍爲折衝都尉**하고 **別將爲果毅都尉**라 **諸府總曰折衝府**라하니 **凡天下十道**에 **置府六百三十四**하야 **皆有名號**어늘 **而關內二百六十有一**은 **皆以隸諸衛**[2]라 **凡府三等**이니 **兵千二百人爲上**이요 **千人爲中**이요 **八百人爲下**[3]라 **府置折衝都尉一人**과 **左右果毅都尉各一人**과 **長史兵曹別將各一人**과 **校尉六人**이라 **士以三百人爲團**하니 **團有校尉**요 **五十人爲隊**니 **隊有正**이요 **十人爲火**니 **火有長**이라 **火備六馱馬**하고 **凡火具烏布幕鐵馬盂布槽**鍤钁(삽곽)**鑿**碓(대)**筐斧鉗鋸皆一**과 **甲牀一**과 **鎌二**라 **隊具火鑽一**과 **胸馬繩一**과 **首羈足絆皆三**이라 **人具弓一**과 **矢三十**과 **胡祿橫刀礪石大觿氈**(휴전)**帽氈裝行**縢(등)**皆一**하고 **麥飯九斗米二斗**를 **皆自備**하야 **幷其介胄戎具藏於庫**라가 **有所征行**이면 **則視其入而出給之**하고 **其番上宿衛者**는 **惟給弓矢橫刀而已**라 **凡民年二十爲兵**하고 **六十而免**[4]이라 **其能騎而射者爲越騎**요 **其餘爲步兵武騎排**穳(찬)**手步射**라

太宗 貞觀 10년(636)에 統軍을 改稱하여 折衝都尉라 하고 別將을 개칭하여 果毅都尉라 하였다. 諸府는 折衝府라 總稱하니 天下의 10道에 634府를 설치하면서 모두 명칭을 두었는데 關內 261府는 모두 諸衛에 예속시켰다. 무릇 府는 3等으로 나뉘니, 兵 1천2백 人이 上等이고 1천 인이 中等이고 8백 인이 下等이다. 府에는 折衝都尉 1인, 左果毅都尉, 右果毅都尉 각 1인, 長史, 兵曹, 別將 각 1인, 校尉 6인을 두었다. 士 3백 인이 1團이 되는데 단에는 교위가 있고 50인이 1隊니 대에는 正이 있고 10인이 1火니 화에는 長이 있었다. 화에는 6필의 馱馬를 구비하고 화마다 烏布幕, 鐵馬盂, 布槽, 鍤, 钁, 鑿, 碓, 筐, 斧, 鉗, 鋸를 모두 1개씩, 甲牀 1개, 鎌 2개를 구비하였다. 대마다 火鑽 1개, 胸馬繩 1개, 首羈, 足絆을 모두 3개씩 구비하였다. 人마다 弓 1개, 矢 30개, 胡祿, 橫刀, 礪石, 大觿, 氈帽, 氈裝, 行縢 모두 1개씩 구비하고 麥飯 9斗, 米 2斗를 모두 병사 자신이 구비하여 자신의 갑옷, 병기와 함께 모두 창고에 보관해 두었다가 출정하는 일이 있으면 그가 창고에 들였던 것을 살펴

내어주고, 番上하여 宿衛하는 자에게는 弓矢와 橫刀만 지급하였다. 무릇 백성들은 나이 20세에 兵이 되고 60세가 되어서야 면하였다. 그중에 말타고 활쏘기에 능한 자는 越騎가 되고 나머지는 步兵, 武騎, 排穳手, 步射가 되었다.

1) 貞觀 : 唐 太宗의 연호(627~649)이다.
2) 凡天下十道……皆以隷諸衛 : 唐代에는 隋代의 지방 제도를 개혁하여 태종 정관 초기에 전국을 關內, 河南, 河東, 河北, 山南, 淮南, 江南, 隴右, 劍南, 嶺南의 10道로 나누었는데, 關內道에 京兆府, 즉 長安이 포함되어 있으므로 中央의 諸衛에 예속시킨 것이다. ≪玉海≫ 권138 〈兵制〉의 唐府兵 條에서 ≪唐會要≫를 인용하여 "관내에 府 261개를 설치하고 精銳 兵士는 26만인데 關中의 군사를 들어 천하에 군림하였다. 다시 折衝府 280개를 설치하고 舊府와 통틀어 633이었다. 河東道는 府의 액수가 관중에 버금갔다. 河北 지역은 씩씩하고 용맹한 이들이 많았으므로 府를 설치하지 않았고 그 諸道에는 또한 설치하였다."라고 하였고, 錢大昕의 ≪二十二史考異≫ 권45 〈唐書5 · 兵志〉의 本條에서는 "지금 〈地理志〉에 수록된 軍府에 근거하여 헤아려 보면, 關內道 273, 河南道 62, 河東道 141, 河北道 30, 山南道 10, 隴右道 29, 淮南道 6, 江南道 2, 劍南道 10, 嶺南道 3으로 실제로 566에 그치는데 관내는 도리어 273이나 있어 〈兵志〉와 자못 상응하지 않는다. 〈百官志〉에서 '三輔 및 近畿의 州와 都督府에는 모두 府를 설치하니 모두 633이다.'라고 하니, 또 두 곳의 숫자와 모두 다르다. 杜佑의 ≪通典≫ 〈州郡〉편에는 절충부가 593이라고 하였고 〈職官〉편에는 574府라고 하였다. 王溥의 ≪당회요≫에는 '관내에 府 261개를 설치하고 다시 절충부 280개를 설치하고 舊府와 통틀어 633이었다.'라고 하였다. ≪陸宣公奏議≫에는 '태종은 8백 개의 府를 설치하였는데 관중에 있는 것이 5백이었다.'라고 하였다. 杜牧의 〈原十六衛〉편에는 '밖으로 절충부 574개를 열었다.'라고 하였다. 王伯厚는 〈鄴侯家傳〉을 인용하여 '諸道에는 모두 630府이다.'라고 하고, 다시 〈理道要訣〉을 인용하여 593이라고 하였다. 唐나라 사람들이 府兵의 수를 서술한 말은 사람마다 다르니 史家가 따르지 못하는 것이 당연하다."라고 하였다. 軍府는 애초 일정하게 정해진 숫자가 없었고 그 廢置가 또 자잘하였기 때문에 史家가 기록하지 않았으므로 그 숫자를 정확히 알 수가 없다.(≪唐書兵志箋正≫ 卷1)

3) 凡府三等……八百人爲下：≪唐六典≫ 권25 折衝都尉 條에서 "垂拱 연간에 1,200인을 上府로 삼고 1,000인을 中府로 삼고 800인을 下府로 삼고, 赤縣은 赤府로 삼고 畿縣은 畿府로 삼았다."라고 하였으니, 본문의 내용은 수공 연간(685~688)에 정한 제도이다. 그렇지만 앞에서 鄭州와 汴州 등에 설치한 府에는 1,500인을 두었으니 수공 연간 이후에도 꼭 이 제도를 지킨 것은 아니다.(≪당서병지전정≫ 卷1)

4) 凡民年二十爲兵 六十而免：≪隋書≫ 권24 〈食貨志〉에 "河淸 3년에 令을 정해……〈남자는〉 대체로 18세에 田土를 받아 租調를 바치고 20세에 군대에 충원되고 60세에 力役을 면제받고 66세에 전토를 반납하여 租調를 면제받는다."라고 하였으니, 北朝 때 이른바 兵이라고 한 것은 역역을 겸하여 말한 것으로 兵役만 가리킨 것은 아니다. ≪당육전≫ 권3 〈戶部〉에는 "무릇 男女가 처음 태어나면 黃이고 4세는 小이고 16세는 中이고 21세는 丁이고 60세는 老이다."라고 하였는데, 이는 武德 연간의 제도로, 唐나라 전체로 볼 때 대체로 빨라도 21세에 군대에 충원되었으므로 본문에서 20세라고 한 것과 차이가 있다.(≪당서병지전정≫ 卷1)

每歲季冬에 **折衝都尉率五校兵馬之在府者**하야 **置左右二校尉位**하되 **相距百步**라 **每校爲步隊十**과 **騎隊一**이니 **皆卷**矟(삭)**幡**하고 **展刀旗**하야 **散立以俟**라 **角手吹大角一通**에 **諸校皆斂人騎爲隊**하고 **二通**에 **偃旗**矟**解幡**하고 **三通**에 **旗**矟**擧**라 **左右校擊鼓**어든 **二校之人合**譟**而進**이라가 **右校擊鉦**이어든 **隊少却**하고 **左校進逐至右校立所**하고 **左校擊鉦**이어든 **少却**하고 **右校進逐至左校立所**라가 **右校復擊鉦**이어든 **隊還**에 **左校復薄戰**하고 **皆擊鉦**이어든 **隊各還**이라 **大角復鳴一通**에 **皆卷幡攝矢弛弓匣刃**하고 **二通**에 **旗**矟**擧**하야 **隊皆進**하고 **三通**에 **左右校皆引還**이라 **是日也**에 **因縱獵**하야 **獲**이면 **各入其人**[1]이라

매해 季冬(음력 12월)에 折衝都尉가 折衝府 소속 5校의 兵馬를 거느리고서 左右 두 校尉의 자리를 설치하되 백 步 정도 떨어지게 한다. 매 校는 步隊 열, 騎隊 하나가 되는데 모두 矟幡을 말고 刀旗를 펼치고서 흩어져 서서 기다린다. 角手가 大角을 한 번 불면 각 校가 모두 人騎를 수습하여 隊를 이루고, 두 번 불면 旗와 창을 내려

놓고 幡을 풀고, 세 번 불면 기와 창을 든다. 左校와 右校가 북을 치면 좌우 두 校의 인원들이 일제히 함성을 지르며 전진하다가 우교가 징을 치면 우교의 隊가 조금 물러나고 좌교가 나아가 좇아 우교가 서 있는 곳에 이르고, 좌교가 징을 치면 좌교의 隊가 조금 물러나고 우교가 나아가 좇아 좌교가 서 있는 곳에 이르렀다가, 우교가 다시 징을 치면 우교의 隊가 되돌아갈 때 좌교가 다시 肉薄하여 싸우고, 좌교와 우교가 모두 징을 치면 隊가 각각 돌아간다. 大角이 다시 한 번 울리면 모두 幡을 말고 화살을 줍고 활시위를 벗기고 칼을 칼집에 넣고, 두 번 울리면 기와 창을 들고서 隊가 모두 전진하고, 세 번 울리면 좌교와 우교가 모두 隊伍를 이끌고서 돌아간다. 이날 군사 훈련을 인하여 사냥을 실시하여 사냥감을 잡으면 각기 잡은 사람에게 준다.

1) 每歲季冬……各入其人 : 여기서 기술한 教鍊하는 방법은 다른 책들에 보이지 않는다. ≪唐六典≫ 권25 '折衝都尉' 조에는 단지 "매해 季冬에 절충도위가 5校의 下屬을 거느리고 그 軍陣과 戰鬪 방법을 가르친다."라고만 하였고 ≪舊唐書≫ 권44 '절충도위'는 같은 내용인데, 다만 그 밑의 주석에 "모두 ≪教習簿籍≫에 있다."라고 하였으니 이 부분은 아마도 ≪교습부적≫을 가져다 쓴 것인 듯하다.(≪唐書兵志箋正≫ 卷1)

其隷於衛也[1)]에 **左右衛皆領六十府**하고 **諸衛領五十至四十**하며 **其餘以隷東宮六率**[2)]이라 **凡發府兵**에 **皆下符契**하야 **州刺史與折衝勘契乃發**[3)]이라 **若全府發**이면 **則折衝都尉以下皆行**하고 **不盡則果毅行**이요 **少則別將行**이라 **當給馬者**는 **官予其直**(치) **市之**하되 **每匹予錢二萬五千**이라 **刺史折衝果毅歲閱不任戰事者鬻**(육)**之**하야 **以其錢更市**하고 **不足則一府共足之**라 **凡當宿衛者番上**은 **兵部以遠近給番**하야 **五百里爲五番**이요 **千里七番**이요 **一千五百里八番**이요 **二千里十番**이요 **外爲十二番**이니 **皆一月上**이라 **若簡留直衛者**는 **五百里爲七番**이요 **千里八番**이요 **二千里十番**이요 **外爲十二番**이니 **亦月上**[4)]이라

府兵이 衛에 예속되는 방식은 左衛와 右衛가 모두 60府를 거느리고 諸衛가 50 내지 40의 府를 거느리며 나머지는 東宮 六率府에 예속시킨다. 무릇 부병을 徵發할 때에는 모두 兵符를 내려 州의 刺史와 折衝府의 병부가 符合해야 군대를 내어 준다.

만약 부병 전체를 징발하면 折衝都尉 이하가 모두 가고, 다 징발하는 경우가 아니면 果毅都尉가 가고, 징발하는 병사가 적으면 別將이 간다. 말을 지급해야 하는 경우에는 官府가 그 값을 주어 말을 사게 하는데 1필당 錢 2만 5천 文을 준다. 자사, 절충도위, 과의도위는 해마다 전쟁을 감당하지 못하는 말을 檢閱하여 팔고서 그 값으로 다시 〈좋은 말을〉 사고 돈이 부족하면 府에서 공동으로 메꾼다. 무릇 宿衛해야 하는 자의 番上은 兵部가 遠近에 근거해 番을 안배하여 5백 里는 5개월에 1番, 1천 리는 7개월에 1番, 1천 5백 리는 8개월에 1番, 2천 리는 10개월에 1番, 2천 리 밖은 12개월에 1番이니 모두 한 달 동안 번상한다. 만약 선발되어 남아 숙위하는 경우라면 5백 리는 7개월에 1番, 1천 리는 8개월에 1番, 2천 리는 10개월에 1番, 2천 리 밖은 12개월에 1番이니 역시 한 달 동안 번상한다.

1) 其隷於衛也 : 唐代에 衛는 16이 있었는데 府兵이 예속되는 곳은 12衛 및 東宮의 六率이다. ≪唐六典≫ 권5 〈兵部〉에 "무릇 兵士가 衛에 예속될 때 각기 그 명칭이 있으니 左右衛는 驍騎라 하고 左右驍衛는 豹騎라 하고 左右武衛는 熊渠라 하고 左右威衛는 羽林이라 하고 左右領軍衛는 豹騎라 하고 左右金吾衛는 依飛라 하고 東宮의 左右衛率府는 射乘이라 하고 左右司禦率府는 旅賁이라 하고 左右淸道率府는 直盪이라 하는데 衛士라고 총칭하였다."라고 하였다.(≪唐書兵志箋正≫ 卷1)
2) 左右衛皆領六十府……其餘以隷東宮六率 : ≪玉海≫ 권138에서 李繁의 ≪鄴侯家傳≫을 인용하여 "左右衛는 각각 60府를 거느리고 나머지 衛는 50에서 47까지의 府를 거느리며 東宮 六率은 많으면 6, 적으면 3~4의 府를 거느릴 뿐이다."라고 하였으니, 여기서는 이 내용을 인용하면서 일의 자리 숫자를 뺀 것이다.(≪당서병지전정≫ 卷1)
3) 凡發府兵……州刺史與折衝勘契乃發 : 이 부분 역시 ≪업후가전≫에서 나온 것이다. 符와 契는 兵符의 종류인데 같은 물건이 아니다. 符는 銅魚符로, 평상의 제도이고 契는 木契로, 일시적인 제도이다.(≪당서병지전정≫ 卷1)
4) 凡當宿衛者番上……亦月上 : ≪당육전≫ 권5의 兵部가 衛士의 番을 안배하는 제도에 대한 주석에 "1백 리는 5개월에 1番, 5백 리 밖은 7개월에 1番, 1천 리 밖은 8개월에 1番이니 각기 한 달 番上한다. 2천 리 밖은 9개월에 1番이니 두 달 번상한다. 정벌을 떠나거나 鎭戍하는 경우에는 번상을 면제하여 빼 준

다."라고 하여 이 부분과 부합하지 않는다. 그런데 ≪당육전≫에서 勳官이 번상하는 제도에 대한 주석에 "5백 리는 5개월에 1番, 1천 리는 7개월에 1番, 1천5백 리 안은 8개월에 1番, 2천 리 안은 10개월에 1番, 2천 리 밖은 12개월에 1番이니 각기 한 달 번상한다."라고 하고, 懷化大將軍과 歸德將軍을 諸衛에 배치한다고 한 부분의 주석에 "5백 리 안은 7개월에 1番, 1천 리 안은 8개월에 1番, 2천 리 안은 10개월에 1番, 2천 리 밖은 12개월에 1番이니 모두 한 달 번상한다."라고 하였는데, 훈관은 軍功으로 제수하고 회화대장군과 귀덕장군은 四夷의 君長인바 모두 衛士가 아닌데도 番을 안배하는 제도가 도리어 이 부분과 부합하게 된 것은 자료를 잘못 인용한 것으로 보인다.(≪당서병지전정≫ 卷1)

先天[1]二年에 詔曰 往者에 分建府衛에 計戶充兵에야 裁足周事라 二十一入幕[2]하야 六十一出軍[3]하니 多憚勞以規避匿이라 今宜取年二十五以上하야 五十而免이요 屢征鎭者는 十年免之[4]라하야늘 雖有其言이나 而事不克行이라 玄宗開元六年에 始詔折衝府兵은 每六歲一簡[5]하다 自高宗武后時로 天下久不用兵하야 府兵之法浸壞[6]하야 番役更代가 多不以時[7]하야 衛士稍稍亡匿이라 至是益耗散하야 宿衛不能給하니 宰相張說乃請一切募士宿衛라 十一年에 取京兆蒲同岐華府兵及白丁하고 而益以潞州長從兵하니 共十二萬이라 號長從宿衛하니 歲二番이라 命尙書左丞蕭嵩與州吏共選之라 明年에 更號曰彍(확)騎[8]하다 又詔諸州府馬闕은 官私共補之나 今兵貧難致라 乃給以監牧馬하라하다 然自是로 諸府士益多不補하고 折衝將又積歲不得遷일새 士人皆恥爲之러라

先天 2년(713)에 詔命을 내리기를, "과거에 府衛를 나누어 세울 때 戶를 헤아려 병졸을 채우고서야 겨우 족히 軍事를 감당할 수 있으므로 21살에 군대에 들어가 61세에야 군대를 나오니 복무하기를 꺼려 도망가 숨을 기회를 엿보는 이들이 많았다. 지금 의당 25세 이상을 징발하여 50세에 면제시키고 여러 차례 從軍한 자는 10년을 복무하면 면제시켜야 할 것이다."라고 하였는데 비록 이 명을 내리기는 하였으나 일이 시행되지는 못하였다. 玄宗 開元 6년(718)에 비로소 詔命을 내려 折衝府의 병

唐 玄宗

졸은 6년마다 한 번 뽑게 하였다. 高宗(재위 649~683), 則天武后(재위 690~705) 때부터 천하가 오래도록 군대를 쓸 일이 없어 府兵의 법이 차츰 무너져 番上 軍役의 교대가 제때 이루어지지 않는 경우가 많아 衛士들이 점점 도망가 숨었다. 이때에 이르러 더욱 줄어들고 흩어져서 宿衛조차 제대로 충당하지 못하게 되니 재상 張說이 이에 일체 募兵하여 숙위하게 하자고 청하였다.

개원 11년(723)에 京兆府, 蒲州, 同州, 岐州, 華州의 府兵 및 白丁을 징발하고 潞州의 長從兵을 더하니 도합 12만 명으로 長從宿衛라고 불렀는데 매년 2번 番上하였다. 尙書左丞 蕭嵩에게 명하여 州吏와 함께 이들을 선발하게 하였다. 이듬해 彍騎라고 명칭을 바꿨다. 또 詔命을 내리기를, "각 州府의 부족한 말은 官民이 함께 보충하지만 지금 병사가 가난하여 그렇게 하기 어려운 형편이니 監牧하는 말로 공급하라."라고 하였다. 그렇지만 이로부터 각 府의 병졸들이 보충되지 않는 경우가 더욱 많아졌고 절충부의 將帥들이 또 여러 해 동안 승진하지 못하였기에 士人들이 모두 장수가 되는 것을 수치스럽게 여겼다.

1) 先天 : 唐 玄宗이 睿宗에게 傳位받고 改元한 연호(712~713)이다.
2) 二十一入幕 : ≪唐書兵志箋正≫ 권1에 "百衲影宋本, 南雍本에는 '幕'이 '募'로 되어 있는데 맞다."라고 하였다.
3) 六十一出軍 : ≪당서병지전정≫ 권1에 "≪冊府元龜≫ 권124, ≪唐會要≫ 권72에는 모두 '六十出軍'으로 되어 있으니, '一'자는 衍文이다."라고 하였다.
4) 今宜取年二十五以上……十年免之 : ≪당회요≫ 권72의 '京城諸軍' 조에 실린 先天 2년 정월에 내린 誥命에는 천하의 衛士들은 25살 이상인 자를 가져다 충원하고 15년이 되면 放出하며 자주 征鎭에 나선 자들은 10년이 되면 放出

한다고 한 반면, ≪資治通鑑≫ 권210의 開元 원년 정월 을해일에 내린 誥命은 본문과 일치하는데, 15년과 50세 가운데 무엇이 맞는지는 알 수 없다.(≪당서병지전정≫ 卷1)

5) 玄宗開元六年……每六歲一簡 : 開元은 唐 玄宗의 연호(712~713)이다. ≪당회요≫ 권72의 '府兵' 조에는 매년 한 번 선발한다고 되어 있어 본문과 일치하지 않는다.

6) 自高宗武后時……府兵之法浸壞 : ≪당서병지전정≫ 권1에 "高宗, 武后 때에는 동쪽으로 奚, 契丹에게 곤욕을 치르고 서쪽으로 吐蕃에게 곤욕을 치렀으며 默啜이 거듭 중국에 쳐들어와 河北 지역이 피폐해졌으니 어떻게 천하가 오래도록 군대를 쓸 일이 없었겠는가. 府兵制가 무너진 것은 바로 군대를 너무 자주 썼기 때문이니 정벌에 나서는 일은 백성들이 감당할 수 있는 것이 아니다. 이 부분의 말은 크게 잘못되었다."라고 하였다.

7) 番役更代 多不以時 : ≪唐律疏議≫ 권16의 '番代違限' 조에는 防人의 番上은 10월 1일에 교대한다고만 하고 年限은 언급하지 않고 있는데 征伐은 본래 정해진 기한이 없고 鎭戍 역시 오래 체류하는 경우가 많아서인 듯하다. ≪玉海≫ 권138에는 ≪鄴侯家傳≫을 인용하여 "옛 제도는 3년이 되면 교대하였는데 뒤에 길을 오가느라 힘들다고 하여 3년 더 복무할 수 있는 자들을 모집하여 20段의 물건을 지급하니 이를 召募라고 하였는데 끝에 가서는 諸軍이 모두 모집하게 하고 이들을 健兒라고 하였다."라고 하였는데 이는 開元 초기의 제도이다.(≪당서병지전정≫ 卷1)

8) 宰相張說乃請一切募士宿衛……更號曰彍(확)騎 : 본문에서 彍騎라고 명칭을 바꾼 일은 개원 12년에 있었고 12衛에 소속시킨 일은 개원 13년에 있었는데 ≪당회요≫, ≪舊唐書≫, ≪자치통감≫에는 두 가지 일이 모두 개원 13년에 있었다고 하였으니 본문이 오류가 있는 듯하지만 개원 11년에 처음 설치한 것은 모든 기록이 똑같다. 다만 ≪자치통감≫은 개원 10년 9월에 精兵 13만 명을 뽑아 諸衛에 나누어 소속시켜 兵制와 農事가 처음으로 분리되었다고 하였고 개원 11년 10월에 長從宿衛를 두었다고 하였으니, 宿衛를 모집한 것이 2차례였음을 알 수 있다. 彍騎 제도는 잠시 동안 시행하였으므로 이에 대해 기술한 내용이 드물고 ≪唐六典≫에는 겨우 그 명칭만 보인다. 선발 방법과 番上하는 제도는 ≪당회요≫에 대략 보이지만 〈兵志〉보다 자세하지는 않다. 府

兵을 衛士라고 일컫는 것은 번상하여 숙위하기 때문이다. 北衙軍이 커지면서 12衛는 冷官이 되었지만 부병이 위사인 것은 그대로여서 그 직임이 그래도 완비되어 있었다. 그런데 확기가 南衙 12衛에 배속되고부터 衛와 府의 관계가 변하여 점점 명목만 남고 上番하는 제도가 폐지되었다. 비록 개원 13년 이후에 부병이 정벌을 떠나고 鎭戍하는 군역은 그대로였지만 부병은 다시 존재할 필요가 없어졌다. 그렇다면 확기 제도가 비록 잠시 동안 시행되었지만 中古 시대 兵制의 변천에 끼친 영향은 매우 크니 〈병지〉에서 유독 자세히 기록한 것이 당연하다.(≪당서병지전정≫ 卷1)

十三年에 始以彍騎分隸十二衛하니 總十二萬이라 爲六番이요 每衛萬人이라 京兆彍騎六萬六千이요 華州六千이요 同州九千이요 蒲州萬二千三百이요 絳州三千六百이요 晉州千五百이요 岐州六千이요 河南府三千이요 陜虢(괵)汝鄭懷汴六州는 各六百이니 內弩手는 六千이라 其制皆擇下戶白丁宗丁品子[1]彊壯五尺七寸以上하고 不足則兼以戶八等五尺以上하야 皆免征鎭賦役이라 爲四籍하야 兵部及州縣衛分掌之라 十人爲火요 五火爲團이니 皆有首長이라 又擇材勇者爲番頭하야 頗習弩射요 又有羽林軍飛騎[2]하니 亦習弩라 凡伏遠弩自能施張하야 縱矢三百步에 四發而二中하고 擘張弩二百三十步에 四發而二中하고 角弓弩二百步에 四發而三中하고 單弓弩百六十步에 四發而二中이면 皆爲及第라 諸軍皆近營爲堋(붕)하야 士有便習者어든 教試之하고 及第者有賞이라

開元 13년(725)에 비로소 彍騎를 12衛에 分屬시키니 도합 12만 명으로, 6番을 편제하고 衛마다 1만 명이었다. 京兆의 彍騎는 6만6천 명, 華州는 6천 명, 同州는 9천 명, 蒲州는 1만2천3백 명, 絳州는 3천6백 명, 晉州는 1천5백 명, 岐州는 6천 명, 河南府는 3천 명이고 陜州, 虢州, 汝州, 鄭州, 懷州, 汴州 등 6州는 각각 6백 명이니, 그중에 弩手는 6천 명이었다. 그 제도는 모두 下戶의 白丁, 宗丁, 品子 가운데 신체가 彊壯하여 5尺7寸 이상 되는 자를 선발하고 부족하면 戶 8等의 5척 이상 되는 자도 선발하고서 모두 從軍, 賦役을 면제해주었다. 軍籍 네 부를 만들어 兵部 및 州, 縣, 衛가 나누어 관장하였다. 10人이 1火이고 5火가 1團이니 모두 首長을

두었다.

또 재주 있고 용맹한 자를 선발하여 番頭를 삼아 자못 弩를 쏘는 훈련을 시켰고 또 羽林軍 飛騎를 두었는데 역시 弩를 훈련시켰다. 무릇 伏遠弩를 직접 능히 다루어 300步 거리에서 화살을 쏠 때 4발을 쏘아 2발을 적중하고 擘張弩를 다루어 230보 거리에서 4발을 쏘아 2발을 적중하고 角弓弩를 다루어 200보 거리에서 4발을 쏘아 3발을 적중하고 單弓弩를 다루어 160보 거리에서 4발을 쏘아 2발을 적중하면 모두 及第가 되었다. 諸軍은 모두 兵營 가까이에서 활터를 설치하여 兵士 가운데 숙련된 자가 있으면 활쏘기를 시험보도록 하고 급제하는 자에게 상을 주었다.

1) 白丁宗丁品子 : 白丁은 평민 신분의 壯丁, 宗丁은 宗戚의 壯丁, 品子는 品官의 子弟를 가리킨다.
2) 內弩手……又有羽林軍飛騎 : ≪唐會要≫ 권72 〈府兵〉에 "〈開元〉 16년 2월 25일에 彍騎弓手를 左右羽林騎로 바꿨다."고 하였는데 弓手가 바로 弩手이다. ≪唐六典≫ 권5 〈兵部〉에 "諸衛에 노수가 있다"고 하였으니, 彍騎의 노수는 이미 바꿔 羽林에 소속시키고 諸衛에 별도로 노수가 있었던 것이다.(≪唐書兵志箋正≫ 卷1)

自天寶以後로 **彍騎之法**을 **又稍變廢**하니 **士皆失拊循**[1]이라 **八載**에 **折衝諸府至無兵可交**일새 **李林甫遂請停上下魚書**라 **其後徒有兵額官吏**요 **而戎器馱馬鍋幕糗**(구)**糧竝廢矣**[2]라 **故時府人**(自)〔目〕[3]**番上宿衛者曰侍官**이라하니 **言侍衛天子**라 **至是**하야 **衛佐悉以假人爲童奴**라 **京師人恥之**하야 **至相罵辱**에 **必曰侍官**[4]이라 **而六軍宿衛皆市人**이라 **富者**는 (販)〔腹〕[5]**繒綵食粱肉**하며 **壯者**는 **爲角觝拔河翹木扛鐵之戲**일새 **及祿山反**하야 **皆不能受甲矣**[6]러라

天寶 연간 이후로 彍騎의 法을 다시 점점 바꾸고 폐지하니 兵士들이 모두 소속을 잃었다. 천보 8년(749)에 각 折衝府에 교대할 만한 군대가 없는 지경이 되자 李林甫가 주청하여 마침내 魚符와 勅書를 올리고 내리는 일을 정지하였다. 그 뒤로는 한갓 兵額과 官吏만 있고 兵器, 馱馬, 鍋幕, 糗糧은 모두 폐지되었다. 과거에는 절충부 사람들이 番上하여 宿衛하는 자들을 지목하여 侍官이라고 하였으니 天子를 侍

衛함을 말하는 것이었다. 이때에 이르러 衛佐들을 다 사람들에게 빌려주어 童奴로 살게 하니 京師 사람들이 이를 수치스럽게 여겨 서로 욕지거리를 하는 상황에서 반드시 시관이라고 말하기까지 하였다. 그리고 六軍의 숙위가 모두 저자 사람들이라서 부유한 자는 비단을 입고 쌀과 고기를 먹고 건장한 자는 角觝, 拔河, 翹木, 扛鐵 같은 遊戲를 하였기에 安祿山이 반란을 일으켰을 때 모두 갑옷을 입고 싸우지 못하였다.

1) 自天寶以後……士皆失拊循 : 天寶는 唐 玄宗의 세 번째 연호(742~756)이다. 彍騎는 천보 연간 이후로 비록 이미 비중이 거의 없었지만 끝까지 폐지하지는 않았다. 대체로 彍騎는 軍役과 賦役을 면제받으므로 백성들이 혹 軍籍을 빌려 避役하면서 돈을 바치고 上番하지 않았다.

2) 八載……而戎器馱馬鍋幕糗(子)糧竝廢矣 : 이 부분은 ≪唐會要≫ 권72 〈府兵〉의 내용에 근거하여 서술한 것이다. ≪당회요≫ 〈軍雜錄〉에는 "천보 11년 8월 11일에 諸衛士를 武士라고 개칭하였다."라고 하였는데, 衛士가 상번하여 宿衛하는 제도가 이미 폐지되어 위사라는 명칭이 이미 의미가 없었으므로 무사라고 개칭하였지만 府名과 官號는 애초 폐지되지 않았다. 魚書는 銅魚符와 勅書로, 唐代에 折衝府에서 군대를 운용할 때 쓰는 兵符와 命令書이다. 朝廷에서 군대를 징발할 경우 칙서와 동어부와 木契를 내리면 都督과 郡府가 칙서를 받고 목계와 동어부를 살펴보아 모두 부합한 뒤에야 병력을 보냈다.(≪唐書兵志箋正≫ 卷1)

3) (自)〔目〕: 저본에는 '自'로 되어 있으나, ≪新唐書≫에 의거하여 '目'으로 바로잡았다.

4) 故時府人(自)〔目〕番上宿衛者曰侍官……必曰侍官 : 이 부분은 ≪鄴侯家傳≫의 내용을 발췌한 것이다. 侍官이라는 명칭은 北魏에서 비롯되었다. ≪魏書≫ 권113 〈官氏志〉에 "天賜 4년(407) 5월에 시관을 增置하고서 左右에서 侍直하며 詔命을 출납하게 하였는데 八國의 良家, 代郡, 上谷, 廣寧, 鴈門 네 郡의 백성 중에 연장자로서 器局과 人望이 있는 자를 취하여 충원하였다."라고 하였으니, 북위 초기의 시관은 그 직책이 漢代의 侍中과 같았고 이후에는 또한 숙위에 충원하였다. 孝武帝가 서쪽으로 遷都한 뒤에 禁軍과 宇文泰의 군대를 구별하였는데 이후 비록 府兵이 상번하여 숙위하는 제도를 세웠지만 밖으로

丞相府나 中外府에 의해 통솔되었고 천자의 군사가 아니면 본래 시관이 되지 못하였다. 이후 효무제가 大政을 직접 다스리게 되자 兵權을 장악하니 이에 부병이 다시 금군이 되고 시관이라는 명칭을 두었다. 이를 통해보면 시관이라는 칭호는 유래가 이미 오래되었고 唐制에서 위사라고 했던 것은 당시 사람들이 북위와 北周의 古制에 의거하여 부른 것일 뿐이다. 위사가 勞役을 수행하는 것은 불법이었지만 高宗 이후로 정부의 온갖 노역을 勳官과 위사에게 시켰는바, 公私의 노역이 날로 무거워졌다. 開元 2년 9월에 詔命을 내려 諸府의 위사에게 私役을 시키는 일을 嚴禁하였지만 제대로 지켜지지는 않았다.(≪당서병지전정≫ 卷1)

5) (販)〔服〕: 저본에는 '販'으로 되어 있으나, ≪당서병지전정≫에 의거하여 '服'으로 바로잡았다.

6) 而六軍宿衛皆市人……皆不能受甲矣 : ≪당서병지전정≫ 권1에 "〈兵志〉의 이 條文은 ≪당회요≫ 권72 〈군잡록〉에 근거한 것이다. '六軍'은 誤字이니 玄宗 때에는 四軍 뿐이었다. 또 '販繒綵'의 '販'은 '服'자의 오류인데 〈병지〉에서 그 오류를 답습한 것이다."라고 하였다.

初에 **府兵之置**는 **居無事時**에 **耕於野**하고 **其番上者**가 **宿衛京師而已**라 **若四方有事**어든 **則命將以出**이라가 **事解輒罷**하야 **兵散于府**하고 **將歸于朝**라 **故士不失業**하고 **而將帥無握兵之重**하니 **所以防微漸**하야 **絶禍亂之萌也**라 **及府兵法壞而方鎭盛**하야 **武夫悍將**이 **雖無事時**라도 **據要險專方面**하야 **旣有其土地**하고 **又有其人民**하며 **又有其甲兵**하고 **又有其財賦**하야 **以布列天下**라 **然則方鎭不得不彊**하고 **京師不得不弱**이라 **故曰措置之勢使然者**[1]는 **以此也**라

당초 府兵을 설치했을 때는 평소 전쟁이 없는 동안에 들에서 농사짓고 그중에 番上하는 자가 京師에서 宿衛할 뿐이었다. 만약 四方에 전쟁이 일어나면 將帥를 임명하여 出征하였다가 전쟁이 끝나면 바로 解散하여 兵士들은 각 府로 흩어지고 장수들은 조정에 복귀하였다. 그래서 병사들은 生業을 잃지 않고 장수들은 병권을 장악하는 권력이 없었으니 조짐을 막아 禍亂의 싹을 끊기 위한 방법이었다. 그런데 부병의 法이 무너지고 方鎭이 强盛해지자 일개 武夫와 사나운 장수가 비록 전쟁이 없는

때이더라도 要衝을 차지하고 한 지역을 독점하여 이미 그 土地를 소유하고 또 그 人民을 소유하며 또 그 甲兵을 소유하고 또 그 財賦를 소유하여 천하에 난립하였다. 그러한즉 방진은 강해지지 않을 수 없고 경사는 약해지지 않을 수 없었다. 그래서 '조치한 형세가 그렇게 만든 것이다.'고 한 것은 이를 가지고 말한 것이다.

1) 故曰措置之勢使然者 : 앞서 서술한 단락에서 府兵, 彍騎, 方鎭으로 唐代의 兵制가 변하는 과정을 서술한 뒤 '당나라가 마침내 멸망한 것은 조치한 형세가 그렇게 만든 것이다.〔唐遂以亡滅者 措置之勢使然也〕'라고 한 말을 가리킨다.

夫所謂方鎭者는 節度使之兵也니 原其始하면 起於邊將之屯防者[1]라 唐初에 兵之戍邊者는 大曰軍이요 小曰守捉 曰城 曰鎭[2]이요 而總之者曰道[3]라 若盧龍軍一東軍等守捉十一曰平盧道[4]요 棲海北平高陽經略安塞納降唐興渤海懷柔威武鎭遠靜塞雄武鎭安懷遠保定軍十六曰范陽道[5]요 天兵大同天安橫野軍四岢嵐等守捉五曰河東道[6]요 朔方經略豐安定遠新昌天柱宥州經略橫塞天德天安軍九三受降豐寧保寧烏延等六城新泉守捉一曰關內道[7]요 赤水大斗白亭豆盧墨離建康寧寇玉門伊吾天山軍十烏城等守捉十四曰河西道[8]요 瀚海淸海靜塞軍三沙鉢等守捉十曰北庭道[9]요 保大軍一鷹沙都督一蘭城等守捉八曰安西道[10]요 鎭西天成振威安人綏戎河源白水大威楡林臨洮莫門神策寧邊威勝金天武寧曜武積石軍十八平夷綏和合川守捉三曰隴右道요 威戎安夷昆明寧遠洪源通化松當平戎天保威遠軍十羊灌田等守捉十五新安等城三十二犍爲等鎭三十八曰劍南道[11]요 嶺南安南桂管邕管容管經略淸海軍六曰嶺南道[12]요 福州經略軍一曰江南道[13]요 平海軍一東牟東萊守捉二蓬萊鎭一曰河南道[14]라 此自武德至天寶以前邊防之制니 其軍城鎭守捉에 皆有使[15]요 而道有大將一人曰大總管이러니 已而오 更曰大都督[16]이라 至太宗時하야 行軍征討曰大總管이요 在其本道曰大都督이라 自高宗永徽[17]以後로 都督帶使持節[18]者를 始謂之節度使라 然猶未以名官이라 景雲[19]二年에 以賀拔延嗣爲涼州都督河西節度使하니 自此而後로 接乎開元하야 朔方隴右河東河西諸鎭에 皆置節度使라

이른바 方鎭이라는 것은 節度使의 군대이다. 그 기원을 따져보면 변방 장수가 주둔하고 방어하는 데에서 시작되었다. 唐나라 초기에 국경을 지키는 군대 가운데 규모가 크면 軍, 규모가 작으면 守捉, 城, 鎭이라 하였고 이들을 하나로 묶은 것을 道라고 하였다.

이를테면 盧龍 1軍과 東軍 등 11수착을 平盧道라 하였고 橫海, 北平, 高陽, 經略, 安塞, 納降, 唐興, 渤海, 懷柔, 威武, 鎭遠, 靜塞, 雄武, 鎭安, 懷遠, 保定의 16軍을 范陽道라 하였고 天兵, 大同, 天安, 橫野의 4군, 岢嵐 등 5수착을 河東道라 하였고 朔方經略, 豐安, 定遠, 新昌, 天柱, 宥州經略, 橫塞, 天德, 天安의 9군, 三受降, 豐寧, 保寧, 烏延 등 6城, 新泉 1수착을 關內道라 하였고 赤水, 大斗, 白亭, 豆盧, 墨離, 建康, 寧寇, 玉門, 伊吾, 天山의 10군, 烏城 등 14수착을 河西道라 하였고 瀚海, 清海, 靜塞의 3군, 沙鉢 등 10수착을 北庭道라 하였고 保大 1군, 鷹娑 1都督, 蘭城 등 8수착을 安西道라 하였고 鎭西, 天成, 振威, 安人, 綏戎, 河源, 白水, 天威, 楡林, 臨洮, 莫門, 神策, 寧邊, 威勝, 金天, 武寧, 曜武, 積石의 18군, 平夷, 綏和, 合川의 3수착을 隴右道라 하였고 威戎, 安夷, 昆明, 寧遠, 洪源, 通化, 松當, 平戎, 天保, 威遠의 10군, 羊灌田 등 15수착, 新安 등 32성, 犍爲 등 38진을 劍南道라 하였고 嶺南, 安南, 桂管, 邕管, 容管經略, 清海의 6군을 嶺南道라 하였고 福州經略 1군을 江南道라 하였고 平海 1군, 東牟, 東萊 2수착, 蓬萊 1진을 河南道라 하였다.

이것이 武德에서 天寶 이전까지 邊防의 編制이니 그 군, 성, 진, 수착에 모두 使를 두었고 도마다 大將 1人을 두고서 大總管이라고 하였는데 이윽고 大都督으로 개칭하였다. 太宗 때에 이르러 行軍하여 征討할 때에는 대총관이라 하고 자기 本道에 있을 때에는 대도독이라 하였다. 高宗 永徽 연간 이후로 都督으로 使持節을 맡은 자를 처음으로 절도사라 하였다. 그렇지만 여전히 이를 가지고 조정의 정식 官名으로 삼지는 않았다. 景雲 2년(711)에 賀拔延嗣를 涼州都督 河西節度使로 삼으니 이 때부터 開元 연간에 이르도록 朔方, 隴右, 河東, 河西 등의 鎭들에 모두 절도사를 설치하였다.

1) 夫所謂方鎭者……起於邊將之屯防者 : ≪唐書兵志箋正≫ 권2에 "方鎭兵은 또한 바로 邊防軍이다. 西魏, 北周의 초기에 鎭戍하는 책임을 鄕兵에게 맡겼는

데 이를 防, 鎭, 戍라고 하였고 府兵은 일이 생기면 出征하였다가 일이 끝나면 돌아왔고 진수하는 책임은 없었다. 北齊를 평정한 뒤에 비로소 부병으로 하여금 출정하고 수자리서게 하였으나 그래도 전국으로 확대하여 시행한 것은 아니었다. 隋唐 때에 비로소 부병으로 하여금 국경을 방어하게 하여 오래도록 수자리서면서 돌아가지 못할 지경이 되자 이에 長征健兒를 모집하였으니 節度使가 거느린 군대는 開元 26년(738) 이후에는 다 장정건아였다. 그런데 〈兵志〉에서는 이에 대해 한 마디 말도 전혀 언급하지 않았으니 소략하다고 하겠다."라고 하였다.

2) 唐初……曰鎭 : ≪당서병지전정≫ 권2에 "軍 및 守捉은 조금 뒤에 설치하였는데 그 將領을 使라고 일컬은 것은 직임을 띠고 있으나 官名이 아니므로 品秩이 없었기 때문이다. 반면 鎭과 戍는 前代에서 인습하였는데 그 장령을 將, 主라고 일컬었고 모두 品秩이 있었다. ≪唐六典≫ 권5 '職方郎中' 조에 '무릇 천하의 上鎭은 20, 中鎭은 90, 下鎭은 135이며, 上戍는 11, 中戍는 86, 下戍는 235이다.'라고 하였는데 鎭將, 戍主는 北魏 때 매우 중시되었는데 唐代에 이르러 낮추어 낮은 品秩이 되었다. 하지만 官制로 말하면 節度使로부터 수착의 使까지는 한갓 差遣한 것일 뿐이고 정식 邊將은 그대로 진장과 수주였다. 〈병지〉에서 단지 진만 말하고 수를 언급하지 않은 것은 아마도 관직이 낮아 빠뜨린 것인 듯하다. 군과 수착은 비록 높고 낮은 차이는 있지만 수착이 거느리는 군대가 군보다 많은 경우가 있으니 이를테면 隴右의 平夷守捉은 3천 명의 병사를 거느렸던 반면, 寧塞軍은 5백 명에 그쳤으며 河西의 張掖守捉은 6천3백 명의 병사와 1천 필의 말을 거느렸던 반면, 建康軍과 寧寇軍은 1천7백 명의 군대와 1백 필의 말에 그쳤던 것이 그 예이다."라고 하였다.

3) 而總之者曰道 : 錢大昕 ≪二十二史考異≫ 권45 〈唐書5・兵志〉에 "여기서 말한 道라는 것은 節度를 이른다. 唐代 초기에 천하를 나누어 10도를 만들었는데 모두 屯戍하는 군대를 두지는 않았다. 平盧, 范陽은 모두 河北道에 속하였고 河西, 安西, 北庭은 모두 隴右道에 속하였지 애초 도라는 명칭은 없었다. 〈兵志〉에서 의당 '절도가 통솔한다.'고 하고 뒤에서 '아무 절도가 아무아무 군, 아무아무 수착을 통솔한다.'고 해야 비로소 맞다."라고 한 데 대해 ≪당서병지전정≫ 권2에서 "≪新舊唐書互證≫에서 전대흔의 설을 반박하면서 '文意로 보면 道를 가리켜 節度라고 한 것은 아닌 듯하다.'라고 하고 또 '≪唐會要≫에 개원

13년(725) 3월 20일에 平盧軍, 幽州, 太原, 朔方, 河西, 隴右, 劍南 등 7道의 절도사에게 勅諭를 내렸으니 당시에 본래 道라는 명칭이 있었음을 알 수 있다.'라고 하였는데 이 설이 또한 맞다."라고 하였다.

4) 若盧龍軍一東軍等守捉十一曰平盧道 : 平盧가 거느리는 것은 실제 2軍이다. ≪通典≫ 권172 〈州郡2〉의 總序에서 平盧가 거느리는 諸軍을 기술하면서 "平盧軍節度使는 室韋, 靺鞨을 鎭撫하고 平盧, 盧龍 2軍, 柳關守捉, 安東都護府를 거느린다."라고 하였다.(≪당서병지전정≫ 卷2)

5) 樓海北平高陽經略安塞納降唐興渤海懷柔威武鎭遠靜塞雄武鎭安懷遠保定軍十六曰范陽道 : ≪통전≫에는 范陽이 거느리는 軍을 기술하면서 "范陽節度使는 臨奚, 契丹을 제어하고 經略軍, 威武軍, 淸夷軍, 靜塞軍, 恒陽軍, 高陽軍, 唐興軍, 橫海軍을 거느린다."라고 하였다.(≪당서병지전정≫ 卷2)

6) 天兵大同天安橫野軍四岢嵐等守捉五曰河東道 : ≪당육전≫에는 河東節度使에 3軍인 大同, 橫野, 岢嵐 및 雲中守捉使가 속한다고 하였고 ≪통전≫에는 4軍, 3郡, 1守捉이 있는데, 4軍은 天安이 빠지고 岢嵐이 들어가며 3郡은 定襄, 雁門, 樓煩이고 1수착은 雲中郡守捉이라고 하였다.(≪당서병지전정≫ 卷2)

7) 朔方經略豐安定遠新昌天柱宥州經略橫塞天德天安軍九三受降豐寧保寧烏延等六城新泉守捉一曰關內道 : ≪당육전≫에는 關內朔方節度使는 單于, 安北, 東受降城, 中受降城, 西受降城, 豐安軍, 定遠城을 거느린다고 하고, ≪통전≫에는 7軍은 經略軍, 豐安軍, 定遠城, 西城, 安北都護府, 東城, 振武軍이라고 하였다.(≪당서병지전정≫ 卷2) 三受降은 東受降城, 中受降城, 西受降城의 합칭이다.

8) 赤水大斗白亭豆盧墨離建康寧寇玉門伊吾天山軍十烏城等守捉十四曰河西道 : ≪당육전≫에는 河西節度使는 6軍을 거느리니 赤水, 大斗, 建康, 玉門, 墨離, 豆盧이고 新泉守捉, 甘州守捉, 肅州鎭守 세 使가 속한다고 하였다. ≪당육전≫에 天山과 伊吾가 빠진 것은 2軍이 磧西에 속해야 하기 때문이고 寧寇와 白亭은 모두 天寶 연간에 軍으로 승격하였으므로 넣지 않은 것이다.(≪당서병지전정≫ 卷2)

9) 瀚海淸海靜塞軍三沙鉢等守捉十曰北庭道 : ≪당육전≫에는 磧西 4鎭과 伊西, 北庭이 節度使 하나인데 4鎭을 제외하고 伊吾, 瀚海 2軍 및 西州鎭守使를 열거하였다. ≪이십이사고이≫에서는 "〈地理志〉를 살펴보면 靜塞軍은 大曆 6년

(771)에 설치하였다. 여기서 거론한 軍名은 모두 天寶 연간 이전에 설치한 것이니 靜塞를 언급해서는 안 된다."라고 하였다.(≪당서병지전정≫ 卷2)

10) 保大軍一鷹沙都督一蘭城等守捉八曰安西道 : ≪당육전≫에 磧西節度使가 거느리는 것으로, 伊吾, 瀚海 및 西州鎭守使가 두 節度使로 나뉠 때 伊西, 北庭에 응당 속하게 된 것을 제외하고 疏勒, 于闐, 安西, 焉耆의 4鎭의 經略使는 적서절도사에 속해야 한다고 하였다. 적서는 바로 安西이다.(≪당서병지전정≫ 卷2)

11) 威戎安夷昆明寧遠洪源通化松當平戎天保威遠軍十羊灌田等守捉十五新安等城三十二捷爲等鎭三十八曰劒南道 : ≪당육전≫에는 劍南節度使가 거느리는 것은 昆明軍, 松州, 當州防禦, 邛峽守捉, 姚州經略, 嶲州經略 네 使가 속한다고 하였다. ≪통전≫의 경우 〈兵志〉와 부합하는 것은 昆明, 寧遠, 天保 3軍이고 平戎은 城이라고 하고 洪源과 通化는 郡이라고 하였다. 그 밖에 團結營, 臨翼郡, 蓬山郡, 維川郡, 交川郡, 盧山郡, 江源郡, 南江郡, 歸誠郡은 〈병지〉에 기록되지 않은 지명이다.(≪당서병지전정≫ 卷2)

12) 嶺南安南桂管邕管容管經略淸海軍六曰嶺南道 : ≪당육전≫에는 嶺南節度使는 廣, 桂, 邕, 容, 安南 등 5府의 經略使를 거느린다고 하였고 ≪통전≫에는 嶺南五府經略使는 夷獠를 安撫하는데 經略軍, 淸海軍과 桂管經略使, 容管經略使, 鎭南經略使, 邕管經略使를 거느린다고 하였다.(≪당서병지전정≫ 卷2)

13) 福州經略軍一曰江南道 : ≪당육전≫에는 福州經略使가 있고 ≪통전≫과 ≪구당서≫ 〈지리지〉에는 長樂經略使가 있다. 江南에는 節度라는 명칭이 없는 데다 福州 한 州로 本道 전체를 족히 포괄할 수 없다.(≪당서병지전정≫ 卷2)

14) 平海軍一東牟東萊守捉二蓬萊鎭一曰河南道 : ≪당육전≫에는 登州 平海軍을 말하면서 福州經略使와 함께 모두 節度使가 관할하는 범위에 있지 않다고 하였다. ≪통전≫과 ≪구당서≫ 〈지리지〉에는 東萊, 東牟 2守捉이 있는데 本州의 刺史가 다스린다고 하였다.(≪당서병지전정≫ 卷2)

15) 其軍城鎭守捉 皆有使 : ≪당육전≫ 권5 〈兵部〉에 "諸軍에는 각기 使 1인을 두는데 5천 명 이상인 경우 副使 1인을 두고 1만 명 이상인 경우 營田副使 1인을 둔다. 軍마다 모두 倉曹, 兵曹, 冑曹, 參軍 각 1인을 둔다. 橫海, 高陽, 唐興, 恒陽, 北平 등 5軍은 모두 本州의 刺史가 使가 된다. 鎭에는 모두 사 1인, 부사 1인을 두는데 1만 명 이상인 경우 司馬, 창조, 병조 각 1인을 두고 5천 명 이하인 경우에는 사마가 없다. 모든 軍과 鎭에는 5백 명마다 押官 1인

을 두고 1천 명마다 子總管 1인을 두고 5천 명마다 總管 1인을 둔다. 모든 軍과 鎭의 사와 부사 이상은 모두 4년마다 교체하고 총관 이상은 6년마다 교체하고 압관은 병사들을 따라 교체한다."라고 하였다.(≪당서병지전정≫ 卷2)

16) 而道有大將一人曰大總管……更曰大都督 : 大總管이나 大都督은 모두 州에 연계되고 行軍하는 總管만 아무아무 道라고 일컬었다. 都督으로 고친 뒤부터 出征하게 되면 총관이라 하고 本州에서는 도독이라 하였다. 여기서 말한 대총관이나 대도독은 州에 연계된 경우를 가리켜 말한 것으로, 출정할 때에는 도독이라고 일컫는 경우는 없고 본주에 있을 때 역시 아무아무 道 대도독이라고 일컫는 경우는 없다. 대총관이나 대도독은 네다섯에 그칠 뿐이니 道마다 1인씩 있다고 말할 수 없다.(≪당서병지전정≫ 卷2)

17) 永徽 : 唐 高宗의 첫 번째 연호(650~655)이다.

18) 使持節 : 魏晉南北朝 때 地方軍政을 장악한 관리는 종종 使持節이라는 칭호를 받기도 하였는데 中級 이하의 관리를 誅殺할 수 있는 권한을 주었다. 이보다 한 등급 아래는 持節이라고 불렀는데 관직이 없는 사람을 죽일 수 있었고, 한 등급 더 아래는 假節이라 불렀는데 軍令을 범한 사람을 죽일 수 있었다. 隋와 唐의 刺史는 으레 使持節이라는 虛銜을 띠었는데 이를테면 某州의 刺史는 반드시 使持節某州諸軍事라고 부른 것과 같은 경우이다.

19) 景雲 : 唐 睿宗의 첫 번째 연호(710~711)이다.

及范陽節度使安祿[1]山反하야 犯京師어늘 天子之兵이 弱不能抗이라 遂陷兩京이라 肅宗起靈武에 而諸鎭之兵이 共起誅賊이라 其後에 祿山子慶緖及史思明[2]父子繼起하야 中國大亂이어늘 肅宗命李光弼等討之하니 號九節度之師라 久之에 大盜旣滅이라 而武夫戰卒以功起行陣하야 列爲侯〔王〕[3]者를 皆除節度使라 由是로 方鎭相望於內地하야 大者連州十餘요 小者猶兼三四라 故兵驕則逐帥하고 帥彊則叛上하야 或父死에 子握其兵而不肯代하고 或取捨由於士卒하야 往往自擇將吏하고 號爲留後하야 以邀命於朝라 天子顧力不能制면 則忍恥含垢하야 因而撫之하니 謂之姑息之政이라 蓋姑息起於兵驕요 兵驕由於方鎭이니 姑息愈甚에 而兵將愈俱驕라 由是로 號令自出하야 以相侵擊하야 虜其將帥하고 幷其土地라 天子熟視하되 不知所爲하고 反爲和解之어늘 莫肯

聽命이라

范陽節度使 安祿山이 반란하여 京師를 침범하였는데 天子의 군대가 약하여 저항할 수가 없었으므로 마침내 兩京(長安과 洛陽)이 함락되었다. 肅宗이 靈武에서 군대를 일으키자 각 鎭의 군대가 함께 일어나 逆賊을 誅罰하였다. 그 뒤에 안록산의 아들 安慶緖 및 史思明 父子가 연이어 일어나 중국이 크게 혼란해지자 숙종이 李光弼 등에게 명하여 토벌하게 하니 九節度의 군대라고 불리었다. 오래 지나 큰 賊黨이 이미 멸망하자 武夫와 戰卒들 가운데 戰功으로 軍陣에서 發身하여 侯王의 반열에 오른 자들을 모두 節度使에 제수하였다. 이로 말미암아 方鎭이 內地에 서로 이어져 큰 방진의 경우 10여 州에 이어져 있고 작은 것도 서너 州를 아울렀다.

그래서 병사들이 교만해지면 장수를 쫓아내고 장수가 강해지면 윗사람을 배반하여 혹 아비가 죽었을 때 아들이 그 군대를 장악하여 〈다른 사람과〉 교대하려 하지 않기도 하고 혹 장수를 取捨하는 것이 士卒들에게서 결정되어 종종 그들 스스로 장수와 관리를 뽑고 留後라고 부르면서 조정에 임명을 요청하기도 하였다. 천자가 힘으로 제어할 수 없다고 생각하면 치욕을 참고 견디면서 그대로 따르고 慰撫하니 이를 일러 姑息으로 하는 政策이라 하였다. 대개 고식은 병사가 교만한 데서 비롯되고 병사가 교만한 것은 방진에서 말미암으니 고식이 더 심해질수록 병사와 장수는 더욱 모두 교만해진다. 이로 말미암아 〈천자의 명을 받지 않고〉 號令을 스스로 내리면서 서로 침략하여 그 將帥를 사로잡고 그 土地를 병탄한다. 그런데 천자는 이를 익숙하게 보면서도 어찌할 바를 모르고 도리어 그들을 화해시키려고 하지만 천자의 명을 따르려 하는 이가 없다.

1) 安祿山 : ?~757. 突厥族으로, 본래의 성은 康이고, 처음의 이름은 軋犖山이었는데, 어려서 아버지가 죽고 어머니가 개가하자 성이 安이 되었다. 지략이 있었고 六藩의 말에 능통하였다. 戰功으로 平盧兵馬使와 營州都督이 되었으며, 入朝하여 玄宗과 楊貴妃의 총애를 받아 平盧, 范陽, 河東 3개 鎭의 절도사가 되었다. 天寶 14년(755)에 범양에서 기병하여 반란을 일으켜 洛陽과 長安을 함락시키고, 이듬해에 雄武皇帝라 자칭하고 국호를 燕, 연호를 聖武라고 하였는데, 이듬해 아들 安慶緖에게 시해당했다.

2) 史思明 : 703~761. 唐나라 寧州 출신의 突厥族으로, 초명은 窣干이었는데,

玄宗이 思明이란 이름을 내렸다. 용맹과 지략이 있는 사람으로 안녹산의 장수가 되었다. 안녹산과 함께 반란을 일으켰는데, 뒤에 안녹산이 죽자 안녹산의 아들 안경서를 죽이고 스스로 大燕皇帝라고 칭하였다. 하지만 그 역시 아들 史朝義에게 살해되었다.

3) 〔王〕: 저본에는 '王'이 없으나, ≪新唐書≫에 의거하여 보충하였다.

始時爲朝廷患者는 **號河朔三鎭**[1]이러니 **及其末**하야 **朱全忠**[2]**以梁兵 李克用**[3]**以晉兵**으로 **更犯京師**하고 **而李茂貞**[4]**韓建**[5]이 **近據岐華**하야 **妄生**[6]**喜怒**하야 **兵已至於國門**이니 **天子爲殺大臣**하야 **罪已悔過然後去**[7]라 **及昭宗用崔胤召梁兵以誅宦官**하야 **而劫天子奔岐**하니 **梁兵圍之逾年**이라 **當此之時**하야 **天下之兵無復勤王者**하니 **嚮之所謂三鎭者**는 **徒能始禍而已**라 **其他大鎭**은 **南則吳浙荊湖閩廣**과 **西則岐蜀**과 **北則燕晉**이요 **而梁盜據其中**하니 **自國門以外**로 **皆分裂於方鎭矣**라

처음에 朝廷의 걱정거리가 된 것은 河朔의 三鎭이라고 불렸는데 唐나라 말년이 되자 朱全忠은 梁의 군대를 거느리고 李克用은 晉의 군대를 거느리고 번갈아 京師를 침범하였다. 그리고 李茂貞, 韓建이 가까이 岐州, 華州를 차지하고 있으면서 제멋대로 喜怒를 일으켜 군대가 이미 도성 문에 이르니 天子가 그들을 위해 大臣을 죽여 자책하고 잘못을 뉘우친 뒤에야 떠났다. 昭宗이 崔胤을 등용하여 梁의 군대를 불러 환관들을 誅殺하게 하자 환관들이 천자를 겁박하여 岐州로 달아나니 梁의 군대가 한 해 넘게 기주를 포위하였다. 이때에 천하의 군대 가운데 다시 勤王하는 자가 없었으니 지난날 이른바 삼진이라는 것은 단지 화란의 싹을 야기할 수 있었을 뿐이었다. 이 밖의 大鎭으로는 남쪽에 吳, 浙, 荊, 湖, 閩, 廣이 있었고 서쪽에 岐, 蜀이 있었고 북쪽에 燕, 晉이 있었고 梁은 그 중간을 점거하니, 도성 문 밖으로는 모두 方鎭에 의해 분열되어 있었다.

1) 河朔三鎭 : 相衛의 薛嵩, 魏博의 田承嗣, 盧龍의 李懷仙이다.

2) 朱全忠 : 852~912. 중국 五代 後梁의 건국자로, 본명은 朱溫이고 宋州 碭山 午溝里 사람이다. 당초 '黃巢의 난'이 일어났을 때 황소의 부하 장수였는데 이후 당나라에 투항하여 황소의 殘黨을 평정하고 그 공으로 각지의 절도사를 겸

하는 등 華北 제일의 실력자가 되었다. 天祐 원년(907)에 당을 대신하여 稱帝하고 汴州에 도읍하고 국호를 梁이라고 하였다. 흔히 후량이라고 부르며 재위 기간은 907년에서 912년까지 6년간이다. 만년에 크게 사치하고 荒淫하여 셋째 아들 朱友珪에게 피살되었다. 그의 세력 범위는 화북 일부에 한정되었고, 이후 50년에 걸친 5代10國 분쟁의 계기를 제공하였다.

3) 李克用 : 856~906. 唐나라 말기의 장수로, 황소의 난을 진압하는 데 공을 세웠으며, 숙적 주전충에게 太原에서 포위되어 위협을 받던 중 병사하였다. 그 후 아들 李存勖이 그의 유지를 이어받아 후량을 멸망시키고 화북을 통일하여 後唐을 건립하였다.

4) 李茂貞 : 856~924. 深州 博野 사람이다. 본래 이름은 宋文通으로 士兵 출신이다. 唐 昭宗 大順 2년(891)에 楊復恭이 반란을 일으켰을 때 소종의 허락을 얻지 못하였는데도 興元을 공격하여 점령하고 長安을 압박했다. 岐州를 근거지로 삼아 岐王에 봉해진 뒤 발호하였다. 乾寧 3년(896)에는 군사를 이끌고 장안을 공격하여 소종이 華州로 피난 간 일도 있었다. 후당 이존욱 때 秦王으로 改封된 지 얼마 되지 않아 病死하였다.

5) 韓建 : 855~912. 字는 佐時이니 河南 許昌 사람이다. 황소의 난 때 軍功으로 潼關防禦使 兼 華州刺史가 되었으며 후량에 들어와서는 司徒, 平章事, 侍中 등을 지냈다. 후량의 조정이 혼란할 때 그의 수하 장수인 張厚가 난을 일으켜 살해되었다.

6) 生 : ≪新唐書≫에는 '一'로 되어 있다.

7) 天子爲殺大臣 罪己悔過然後去 : 소종이 이무정을 鳳翔에서 옮겨 山南西道節度使로 삼자 이무정이 表文을 올려 변명하였는데, 소종이 표문이 불손하다면서 당시 재상으로 있던 杜讓能에게 군대를 정비하여 이무정을 치라고 명하였다. 李嗣周가 京西招討使가 되어 이무정을 치러 갔지만 끝내 당나라 군대가 궤멸하였고 이무정이 장안까지 침범하여 주둔하자 소종이 사과하고 군대를 물리게 하였다. 하지만 이무정은 두양능 때문에 전쟁이 일어났다고 하면서 그를 죽이라고 청하므로 소종이 두양능을 유배보냈다가 죽이자 마침내 이무정이 물러났다.(≪歐陽文忠公五代史抄≫ 卷13 〈李茂貞傳〉)

故兵之始重於外也엔 土地民賦非天子有요 旣其盛也엔 號令征伐非其有요 又其甚

也엔 至無尺土而不能庇其妻子宗族하야 遂以亡滅이라 語曰 兵猶火也니 弗戢(집)이면 將自焚이라하니 夫惡(오)危亂而欲安全者는 庸君常主之能知로되 至於措置之失하야는 則所謂困天下以養亂也라 唐之置兵은 旣外柄以授人이니 而末大本小에야 方區區自爲捍(한)衛之計하니 可不哀哉아

그러므로 군대가 지방에서 처음 커졌을 때에는 土地와 民賦가 天子의 소유가 아니었고 이미 강성해졌을 때에는 號令과 征伐이 천자의 소유가 아니었고 또 더 심해졌을 때에는 한 뼘의 땅도 없어 그 처자식과 종족을 보존하지 못하는 데 이르러 마침내 멸망하게 되었다. 속담에 "군대는 불과 같으니 단속하지 않으면 장차 자신을 태우게 된다."라고 하였으니, 무릇 危亂을 싫어하고 安全하고자 하는 것은 평범한 군주라면 능히 알 수 있는 일이지만 조치를 잘못하게 되면 이른바 천하를 곤궁하게 하여 난리를 조성하는 것이다. 唐나라가 군대를 설치한 것은 이미 지방의 권력을 남에게 준 것이다. 말단이 커지고 근본이 작아지고 나서야 겨우 자질구레하게 스스로 막고 지킬 궁리나 하였으니 서글프지 않겠는가!

夫所謂天子禁軍者는 南北衙兵也니 南衙는 諸衛兵是也요 北衙者는 禁軍也라 初에 高祖以義兵起太原이라가 已定天下에 悉罷遣歸어늘 其願留宿衛者三萬人이라 高祖以渭北白渠旁民棄腴(유)田分給之하고 號元從禁軍이라 後老不任事어늘 以其子弟代하고 謂之父子軍[1)]이라 及貞觀初하야 太宗擇善射者百人하야 爲二番於北門長上[2)]하야 曰百騎라하고 以從田獵이라 又置北衙七營하야 選材力驍壯하야 月以一營番上이라 十二年에 始置左右屯營於玄武門하고 領以諸衛將軍하니 號飛騎라 其法取戶二等以上長六尺闊壯者하야 試弓馬四次上翹(교)門[3)]擧五負米五斛(곡)行三十步者라 復擇馬射爲百騎하야 衣五色袍하고 乘六閑駁馬[4)]하고 虎皮韉(천)하야 爲游幸翊衛라

이른바 天子의 禁軍이라는 것은 南衙, 北衙의 군대인데 남아는 諸衛의 군대이고 북아는 금군이다. 처음에 高祖가 義兵을 거느리고 太原에서 일어났다가 천하를 이미 평정하고 나서 다 해산하여 돌아가게 하였는데 京師에 머무르며 宿衛하기를 원하는 자들이 3만 인이었다. 고조가 渭水 북쪽 白渠 부근의 백성들이 버린 비옥한

田地를 그들에게 나누어주고 元從禁軍이라고 불렀다. 뒤에 이들이 늙어 임무를 감당하지 못하자 그 子弟들로 대신하게 하고 父子軍이라 하였다.

唐 太宗

貞觀 초년이 되자 太宗이 활을 잘 쏘는 자 1백 인을 선발하여 北門長上에 2番을 만들어 百騎라 하고 사냥할 때 수행하게 하였다. 또 北衙 7營을 설치하여 勇力이 뛰어난 자를 뽑아 매달 한 營에 番上하게 하였다. 정관 12년(638)에 처음으로 玄武門에 左右의 屯營을 설치하고 諸衛의 將軍들이 거느리게 하니 飛騎라고 불렀다. 그 規定은 戶 2등 이상, 身長 6尺이면서 건장한 자를 취하여 騎射에서 네 차례 上等이 되고, 翹關에서 다섯 번 門關을 들어올리고, 5斛의 쌀을 지고 30보를 가는 자를 시험해 뽑았다. 다시 騎射에 뛰어난 이들을 뽑은 것이 百騎였는데 五色袍를 입고 六閑의 駁馬를 타고 虎皮 안장에 앉게 하여 임금이 游幸할 때의 翊衛로 삼았다.

1) 高祖以義兵起太原……謂之父子軍 : 이 부분은 ≪玉海≫ 권138에서 인용한 〈鄴侯家傳〉의 내용에 근거하는데 〈鄴侯家傳〉에 '三萬'이 '六萬'으로 되어 있는 것만 다르다.

2) 北門長上 : 北門은 唐代 禁軍의 北衙이고 長上은 9品의 武官으로, 변경을 지키거나 대궐을 宿衛하는 일을 맡았다. 당대에는 숙위할 때 番의 차례가 있어 마치 漢代의 衛士처럼 1년에 한 번 교대하였는데, 長上은 오래 숙직하면서 교대하지 않았던 데서 官名이 비롯된 것으로 보인다.

3) 翹(교)門 : 門關을 드는 것으로, 唐代 武科 시험 과목의 하나였다. ≪新唐書≫ 권44 〈選擧志 上〉에 "長安 2년(702)에 처음 武擧를 두었다.……또 馬槍, 翹關, 負重, 身材라는 시험이 있다. 翹關은 關의 길이가 1丈 7尺에 지름이 3寸 반인데, 이것을 열 번 든 뒤에 다시 손으로 關距를 잡는데 움직이고 멈춤에

1尺도 지나침이 없어야 한다."라고 하였다.

4) 六閑駁馬：六閑은 周나라 때 天子는 12閑(마구간)을 두고 諸侯는 6閑을 둔 것에서 비롯되었는데, 隋代에 殿內省 尙乘局에 六閑을 두었고 唐代에는 이를 인습하였다. ≪신당서≫ 〈百官志2〉에서 飛龍, 祥麟, 鳳苑, 鵷鸞, 吉良, 六群 혹은 飛黃, 吉良, 龍媒, 騊駼, 駃騠, 天苑이라고 六閑의 종류를 열거하였다. ≪唐書兵志箋正≫ 권3에 "〈兵志〉의 '六閑駁馬'는 ≪太平御覽≫에서 逸失된 ≪唐書≫를 인용하여 '駿馬'라고 하였으니 '駿'자가 되어야 할 듯하다."라고 하였다.

高宗龍朔二年에 始取府兵越騎步射하야 置左右羽林軍하고 大朝會則執仗以衛階陛하고 行幸則夾馳道爲內仗[1]이라 武后改百騎曰千騎러니 睿宗又改千騎曰萬騎[2]하야 分左右營이라 及玄宗以萬騎平韋氏하야 改爲左右龍武軍하고 皆用唐元功臣子弟하니 制若宿衛兵이라 是時에 良家子避征戍者亦皆納資隷軍하야 分日更上如羽林이라 開元十二年에 詔左右羽林軍飛騎闕을 取京旁州府士하고 以戶部印印其臂하야 爲二籍하고 羽林兵部分掌之라 末年에 禁兵浸耗하야 及祿山反하야 天子西駕에 禁軍從者纔[3]千人이라 肅宗赴靈武에 士不滿百이러니 及卽位하야 稍復(召)〔舊〕[4]補北軍이라 至德[5]二載에 置左右神武軍하야 補元從扈從官子弟하고 不足則取他色하고 帶品者同四軍[6]하야 亦曰神武天騎하니 制如羽林이라 總曰北衙六軍이라 又擇便騎射者하야 置衙前射生手千人하니 亦曰供奉射生官이요 又曰殿前射生하야 分左右廂하고 總號曰左右英武軍이라 乾元元年에 李輔國用事하야 請選羽林騎士五百人徼巡하니 李揆曰 漢以南北軍相制라 故周勃以北軍安劉氏[7]라 朝廷置南北衙하야 文武區別하야 以相察伺라 今用羽林代金吾警하니 忽有非常이면 何以制之오하니 遂罷하다

高宗 龍朔 2년(662)에 처음으로 府兵의 越騎, 步射를 취하여 左右羽林軍을 설치하고 大朝會 때에는 무기를 가지고 섬돌에서 侍衛하게 하고 行幸할 때에는 馳道의 양편에서 內仗이 되게 하였다. 武后는 百騎를 千騎라고 改稱하였는데 睿宗은 다시 천기를 萬騎라고 개칭하고서 左營과 右營으로 나누었다. 玄宗이 만기로 韋氏를 平定하고 나서 左右龍武軍으로 고치고 모두 唐나라 元功臣의 子弟들을 쓰니 그 제도가 宿衛兵과 같았다. 이때에 征戍를 피하려는 良家의 자식들 또한 다들 돈을 바치고

용무군에 소속되어 우림군처럼 날짜를 나누어 번갈아 番上하였다.

開元 12년(724)에 詔命을 내려 좌우우림군 飛騎의 缺員을 京師 근방 州府의 軍士를 가져다 채우고 戶部의 印章을 그들의 팔뚝에 찍어 2개의 兵籍을 만들고 우림군과 兵部가 나누어 관장하였다. 현종 말년에 禁軍이 점점 줄어들어 安祿山이 반란하여 天子가 서쪽으로 몽진할 때에 이르러 금군 가운데 뒤따르는 이가 겨우 천 명이었다. 肅宗이 靈武에 이르렀을 때에는 군사가 백 명도 채우지 못하였는데 즉위할 때 이르러 점점 복구하여 北軍을 보충하였다.

至德 2년(757)에 左右神武軍을 설치하고서 元從과 扈從 官員의 자제를 충원하고 인원이 부족하면 다른 名色의 인원들을 취하고 官品을 띠고 있는 자는 四軍의 例와 같게 하여 또한 神武天騎라고 하니 제도는 우림군과 같았다. 이들을 總稱하여 北衙六軍이라 하였다. 또 騎射에 익숙한 자들을 뽑아 衙前射生手 천 명을 두었는데, 供奉射生官이라고도 하고 殿前射生이라고도 하여 左右廂을 나누고 총칭하여 左右英武軍이라고 하였다.

乾元 元年(758)에 李輔國이 권력을 장악하고서 우림군의 騎士 5백 명을 뽑아 巡邏를 돌게 하자고 청하니 李揆가 아뢰기를, "漢나라는 南軍과 北軍이 상호 制御하므로 周勃이 북군을 거느리고 劉氏를 안정시킬 수 있었습니다. 우리 朝廷은 南衙와 北衙를 설치하고서 文武를 구분해 상호 查察하게 하였습니다. 그런데 지금 우림군을 써서 金吾의 警巡을 대신하니 갑자기 예사롭지 않은 변고가 발생한다면 무엇을 가지고 제지하겠습니까."라고 하니 마침내 폐기하였다.

1) 高宗龍朔二年……行幸則夾馳道爲內仗 : ≪唐書兵志箋正≫ 권3에 "羽林을 처음 설치할 때 이미 北門 屯營의 옛 軍士들을 바탕으로 하였다. 그 거느리는 군사는 일부분은 高祖 때 北衙 7營의 아들과 손자들이니 이른바 父子軍이고 둘째로는 貞觀 12년에 처음 설치한 飛騎이고 셋째로는 점점 확충되어 갔던 百騎였다. 衛士에서 선발하게 된 것은 창설할 때의 제도는 아닌 듯하다."라고 하였다. 內仗은 皇宮에서 侍衛하는 군사들로, ≪新唐書≫ 〈儀衛志 上〉에 "매월 46인으로 內廊의 閤外에서 侍立하게 하니 內仗이라고 하였다. 左右金吾將軍으로 당직하게 하고 中郎將 1인이 이들을 거느렸다."라고 하였다.

2) 睿宗又改千騎曰萬騎 : ≪신당서≫ 권50 〈兵志〉의 이하 내용과 ≪신당서≫ 권5

〈玄宗本紀〉 및 ≪舊唐書≫ 권8 〈현종본기〉, ≪資治通鑑≫ 권209에 모두 玄宗이 萬騎를 거느리고 韋氏를 평정하였다고 하였으니 만기라고 改稱한 것은 반드시 睿宗이 즉위하기 이전이어야 한다. 또 ≪通典≫ 권28, ≪구당서≫ 권44 〈職官志〉, ≪자치통감≫ 권208에 만기를 설치한 것은 바로 中宗 때의 일이라고 하였다.

3) 纔 : ≪신당서≫에는 '裁'로 되어 있다.

4) (召)〔舊〕: 저본에는 '召'로 되어 있으나, 사고전서본 ≪신당서≫에 의거하여 '舊'로 바로잡았다.

5) 至德 : 唐 肅宗의 첫 번째 연호(756~757)이다.

6) 四軍 : 左右羽林軍과 左右龍武軍을 말한다.

7) 李揆曰漢以南北軍相制 故周勃以北軍安劉氏 : 漢 高祖가 죽은 뒤에 呂后가 국정을 장악하고는 呂氏 일족을 대대적으로 끌어들여 그 세력을 구축하면서 여씨들을 왕으로 봉하는 등 전횡을 자행하였다. 여후가 죽고 난 뒤, 周勃이 여씨 일파를 제거하고자 北軍에 들어가서 군사들에게 직접 말하기를 "여씨를 위하는 사람은 오른쪽 어깨를 드러내고 劉氏를 위하는 사람은 왼쪽 어깨를 드러내도록 하라."라고 하니, 군사들이 모두 왼쪽 어깨를 드러내었다. 이후 주발은 국면을 전환하여 여씨들을 평정하고 유씨의 한나라를 회복하였다.(≪史記≫ 卷9 〈呂太后本紀〉)

上元中에 以北衙軍使衛伯玉爲神策軍節度使하야 鎭陜州하고 中使魚朝恩爲觀軍容使하야 監其軍[1]이라 初에 哥舒翰破吐蕃臨洮西之磨環川하고 卽其地하야 置神策軍하고 以成如璆爲軍使러니 及祿山反하야 如璆以伯玉將兵千人赴難하니 伯玉與朝恩皆屯于陜이라 時에 邊土陷蹙하야 神策故地淪沒하니 卽詔伯玉所部兵號神策軍하고 以伯玉爲節度使하야 與陜州節度使郭英乂皆鎭陜이라 其後伯玉罷에 以英乂兼神策軍節度러니 英乂入爲僕射(야)에 軍遂統於觀軍容使라 代宗卽位에 以射生軍入禁中淸難하고 皆賜名寶應[2]功臣이라 故射生軍又號寶應軍이라 廣德[3]元年에 代宗避吐蕃하야 幸陜할새 朝恩擧在陜兵與神策軍迎(色)〔扈〕[4]하여 悉號神策軍하니 天子幸其營이라 及京師平하야 朝恩遂以(恩)〔軍〕[5]歸禁中하야 自將之라 然尙未與北軍齒也러니

永泰[6]元年에 吐蕃復入寇한대 朝恩又以神策軍屯苑中이라 自是浸盛하야 分爲左右廂하야 勢居北軍〔右〕[7]하여 遂爲天子禁軍하니 非他軍比라 魚朝恩乃以觀軍容宣慰處置使知神策軍兵馬使하다 大曆[8]四年에 請以京兆之好畤와 鳳翔之麟游普潤로 皆隷神策軍하다 明年에 復以興平武功扶風天興으로 隷之어늘 朝廷不能遏하다 又用愛將劉希暹爲神策虞候하야 主不法하고 遂置北軍獄하야 募坊市不逞하야 誣捕大姓하야 沒産爲賞하야 至有選擧旅寓而挾厚貲(자)多橫死者라 朝恩得罪死어늘 以希暹代爲神策軍使하다 是歲에 希暹復得罪어늘 以朝恩舊校王駕鶴代將이라 十數歲에 德宗卽位에 以白志貞代之라 是時에 神策兵雖處內나 而多以裨將將兵征伐하야 往往有功이라

上元 연간에 北衙軍使 衛伯玉을 神策軍節度使로 삼아 陝州를 鎭守하고 中使 魚朝恩을 觀軍容使로 삼아 이 神策軍을 감독하였다. 당초에 哥舒翰이 吐蕃의 臨洮 서쪽 磨環川을 격파하고 그곳을 가지고 신책군을 설치하고 成如璆를 軍使로 삼았다. 그런데 安祿山이 반란할 때에 이르러 성여구가 위백옥에게 군사 천 명을 거느리고 救援하게 하니 위백옥과 어조은이 모두 섬주에 진을 쳤다. 이때 변방 영토가 함락되고 줄어들어 신책군의 옛 관할 지역이 상실되자 바로 詔命을 내려 위백옥이 거느리던 군대를 신책군이라 부르고 위백옥을 節度使로 삼아 陝州節度使 郭英乂와 더불어 모두 섬주를 진수하게 하였다. 그 뒤 위백옥이 파직되자 곽영예에게 신책군절도사를 兼任시켰는데 곽영예가 조정에 들어와 僕射가 되자 신책군은 마침내 관군용사에게 통솔되었다.

代宗이 즉위하자 射生軍을 宮闕에 들여 난리를 평정하고 이들 모두에게 寶應功臣이라는 칭호를 내렸다. 그래서 사생군은 또 寶應軍이라고 불렀다. 廣德 元年(763)에 대종이 吐蕃을 피하여 섬주에 幸行할 때 어조은이 섬주의 군사와 신책군을 거느리고 迎接하고 扈從하면서 모두 신책군이라고 부르니 天子가 그 軍營에 들어갔다. 京師가 평정되고 나자 어조은이 마침내 신책군을 거느리고 궁궐에 돌아와서 스스로 통솔하였다. 그렇지만 아직 北軍과 대등하지는 않았는데 永泰 元年(765)에 토번이 다시 쳐들어오자 어조은이 다시 신책군을 거느리고 苑中에 진을 쳤다. 이때부터 신책군이 점차 강대해져서 左廂과 右廂으로 나누어 北軍보다 세력이 커져서 마침내 천자의 禁軍이 되니 다른 군대들에 비할 바가 아니었다. 어조은이 비로소 觀軍容宣

慰處置使로 神策軍兵馬使를 兼任하였다.

大曆 4년(769)에 京兆府의 好畤와 鳳翔府의 麟游, 普潤을 모두 신책군에 예속시켜 달라고 청하였다. 이듬해 다시 興平, 武功, 扶風, 天興을 신책군에 예속시켰는데 조정이 막지 못하였다. 다시 아끼는 장수 劉希暹을 神策虞候로 삼아 不法을 다스리는 일을 주관하게 하고 마침내 北軍獄을 설치하고서 저자의 無賴漢을 모집하여 巨族들을 무함하여 체포하고서 그들의 재산을 몰수하여 상으로 내렸다. 그리하여 심지어 과거 보러 여관에 머물면서 많은 재물을 가지고 있다가 非命橫死하는 자가 많았다.

어조은이 죄를 지어 죽임을 당하자 유희섬을 그 대신 神策軍使로 삼았다. 이해에 유희섬이 다시 죄를 짓자 어조은의 옛 軍校였던 王駕鶴에게 대신 통솔하게 하였다. 십수 년이 지나 德宗이 즉위하자 白志貞으로 대체하였다. 이때 신책군이 비록 京師에 있었지만 자주 裨將에게 군대를 거느리고 征伐하게 하여 종종 戰功이 있었다.

1) 上元……監其軍 : ≪唐書兵志箋正≫ 권3에 "〈이 부분은〉 ≪舊唐書≫ 권42 〈職官志〉 神策軍 조의 주석과 같다. 魚朝恩이 觀軍容使가 된 것은 上元 원년(760) 9월로 감독한 것은 9節度의 군대였다. 相州에서 패배한 뒤 비로소 衛伯玉과 함께 그 군대를 감독하였다."라고 하였다. 上元은 唐 肅宗의 세 번째 연호(760~762)이다.

2) 寶應 : 唐 代宗의 첫 번째 연호(762)이다.

3) 廣德 : 唐 代宗의 두 번째 연호(763~764)이다.

4) (色)〔扈〕 : 저본에는 '色'으로 되어 있으나, ≪新唐書≫에 의거하여 '扈'로 바로잡았다.

5) (恩)〔軍〕 : 저본에는 '恩'으로 되어 있으나, ≪신당서≫에 의거하여 '軍'으로 바로잡았다.

6) 永泰 : 唐 代宗의 세 번째 연호(765~766)이다.

7) 〔右〕 : 저본에는 '右'가 없으나, ≪신당서≫에 의거하여 보충하였다.

8) 大曆 : 唐 代宗의 네 번째 연호(766~779)이다.

及李希烈反하고 河北盜且起하야 數出禁軍征伐하니 神策之士多鬪死者라 建中[1]四

年에 下詔募兵할새 以志貞爲使하야 蒐補峻切이라 郭子儀之壻端王傅吳仲孺殖貲(자)累巨萬이어늘 以國家有急不自安하야 請以子率奴馬從軍하니 德宗喜甚하야 爲官其子五品이라 志貞乃請節度都團練觀察使與世嘗任者家皆出子弟馬奴裝鎧助征하고 授官如仲孺子라 於是에 豪富者緣爲幸而貧者苦之라 神策兵旣發殆盡이어늘 志貞陰以市人補之하니 名隷籍而身居市肆라 及涇卒潰變하야 皆戢(집)伏不出하니 帝遂出奔이라 初에 段秀實見禁兵寡弱하야 不足備非常하고 上疏曰 天子萬乘이요 諸侯千이요 大夫百은 蓋以大制小하고 十制一也니 尊君卑臣하고 彊幹弱枝之道어늘 今外有不廷之虜하고 內有梗命之臣이로되 而禁兵不精하고 其數削少하니 後有猝故면 何以待之리잇고 猛虎所以百獸畏者는 爪牙也니 爪牙廢則孤豚特犬이 悉能爲敵이라 願少留意라하니 至是하야 方以秀實言爲然이라 及志貞等流貶하야 神策都虞候李晟與其軍之他將이 皆自飛狐道西兵赴難하야 遂爲神策行營節度하야 屯渭北하니 軍遂振이라

郭子儀

李希烈이 반란을 일으키고 河北의 도적들이 일어나려고 하자 禁軍을 자주 내보내 征伐하니 神策軍의 병사들이 戰死하는 경우가 많았다. 建中 4년(783)에 詔命을 내려 募兵할 때 白志貞을 神策軍使로 삼아 매우 엄혹하게 찾아내 충원하였다. 郭子儀의 사위이자 端王의 師傅 吳仲孺는 재산이 수만이나 되는데 國家에 急難이 있다는 이유로 스스로 마음이 편치 못해 아들에게 奴僕과 말을 거느리고 從軍하도록 해 달라고 청하니 德宗이 몹시 기뻐하면서 그 아들에게 五品의 관직을 내렸다. 백지정이 이에 節度使, 都團練使, 觀察使와 先世에 일찍이 이 관직들을 거쳤던 자의 가문에게 모두 子弟, 말과 노복, 장비와 갑옷을 내어 정벌을 돕도록 하고 오중유의 아들처럼 관직을 제수하자고 청하였다. 이에 豪富들은 이를 기회로 삼아 행운으로

여겼지만 가난한 이들은 괴롭게 여겼다. 신책군의 병사들을 이미 거의 다 징발하고 나자 백지정이 몰래 저자 사람으로 보충하니 姓名은 軍籍에 편입되어 있으면서 몸은 저자에 있었다. 涇原의 군사가 변고에 흩어지고 나자 이들이 모두 숨은 채 나오지 않으니 황제가 결국 出奔하였다.

당초에 段秀實이 禁軍이 적고 약하여 뜻밖의 변고에 대비하기에 부족하리라는 것을 보고 상소를 올려 "天子는 萬乘이고 諸侯는 千乘이고 大夫는 百乘인 것은 대개 큰 것으로 작은 것을 제어하고 열로 하나를 제어하는 것이니 군주를 높이고 신하를 낮추며 줄기를 강하게 하고 가지를 약하게 하는 방법입니다. 그런데 지금 밖에는 臣服하지 않는 도적이 있고 안에는 抗命하는 신하가 있는데도 금군이 精銳하지 못하고 그 인원이 감소되었으니 뒤에 갑작스러운 변고가 발생하면 어떻게 대처하시겠습니까? 猛虎가 百獸를 두렵게 하는 까닭은 爪牙가 있어서이니 조아가 사라지면 한 마리 돼지나 개조차 맹호를 다 대적할 수 있습니다. 부디 조금이라도 여기에 뜻을 두시기 바랍니다."라고 하였는데 이때에 이르러서야 비로소 단수실의 말을 옳게 여겼다.

백지정 등이 貶謫되고 나자 神策都虞候 李晟이 그 군대의 다른 장수들과 함께 모두 飛狐道에서 서쪽으로 군대를 이끌고 가서 구원하여 마침내 神策行營節度使가 되어 渭水 북쪽에 주둔하니 신책군이 마침내 세력을 떨치게 되었다.

1) 建中 : 唐 德宗의 첫 번째 연호(780~783)이다.

貞元[1]二年에 改神策左右廂爲左右神策軍하고 特置監句當左右神策軍하야 以寵中官하고 而益置大將軍以下하고 又改殿前射生左右廂曰殿前左右射生軍하고 亦置大將軍以下라 三年에 詔射生神策六軍將士를 府縣以事辦治어든 先奏乃移軍하고 勿輒逮捕라 京兆尹鄭叔則建言京劇輕猾所聚라 慝作不常하니 俟奏報면 將失罪人이라 請非昏(甲)〔田〕[2]이면 皆以時捕라하니 乃可之하다 俄改殿前左右射生軍曰左右神威軍하고 置監左右神威軍使하니 左右神策軍은 皆加將軍二員하고 左右龍武軍은 加將軍一員하야 以待諸道大將有功者[3]라 自肅宗以後로 北軍增置威武長興等軍하야 名類頗多而廢置不一[4]하되 惟羽林龍武神武神策神威最盛하니 總曰左右十軍矣라 其後京畿之

西는 多以神策軍鎭之하야 皆有屯營한대 軍司之人散處甸內하야 皆恃勢淩暴하니 民間苦之라 自德宗幸梁還으로 以神策兵有勞라하야 皆號興元元從奉天定難功臣하고 恕死罪라 中書御史府兵部가 乃不能歲比其籍하고 京兆又不敢總擧名實하니 三輔[5)] 人假比於軍하야 一牒至十數라 長安姦人多寓占兩軍하야 身不宿衛하고 以錢代行하니 謂之納課戶라 益肆爲暴하야 吏稍禁之면 輒先得罪라 故當時京尹(縣)〔赤〕[6)]令皆爲之斂屈이라 十年에 京兆尹楊於陵請置挾名하니 勅五丁許二丁居軍하고 餘差以條限이라 繇是로 豪彊少畏라

貞元 2년(786)에 神策左右廂을 左右神策軍으로 고치고 監句當左右神策軍을 특별히 설치하여 中官을 寵愛하여 그 자리를 맡기고 大將軍 이하의 관직을 增設하고 또 殿前射生左右廂을 고쳐 殿前左右射生軍이라 하고 역시 대장군 이하의 관직을 설치하였다. 정원 3년(787)에 詔命을 내려 射生, 神策, 六軍의 將士를 府縣에서 어떤 일로 懲治하게 되면 먼저 보고한 뒤에야 해당 軍에 移文하도록 하고 곧바로 逮捕하지 못하게 하였다. 京兆尹 鄭叔則이 건의하여 "복잡한 京師는 경박하고 교활한 자들이 모이는 곳이라 시도 때도 없이 죄악을 저지르니 보고하기까지 기다리면 장차 罪人을 놓치게 될 것입니다. 청컨대 戶婚에 관한 일이 아니라면 모두 그때그때 체포하도록 해주소서."라고 하니 그제야 윤허하였다.

얼마 뒤 전전좌우사생군을 고쳐 左右神威軍이라 하고 監左右神威軍使를 설치하니 좌우신책군은 모두 將軍 2員을 더 두고 左右龍武軍은 장군 1員을 더 두어 각 道 大將 가운데 공훈이 있는 자를 待遇하였다. 肅宗 이후로 北軍에는 威武, 長興 등의 軍을 증설하여 명색과 부류가 자못 많으면서 폐지하고 설치한 것이 한두 번이 아니었으나 오직 羽林, 龍武, 神武, 神策, 神威의 세력이 가장 성대하였으니 총괄하여 左右十軍이라 하였다. 이후로 京畿의 서쪽은 대부분 신책군으로 鎭守하면서 모두 屯營을 두었는데 軍司의 인원들이 郊外에 흩어져 있으면서 모두 권세를 믿고 포악하게 구니 民間에서 이를 괴롭게 여겼다.

德宗이 梁州에 幸行하였다가 돌아오고부터 신책군이 功勞가 있다고 하여 모두 興元元從奉天定難功臣이라 부르고 사형을 받아도 용서하도록 하였다. 中書省, 御史府, 兵部가 이에 매년 그들의 軍籍을 검사하지 못하였고 京兆府도 감히 名實을 綜核

하지 못하니, 三輔 사람들이 軍籍을 가탁하여 한 장의 牒文에 십수 명이나 들어갔다. 그래서 長安의 간사한 자들이 흔히 좌우신책군에 이름을 올려두고서 직접 宿衛하지 않고 돈으로 代行시키니 이를 일러 納課戶라 하였다. 이들이 더욱 제멋대로 포악한 짓을 하여 관리가 조금 단속하기만 하면 번번이 그 관리가 먼저 죄를 받았다. 그래서 당시의 京兆尹, 赤縣令이 모두 그들에게 머리를 숙였다. 貞元 10년(794)에 경조윤 楊於陵이 신책군에 이름을 올리는 일을 處置하도록 청하니 勅命을 내려 戶마다 5丁에 2丁을 신책군에 있도록 허가하고 나머지는 조목의 한도대로 차등을 두게 하였다. 이로 인해 세력 있는 자들이 조금 두려워하였다.

1) 貞元 : 唐 德宗의 세 번째 연호(785~805)이다.
2) (甲)〔田〕 : 저본에는 '甲'으로 되어 있으나, ≪新唐書≫에 의거하여 '田'으로 바로잡았다.
3) 左右神策軍……以待諸道大將有功者 : ≪唐書兵志箋正≫ 권3에 "≪신당서≫ 권49 〈百官志〉에 左右龍武軍은 將軍 3인, 左右神策軍은 將軍이 각 4인이라고 하였다. 대체로 龍武는 본래 2원이니 1원을 추가하면 3원이 되고 神策 역시 본래 2원이니 2원을 추가하면 4원이다. 그러나 이미 左右를 나누었기에 員額이 같아야 하니 여기서 1원을 추가한 것은 左에 추가한다는 말인가, 右에 추가한다는 말인가? 〈백관지〉에 '各'자가 빠진 것을 알 수 있고, 〈兵志〉는 글자를 생략하는 데 힘썼으므로 앞 구절의 '皆'자가 중복되어 이어받아 말한 것이다. 그러나 다른 책에 기재된 내용은 또 같지 않은 점이 있다."라고 하였다.
4) 自肅宗以後……名類頗多而廢置不一 : ≪당서병지전정≫ 권3에 "≪唐大詔令集≫ 권59의 〈郭子儀都統諸道兵馬收復范陽制〉에 이르기를, '射生衙前, 六軍, 英武, 長興, 寧國, 左右威遠, 驍騎 등을 파견하였다.'라고 하였는데 이것은 肅宗 上元 초 北軍의 名號이다. 같은 책 권69 廣德 2년의 〈南郊赦文〉에 이르기를, '그 六軍, 神策, 寶應射生, 衙前射生 및 左右步軍, 英武, 威遠, 威武 등 諸軍, 左右金吾壯士로 大禮로 인해 扈從하거나 도성에 남아 지킨 자들 모두 錢 5만 貫을 하사하라.'라고 하였는데 이것은 代宗 초 북군의 명호이다."라고 하였다.
5) 三輔 : 前漢 武帝 때 長安을 중심으로 한 세 행정 구역인 京兆府·左馮翊·右扶風을 통칭하는 말이다.
6) (縣)〔赤〕 : 저본에는 '縣'으로 되어 있으나, ≪신당서≫에 의거하여 '赤'으로 바

로잡았다.

十二年에 以監句當左神策軍左監門衛大將軍知內侍省事竇文場爲左神策軍護軍中尉하고 監句當右神策軍右監門衛將軍知內侍省事霍僊鳴爲右神策軍護軍中尉하고 監右神威軍使內侍兼內謁者監張尙進爲右神威軍中護軍하고 監左神威軍使內侍兼內謁者監焦希望爲左神威軍中護軍하니 護軍中尉中護軍皆古官이라 帝旣以禁衛假宦官하고 又以此寵之라 十四年에 又詔左右神策置統軍하야 以崇親衛如六軍이라 時에 邊兵衣餉多不贍하되 而戍卒屯防에 藥茗蔬醬之給最厚라 諸將務爲詭辭하야 請遙隸神策軍하야 稟賜遂贏舊三倍라 繇是로 塞上往往稱神策行營하고 皆內統於中人矣[1]일새 其軍乃至十五萬이라 故事에 京城諸司諸使府縣은 皆季以御史巡囚러니 後以北軍地密로 未嘗至라 十九年에 監察御史崔薳不知近事하고 遂入右神策이어늘 中尉奏之하니 帝怒하야 杖薳四十하고 流崖州라

貞元 12년(796)에 監句當左神策軍 左監門衛大將軍 知內侍省事 竇文場을 左神策軍護軍中尉로 삼고 監句當右神策軍 右監門衛將軍 지내시성사 霍仙鳴을 右神策軍護軍中尉로 삼고 監右神威軍使 內侍兼內謁者監 張尙進을 右神威軍中護軍으로 삼고 監左神威軍使 내시겸내알자감 焦希望을 左神威軍中護軍으로 삼으니 호군중위, 중호군은 모두 옛 관직들로, 德宗이 이미 禁衛를 宦官들에게 주었는데 다시 이 관직들을 제수하여 그들을 총애하였다.

정원 14년(798)에 또 詔命을 내려 좌우신책군에 統軍을 설치하여 六軍에 준하도록 親衛를 높였다. 이때 변경을 지키는 군사들의 의복과 군량이 넉넉하지 못한 일이 많았지만 戍卒들이 주둔하고 방어할 때에는 藥材, 茶, 菜蔬, 醬의 공급이 가장 넉넉하였으므로 장수들이 힘써 거짓말을 꾸며서 멀리서 神策軍에 소속되기를 청하여 받는 물품이 마침내 원래보다 세 배나 넉넉해졌다. 이로 인해 변경을 종종 神策行營이라 일컫고 모두 안으로 환관에게 통솔되었기에 그 군대가 이에 15만 명에 이르렀다.

舊例를 살펴보면 京城의 諸司, 諸使, 府, 縣은 모두 매 계절의 마지막 달에 御史를 보내 죄수를 巡視하였다. 그런데 뒤에 北軍이 주둔하는 지역이 禁中에 가깝다고 하

여 순시를 하지 않게 되었다. 정원 19년(803)에 監察御史 崔薳이 근래의 사정을 모르고 마침내 右神策軍에 들어갔는데 中尉가 이를 보고하니 덕종이 노하여 최원에게 杖 40대를 치고 崖州에 유배보냈다.

1) 時……皆內統於中人矣 : ≪唐書兵志箋正≫ 권3에 "≪陸宣公奏議≫ 권10 〈論沿邊守備事宜狀〉에 '지금 궁벽한 변경 지역에서 오래 鎭戍하는 병사들은……지급되는 衣食이 단지 본인에게 충분할 뿐인데 으레 처자식에게 나누어주느라 늘 추위와 굶주림에 시달리는 기색이 있는 반면, 關東의 戍卒들은 세월이 흘러가도 위태로운 성을 편히 여기지 않고 군사 훈련을 숙달하지 않으면서 적과 싸우는 데 겁을 집어먹고 복무하는 데 게을리하고 있습니다. 그런데도 내려주는 衣食은 몇 등급을 뛰어넘을 정도로 넉넉하고 거기에 이어 차와 약을 공급하고 채소와 장을 보태 주어 후하고 박함이 서로 드러난 것이 이처럼 심하게 차이가 납니다. 게다가 본디 禁軍이 아니고 원래 邊軍인데도 將校는 거짓으로 듣기 좋은 말을 하면서 인하여 멀리서 神策軍에 소속되기를 청하여 본래 있던 곳을 떠나지 않고 실제와 다른 명색만 고쳤는데 하사받는 녹봉이 결국 세 배나 늘어나게 되었습니다.〔今者窮邊之地 長鎭之兵……衣糧所給 唯止當身 例爲妻子所分 常有凍餒之色 而關東戍卒歲月踐更 不安危城 不習戎備 怯於應敵 懈於服勞 然衣糧所頒 厚踰數等 繼以茶藥之饋 益以蔬醬之資 豐約相形 縣絶斯甚 又有素非禁旅 本是邊軍 將校詭爲媚詞 因請遙隷神策 不離舊所 唯改虛名 其於廩賜之饒 遂有三倍之益〕'라고 하였는데, 〈兵志〉는 바로 이 奏狀을 발췌, 요약하여 글을 지으면서 글자를 생략하는 데 힘쓰느라 결국 史實과 어긋나게 되었다. 戍卒 앞에 '關東' 2자를 생략한 것은 더욱 이치에 맞지 않는다. 〈陸贄의 奏狀은〉 관동의 수졸과 오래 鎭戍하는 병사를 대비하여 든 것인데 이 2자를 생략해 버렸으니 그렇다면 邊兵은 수졸이 아니란 말인가? 육지가 말한 변경 지역에서 진수하는 병사라는 것은 西北 변경의 군대를 가리키고 관동의 수졸이라는 것은 內地의 防秋兵을 가리킨다. 이 둘에 대한 대우의 優劣이 다른 것이 불평불만이 나온 한 이유이다. 똑같이 邊軍인데 멀리서 神策軍에 소속된 자는 세 배의 봉급을 받으니 이것이 불평불만이 나온 또 하나의 이유이다. 본래 두 부분이 되는데 〈병지〉에서 섞어서 하나로 만들어 마침내 수졸들이 다 신책군에 소속된 것처럼 되었다. 대개 唐代 중엽 이후의 防秋 제도는 전혀 아

는 바가 없었으므로 육지가 진달한 내용을 다 분명히 알지 못한 데다 原文을 찢어서 사항을 늘리면서도 글자는 줄이는 데 힘쓰다가 결국 오류를 범하게 된 것이다."라고 하였다.

順宗卽位에 **王叔文用事**하야 **欲取神策兵柄**하야 **乃用故將范希朝爲左右神策京西諸城鎭行營兵馬節度使**하야 **以奪宦者權而不克**하다 **元和二年**에 **省神武軍**[1]하고 **明年**에 **又廢左右神威軍**하고 **合爲一曰天威軍**이라 **八年**에 **廢天威軍**하고 **以其兵騎分隷左右神策軍**하다 **及僖宗幸蜀**하야 **田令孜募神策新軍爲五十四都**[2]하고 **離爲十軍**하야 **令孜自爲左右神策十軍兼十二衛觀軍容使**하고 **以左右神策大將軍爲左右神策諸都指揮使**하고 **諸都又領以都將**하니 **亦曰都頭**라

順宗이 즉위하자 王叔文이 권력을 장악하고서 神策軍의 兵權을 가지려고 하여 이에 옛 장수 范希朝를 기용하여 左右神策京西諸城鎭行營兵馬節度使로 삼아 환관의 권력을 빼앗으려 하였으나 성공하지 못하였다. 元和 2년(807)에 神武軍을 축소하였고 이듬해에 다시 左右神威軍을 폐지하고 하나로 합하여 天威軍이라 하였다. 원화 8년(813)에 천위군을 폐지하고 그 兵馬를 左右神策軍에 分屬시켰다. 僖宗이 蜀으로 播遷할 때에 이르러 田令孜가 신책군의 새 군사를 모집하여 54都를 만들고 10軍으로 나누어 세우고서 전령자가 직접 左右神策十軍兼十二衛觀軍容使를 맡고 左右神策大將軍을 左右神策諸都指揮使로 삼고 諸都는 또 都將에게 통솔하게 하니 都頭라고도 불렀다.

1) 元和二年 省神武軍 : ≪唐書兵志箋正≫ 권3에 "이 일은 다른 책에는 보이지 않는다. 肅宗 이후 羽林, 龍武, 神武로 六軍을 삼았으니 만약 신무를 폐지했다면 단지 四軍만 있는 것인데 元和 연간 이후로 赦書와 德音을 내릴 때마다 六軍을 병칭하지 않은 적이 없고, 신무를 폐지하고 다른 軍으로 보충한 경우 역시 그 기록이 보이지 않는다. 아마도 英武를 폐지한 것의 오류인 듯하다. 영무는 元和 2년 4월에 폐지되었는데 이미 ≪唐會要≫에 보이고 두 軍을 또 이따금 혼동하는 일은 이를테면 〈兵志〉에서 이미 衙前射生을 英武軍으로 여겼다가 〈百官志〉에서 다시 '神武軍이 衙前射生兵을 거느렸다.'라고 한 것이다."라

고 하였다. 원화는 唐 憲宗의 첫 번째 연호(806~820)이다.

2) 及僖宗幸蜀 田令孜募神策新軍爲五十四都 : ≪당회요≫ 권72, ≪冊府元龜≫ 권667, ≪舊唐書≫ 권19下 〈僖宗紀〉에는 모두 "都마다 1천 인이다."라고 하였다.

景福[1]二年에 昭宗以藩臣跋扈하고 天子孤弱이라하야 議以宗室典禁兵이라 及伐李茂貞하야 乃用嗣覃王允爲京西招討使하고 神策諸都指揮使李鐬(회)副之[2]하야 悉發五十四軍屯興平이러니 已而오 兵自潰라 茂貞逼京師하니 昭宗爲斬神策中尉西門重(逐)〔遂〕[3]李周諲(종)에야 乃引去하다 乾寧[4]元年에 王行瑜韓建及茂貞이 連兵犯闕하니 天子又殺宰相韋昭度李磎에야 乃去하다 太原李克用以其兵伐行瑜等하다 同州節度使王行實入迫神策中尉駱全驩劉景宣하야 請天子幸邠州하니 全驩景宣及子繼晟與行實縱火東市라 帝御承天門하야 勅諸王率禁軍扞之하니 捧(旨)〔日〕[5]都頭李筠以其軍衛樓下어늘 茂貞將閻圭攻筠하야 矢及樓扉라 帝乃與親王公主로 幸筠軍한대 扈蹕都頭李君實亦以兵至하야 侍帝出幸莎城石門이라 詔嗣薛王知柔入長安收禁軍淸宮室하고 月餘乃還하다 又詔諸王閱親軍하야 收拾神策亡散하야 得數萬이라 益置安聖捧(神)〔宸〕[6]保寧安化軍[7]하고 曰殿後四(年)〔軍〕[8]하야 嗣覃王允與嗣延王戒丕將之라 三年에 茂貞再犯闕이어늘 嗣覃王戰敗하니 昭宗幸華州라 明年에 韓建畏諸王有兵하야 請皆歸十六宅[9]하고 留殿後兵三十人하야 爲控鶴排馬官하야 隸飛龍坊하고 餘悉散之요 且列甲圍行宮하니 於是에 四軍二萬餘人皆罷라 又請誅都頭李筠한대 帝恐하야 爲斬於大雲橋하고 俄遂殺十一王하다

景福 2년(893)에 昭宗이 藩臣이 跋扈하고 天子가 孤立되고 微弱하다는 이유로 宗室에게 禁軍을 관장하게 하는 문제를 논의하였다. 李茂貞을 토벌할 때에 이르러 이에 嗣覃王 允을 京西招討使로 삼고 神策諸都指揮使 李鐬를 副使로 삼아 54軍을 전부 징발하여 興平에 주둔하였다. 얼마 안 지나 군대가 저절로 궤멸되어 이무정이 京師에 들이닥치니 소종이 그를 위해 神策中尉 西門重遂와 李周諲을 베고서야 비로소 군대를 이끌고 물러갔다.

乾寧 元年(894)에 王行瑜, 韓建 및 이무정이 군대를 연합하여 京師를 침범하니 天子가 다시 宰相 韋昭度와 李磎를 죽이고서야 비로소 물러갔다. 太原의 李克用이 자기 군대를 거느리고 왕행유 등을 쳤다. 同州節度使 王行實이 京師에 들어가 神策中尉 駱全瓘, 劉景宣을 핍박하여 天子에게 邠州로 나가기를 청하니 낙전환, 유경선 및 그 아들 劉繼晟이 왕행실과 함께 東市에 放火하였다. 황제가 承天門에 올라 諸王에게 禁軍을 거느리고 막으라고 勅諭하니 捧日都頭 李筠이 자기 군대를 거느리고 樓臺 아래에서 호위하였는데 이무정의 장수 閻圭가 이균을 공격하여 화살이 누대의 문까지 날아왔다. 황제가 이에 親王, 公主들과 함께 李筠의 군대로 가자 扈蹕都頭 李君實 역시 군대를 거느리고 이르러 황제를 侍衛하고 長安을 나가 莎城, 石門으로 갔다. 詔命을 내려 嗣薛王 知柔에게 長安에 들어와 禁軍을 수습하고 宮室을 淸掃하도록 하고 달포만에야 비로소 돌아왔다. 다시 조명을 내려 諸王들에게 親軍을 點閱하여 흩어져 버린 神策軍 병사들을 수습하게 하여 수만 명을 얻었다. 安聖, 捧宸, 保寧, 安化軍을 增設하고 殿後四軍이라 하고서 사담왕 윤과 嗣延王 戒丕에게 통솔하게 하였다.

건녕 3년(896)에 이무정이 재차 궁궐을 침범하였는데 사담왕이 싸우다 패하니 소종이 華州로 幸行하였다. 이듬해에 한건이 諸王이 군대를 보유하고 있음을 두려워하여 모두 十六宅으로 돌려보내도록 청하고 殿後兵 30인을 남겨서 控鶴排馬官을 삼아 飛龍坊에 소속시키고 나머지는 다 解散시키고 또 군대를 펼쳐서 行宮을 포위하니 이에 四軍 2만여 인이 다 흩어졌다. 다시 都頭 이균을 誅罰하도록 청하자 황제가 두려워하여 그를 위해 大雲橋에서 이균을 斬首하고 얼마 뒤 결국 11王을 죽였다.

1) 景福 : 唐 昭宗의 세 번째 연호(892~893)이다.

2) 及伐李茂貞……神策諸都指揮使李鐬(회)副之 : ≪二十二史考異≫ 권45 〈唐書5〉에 "〈昭宗紀〉에는 경복 2년에 嗣覃王 嗣周를 京西路招討使로 삼고 神策大將軍 李鐬를 副使로 삼아 李茂貞을 토벌하게 하였다고 하고 〈宦者傳〉에는 사담왕 戒丕를 京西招討使로 삼았다고 하여, 사담왕의 이름이 세 곳이 서로 다르다. 지금 살펴보건대 本紀에는 乾寧 4년 8월에 韓建이 사담왕 사주, 嗣延王 계비, 嗣丹王 允을 죽였다고 하였고 〈十一宗諸子傳〉 및 〈沙陀傳〉에는 모두 사연왕 계비, 사단왕 윤이라는 글이 있으니 사담왕의 이름은 본기를 따라야 한

다."라고 하였다. 이에 대해 ≪唐書兵志箋正≫ 권3에서 錢大昕의 설이 맞다고 하면서 "≪資治通鑑≫ 권259 경복 2년 8월조에도 역시 '覃王嗣周'라고 되어 있고 그 考異에 '살펴보건대, 順宗의 아들 經을 郯王에 봉하였는데 사주는 의당 그 후손이다. 會昌 연간 이후에 武宗의 諱를 피하여 郯을 覃으로 고쳤다.' 하였다."라고 하였다.

3) (逐)〔遂〕: 저본에는 '逐'으로 되어 있으나, ≪新唐書≫에 의거하여 '遂'로 바로잡았다.

4) 乾寧 : 당 소종의 네 번째 연호(894~898)이다.

5) (旨)〔日〕: 저본에는 '旨'로 되어 있으나, ≪신당서≫에 의거하여 '日'로 바로잡았다.

6) (神)〔宸〕: 저본에는 '神'으로 되어 있으나, ≪신당서≫에 의거하여 '宸'으로 바로잡았다.

7) 安化軍 : ≪신당서≫ 권82 〈십일종제자전〉에는 같은데, ≪舊唐書≫ 권20上 〈昭宗紀〉 및 ≪자치통감≫ 권260에는 '安'이 '宣'으로 되어 있다. ≪당서병지전정≫ 권3에는 "'安'은 오류인 듯하다."라고 하였다.

8) (年)〔軍〕: 저본에는 '年'으로 되어 있으나, ≪신당서≫에 의거하여 '軍'으로 바로잡았다.

9) 十六宅 : 唐나라 말엽 諸王들이 함께 거처하던 저택이다. 武宗, 宣宗은 둘 다 宦官이 이곳에서 맞이해 세워 즉위하였다. 昭宗 때 韓建이 이곳을 포위해 諸王들을 다 죽이자 마침내 폐지되었다.

及還長安하야 左右神策軍復稍置之하되 以六千人爲定이라 是歲에 左右神策中尉劉季述王仲先以其兵千人廢帝하고 幽之라가 季述等誅라 已而오 昭宗召朱全忠兵入誅宦官하니 宦官覺하야 劫天子幸鳳翔이라 全忠圍之歲餘에 天子乃誅中尉韓全誨張弘彦等二十餘人하야 以解梁兵하고 乃還長安이라 於是에 悉誅宦官이어늘 而神策左右軍繇此廢矣라 諸司悉歸尙書省郎官하고 兩軍兵皆隸六軍이어늘 而以崔胤判六軍十二衛事라 六軍者는 左右龍武神武羽林이니 其名存而已[1]라 自是로 軍司以宰相領이라

昭宗이 長安으로 돌아와서 左右神策軍을 다시 조금씩 설치하였는데 6천 명을 定額으로 하였다. 이해에 左右神策中尉 劉季述, 王仲先이 그 군사 천 명을 거느리고 황제를 폐위하고 幽閉하였다가 유계술 등이 誅殺되었다. 이윽고 소종이 朱全忠의 군대를 불러 들여 宦官을 죽이게 하니 환관들이 알아차리고 天子를 겁박하여 鳳翔으로 幸行하였다. 주전충이 봉상을 포위한 지 한 해 남짓만에 천자가 中尉 韓全誨, 張弘彦 등 20여 명을 주살하여 梁軍(주전충의 군대)의 포위를 풀게 하고 비로소 長安으로 돌아왔다. 이에 환관들을 다 주살하였는데 神策左右軍이 이로 인해 폐지되었다. 諸司는 모두 尙書省 郎官에게 귀속되고 좌우신책군 병사들은 모두 六軍에 예속되었는데 崔胤에게 判六軍十二衛事를 맡게 하였다. 육군이라는 것은 左右龍武, 左右神武, 左右羽林이니 그 명칭만 있을 뿐이었다. 이로부터 軍司는 宰相이 통솔하게 하였다.

1) 六軍者……其名存而已 : ≪唐書兵志箋正≫ 권3에 "≪新唐書≫ 권49 〈百官志〉 左右神策軍 조에는 '左右龍武, 左右神武, 左右神策을 六軍이라고 불렀다.'라고 하여, 〈兵志〉와 서로 어긋나는데 〈병지〉가 맞다. 신책은 시종일관 육군의 범위 밖에 있었으니 唐代의 赦書에 반드시 神策, 六軍, 金吾를 일컬은 것에서 알 수 있다. 錢大昕은 ≪二十二史考異≫ 〈백관지〉 부분에서 '貞元 연간에 좌우신책, 左右神威를 설치하여 앞의 육군과 아울러 左右十軍이 되었다. 元和 연간에 神武, 神威 四軍을 없애니 左右羽林, 左右龍武, 左右神策으로 육군을 삼았다. 이후 朱全忠이 환관들을 주륙하고 신책군을 폐지하고 나서 좌우우림, 좌우용무, 좌우신무로 육군을 삼고 재상이 통솔하게 하였으니 이 志의 육군의 명칭과 모두 부합하지 않는다.'라고 하였는데, 그는 〈병지〉에서 元和 2년에 神武軍을 폐지했다는 설을 잘못 믿었으므로 신무군 조에서 아울러 없앤 지 오래지 않아 다시 설치하면서 다시 신책으로 六軍의 수를 보충했다고 의심한 것이다. 실제로 원화 2년에 폐지한 것은 英武軍이다. 肅宗이 신무군을 설치하고 나서 육군은 변경된 적이 없다."라고 하였다.

及全忠歸하야 留步騎萬人屯故兩軍하고 以子友倫爲左右軍宿衛都指揮使하니 禁衛皆汴卒이라 崔胤乃奏六軍名存而兵亡하니 非所以壯京師라 軍皆置步軍四將과 騎軍

一將하고 步將皆兵二百五十人과 騎將皆百人으로 總六千六百人을 番上如故事라하다 乃令六軍諸衛副使京兆尹鄭元規로 立格募兵於市어늘 而全忠陰以汴人應之라 胤死에 以宰相裴樞判左三軍하고 獨孤損判右三軍하야 向所募士를 悉散去하고 全忠亦兼判左右六軍十二衛라 及東遷[1]하야 唯小黃門打毬供奉十數人內園小兒五百人從이러니 至穀水하야 又盡屠之하고 易以汴人하니 於是에 天子無一人之衛라 昭宗遇弑에 唐乃亡하다

朱全忠이 돌아갈 때에 步軍과 騎軍 만 명을 남겨 옛 兩軍이 있던 자리에 주둔시키고 아들 朱友倫을 左右軍宿衛都指揮使로 삼으니 禁衛가 모두 汴州의 병사였다. 崔胤이 이에 上奏하기를, "六軍은 명칭만 있고 병사는 없으니 京師를 강성하게 하는 방법이 아닙니다. 매 軍에 모두 보군 장수 4명, 기군 장수 1명을 두고 보군의 장수는 모두 병사 250명, 기군의 장수는 모두 1백 명을 거느리게 하여 총 6천6백 명을 옛 규례대로 番上하도록 하소서."라고 하였다. 이에 六軍諸衛副使 京兆尹 鄭元規로 하여금 저자에서 기준을 세워 募兵하게 하였는데 주전충이 몰래 변주 사람들을 시켜 應募하게 하였다. 최윤이 죽자 宰相 裴樞에게 判左三軍事를 맡기고 獨孤損에게 判右三軍事를 맡기고서 이전에 모집한 군사를 다 해산시키고 주전충이 判左右六軍十二衛事를 겸임하였다. 天子가 동쪽으로 옮길 때에 오직 小黃門, 打毬供奉 십수 명과 內園小兒 5백 명이 隨從하였는데 穀水에 이르러 다시 그들을 모조리 屠戮하고 변주 사람으로 바꾸니 이에 천자는 한 사람의 시위도 없었다. 昭宗이 시해를 당하자 唐나라는 이에 멸망하였다.

1) 及東遷 : 天祐 元年(904)에 주전충이 牙將 冦彦卿을 京師로 보내 당 소종에게 洛陽으로 천도하고 長安에 거주하는 사람들을 동쪽으로 이주시킬 것을 청하여 소종이 幸行하게 되었다.

馬者는 兵之用也요 監牧은 所以蕃馬也이니 其制起於近世[1]라 唐之初起에 得突厥馬二千匹하고 又得隋馬三千於赤岸澤하야 徙之隴右[2]하니 監牧之制始於此라 其官領以太僕하고 其屬有牧監副監하고 監有丞하고 有主簿直司團官牧尉排馬牧長群頭하되

有正有副라 **凡群置長一人**하고 **十五長置尉一人**하야 **歲課功**하야 **進排馬**하고 **又有掌閑**하야 **調馬習上**이라 **又以尙乘**으로 **掌天子之御**[3]라 **左右六閑**은 **一曰飛黃**이요 **二曰吉良**이요 **三曰龍媒**요 **四曰騊駼**(도도)요 **五曰駃騠**(결제)요 **六曰天苑**이라 **總十有二閑爲二廐**니 **一曰祥驎**이요 **二曰鳳苑**이라하야 **以繫飼之**[4]라 **其後禁中又增置飛龍廐**[5]라

말이라는 것은 軍事에 쓰는 것이고 監牧은 말을 번식시키는 것이니 그 制度는 近世에 비롯되었다. 唐나라가 처음 일어날 때 突厥의 말 2천 필을 얻고 다시 赤岸澤에서 隋나라의 말 3천 필을 얻어 隴右로 옮기니 監牧 制度는 여기에서 시작되었다. 그 관직은 太僕에게 총괄하도록 하고 그 관속으로 牧監과 副監을 두고 監에는 丞을 두고, 主簿, 直司, 團官, 牧尉, 排馬, 牧長, 群頭를 두었는데 正과 副가 있었다. 무릇 群에는 長 1인을 두고 15長에 尉 1인을 두어 매년 성적을 考課하여 排馬로 승진시키고 또 掌閑을 두어 말을 조련하고 말타기를 익히게 하였다. 또 尙乘局으로 하여금 天子의 御馬를 관장하게 하였다. 左右의 6閑은 첫째가 飛黃, 둘째가 吉良, 셋째가 龍媒, 넷째가 騊駼, 다섯째가 駃騠, 여섯째가 天苑이다. 이상 도합 12閑이 2廐가 되니 첫째가 祥驎, 둘째가 鳳苑이라 하여 말을 그곳에서 묶어 두고 길렀다. 이후 禁中에 다시 飛龍廐를 증설하였다.

1) 監牧……其制起於近世 : ≪唐書兵志箋正≫ 권4에 "≪前漢書≫ 〈百官公卿表〉의 太僕 조에 '또 邊郡에 여섯 牧師苑令이 있는데 각기 3丞이다.'라고 하였는데 이에 대해 顔師古의 주석에서 〈漢官儀〉를 인용하여 '牧師의 여러 苑은 서른여섯 군데인데 北邊과 西邊에 나누어 설치하여 말 30만 마리를 길렀다.'라고 하였다. 〈地理志〉로 살펴보면 靈州에는 河奇苑, 號非苑이 있고 歸德에는 堵苑, 白馬苑이 있고 郁郅에는 牧師苑官이 있는데 모두 북쪽 지역에 있고 西河鴻門에는 天封苑이 있다. ≪水經注≫ 〈河水〉에 天水의 북쪽 경계에 牧師苑이 있다는 말이 보이는데, 바로 ≪後漢書≫ 〈百官志〉에서 거론한 漢陽의 流馬苑이고 목사원은 바로 총칭일 뿐이지 苑名은 아니다. 대체로 漢代의 苑牧하는 지역은 唐代와 비슷하다. 〈兵志〉에서 말한 近代 역시 漢나라를 가리킨다."라고 하였다.

2) 唐之初起……徙之隴右 : 溫大雅가 지은 ≪唐創業起居注≫ 卷上에서 "지금 군사들이 이미 모였으니 부족한 것은 말입니다. 蕃人을 급히 필요로 하는 것이

아니라 胡馬를 목이 타듯이 기다립니다."라고 한 데서 唐 高祖가 太原에서 起兵할 때 말이 부족했던 사정을 알 수 있다. 赤岓澤은 長安의 동북쪽, 左馮翊의 서남쪽으로 두 곳에서 딱 중간쯤 되는 거리에 있다.

3) 又有掌閑……掌天子之御 : ≪당서병지전정≫ 권4에 "≪唐六典≫ 권11에 殿中監 尙乘局에 奉御는 4인이고 그 아래 直長, 奉乘이 있고 習馭는 5백 인으로 六閑의 말을 調習하는 일을 관장하고 掌閑은 5천 인으로 육한의 말을 飼養하는 일을 관장한다고 하였다. 尙乘은 局名이고 官名이 아니다. 장한은 色役으로 상승국에 소속된다. 그런데 지금 〈兵志〉에서 장한을 太僕과 상승의 사이에 열거한 것은 전혀 분류가 맞지 않다. 게다가 마구간의 말을 조습하는 자로 습어가 있는데 지금 단지 장한만 든 것은 어째서인가?"라고 하였다.

4) 左右六閑……以繫飼之 : ≪당서병지전정≫ 권4에 "≪당육전≫ 권11 및 ≪舊唐書≫ 〈職官志〉 尙乘奉御 조는 모두 같은데 ≪당육전≫의 아래 주석에 '지금 仗內에 飛龍, 祥麟, 鳳苑, 鵷鑾, 吉良, 六群 등 六廐가 있고 奔星, 內駒 등 兩閑이 있다. 仗外에 左飛, 右飛, 左方, 右方 등 四閑이 있고 東南內, 西北內 등 兩廐가 있다.'라고 하고 그 주석에 '지금은 開元 연간의 제도이다.'라고 하였으니, 그렇다면 左右六閑은 대체로 비교적 이른 시기의 제도이고 이후 增損이 있게 된 것이다."라고 하였다.

5) 其後禁中又增置飛龍廐 : ≪당서병지전정≫ 권4에 "앞에서 인용한 ≪당육전≫의 주석을 살펴보면 개원 전후로 增設한 것이 비단 飛龍 1廐 뿐만이 아니고 비룡은 仗內의 六廐 가운데 하나일 뿐인데 〈병지〉에서 특별히 거론한 것은 대체로 자세히 연구하지 않아서이다. 비룡을 중요시하게 된 까닭은 바로 宦官이 거느렸기 때문이다. ≪新唐書≫ 〈百官志〉에는 武后 萬歲通天 원년(696)에 설치하였다고 하였다. 肅宗, 代宗 이후로는 禁中의 말을 外廷에서 묻지 못하였고 모두 飛龍使에 통솔되었다."라고 하였다.

初에 用太僕少卿張萬歲領群牧이러니 自貞觀至麟德[1]四十年間에 馬七十萬六千으로 置八坊岐豳涇寧間하니 地廣千里라 一曰保樂이요 二曰甘露요 三曰南普閏이요 四曰北普閏이요 五曰岐陽이요 六曰太平이요 七曰宜祿이요 八曰安定이라 八坊之田은 千二百三十頃이니 募民耕之하야 以給芻秣이라 八坊之馬爲四十八監이어늘 而馬多地狹

不能容일새 又析八監列布河西[2]豐曠之野라 凡馬五千爲上監이요 三千爲中監이요 餘爲下監이니 監皆有左右하되 因地爲之名이라 方其時하야 天下以一縑(겸)易一馬라 萬歲掌馬久에 恩信行於隴右[3]라

당초에 太僕少卿 張萬歲를 기용하여 群牧을 통솔하였는데 貞觀에서 麟德까지 40년 사이에 말이 706,000필이 되어 岐州, 豳州, 涇州, 寧州 사이에 8坊을 설치하니 坊이 차지한 땅의 넓이가 천 리나 되었다. 첫째를 保樂이라 하고 둘째를 甘露라 하고 셋째를 南普閏이라 하고 넷째를 北普閏이라 하고 다섯째를 岐陽이라 하고 여섯째를 太平이라 하고 일곱째를 宜祿이라 하고 여덟째를 安定이라 하였다. 8坊의 田은 1,230頃으로 백성을 모집해 耕作하여 芻秣을 공급하였다. 8坊의 말은 48監이 되는데 말은 많고 땅은 좁아 수용하지 못하였기에 다시 8監을 쪼개어 河西의 풀이 많고 드넓은 들판에 설치하였다. 무릇 말 5천 필이 있는 곳이 上監이고 말 3천 필이 있는 곳이 中監이고 나머지는 下監인데 監마다 모두 左右를 두되 地名을 따라 監을 명명하였다. 이때가 되어 天下에서 비단 1縑으로 말 1필과 바꾸었다. 장만세가 오래도록 馬政을 관장하자 隴右에 恩德과 信望이 퍼지게 되었다.

1) 自貞觀至麟德 : 貞觀은 唐 太宗의 연호(627~649)이고 麟德은 唐 高宗의 연호(664~665)이다.
2) 河西 : ≪文苑英華≫ 권869에 수록된 張說의 〈隴右監牧頌德碑〉 및 ≪通典≫ 권25에는 모두 '河曲'으로 되어 있다.
3) 萬歲掌馬久 恩信行於隴右 : ≪唐會要≫ 권72 開元 13년 조의 주석에 "張氏 3代가 群牧을 담당하여 隴右에 恩德과 信義가 퍼지니 사람들이 말의 나이〔馬歲〕를 4齒니, 2齒니 하고 또 2를 떠나 3을 향하고 있다〔背二向三〕고도 한 것은 장씨 가문을 위해 '歲'자를 諱한 것이다."라고 하였다.

後以太僕少卿鮮于匡俗檢校隴右牧監이라 儀鳳[1]中에 以太僕少卿李思文檢校隴右諸牧監使하니 監牧有使自是始라 後又有群牧都使하고 有閑廐使[2]하되 使皆置副하고 有判官이라 又立四使하니 南使十五요 西使十六이요 北使七이요 東使九라 諸坊若涇川亭川闕水洛赤城은 南使統之하고 清泉溫泉은 西使統之하고 烏氏는 北使統之하고

木硤(협)萬福은 東使統之하니 他皆失傳이라 其後에 益置八監於鹽州하고 三監於嵐(람)州라 鹽州使八이니 統白馬等坊하고 嵐州使三이니 統樓煩玄池天池之監이라 凡征伐而發牧馬에 先盡彊壯이요 不足則取其次하되 錄色歲膚第印記主名送軍하고 以帳馱之數上於省이라

뒤에 太僕少卿 鮮于匡俗에게 檢校隴右牧監을 맡겼다. 儀鳳 연간에 太僕少卿 李思文에게 檢校隴右諸牧監使를 맡기니 監牧에 使를 둔 것이 이때부터 시작되었다. 뒤에 또 群牧都使를 두고 閑廐使를 두되 각 使에 모두 副使를 두고 判官을 두었다. 또 4使를 설립하니 南使는 15監을 관장하고 西使는 16감을 관장하고 北使는 7감을 관장하고 東使는 9감을 관장하였다. 諸坊 가운데 涇川, 亭川, 闕水, 洛, 赤城은 남사가 統轄하고 淸泉, 溫泉은 서사가 통할하고 烏氏는 북사가 통할하고 木硤, 萬福은 동사가 통할하였다. 나머지는 모두 史實이 전하지 않는다. 그 뒤 鹽州에 8감을 증설하고 嵐州에 3감을 증설하였다. 鹽州使는 8감을 관장하니 白馬 등의 坊을 통할하고 嵐州使는 3감을 관장하니 樓煩, 玄池, 天池 3감을 통할하였다. 무릇 征伐하면서 放牧하는 말을 徵發할 때에는 强壯한 말을 먼저 다 뽑았고 부족하면 그 다음가는 말을 뽑았는데 색깔, 나이, 피부 상의 印記, 담당자 姓名을 기록하여 군대에 보내고 帳馱의 숫자를 尙書省에 올려 보냈다.

1) 儀鳳 : 唐 高宗의 아홉 번째 연호(676~678)이다.
2) 有閑廐使 : ≪唐會要≫ 권65 閑廐使 조에 "萬歲通天 元年(696) 5월에 仗內閑廐를 설치하고 殿中丞 袁懷哲로 하여금 檢校하게 하고 아직 使를 두지는 않았다. 聖歷 3년(700) 2월에 殿中少監을 고쳐 한구사에 充任하였다."라고 하였다.

自萬歲失職으로 馬政頗廢라 永隆中에 夏州牧馬之死失者十八萬四千九百九十[1]이라 景雲[2]二年에 詔群牧歲出高品御史按察之하다 開元[3]初에 國馬益耗어늘 太常少卿姜誨乃請以空名告身[4]市馬於六胡州[5]하야 率三十匹讎一游擊將軍이라 命王毛仲領內外閑廐하다 九年에 又詔天下之有馬者를 州縣皆先以郵遞軍旅之役하고 定戶復緣以升之하니 百姓畏苦하야 乃多不畜馬라 故騎射之士減曩時라 自今諸州民勿

限有無蔭[6]하고 **能家畜十馬以(下)〔上〕**[7]하면 **免帖驛郵遞征行**하고 **定戶無以馬爲貲**(자)라 **毛仲旣領閑廐**에 **馬稍稍復**(복)하야 **(給)〔始〕**[8]**二十四萬**이라가 **至十三年乃四十三萬**이라 **其後突厥款塞**어늘 **玄宗厚撫之**하야 **歲許朔方軍西受降城爲互市**[9]하고 **以金帛市馬**하야 **於河東朔方隴右牧之**하니 **旣雜胡種**하여 **馬乃益壯**이라

張萬歲가 失職하고부터 馬政이 자못 무너졌다. 永隆 연간에 夏州에서 방목하는 말 가운데 죽거나 잃어버린 것이 184,990匹이었다. 景雲 2년(710)에 詔命을 내려 群牧에 매년 높은 품계의 御史를 내보내 按察하게 하였다. 開元 초년에 국가에서 기르는 말이 더욱 줄어들자 太常少卿 姜誨가 이에 空名告身을 가지고 六胡州에서 말을 사자고 청하여 대략 34필에 游擊將軍 하나를 지급하였다. 王毛仲에게 명하여 內外의 閑廐를 관장하도록 하였다. 개원 9년(721)에 다시 조명을 내려, "천하의 말이 있는 자들을 州縣에서 모두 郵遞와 軍旅의 役에 우선 쓰고 戶의 등급을 정할 때 다시 말을 가지고 있는 것을 근거로 등급을 올리니 백성들이 고생스럽게 여겨 이에 대부분 말을 기르지 않으므로 騎射하는 군사가 예전보다 줄어들었다. 지금부터 각 州의 백성들은 遺蔭이 있든 없든 제한하지 말고 집에서 말을 10필 이상 기를 수 있으면 驛站에 문서를 보내 우체나 出征하는 데 징발하는 일을 면제하고 戶의 등급을 정할 때 말을 재산으로 간주하지 말라."라고 하였다.

왕모중이 한구를 관장한 뒤에 말이 조금씩 회복되어 처음에는 24만 필이었다가 개원 13년(725)에 이르러 비로소 43만 필이 되었다. 그 뒤 突厥이 邊境에 와서 歸附하기를 청하자 玄宗이 후하게 慰撫하여 매년 朔方軍의 西受降城에 互市를 열도록 허락하고 金帛으로 말을 사서 河東, 朔方, 隴右에서 放牧하니 胡種이 섞여서 말이 이에 더욱 健壯해졌다.

1) 自萬歲失職……夏州牧馬之死失者十八萬四千九百九十 : ≪唐書兵志箋正≫ 권4에서는 ≪舊唐書≫ 권5 〈高宗紀〉의 調露, 永隆 연간에 突厥이 배반하여 몇 해 동안 전쟁이 벌어진 일들을 들고서 "夏州의 방목하는 말이 죽거나 사라진 것은 돌궐이 배반해서이다. 群牧使는 대체로 처음 배반했을 때부터 平定 기간 동안 손실된 숫자를 모두 계산하여 아뢴 것이다. 그렇다면 이는 본래 뜻밖에 일어난 일로, 張氏가 관직에서 물러나 적임자가 담당하지 못한 상황과는 관계

가 없다."라고 하였다. 永隆은 唐 高宗의 열한 번째 연호(680~681)이다.

2) 景雲 : 唐 睿宗의 첫 번째 연호(710~711)이다.

3) 開元 : 唐 玄宗의 두 번째 연호(713~741)이다.

4) 空名告身 : 임명되는 자의 이름을 비워 발행하는 告身을 말한다. 고신은 관직에 임명되는 사람에게 주는 辭令狀이다. 나라의 재정이 곤란하거나 필요에 의해 관청에서 돈이나 곡식 등을 받고 발급하던 일종의 賣官職帖으로, 이러한 방법으로 임명된 사람은 實務는 보지 않고 名色만을 행세하게 하였다.

5) 六胡州 : 調露 원년(679)에 설치한 魯州, 麗州, 塞州, 含州, 依州, 契州 등 6州이다. 開元 초에 일찌감치 蘭池州都督府를 두었는데 六胡州라고 한 것은 옛 지명을 따라 말한 것이다.

6) 蔭 : 封建 時代에 子孫이 先世의 功勞로 인하여 관직을 받거나 죄를 용서받는 일을 말한다.

7) (下)〔上〕: 저본과 ≪新唐書≫의 여러 판본에는 모두 '下'로 되어 있으나, ≪冊府元龜≫ 권621, ≪全唐文≫ 권28 〈禁差民馬詔〉에 의거하여 '上'으로 바로잡았다.

8) (給)〔始〕: 저본에는 '給'으로 되어 있으나, ≪신당서≫에 의거하여 '始'로 바로잡았다.

9) 互市 : 외국과의 交易을 행하는 貿易場으로, 두 나라 간의 국경 지역에 설치하여 물품을 교역한다.

天寶[1)]後에 諸軍戰馬動以萬計어늘 王侯將相外戚牛駝羊馬之牧布諸道하야 百倍於縣官하야 皆以封邑號名爲印自別하고 將校亦備私馬[2)]라 議謂秦漢以來로 唐牧最盛이요 天子又銳志武事하야 遂弱西北蕃이라 十一載에 (紹)〔詔〕[3)]二京旁五百里勿置私牧이라 十三載에 隴右群牧都使奏馬牛駝羊總六(千)〔十〕[4)]萬五千六百이어늘 而馬三十二萬五千七百이라 安祿山以內外閑廐都使兼知樓煩監이러니 陰選勝甲馬歸范陽이라 故其兵力傾天下而卒反이라 肅宗收兵至彭原하야 率官吏馬抵平涼하야 蒐監牧及私群하야 得馬數萬하니 軍遂振이라 至鳳翔하야 又(紹)〔詔〕公卿百僚以後乘助軍이라 其後邊無重兵이라 吐蕃乘隙陷隴右하니 苑牧畜馬皆沒矣라

天寶 이후에 諸軍의 戰馬가 걸핏하면 만 마리 이상이 되었는데 王侯, 將相, 外戚이 放牧하는 소, 낙타, 양, 말이 諸道에 퍼져 나라가 소유한 것보다 백 배나 되어 모두 封邑의 명칭으로 烙印을 찍어 따로 구별하였고 將校들 역시 개인 소유 말을 구비하였다. 의론하는 이들은 秦漢 이래로 唐나라의 방목이 가장 번성하다고 하였고 天子도 武功에 결연한 의지를 가지고 있어 마침내 西北蕃을 약화시켰다. 천보 11년(752)에 詔命을 내려 兩京(長安과 洛陽) 주변 5백 리에 개인 牧場을 설치하지 말도록 하였다. 천보 13년(754)에 隴右群牧都使가 말, 소, 낙타, 양이 도합 605,600마리인데 말은 325,700필이라고 보고하였다.

安祿山이 內外閑廐都使로서 樓煩監을 겸하여 관장하였는데 몰래 兵甲을 감당할 수 있는 말을 뽑아 范陽으로 보냈기 때문에 그의 兵力이 天下를 압도하여 결국 반란을 일으켰다. 肅宗이 군대를 거두어 彭原에 이르러 官吏의 말을 거느리고 平涼에 당도하여 監牧 및 개인이 기르는 말들을 수색하여 수만 필의 말을 얻으니 드디어 軍勢를 떨쳤다. 鳳翔에 이르러 다시 조명을 내려 公卿과 百官들에게 뒤에서 수종하는 수레의 말을 내어 군대를 돕게 하였다. 이후 邊境에 큰 군대가 없었으므로 吐蕃이 틈을 타서 隴右를 함락하니 苑牧에서 기르던 말들이 모두 없어졌다.

1) 天寶 : 唐 玄宗의 세 번째 연호(742~756)이다.
2) 將校亦備私馬 : ≪唐書兵志箋正≫ 권4에 "≪舊唐書≫ 권104 〈高仙芝傳〉에 '현종이 高仙芝에게 특별히 勅命을 내려 馬步 1만 인으로 行營節度使를 삼고서 가서 토벌하게 하였는데 이때 步軍이 모두 개인 소유 말이 있었다.'라고 하였다. 將校가 개인 소유의 말이 있는 것은 바로 일상적인 일이니 의당 '보군도 개인 소유 말이 있었다.'고 해야 한다."라고 하였다.
3) (紹)〔詔〕: 저본에는 '紹'로 되어 있으나, ≪新唐書≫에 의거하여 '詔'로 바로잡았다. 아래도 같다.
4) (千)〔十〕: 저본에는 '千'으로 되어 있으나, ≪新唐書≫에 의거하여 '十'으로 바로잡았다.

乾元後에 回紇恃功하야 歲入馬取繒이러니 馬皆病弱不可用[1]이라 永泰[2]元年에 代宗欲親擊虜어늘 魚朝恩乃請大搜城中百官士庶馬輸官하야 曰團練馬라하니 下制禁

馬出城者라가 已而오 復罷라 德宗建(元中)〔中元〕[3)]年에 市關輔馬三萬實內廐라 貞元[4)]三年에 吐蕃羌渾犯塞어늘 詔禁大馬出潼蒲武關者라 元和[5)]十一年伐蔡할새 命中使以絹二萬市馬河曲이라 其始置四十八監也에 據隴西金城平凉天水[6)]하야 員廣千里하야 繇京度隴하야 置八坊爲會計都領하고 其間善水草腴田皆隸之러니 後監牧使與坊皆廢라 故地存者一歸閑廐라가 旋以給貧民及軍吏하고 間又賜佛寺道館幾千頃이라 十二年에 閑廐使張茂宗擧故事하야 盡牧岐陽坊地하니 民失業者甚衆이라 十三年에 以蔡州牧地爲龍陂[7)]監하고 十四年에 置臨漢監於襄州하니 牧馬三千二百이요 費田四百頃이라 穆宗卽位에 岐人叩闕訟茂宗所奪田事하니 下御史按治하야 悉予民[8)]하다

唐 德宗

乾元 이후에 回紇이 功勞를 믿고서 매년 말을 들여보내고 비단〔繒〕을 가져갔는데 말들이 다 病弱하여 쓸 수가 없었다. 永泰 元年(765)에 代宗이 오랑캐를 직접 공격하려고 하자 魚朝恩이 이에 城中의 百官, 士人, 庶民들의 말을 대거 수색하여 관청에 들이자고 청하면서 이를 團練馬라 하니 制書를 내려 말을 도성 밖으로 내보내는 것을 금지하였다가 이윽고 다시 폐지하였다. 德宗 建中 元年(780)에 關輔의 말 3만 필을 사서 內廐에 채워 넣었다. 貞元 3년(787)에 吐蕃, 羌, 渾이 邊境을 침범하자 詔命을 내려 大馬를 潼關, 蒲關, 武關 밖으로 내보내는 것을 금지하였다. 元和 11년(816) 蔡州를 정벌할 때 中使에게 명주〔絹〕 2만 필로 河曲에서 말을 사라고 명하였다.

처음 48監을 설치했을 때 隴西, 金城, 平凉, 天水를 점유하여 너비가 천 리에 달할 정도로 넓어 京師에서 시작해 隴右를 지나기까지 8坊을 설치해 會計都領을 만들고 그 사이의 좋은 水草가 있는 비옥한 田地를 다 소속시켰다. 그런데 뒤에 監牧使와 坊이 모두 폐지되었으므로 남아 있는 땅이 전부 閑廐에 귀속되었다가 곧바로 貧

民 및 軍吏들에게 지급하였고 중간에 다시 佛寺, 道館에 거의 천 頃의 땅을 하사하였다. 원화 12년(817)에 閑廐使 張茂宗이 옛 규례를 들어 岐陽坊의 땅을 다 牧地로 만드니 백성 가운데 생업을 잃어버린 자들이 매우 많았다. 원화 13년(818)에 蔡州의 牧地로 龍陂監을 만들고 원화 14년(819)에 襄州에 臨漢監을 설치하니 방목하는 말이 3,200필이고 4백 頃의 밭을 사용하였다. 穆宗이 즉위하였을 때 岐州 사람들이 궐문을 두드려 장무종이 빼앗은 田地에 관한 일을 爭訟하니 이 일을 御史에게 내려 검토해 처리하도록 하여 전부 백성들에게 돌려주었다.

1) 乾元後……馬皆病弱不可用 : ≪唐書兵志箋正≫ 권4에 "回紇의 말은 본래 病弱하였지만 唐나라의 비단 역시 엉성하게 짜고 짧게 잘라 쓸모가 없었다. ≪資治通鑑≫ 권232 德宗 貞元 3년(787) 7월 조에 李泌이 덕종에게 대답하는 말을 싣고 있는데 그 말에, '지금 吐蕃이 오랫동안 原會의 사이에 살면서 소로 양식을 운반하는데 양식이 떨어지면 소가 쓸모없어집니다. 청컨대 左藏에 보관된 질이 나쁜 비단을 꺼내 염색하여 무늬 넣은 비단을 만들어 黨項을 통해 무역하면 소 1頭 당 비단 3~4필만으로 살 수 있어 18만 필이면 6만여 頭를 가져올 수 있습니다.'라고 하였으니, 이 말에서 역시 互市에서 사용한 비단이 모두 조악한 것으로 채워진 것임을 증명할 수 있다."라고 하였다. 乾元은 唐 肅宗의 두 번째 연호(758~760)이다.
2) 永泰 : 唐 代宗의 세 번째 연호(765)이다.
3) 建(元中)〔中元〕年 : 저본에는 '元中'으로 되어 있으나, ≪신당서≫에 의거하여 '中元'으로 바로잡았다. 建中은 당 덕종의 첫 번째 연호(780~783)이다.
4) 貞元 : 唐 德宗의 세 번째 연호(785~805)이다.
5) 元和 : 唐 憲宗의 첫 번째 연호(806~820)이다.
6) 其始置四十八監也 據隴西金城平凉天水 : ≪당서병지전정≫ 권4에는 '也'가 '地'로 되어 있고 뒷구절에 붙여 句讀를 떼고서, "'地據隴西'의 '地'자는 百衲影宋本에는 '也'로 되어 있는데 局本은 같고 南雍本, 殿本에는 모두 '地'로 되어 있다."라고 하였다.
7) 龍陂 : ≪자치통감≫ 권250 懿宗 咸通 원년(860) 4월에 王式이 裘甫를 정벌할 때 "또 상주하여 龍陂監의 牧馬 2백 필을 얻었다."라고 하였는데, 이에 대한 胡三省의 註에 "龍陂는 漢代 穎川 郟縣의 摩陂이다. 唐代에는 汝州 지역에

馬監을 설치하였다."라고 하였다.

8) 穆宗卽位……悉予民 : 이 일은 ≪舊唐書≫ 권141 〈張孝忠傳〉에 附錄된 장효충의 아들 張茂宗의 傳에 보인다.

太和[1] **七年**에 **度支鹽鐵使言銀州水甘草豐**하야 **請詔刺史劉源市馬三千**하고 **河西置銀**(州)〔川〕[2]**監**하야 **以源爲使**라 **襄陽節度使裴度奏停臨漢監**하다 **開成**[3] **二年**에 **劉源奏銀**(州)〔川〕**馬已七千**이라 **若水草乏**이면 **則徙牧綏州境**이라 **今綏南二百里**는 **四隅險絶**하야 **寇路不能通**하니 **以數十人守要畜牧**이면 **無他患**이라하야 **乃以隸銀**(州)〔川〕**監**이라 **其後闕**하야 **不復可紀**[4]하니라

太和 7년(833)에 度支鹽鐵使가 銀州는 물이 달고 풀이 풍부하다고 말하면서 詔命을 내려 刺史 劉源에게 3천 필의 말을 사도록 하고 河西에 銀川監을 설치하고서 유원을 使로 삼자고 청하였다. 襄陽節度使 裴度가 臨漢監을 폐지하자고 上奏하였다. 開成 2년(837)에 유원이 상주하여, "은천의 말이 이미 7천 필이라 만약 水草가 부족하면 綏州의 境內에 옮겨 방목합니다. 지금 수주 남쪽 2백 리는 사방이 몹시 험준하여 노략질할 길이 통하지 못하니 수십 명으로 길목을 지키면서 방목하면 다른 문제가 없을 것입니다."라고 하여 이에 그곳을 은천감에 소속시켰다. 이후의 일은 逸失되어 다시 기술할 수 없다.

1) 太和 : 唐 文宗의 첫 번째 연호(827~835)이다.

2) (州)〔川〕: 저본에는 '州'로 되어 있으나, ≪新唐書≫에 의거하여 '川'으로 바로잡았다. 아래도 같다.

3) 開成 : 당 문종의 두 번째 연호(836~840)이다.

4) 其後闕 不復可紀 : ≪唐書兵志箋正≫ 권4에 "살펴보건대, 〈兵志〉에는 虛辭와 詠歎이 많은데 馬政을 서술할 때에는 단지 역사적인 사실만 나열할 뿐이다. 지금 다른 책에서 徵驗해보면 옛 史書에 기재된 것을 대략 찾아낼 수 있는데 ≪唐會要≫ 권66, 72, ≪冊府元龜≫ 권621에 보이는 것이 더욱 많다. 하지만 또한 ≪당회요≫, ≪책부원구≫ 외에서 나온 것도 있는데 대체로 〈병지〉가 근거하고 있는 책을 찾을 수 있다. ≪당회요≫ 권65, 66, 72 및 ≪책부원구≫에 기재된 것들은 〈병지〉에 收採되지 않은 것도 많으니 〈병지〉의 取捨의 기준을

자못 이해할 수 없다. 이를테면 〈병지〉에서 이미 龍陂, 臨漢, 銀川 3監의 建置를 일일이 들었는데 貞元 2년(786) 泉州에 설치한 萬安監은 ≪책부원구≫, ≪당회요≫ 권66, ≪舊唐書≫ 권15 德宗紀에 보인다. 비록 오래지 않아 바로 폐지되었지만 이 사실은 임한과 똑같은데 어찌하여 이 임한은 취하고 저 만안은 버렸단 말인가. 또 이를테면 長慶 원년 淮南 등의 道에서 社를 세워 관리한 말〔立社馬〕은 ≪당회요≫ 권72, ≪구당서≫ 권16 穆宗紀에 보이니, 그 일을 기록하면 한때의 제도를 족히 구비할 수 있고 永泰 연간의 團結馬와 비교해 꼭 저것이 이것보다 중요하다 할 것이 없는데도 무심코 취사하였다. 開成 2년 이후의 경우에는 ≪당회요≫ 권66에 개성 4년의 한 조문이 있는데 그 중에 閑廏使와 河陽節度使가 修武와 馬坊을 다투었던 일은 張茂宗의 일과 서로 비슷하다. ≪책부원구≫ 권621에는 개성 4년의 한 조문에서 飛龍使가 말 2천7백 필을 올렸다고 서술한 것이 있고, ≪당회요≫ 권72에는 大中 6년의 한 조문에서 河東의 암말이 境界를 나가는 것을 허락하지 않은 일을 서술한 것이 있는데 永泰, 貞元 연간에 말이 경계를 나가는 것을 금지한 일과 역시 서로 비슷하니 이는 채택할 만하지 않은 것이 아니다. 지금 다만 ≪책부원구≫, ≪당회요≫로만 살펴보더라도 이미 소략하고 누락된 부분이 있으니 이후에 과연 '逸失되어 기록할 수 없다.'는 것을 어찌 확신할 수 있겠는가. ≪책부원구≫, ≪당회요≫는 부류별로 모아놓은 책으로, 여기 수록된 것조차도 다 선택하지 않거나 혹은 모두 검토하지 않았으니 그 내용의 취사가 완전하지 않음을 또 미루어 알 수가 있다."라고 하였다.

02. 刑法志* 형법지

* 刑法志는 중국의 法律史 著作으로, 〈本紀〉, 〈列傳〉, 〈志〉, 〈表〉 등으로 구성되는 紀傳體 史書에서 각종 文物制度를 서술한 〈志〉의 하위항목으로 수록되어 있다. 형법지는 前漢의 저명한 史學家 班固(32~92)가 지은 ≪漢書≫에 처음 수록된 이후 대체로 각 紀傳體 斷代史에 수록되었다. 이를테면 24史 가운데 ≪晉書≫, ≪魏書≫, ≪隋書≫, ≪舊唐書≫, ≪新唐書≫, ≪舊五代史≫, ≪宋史≫, ≪遼史≫, ≪金史≫, ≪元史≫, ≪明史≫ 등에 이르기까지 모두 〈형법지〉를 수록하였는데 다만 ≪後漢書≫, ≪三國志≫, 南北朝 시대의 史書 및 ≪新五

代史≫ 등에는 없고 ≪魏書≫에서는 〈刑罰志〉라고 하였다.

중국 전통 왕조의 법률과 司法 制度 방면의 중요 자료로서 형법지의 주요 내용은 첫째, 법률과 형법의 기원, 성질, 목적, 작용과 禮와 刑의 관계, 둘째, 형법의 제정 과정에 투영된 입법 취지와 思想, 셋째, 형법의 연혁과 변천 및 그 득실, 넷째, 중요한 罪名, 형벌의 종류와 형벌 제도의 창제와 발전, 다섯째, 審理 制度의 개요, 여섯째, 監獄 제도 및 刑具의 규격과 사용 방법 개요 등등인데 그 사이에 종종 史家의 論評을 가하기도 하였다.

≪한서≫ 〈형법지〉(이하 ≪한서≫로 약칭)는 이 분야의 先鞭을 잡은 글로, 후대의 사서들이 대체로 ≪한서≫의 서술 방식을 본보기로 삼아 서술할 정도로 큰 영향을 끼쳤다. ≪한서≫의 경우 黃帝, 顓頊, 堯舜에서 夏殷周 3代까지 上古 시대의 형법의 略史를 정리한 뒤 春秋戰國 시대 管仲, 孔子, 荀子의 刑政에 대한 주장을 소개하고 이후 漢代 형법의 연혁을 자세히 기술하였다.

≪수서≫ 〈형법지〉(이하 ≪수서≫로 약칭) 역시 형정에 대한 일반론으로 서두를 연 뒤, 상고 시대 五帝와 三王에서 周나라까지, 춘추전국 시대에서 秦漢, 魏晉 시대까지 略史를 정리하고 이후 梁律, 陳律, 北齊律, 北周律에 대해 각각의 연혁과 제도를 자세히 서술하였다. 이후 주로 북제와 북주의 형법을 인습한 隋代의 형법을 본격적으로 서술하였는데 수대 초기 관대하고 신중하며 합리적인 형법 개혁을 추진하던 文帝가 후기로 갈수록 엄혹한 형법을 시행하였고 煬帝에 이르러 다소 형법이 너그러워졌지만 후반에 형정의 시행이 문란해져버린 점에 초점을 맞춰 서술한 특징이 있다. 아마도 이는 唐 太宗 때 魏徵이 주관하여 편찬하면서 唐나라의 易姓革命을 정당화하기 위한 윤색임을 감안해야 할 것이다. 다른 측면에서 보자면, 唐代의 형법이 주로 양제 때 제정된 大業律을 주로 인습하였으므로 수대 형법에 대한 비판은 조금 지나친 측면이 없지 않다고 하겠다.

이처럼 ≪수서≫의 편찬이 다소 정치적인 색깔을 띠었다면 ≪구당서≫와 ≪신당서≫ 〈형법지〉는 형법 일반에 대해 논평하고 당대 이전의 형법의 연혁은 거의 생략하거나 略述한 뒤 바로 唐律에 대한 설명을 전개하고 있다는 점이 특징이다. 이는 아마도 두 사서가 각각 五代 後晉과 北宋 때 편찬되어 수대와 시기적으로 떨어져 있는 데다 ≪수서≫에서 前史가 이미 충분히 서술되어 있는 점을 고려하였기 때문으로 보인다. 참고로, ≪신당서≫와의 비교를 위해 ≪구당서≫〈형법지〉도입부의 형법 일반에 대한 논평 부분을 들면 다음과 같다.

"옛날의 聖人은 백성의 부모가 되어 禮를 만들어 恭敬을 숭상하고 刑을 세워 威嚴을 천명하여 아직 일어나지 않았을 때 방지하지 않음이 없었으니 백성들에게 다투는 마음이 일어날까 두려워해서이다. 그래서 輕, 中, 重 세 가지 法典의 구별과 墨, 劓, 剕, 宮, 大辟 다섯 가지 刑罰의 차이를 두어 시기를 헤아려 합당한 조치를 베풀고 상황을 고려하여 법제를 논의하여 중대 사안일 때는 들판에서 펼치고 사소한 사안일 때는 市朝에서 시행하여 奸惡함을 막아 禍亂을 징치하니 국가를 바로세우고 다스림을 이루는 일이 여기에서 유래하지 않음이 없다. 그런데 순박한 풍속이 이미 사라지고 경박하고 거짓된 풍속이 이로부터 일어나자 형벌이 아홉 종류로 늘어나고 법조문이 3천 가지로 쌓이게 되니 비록 法網이 응결된 기름처럼 조밀하여 뼛속 깊이 파고들 정도로 준엄하더라도 잔다란 이익을 모조리 다투게 되었다. 漢나라에서 隋나라에 이르기까지 왕조마다 형법의 增損이 있었으나 折衷할 줄 아는 이가 드물었다. 隋文帝는 北周와 北齊의 옛 刑政을 참고하여 律令을 정하여 가혹한 법령을 없애고 너그럽고 공평하게 하는 데 힘썼으나 만년에 이르러 차츰 또한 포악해져 갔고, 煬帝는 각박하여 法令이 더욱 嚴酷해져서 사람들이 견딜 수가 없어 끝내 멸망에 이르고 말았다.〔古之聖人 爲人父母 莫不制禮以崇敬 立刑以明威 防閑於未然 懼爭心之將作也 故有輕重三典之異 宮墨五刑之差 度時而施宜 因事以議制 大則陳之原野 小則肆諸市朝 以禦姦宄 用懲禍亂 興邦致理 罔有弗由於此者也 暨淳朴旣消 澆僞斯起 刑增爲九 章積三千 雖有凝脂次骨之峻 而錐刀之末盡爭之矣 自漢迄隋 世有增損 而罕能折衷 隋文帝參用周齊舊政 以定律令 除苛慘之法 務在寬平 比及晩年 漸亦滋虐 煬帝忌刻 法令尤峻 人不堪命 遂至於亡〕"

古之爲國者가 **議事以制**하고 **不爲刑辟**(벽)은 **懼民之知爭端也**러니 **後世作爲刑書**하되 **惟恐不備**는 **俾民之知所避也**라 **其爲法雖殊**나 **而用心則一**이니 **蓋皆欲民之無犯也**라 **然未知夫導之以德齊之以禮**하야 **而可使民遷善遠罪而不自知也**[1]러라

옛날 나라를 다스리는 자가 事案을 審議하여 형벌을 결정하고 刑法을 만들지 않은 것은 백성들이 爭訟의 근거를 알까 두려워해서였다. 후세에 刑書를 만들면서 행

여 完備되지 못할까 염려한 것은 백성들로 하여금 죄를 짓지 않을 길을 알게 한 것이다. 이 둘의 방법은 비록 다르지만 취지는 같으니 대체로 둘 다 백성들이 죄를 짓지 않기를 바란 것이다. 하지만 德으로 인도하고 禮로 단속하여 백성들로 하여금 자신도 모르게 善을 따르고 罪를 멀리하게 할 수 있는 줄은 알지 못하였다.

1) 然未知夫導之以德齊之以禮 而可使民遷善遠罪而不自知也 : ≪論語≫ 〈爲政〉에서 孔子가 "백성들을 法令으로 이끌고 刑罰로 단속하면 백성들이 처벌을 면하려고만 하고 부끄러움을 느끼지 않겠지만 덕으로 인도하고 예로 단속하면 백성들이 부끄러워함이 있고 또 선에 이를 것이다.〔道之以政 齊之以刑 民免而無恥 道之以德 齊之以禮 有恥且格〕"라고 하였고, 이에 대한 朱子의 集註에 "法令과 刑罰은 백성으로 하여금 죄를 멀리하게 할 수 있을 뿐이고, 덕과 예의 효과는 백성들로 하여금 날로 선을 따르면서도 스스로 알지 못하게 할 수 있을 것이다. 그러므로 백성을 다스리는 자는 한갓 그 말단인 법령과 형벌만 믿어서는 안되고, 마땅히 그 근본인 덕과 예를 깊이 탐구해야 한다.〔政刑能使民遠罪而已 德禮之效 則有以使民日遷善而不自知 故治民者 不可徒恃其末 又當深探其本也〕"라고 하였다.

唐之刑書有四하니 **曰律令格式**이라 **令者**는 **尊卑貴賤之等數**니 **國家之制度也**요 **格者**는 **百官有司之所常行之事也**요 **式者**는 **其所常守之法也**니 **凡邦國之政**은 **必從事於此三者**라 **其有所違及人之爲惡而入于罪戾者**는 **一斷以律**이라 **律之爲書**는 **因隋之舊**하야 **爲十有二(第)〔篇〕**[1)]이니 **一曰名例**요 **二曰衛禁**이요 **三曰職制**요 **四曰戶婚**이요 **五曰廐庫**요 **六曰擅興**이요 **七曰賊盜**이요 **八曰鬪訟**이요 **九曰詐僞**요 **十曰雜律**이요 **十一曰捕亡**이요 **十二曰斷獄**[2)]이라

唐代의 刑書는 네 종류가 있으니 律, 令, 格, 式이다. 令이라는 것은 尊卑와 貴賤의 等級이니 國家의 制度이고, 格이라는 것은 百官과 有司가 늘 행하는 일이고, 式이라는 것은 백관과 유사가 늘 지키는 법이니 무릇 국가의 行政은 반드시 이 세 가지를 통해 행해야 한다. 위반하는 일이 있을 경우 및 惡行을 저질러 죄에 빠지는 사람은 모두 律로 단죄한다. 당대의 律書는 隋代의 舊制를 因襲해서 12篇이니 1편은 名例,

2편은 衛禁, 3편은 職制, 4편은 戶婚, 5편은 廐庫, 6편은 擅興, 7편은 賊盜, 8편은 鬪訟, 9편은 詐僞, 10편은 雜律, 11편은 捕亡, 12편은 斷獄이다.

1) (第)〔篇〕: 저본 및 사고전서본 ≪新唐書≫에는 '第'로 되어 있으나, 楊家駱 新校本 ≪新唐書≫ 및 ≪文獻通考≫에 의거하여 '篇'으로 바로잡았다.
2) 律之爲書……十二曰斷獄 : ≪隋書≫ 권25 〈刑法志〉에는 "大業 3년(607)에 新律이 완성되니 모두 5백 조이고 18篇이었다. 詔命을 내려 시행하게 하고 大業律이라고 하였다. 1편은 名例, 2편은 衛宮, 3편은 違制, 4편은 請求, 5편은 戶, 6편은 婚, 7편은 擅興, 8편은 告劾, 9편은 賊, 10편은 盜, 11편은 鬪, 12편은 捕亡, 13편은 倉庫, 14편은 廐牧, 15편은 關市, 16편은 雜, 17편은 詐僞, 18편은 斷獄이다."라고 하여, 대체로 ≪隋書≫를 인습하면서 加減하였음을 알 수 있다.

其用刑有五라 **一曰笞**니 **笞之爲言**은 **恥也**라 **凡過之小者**는 捶(추)**撻以恥之**라 **漢用竹**이러니 **後世更以楚**하니 **書曰扑作敎刑**[1]이 **是也**라 **二曰杖**이니 **杖者持也**니 **可持以擊也**라 **書曰鞭作官刑**이 **是也**라 **三曰徒**니 **徒者奴也**니 **蓋奴辱之**라 **周禮曰其奴**는 **男子入於罪隷**하야 **任之以事**하고 **置之圜土而敎之**하고 **量其罪之輕重**하야 **有年數而捨**[2]라 **四曰流**니 **書云流有五刑**이라하니 **謂不忍刑殺**하고 **宥之于遠也**라 **五曰死**니 **乃古大辟**[3]**之刑也**라

그 형벌의 시행에는 다섯 가지가 있다. 첫째는 笞로, 태라는 말은 羞恥스럽게 함이다. 무릇 잘못이 작은 경우에는 매를 때려 수치스럽게 한다. 漢代에는 대나무를 사용했는데 후세에는 荊楚 나무로 바꿨으니 ≪書經≫에서 "회초리는 학교의 형벌로 삼는다"고 한 말이 그것이다. 둘째는 杖으로, 장이라는 것은 持(잡음)이니 잡아서 칠 수 있다는 것이다. ≪서경≫에서 "채찍은 官府의 형벌로 삼는다"고 한 말이 그것이다. 셋째는 徒로, 도라는 것은 奴(노예)이니 대개 노예로 삼아 욕보이는 것이다. ≪周禮≫에서 "노예가 된 경우 남자는 罪隷에 소속시켜 勞役에 복무하게 하고 圜土에 가두고서 교화하고 그 죄의 경중을 헤아려서 年數를 채우면 풀어준다."라고 하였다. 넷째는 流로, ≪서경≫에서 "流刑으로 오형을 용서해 준다."라고 하였으니 차마

死刑에 처하지 못하고 용서해 먼 곳으로 추방함을 이른다. 다섯째는 死로, 바로 옛날 大辟의 형벌이다.

1) 書曰扑作教刑 : ≪書經≫ 〈舜典〉에 "정식 형벌을 포고하되 流刑으로 오형을 용서해주고, 채찍은 官府의 형벌로 삼고 회초리는 학교의 형벌로 삼는다.〔象以典刑 流宥五刑 鞭作官刑 扑作教刑〕"라고 하였다.

2) 周禮曰其奴男子入於罪隸……有年數而捨 : ≪周禮≫ 〈秋官·司厲〉에 "노예가 된 경우 남자는 罪隸에 소속시키고 여자는 舂人, 槀人에 소속시킨다.〔其奴 男子入于罪隸 女子入于舂槀〕"라고 하고 〈秋官·司圜〉에 "司圜은 불량한 백성을 拘禁하고 교화하는 일을 관장한다. 무릇 남을 해치는 자는 관을 쓰게 하지 않고 그의 罪狀을 표명하여 등에 지게 하고 勞役에 복무하게 하면서 구금하여 교화한다. 잘못을 능히 고치는 경우 重罪는 3년을 구금한 뒤에 풀어주고 그다음 등급의 죄는 2년을 구금한 뒤에 풀어주고 輕罪는 1년을 구금한 뒤에 풀어준다.〔司圜, 掌收教罷民 凡害人者弗使冠飾 而加明刑焉 任之以事而收教之 能改者 上罪三年而舍 中罪二年而舍 下罪一年而舍〕"라고 하여, 본문과 ≪주례≫ 원문이 내용의 취지는 비슷하지만 句節은 약간의 出入이 있다. 罪隸는 모든 官府 및 守直을 서는 곳을 위해 服役하는 隸民을 관장하는 관직이다.

3) 大辟 : 死刑으로, 周나라의 刑制에 墨, 劓, 剕, 宮과 함께 五刑이라 하였는데, 오형 가운데 가장 큰 형벌이기 때문에 그렇게 말하는 것이다. ≪서경≫ 〈周書 呂刑〉에 "墨罰의 종류가 천이고 劓罰의 종류가 천이고 剕罰의 종류가 5백이고 宮罰의 종류가 3백이고 大辟의 종류가 2백이니, 五刑의 종류가 3천 가지이다. 올리고 내려 죄를 붙여서 어지러운 말에 잘못되지 말며, 지금에 시행하지 않는 법을 쓰지 말고 법을 잘 살펴서, 살펴 능하게 하라.〔墨罰之屬千 劓罰之屬千 剕罰之屬五百 宮罰之屬三百 大辟之罰 其屬二百 五刑之屬三千 上下比罪 無僭亂辭 勿用不行 惟察惟法 其審克之〕"라고 하였다.

自隋以前으로 **死刑有五**하니 **曰罄**(경)**絞斬梟裂**[1)]이요 **而流徒之刑**은 **鞭笞兼用**하니 **數皆踰百**이라 **至隋始定爲**어늘 **笞刑五**니 **自十至于五十**이요 **杖刑五**니 **自六十至**(千)〔于〕[2)]**百**이요 **徒刑五**니 **自一年至于三年**이요 **流刑三**이니 **自一千里至于二千里**요 **死刑**(之)〔二〕[3)]니 **絞斬**이라 **除其鞭刑及梟**(自)〔首〕[4)]**轘**(환)**裂之酷**이라 **又有議請減贖當免**

之法[5)]하니 **唐皆因之**라 **然隋文帝性刻深**하고 **而煬帝昏亂**하야 **民不勝其毒**이러라

隋代 이전에는 死刑에 다섯 종류가 있었으니 罄, 絞, 斬, 梟, 裂이었다. 그리고 流刑과 徒刑은 鞭刑과 笞刑을 아울러 쓰니 치는 횟수가 모두 백 대가 넘었다. 수대에 이르러서야 비로소 규정을 정하였는데 태형은 다섯 가지로, 10대부터 50대까지이고 杖刑은 다섯 가지로, 60대부터 100대까지이고 도형은 다섯 가지로, 1년에서 3년까지이고 유형은 세 가지로, 1천 리부터 2천 리까지이고 사형은 두 가지로, 絞刑과 斬刑이었다. 편형 및 梟首, 轘裂과 같은 殘酷한 형벌은 폐지하였다. 또 議請, 減贖, 當免의 법이 있는데 唐代에 이를 모두 인습하였다. 그렇지만 隋 文帝는 성품이 몹시 모질었고 煬帝는 어리석어 백성들이 그 害毒을 견디지 못하였다.

隋 文帝

1) 罄(경)絞斬梟裂 : 罄은 磬과 같은 말로, 古代에 경쇠를 걸어놓듯이 목을 매다는 형벌이고, 絞는 목을 졸라 죽이는 형벌이고, 斬은 칼로 머리나 허리를 베는 형벌이고, 梟는 머리를 잘라 장대에 걸어 매다는 형벌이고, 裂은 네 마리의 말이나 수레에 사지를 묶어 찢어 죽이는 형벌이다.

2) (千)〔于〕: 저본에는 '千'으로 되어 있으나, ≪新唐書≫에 의거하여 '于'로 바로잡았다.

3) (之)〔二〕: 저본에는 '之'로 되어 있으나, ≪신당서≫에 의거하여 '二'로 바로잡았다.

4) (自)〔首〕: 저본에는 '自'로 되어 있으나, ≪신당서≫에 의거하여 '首'로 바로잡았다.

5) 議請減贖當免之法 : 議는 罪人에 대해 특수한 신분이나 사정을 참작하여 刑量을 審議해 낮춰 주는 일로, 議親, 議故, 議賢, 議能, 議功, 議貴, 議貧, 議勳의

여덟 종류가 있었다. 請은 罪人의 신분이나 사정을 심의해 달라고 주청하는 일로, 議와 請이 일련의 심판 절차이므로 議請이라고도 한다. 減은 議를 통해 형량의 등급을 감해주는 것을 말하고 贖은 돈을 내고 형을 대신하도록 하는 것을 말한다. 當免은 徒刑을 예로 들어 私罪를 지었을 때 5품 이상은 官品 1등급을 강등하는 대신 徒二年의 형벌을 면제하고 9품 이상은 관품 1등급을 강등하는 대신 徒一年의 형벌을 면제하며 公罪의 경우 각각 1년씩 더하고 관직에서 물러나는 경우 徒一年에 준하는 것을 말한다. 이상의 내용은 ≪舊唐書≫ 〈刑法志〉에 자세하다.

唐興에 **高祖入京師**하야 **約法十二條**하야 **惟殺人劫盜背軍叛逆者死**라 **及受禪**하야 **命納言劉文靜等損益律令**하다 **武德**[1]**二年**에 **頒新格五十三條**하되 **唯吏受**(財)〔賕〕[2] **犯盜詐冒府庫物**은 **赦不原**이라 **凡斷屠日**[3]**及正月五月九月**엔 **不行刑**하다 **四年**에 **高祖躬錄囚徒**하고 **以人因亂冒法者衆**이라하야 **盜非劫傷其主**와 **及征人逃亡**과 **官吏枉法**을 **皆原之**라 **已而**오 **又詔僕射**(야)**裴寂等十五人**하야 **更撰律令**하니 **凡律五百**에 **麗以五十三條**라 **流罪三皆加千里**[4]하고 **居作**[5]**三歲至二歲半者**는 **悉爲一歲**하고 **餘無改焉**하다

唐나라가 일어날 때 高祖가 京師에 들어가 12條文으로 법령을 간소하게 하여 殺人이나 劫盜, 탈영, 반역한 경우에만 死刑에 처하였다. 隋나라의 禪位를 받고 나서는 納言 劉文靜 등에게 명하여 律令을 수정하게 하였다. 武德 2년(619)에 新格 53條를 반포하였는데 오직 관리가 뇌물을 받거나 도둑질을 하거나 창고의 물건을 속여 가로채는 경우에는 사면령을 내릴 때에도 용서해주지 않았다. 무릇 斷屠日 및 正月, 5월, 9월에는 형벌을 시행하지 않았다.

무덕 4년(621)에 고조가 죄수들의 죄를 직접 살펴보고 난리로 인해 법을 어기게 된 자들이 많다고 여겨 주인을 겁박하거나 상해하지 않은 盜賊 및 출정한 군인이 도망친 경우와 관리가 법률을 잘못 시행한 경우를 모두 용서해주었다. 이윽고 다시 僕射 裴寂 등 15인에게 詔命을 내려 율령을 재차 撰述하게 하니 무릇 律 5백조에 53조를 덧붙였다. 流罪의 세 등급은 모두 천 리를 더하고 해당 지역에서 3년에서

2년 반 동안 勞役하게 하던 居作의 규정은 다 1년으로 고쳤고 나머지는 고친 것이 없었다.

1) 武德 : 唐 高祖의 연호(618~626)이다.
2) (財)〔賕〕 : 저본에는 '財'로 되어 있으나, ≪新唐書≫에 의거하여 '賕'로 바로잡았다.
3) 斷屠日 : 唐律에서 死刑 집행을 정지하는 날로, 錢大昕은 ≪二十二史考異≫ 권45 〈唐書5・刑法志〉에서 "斷屠日은 매월 1일, 8일, 14일, 15일, 18일, 23일, 24일, 28일, 29일, 30일을 말한다."라고 하였다.
4) 流罪三皆加千里 : 앞서 말한 隋代의 1천 리, 1천5백 리, 2천 리의 3등급의 流刑을 당률에서 그대로 인습했다가 각각 2천 리, 2천5백 리, 3천 리로 올린 것을 말한다.
5) 居作 : 刑法의 명칭으로, 형벌을 내려 囚徒에게 勞役에 복무하게 하는 것이다.

太宗卽位하야 **詔長孫無忌房玄齡等**하야 **復定舊令**하야 **議絞刑之屬五十**하야 **皆免死而斷右趾**라 **旣而**오 **又哀其斷毁支體**하야 **謂侍臣曰肉刑**은 **前代除之久矣**어늘 **今復斷人趾**하니 **吾不忍也**라하니 **王珪蕭瑀陳叔達對曰受刑者當死而獲生**이면 **豈憚去一趾**리잇고 **去趾**는 **所以使見者知懼**라 **今以死刑爲斷趾**는 **蓋寬之也**라하야늘 **帝曰公等更思之**라하다 **其後**에 **蜀王法曹參軍裴弘獻**이 **駁律令四十餘事**하니 **乃詔房玄齡與弘獻等**하야 **重加刪定**이라 **玄齡等以謂古者五刑**[1]에 刖(월)**居其一**이러니 **及肉刑旣廢**하야 **今以笞杖徒流死爲五刑**이어늘 **而又**刖**足**하니 **是六刑也**라 **於是**에 **除斷趾法**하고 **爲加役流三千里**[2]하고 **居作二年**이라

太宗이 즉위하여 長孫無忌, 房玄齡 등에게 詔命을 내려 옛 令을 改定하게 하여 絞刑 50條를 議定하여 모두 사형을 면제해주고 오른발을 자르도록 하였다. 그런데 이윽고 다시 支體를 잘라 훼손하는 일을 불쌍하게 여겨 侍臣에게 이르기를, "肉刑은 前代에 폐지한 지 오래되었는데 지금 다시 사람의 발을 자르니 내가 차마 하지 못하겠다."라고 하니 王珪, 蕭瑀, 陳叔達이 대답하기를, "형벌을 받는 자가 마땅히 사형당해야 하는데도 살게 된다면 어찌 발 하나 자르는 걸 꺼리겠습니까. 발을 자르는

것은 이를 보는 이들에게 두려워할 줄 알게 하는 방법입니다. 지금 사형에 처할 것을 발을 자르는 형벌로 바꾸는 것은 관대하게 해주는 것입니다."라고 하자 황제가 이르기를, "공들은 다시 고려해보라."라고 하였다.

그 뒤에 蜀王의 法曹參軍 裴弘獻이 律令 40여 條를 논박하니 이에 방현령과 배홍헌 등에게 詔命을 내려 다시 刪定하게 하였다. 방현령 등이 말하기를, 옛날 五刑 가운데 刖刑이 포함되었는데 육형이 이미 폐지되고 나서 지금은 笞刑, 杖刑, 徒刑, 流刑, 死刑이 五刑이 되는데 다시 발을 자르는 형벌을 시행하니 이는 六刑이라고 하였다. 이에 斷趾法을 폐지하고 服役을 더해 3천 里 밖으로 유배가서 그 지역에서 2년 동안 勞役하도록 하였다.

1) 五刑 : 다섯 가지 肉刑으로 시대에 따라서 일정하지 않은데, 秦나라 이전에는 얼굴을 먹으로 뜨는 墨刑, 코를 베는 劓刑, 발꿈치를 자르는 剕刑, 거세를 하는 宮刑, 사형에 처하는 大辟이었다.
2) 流三千里 : 3천 리 밖으로 귀양 보내는 것이다. 기존의 流刑의 등급을 高祖 때 개정하여 당시 2천 리, 2천5백 리, 3천 리의 3등급이 있었다.

太宗嘗覽明堂針灸圖라가 **見人之五臟皆近背**라 **針灸失所**면 **則其害致死**하고 **歎曰夫箠**(추)**者**는 **五刑之輕**이요 **死者**는 **人之所重**이니 **安得犯至輕之刑而或致死**리오하고 **遂詔罪人無得鞭背**하다 **五年**에 **河內人李好德坐妖言下獄**한대 **大理丞張蘊古以爲好德病狂**(瞀)〔瞀〕[1]하니 **法不當坐**라하야늘 **治書侍御史權萬紀劾蘊古相州人**이요 **好德兄厚德方爲相州刺史**라 **故蘊古奏不以實**하니 **太宗怒**하야 **遽斬蘊古**라가 **旣而**오 **大悔**하야 **因詔死刑雖令卽決**이라도 **皆三覆奏**하다 **久之**에 **謂群臣曰死者不可復生**이니 **昔王世充殺鄭頲**(정)**而猶能悔**라 **近有府史取賕**(구)**不多**어늘 **朕殺之**하니 **是思之不審也**라 **決囚雖三覆奏**라도 **而頃刻之間**에 **何暇思慮**리오 **自今宜二日五覆奏**하고 **決日**에 **尙食**[2]**勿進酒肉**하고 **敎坊太常**[3]**輟敎習**하라 **諸州死罪三覆奏**하고 **其日亦蔬食**하야 **務合禮撤樂**(악)**減膳**[4]**之意**라하다

太宗이 일찍이 〈明堂針灸圖〉를 閱覽하다가 사람의 五臟이 모두 등에 가까워서 針灸를 제자리에 놓지 못하면 그 피해가 죽음을 부른다는 것을 보고 탄식하기를, "무

릇 매질이라는 것은 五刑 가운데 가벼운 것이고 죽음은 사람이 중하게 여기는 것인데 어찌 가장 가벼운 죄를 범하고 더러 죽음을 부를 수 있단 말인가."라고 하고 마침내 詔命을 내려 죄인들이 등에 매질을 당하는 일이 없도록 하였다.

貞觀 5년(631)에 河內 사람 李好德이 妖言을 하였다는 죄를 받아 下獄되었는데 大理寺 丞 張蘊古가 이호덕은 精神錯亂을 앓고 있으니 법률로 볼 때 죄를 받아서는 안 된다고 하였다. 그러자 治書侍御史 權萬紀가 彈劾하기를, 장온고는 相州 사람이고 이호덕의 형 李厚德이 현재 相州刺史로 있으므로 장온고가 사실대로 아뢰지 않았다고 하였다. 태종이 노하여 바로 장온고를 斬刑에 처했다가 이윽고 크게 뉘우치고서 인하여 詔命을 내려 死刑은 비록 즉시 處決하게 하였더라도 모두 세 차례 覆奏하도록 하였다.

오래 지나 신료들에게 이르기를, "죽은 자는 다시 살 수 없는데 옛날 王世充은 鄭頲을 죽이고서 그래도 뉘우쳤다. 근래에 어떤 府史가 뇌물을 받은 게 많지 않았는데 朕이 그를 죽였으니 이는 事情을 세심하게 생각하지 못한 것이다. 罪囚를 처결할 때 비록 세 차례 복주하더라도 잠깐 사이에 어찌 고려할 겨를이 있겠는가. 지금부터 의당 2일에 다섯 차례 복주하고 처결하는 당일에 尙食은 酒肉을 올리지 말고 敎坊과 太常은 敎習을 정지하라. 각 州의 死罪의 경우 세 차례 복주하고 그날 역시 蔬食하여 禮에서 말하는 撤樂과 減膳의 뜻에 부합하도록 힘쓰라."라고 하였다.

1) (督)〔晉〕: 저본에는 '督'으로 되어 있으나, ≪新唐書≫에 의거하여 '晉'로 바로잡았다.
2) 尙食 : 제왕의 수라를 관장하는 관서의 명칭이다. 秦나라 때 설치하였고, 後漢 이후에는 그 직책을 太官과 湯官에 합병하였다. 北齊의 門下省에 尙食局이 있었는데, 典御 2인을 두었다. 隋代에 이르러 이를 奉御로 개정하였다. 唐代에는 그 제도를 인습하여 殿中省에 예속하였다.
3) 敎坊太常 : 敎坊은 궁중 여인들에게 노래와 춤을 가르치던 곳이고 太常은 太常禮院의 줄임말로, 祭祀를 비롯한 각종 儀禮를 관장하고 자문하던 기관이다.
4) 撤樂(악)減膳 : 나라에 변고가 있을 때에 임금이 몸소 근신하는 뜻으로 노래와 춤을 가까이하지 아니하고 수라상의 음식 가짓수를 줄이는 일이다.

故時律에 **兄弟分居**하고 **蔭不相及**이로되 **而連坐則俱死**라 **同州人房彊以弟謀反當從坐**어늘 **帝因錄囚爲之動容**하야 **曰反逆有二**하니 **興師動衆**이 **一也**요 **惡言犯法**이 **二也**라 **輕重固異**어늘 **而鈞謂之反**하야 **連坐皆死**하니 **豈定法耶**리오하니 **玄齡等議曰禮**에 **孫爲父尸**라 **故祖有蔭孫令**하니 **是祖孫重而兄弟輕**이라하다 **於是**에 **令反逆者**는 **祖孫與兄弟緣坐**하야 **皆配沒**하고 **惡言犯法者**는 **兄弟配流而已**러라

예전에는 法律에 兄弟는 따로 살고 遺蔭을 서로 이어받지 못하는데도 連坐되면 모두 사형에 처하였다. 同州 사람 房彊이 아우가 謀反했다는 이유로 연좌되게 되었는데 황제가 罪囚를 살펴보다가 그로 인해 표정을 변하면서 이르기를, "反逆에는 두 가지가 있으니 軍隊를 일으키고 群衆을 동원하는 것이 첫째이고 惡毒한 말로 법을 범하는 것이 둘째이다. 輕重이 본래 다른데 똑같이 반역이라고 말하면서 연좌시켜 모두 죽이니 어찌 定法이겠는가?"라고 하니 房玄齡 등이 의논하여 아뢰기를, "禮에 손자는 부친의 尸童이 되므로 조부가 손자에게 蔭德을 주는 法令이 있으니 이는 祖孫은 관계가 무겁고 형제는 관계가 가벼운 것입니다."라고 하였다. 이에 영을 내려 반역한 경우에는 조손과 형제를 연좌하여 모두 유배 보내 노비로 삼고 악독한 말로 법을 범한 경우에는 형제를 유배 보내고 그치도록 하였다.

房玄齡

玄齡等遂與法司增損隋律하야 **降大辟**(벽)**爲流者九十二**와 **流爲徒者七十一**을 **以爲律**하고 **定令一千五百四十六條**하야 **以爲令**하고 **又刪武德以來勅三千餘條爲七百**

條하야 **以爲格**하고 **又取尙書省(刑)〔列〕**[1]**曹及諸寺**(시)**監十六衛**[2]**計帳**[3]하야 **以爲式**이라

房玄齡 등이 마침내 法司와 함께 隋나라 律을 수정하여 大辟(死刑)을 낮춰 流刑으로 만든 것 92條와 流刑을 낮춰 徒刑으로 만든 것 71조를 律로 삼고 令 1,546조를 制定하여 令으로 삼고 또 武德 이후 勅 3천여 조를 刪定하여 7백 조로 만들어 格으로 삼고 또 尙書省 각 曹 및 각 寺, 監, 16衛의 計帳을 가져다 式으로 삼았다.

1) (刑)〔列〕: 저본에는 '刑'으로 되어 있으나, ≪新唐書≫에 의거하여 '列'로 바로잡았다.
2) 十六衛 : 唐代에 皇宮의 宿衛를 관장하는 禁軍의 총칭이다. 衛, 驍衛, 武衛, 威衛, 領軍, 金吾, 監門, 千牛를 각각 左右로 나누어 모두 16衛가 된다.
3) 計帳 : 古代에 州郡의 計吏가 登記하거나 人事, 戶口, 賦稅 등을 상부에 보고할 때 쓰는 장부책을 말한다.

凡州縣皆有獄而京兆河南獄治京師요 **其諸司有罪及金吾捕者又有大理獄**이라 **京師之囚**는 **刑部月(二)〔一〕**[1]**奏**하고 **御史巡行之**라 **每歲立春至秋及大祭祀致齊朔望上下弦二十四氣雨及夜未明假日斷屠月**[2]엔 **皆停死刑**이라 **京師決死**에 **涖**(리)**以御史金吾**하되 **在外則上佐**[3]요 **餘皆判官涖之**라 **五品以上罪論死**어든 **乘車就刑**하야 **大理正涖之**하고 **或賜死于家**라 **凡囚已刑**에 **無親屬者**어든 **將作給棺**하야 **瘞**(예)**于京城七里外**하되 **壙有甎**(전)**銘**하고 **上揭以榜**하야 **家人得取以葬**이라 **諸獄之長官**은 **五日一慮囚**라 **夏置漿飮**하고 **月一沐之**라 **疾病給醫藥**하고 **重者釋械**하고 **其家一人入侍**요 **職事散官三品以上**은 **婦女子孫二人入侍**라 **天下疑獄**[4]**讞**(언)**大理寺不能決**이면 **尙書省衆議之**하야 **錄可爲法者**하야 **送秘書省**하되 **奏報不馳驛**이라 **經覆而決者**는 **刑部歲以正月遣使巡覆**이라 **所至**에 **閱獄囚杻**(추)**校**[5]**糧餉**하야 **治不如法者**라

무릇 州縣에는 모두 獄을 두었는데 京兆府와 河南府의 옥은 京師의 범죄를 다스렸고 각 官司에서 죄를 지은 자 및 金吾가 체포한 자는 大理獄을 두어 다스렸다. 경사의 罪囚는 刑部에서 매달 한 번 보고하고 御史가 이를 巡察하였다. 매해 立春에

서 秋分까지 및 大祭祀, 致齊, 朔日과 望日, 上弦과 下弦, 24節氣, 비 올 때 및 새벽, 휴일, 斷屠月에는 모두 死刑을 정지하였다. 경사에서 사형수를 處決할 때 어사와 금오가 참관하되 外方에서는 上佐가 대신 참관하고 다른 곳에서는 모두 判官이 참관하였다. 五品 이상의 관원이 죄를 지어 사형에 처하게 되면 수레를 타고 刑場에 나가고 大理寺 正이 참관하며 더러는 집에서 賜死하기도 하였다. 무릇 죄수가 이미 死刑을 받았는데 親屬이 없는 경우라면 將作監에서 棺을 지급하여 京城 7리 밖에 매장하면서 壙中에는 甎銘을 넣고 위에 작은 木板을 게시하여 가족들이 가져다 安葬할 수 있도록 하였다.

각 옥의 長官은 5일에 한 번 죄수의 罪狀을 조사하여 기록하였다. 여름에는 마실 것을 두고 한 달에 한 번 목욕하게 하였다. 疾病이 생기면 醫藥을 지급하고 위중한 경우에는 刑具를 풀어주고 그 가족 중 한 사람이 들어가 간호하였고 職事官과 散官 가운데 3品 이상은 婦女나 子孫 두 사람이 들어가 간호하였다. 天下의 疑獄을 大理寺에서 審議하여 決斷하지 못하면 尙書省에서 다 함께 심의하여 법률의 참고가 될 만한 사항을 기록하여 秘書省에 보내되 보고할 때에는 〈신속히 보내려〉 驛站을 거치지 않았다. 覆奏를 거쳐 결단한 것은 刑部에서 매해 正月에 使者를 보내 巡檢하고 복주하였다. 이르는 곳마다 獄囚의 杻, 校, 음식을 點閱하여 규정대로 지키지 않는 자들을 懲治하였다.

1) (二)〔一〕: 저본에는 '二'로 되어 있으나, ≪新唐書≫에 의거하여 '一'로 바로잡았다.
2) 斷屠月 : 唐律에서 매년 死刑 집행을 정지하는 달로, 正月, 5월, 9월을 가리킨다.
3) 上佐 : 한 관청에 소속된 부하 관원의 通稱이다.
4) 疑獄 : 범죄 혐의는 받고 있으나 그 범죄 사실이 분명치 않아 결단하기 어려운 獄事를 말한다.
5) 杻(추)校 : 杻는 손에 채우는 手匣이고 校는 枷와 비슷한 뜻으로, 목에 채우는 칼의 總稱이다.

杻校鉗(겸)鎖[1]는 皆有長短廣狹之制하니 量囚輕重用之라 囚二十日一訊하야 三訊而止하되 數不過二百이라 凡杖은 皆長三尺五寸이니 削去節目이라 訊杖은 大頭徑三分二氂요 小頭二分二氂[2]라 常行杖은 大頭二分七氂요 小頭一分七氂라 笞杖은 大頭

二分이요 小頭一分有半이라 死罪는 校而加杻하되 官品勳階第七者는 鎖禁之라 輕罪及十歲以下至八十以上者와 廢疾侏儒懷姙皆頌(용)繫[3]以待斷이라 居作者著(착)鉗若校하되 京師는 隷將作하고 女子는 隷少府縫作하야 旬給假一日하고 臘寒食二日하되 毋出役院이라 病者釋鉗校하고 給假라가 疾差陪役이라 謀反者는 男女奴婢沒爲官奴婢하야 隷司農하되 七十者免之라 凡役은 男子入于蔬圃하고 女子入于廚饎라 流移人在道疾病과 婦人免乳와 祖父母父母喪과 男女奴婢死에 皆給假하고 授程糧이라 非反逆緣坐면 六歲縱之하되 特流者三歲縱之요 有官者得復仕라

杻, 校, 鉗, 鎖는 모두 長短과 廣狹의 규정을 두었으니 죄수의 輕重을 헤아려 사용하였다. 죄수는 20일에 한 번 拷訊하여 세 번 고신하고 그치되 杖을 치는 횟수는 2백 대를 넘지 않았다. 무릇 장은 모두 길이가 3자 5치이니 거친 마디 부분은 깎아 제거하였다. 訊杖은 大頭의 直徑이 3푼 2리이고 小頭의 直徑이 2푼 2리이다. 평상시 치는 장은 대두의 직경이 2푼 7리이고 소두의 직경이 1푼 7리였다. 笞杖은 대두의 직경이 2푼이고 소두의 직경이 1푼 반이었다. 死罪는 校를 목에 채우고 杻를 손에 채우는데 官品과 勳階가 7품이 되는 자는 〈刑具는 채우지 않고 獄門의〉 자물쇠만 채워 가두었다. 輕罪 및 10세 이하에서 80세 이상인 자와 불구자나 기형의

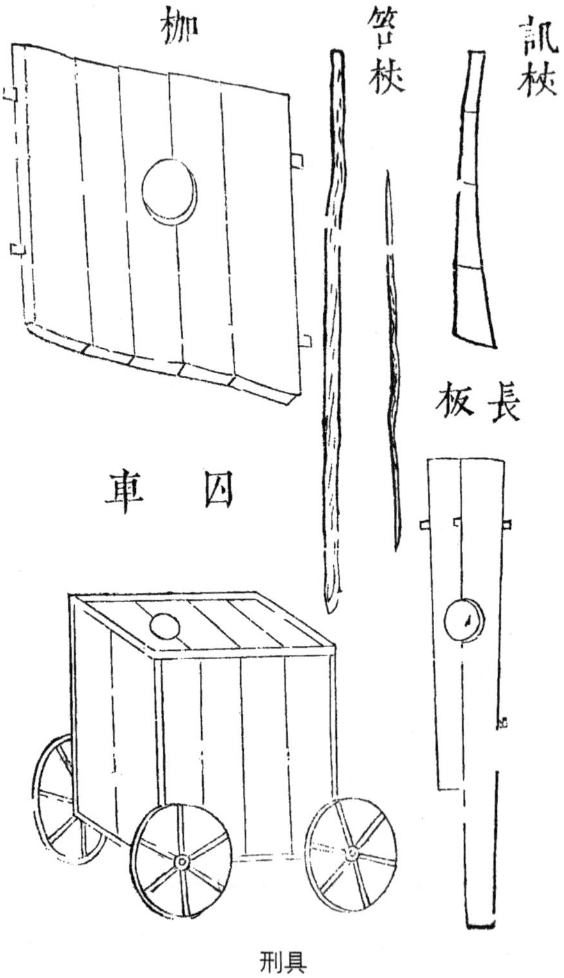

刑具

난쟁이거나 임신한 여인의 경우 모두 너그럽게 봐주어 형구를 차지 않고 판결을 기다렸다.

당해 지역에서 勞役에 복무하는 자는 겸과 교를 차되 京師에서 노역하는 경우에는 將作監에 소속시키고 女子는 少府監에 소속시켜 裁縫하는 일을 하여 열흘마다 하루의 휴가를 주고 臘日과 寒食日에 이틀의 휴가를 주었는데 服役하는 院을 나가지 못하였다. 환자는 겸과 교를 풀어주고 휴가를 주었다가 질병이 나으면 보충하여 노역하게 하였다. 謀反한 자는 男女 奴婢를 몰수하여 官奴婢로 삼아 司農寺에 소속시키되 70이 된 자는 면제해주었다. 무릇 노역에 복무할 때 남자는 채소밭에 들어가고 여자는 주방에 들어간다. 유랑하는 사람이 길에서 질병이 든 경우, 婦人이 분만하는 경우, 祖父母喪과 父母喪, 남녀 노비가 죽은 경우에 모두 휴가를 주고 路程에 따른 식량을 주었다. 反逆에 연좌된 경우가 아니면 6년 뒤에 풀어주되 다만 流刑을 받은 자는 3년 뒤에 풀어주었고 본래 관직이 있던 자는 다시 벼슬할 수 있었다.

1) 鉗(겸)鏁 : 鉗은 목에 채우는 칼로, 쇠로 만든 것이고 鏁는 목에 채우는 쇠사슬이다. ≪舊唐書≫ 〈刑法志〉에는 "또 囚徒를 묶는 형구는 枷, 杻, 鉗, 鏁가 있다.〔又係囚之具有枷杻鉗鏁〕"라고 하였다.

2) 大頭徑三分二釐 小頭二分二釐 : 大頭와 小頭는 杖의 양쪽 굵은 부분과 얇은 부분으로, 대두는 거칠면서 直徑이 큰 부분이고 소두는 가늘면서 직경이 작은 부분이다. 장을 칠 때에는 얇은 부분으로 쳤다.

3) 頌(용)繫 : 罪를 지어 獄에 들어왔을 때 너그럽게 봐주어 刑具를 채우지 않는 것을 말한다. '頌'은 옛 '容'자이다.

初에 太宗以古者斷獄에 訊於三槐九棘[1]이라하야 乃詔死罪는 中書門下五品以上及尙書等이 平議之라 三品以上犯公罪流하고 私罪徒하되 皆不追身[2]이라 凡所以纖悉條目은 必本於仁恕라 然自張蘊古之死也로 法官以失出[3]爲誡하고 有失入者라도 又不加罪라 自是로 吏法稍密이라 帝以問大理卿劉德威한대 對曰律에 失入減三等하고 失出減五等이어늘 今失入無辜요 而失出爲大罪라 故吏皆深文[4]이라하니 帝矍(확)然하야 遂命失出入者皆如律하니 自此로 吏亦持平하다

당초에 太宗이 옛날에는 獄事를 決斷할 때 三公과 九卿에게 물었다고 하여 이에 詔命을 내려 死罪는 中書省과 門下省의 5品 이상 및 尙書 등이 공평하게 심의하도록 하였다. 3품 이상이 公罪를 범한 경우 流刑에 처하고 私罪를 범한 경우 徒刑에 처하되 모두 追身하지 않았다. 무릇 條目을 정밀하게 한 것은 반드시 仁恕에 근본하였다. 그렇지만 張蘊古가 사형을 당하고부터 法官들이 重罪를 가벼운 형벌로 판결하는 일을 경계하고 있었고 輕罪를 무거운 형벌로 판결하는 자가 있어도 또 죄를 주지 않았으므로 이로부터 官府의 法令이 점점 嚴密해졌다.

황제가 이를 가지고 大理寺 卿 劉德威에게 묻자, 그가 대답하기를, "律文에 경죄를 무거운 형벌로 판결하는 것은 3等을 減하고 중죄를 가벼운 형벌로 판결하는 것은 5등을 감합니다. 그런데 지금은 경죄를 무거운 형벌로 판결하는 것은 죄가 없고 중죄를 가벼운 형벌로 판결하는 것은 大罪가 됩니다. 그래서 관리들이 모두 법조문을 가혹하게 적용합니다."라고 하니 황제가 깜짝 놀라 마침내 刑律을 가볍거나 무겁게 잘못 판결한 자들을 모두 율문대로 처결하도록 명하니 이로부터 法吏들 역시 공평하게 판결하였다.

1) 三槐九棘 : 三槐는 세 그루의 홰나무로 三公을 지칭하며, 九棘은 아홉 그루의 가시나무로 九卿의 지위를 지칭한다. 모두 周나라 때 外朝에 심었는데, 나무를 심고 구경과 삼공이 그 아래에 나누어 자리하였다는 데서 나온 말이다.(≪周禮≫ 〈秋官·朝士〉)
2) 追身 : 죄의 사실을 가리기 위하여 당사자를 官에 出頭시키던 일을 말한다.
3) 失出 : 죄는 무거운데 가벼운 형벌로 판결하는 것을 말한다. 반대는 失入이다.
4) 帝以問大理卿劉德威……故吏皆深文 : ≪二十二史考異≫ 권45 〈唐書5·刑法志〉에 "이 일은 또 〈德威傳〉에도 보인다."라고 하였다.

十四年에 詔流罪無遠近皆徙邊要州하니 後에 犯者浸少라 十六年에 又徙死罪以實西州하고 流者戍之하되 以罪輕重爲更限이라 廣州都督党仁弘嘗率鄕兵二千하야 助高祖起하야 封長沙郡公이라 仁弘交通豪酋하야 納金寶하고 沒降獠(료)[1]爲奴婢하고 又擅賦夷人하니 旣還에 有(刑)〔舟〕[2]七十이라 或告其贓하니 法當死어늘 帝哀其老

且有功하야 因貸爲庶人이라 乃召五品以上하야 謂曰賞罰은 所以代天行法이어늘 今朕寬仁弘死하니 是自弄法以負天也라 人臣有過어든 請罪於君하나니 君有過어든 宜請罪於天이라 其令有司設藁席于南郊三日하라 朕將請罪라한대 房玄齡等曰寬仁弘은 不以私而以功이니 何罪之請이릿고하고 百僚頓首三請하니 乃止하다

貞觀 14년(640)에 詔命을 내려 流罪는 遠近을 막론하고 모두 邊方의 요충지로 옮기도록 하니 뒤에 죄를 짓는 자가 점점 줄어들었다. 정관 16년(642)에 다시 死罪를 지은 자를 옮겨 西州를 채우게 하고 流刑을 받은 자들은 수자리하게 하되 죄의 輕重에 따라 교대 기한을 정하였다.

廣州都督 党仁弘이 일찍이 鄕兵 2천 명을 거느리고서 高祖의 起兵을 도와 長沙郡公에 봉해졌다. 당인홍이 酋長과 왕래하면서 金寶를 받고 항복한 獠族을 몰수하여 奴婢로 삼고 또 오랑캐들에게 멋대로 세금을 징수하니 돌아올 때 배 70척에 실을 정도였다. 어떤 이가 그의 貪贓을 고발하니 법률에 비춰 사형에 처해야 했는데 황제가 그가 연로하고 功勞가 있음을 애처롭게 여겨 용서하여 庶人으로 강등시켰다. 이에 5品 이상 관원들을 소집하여 이르기를, "賞罰은 하늘을 대신해 법을 집행하는 방법인데 지금 朕이 당인홍의 死罪를 용서하였으니 이는 스스로 법을 농락하여 하늘을 저버린 것이다. 신하가 잘못이 있으면 임금에게 죄를 청하나니 임금이 잘못이 있으면 의당 하늘에 죄를 청해야 할 것이다. 有司로 하여금 南郊에 사흘 동안 짚자리를 설치하라고 하라. 짐이 장차 죄를 청할 것이다."라고 하자 房玄齡 등이 아뢰기를, "당인홍을 용서한 것은 私意로 하신 일이 아니고 공로가 있어서였으니 무슨 죄를 청하겠습니까?"라고 하고 백관이 머리를 조아리며 세 번 청하니 그제야 그만두었다.

1) 獠(료) : 僚와 같은 말로, 中國의 옛 민족 이름이다. 三國 시대부터 淸나라까지 史籍에 자주 등장한다. 지금의 廣東省, 廣西省, 湖南省, 四川省, 雲南省, 貴州省 등에 흩어져 살았다. 남쪽 지방의 여러 少數民族들을 가리키기도 한다.

2) (刑)〔舟〕 : 저본에는 '刑'으로 되어 있으나, ≪新唐書≫에 의거하여 '舟'로 바로잡았다.

太宗以英武定天下라 然其天姿仁恕라 初卽位에 有勸以威刑肅天下者어늘 魏徵以爲不可하야 因爲上言王政本於仁恩은 所以愛民厚俗之意라하니 太宗欣然納之하야 遂以寬仁治天下하야 而於刑法尤慎이라 四年에 天下斷死罪二十九人이라 六年에 親錄囚徒하고 閔死罪者三百九十人하야 縱之還家하고 期以明年秋卽刑이러니 及期하야 囚皆詣朝堂하고 無後者하니 太宗嘉其誠信하야 悉原之라 然嘗謂群臣曰吾聞語曰一歲再赦에 好人喑啞(음아)라하니 吾有天下에 未嘗數(삭)赦者는 不欲誘民於幸免也라하다 自房玄齡等更定律令格式으로 訖太宗世토록 用之無所變改러라

太宗은 英武한 자질로 天下를 평정하였다. 그렇지만 그 天性은 인자하고 관대하였다. 처음 즉위하였을 때 엄한 형벌로 천하 사람들을 肅正하라고 권하는 자가 있었는데, 魏徵이 안 된다고 하면서 이어 王政이 仁愛에 근본하는 것은 백성들을 아끼고 풍속을 후하게 하려는 뜻이라고 上言하니 태종이 흔쾌하게 이를 받아들이고서 마침내 寬仁으로 천하를 다스리면서 刑法에 있어 더욱 신중하였다. 貞觀 4년(630)에 천하에서 死罪로 판결한 것이 29인이었다. 정관 6년(632)에 죄수의 罪狀을 친히 살펴보고 사죄를 받은 자 390인을 불쌍하게 여겨 풀어주어 집에 돌아가도록 하고 이듬해 가을에 사형을 받도록 期約하였는데 期限이 되자 죄수들이 모두 朝堂에 나아오고 늦은 자가 없으니 태종이 그들이 신의를 지킨 것을 가상하게 여겨 다 용서해주었다.

魏徵

그렇지만 일찍이 신하들에게 이르기를, "내가 들으니 세속에서 하는 말에 '한 해에 거듭 赦免令을 내리면 좋은 사람도 벙어리가 된다.'고 하는데 내가 천하를 소유하고 나서 일찍이 자주 사면령을 내리지 않았던 것은 요행히 벗어나려는 마음을 품도록 백성들을 유도하고 싶지 않아서였다."라고

하였다. 房玄齡 등이 律, 令, 格, 式을 改定하고 나서 太宗의 치세가 끝나도록 시행하면서 변경한 것이 없었다.

高宗初卽位에 **詔律學之士撰律疏**하고 **又詔長孫無忌等增損格勅**하니 **其曹司常務曰留司格**이요 **頒之天下曰散頒格**이라 **龍朔儀鳳**[1]**中**에 **司刑太常伯李敬玄左僕射劉仁軌相繼又加刊正**하다 **武后時**에 **內史裴居道鳳閣侍郎韋方質等又删武德以後至于垂拱**[2]**詔勅**하야 **爲新格**하야 **藏於有司曰垂拱留司格**이라 **神龍**[3]**元年**에 **中書令韋安石又續其後至於神龍**하야 **爲散頒格**이라 **睿宗卽位**에 **戶部尙書岑羲等又著太極格**이라

高宗이 막 즉위하였을 때 詔命을 내려 律學에 밝은 자에게 ≪律疏≫를 撰述하게 하고 또 조명을 내려 長孫无忌 등에게 格勅을 수정하게 하였는데 그중 曹司의 일상 업무를 다룬 것을 ≪留司格≫이라 하고 天下에 반포한 것을 ≪散頒格≫이라 하였다. 龍朔, 儀鳳 연간에 司刑太常伯 李敬玄, 左僕射 劉仁軌가 연이어서 다시 바로잡는 일을 하였다. 則天武后 때 內史 裴居道, 鳳閣侍郎 韋方質 등이 다시 武德 이후부터 垂拱 연간의 詔勅을 删定하여 新格을 만들고서 有司에 보관하게 하니 ≪垂拱留司格≫이라 하였다. 神龍 元年(705)에 中書令 韋安石이 다시 그 뒤부터 신룡 연간에 이르는 부분을 이어서 ≪산반격≫을 만들었다. 睿宗이 즉위하였을 때 戶部尙書 岑羲 등이 다시 ≪太極格≫을 저술하였다.

則天武后

1) 龍朔儀鳳 : 龍朔은 唐 高宗의 세 번째 연호(661~663)이고 儀鳳은 唐 高宗의 아홉 번째 연호(676~679)이다.

2) 垂拱 : 唐 則天武后의 연호(685~688)이다.

3) 神龍 : 당 측천무후의 아들 中宗이 復位한 뒤 사용한 연호(705~707)이다.

玄宗開元三年에 **黃門監盧懷愼等又著開元格**이라 **至二十五年**하야 **中書令李林甫又著新格**하니 **凡所損益**이 **數千條**요 **明年**에 **吏部尙書宋璟又著後格**하니 **皆以開元名書**[1]라 **天寶四載**에 **又詔刑部尙書蕭炅稍復增損之**라 **肅宗代宗**은 **無所造**라 **至德宗時**하야 **詔中書門下選律學之士**하야 **取至德以來制勅奏讞**(언)[2]하야 **掇其可爲法者藏之**하고 **而不名書**라 **憲宗時**에 **刑部侍郎許孟容等刪天寶以後勅爲開元格後勅**이라

玄宗 開元 3년(715)에 黃門監 盧懷愼 등이 다시 《開元格》을 저술하였다. 개원 25년(737)에 이르러 中書令 李林甫가 다시 新格을 저술하니 수정한 부분이 모두 수천 條였고 이듬해에 吏部尙書 宋璟이 다시 後格을 저술하였는데 모두 開元으로 책을 명명하였다. 天寶 4년(745)에 다시 詔命을 내려 刑部尙書 蕭炅에게 조금 다시 수정하게 하였다. 肅宗과 代宗은 만든 것이 없었다. 德宗 때에 이르러 조명을 내려 中書門下省에서 律學에 밝은 자를 선발하여 至德 이후의 制勅, 奏讞을 가져다 법률의 참고가 될 만한 것들을 모아 보관하게 하면서 책이라고 명명하지 않았다. 憲宗 때 刑部侍郎 許孟容 등이 천보 이후의 勅을 刪定하여 《開元格後勅》을 만들었다.

1) 玄宗開元三年……皆以開元名書 : 《二十二史考異》 권45 〈唐書5 · 刑法志〉에 "〈藝文志〉에 《開元後格》 10권은 宋璟 등이 刪定하여 개원 7년에 올렸고 《開元新格》 10권은 李林甫 등이 산정하여 개원 25년에 올렸다고 되어 있다. 이는 송경이 《개원후격》을 지은 것이 이임보보다 앞선 것이다. 또 〈宋璟傳〉에 근거하면 송경은 개원 25년에 졸하였는데 바로 이임보가 《개원신격》을 올린 해이니 어찌 이듬해 다시 미리 撰述할 수 있겠는가. 이 부분은 서술이 매우 뒤집힌 경우이다."라고 하였다.

2) 奏讞(언) : 獄案에 대한 처리 의견을 朝廷에 상주하면서 조정에서 이를 評議하여 옥안을 확정하기를 청하는 일 혹은 그 문서를 말한다.

文宗命尙書省郎官各刪本司勅하고 **而丞與侍郎覆視**에 **中書門下參其可否而奏之**하야

爲太和格後勅이라 **開成三年**에 **刑部侍郞狄兼謩**(모)**採開元二十六年以後至於開成制勅**하야 **刪其繁者**하야 **爲開成詳定格**이라 **宣宗時**에 **左衛率府倉曹參軍張戣**(규)**以刑律分類爲門**[2)]하고 **而附以格勅**하야 **爲大中刑律統類**하니 **詔刑部頒行之**라

文宗은 尙書省 郎官들이 각자 本司의 勅을 刪定하고 丞과 侍郞이 검토할 때 中書省, 門下省이 그 可否를 판단하는 데 참여하고서 上奏하라고 명하여 ≪太和格後勅≫을 만들었다. 開成 3년(838)에 刑部侍郎 狄兼謩가 開元 26년 이후부터 開成 연간까지의 制勅을 수집하여 그중 繁多한 부분을 산정하여 ≪開成詳定格≫을 만들었다. 宣宗 때 左衛率府 倉曹參軍 張戣가 刑律의 分類를 기준으로 門을 삼고 格勅을 덧붙이고서 ≪大中刑律統類≫를 만드니 詔命을 내려 刑部에서 반포하여 시행하게 하였다.

1) 開成 : 唐 文宗의 두 번째 연호(836~840)이다.
2) 門 : 비슷한 부류들끼리 모아 다른 부류와 구분하는 단위를 말하는데, 주로 類書와 같은 복잡한 지식을 체계적으로 분류할 때 쓰는 용어이다.

此其當世所施行而著見者니 **其餘有其書而不常行者**는 **不足紀也**라 **書曰愼乃出令**이라하니 **蓋法令在簡**이니 **簡則明**이요 **行之在久**니 **久則信**이어늘 **而中材之主**와 **庸愚之吏**는 **常莫克守之**하고 **而喜爲變革**하야 **至其繁積**하니 **則雖有精明之士**라도 **不能偏習**하야 **而吏得上下以爲姦**이니 **此刑書之弊也**라 **(益)〔蓋〕**[1)]**自高宗以來**로 **其大節鮮可紀**어늘 **而格令之書**는 **不勝其繁也**라

이것들은 當代에 시행되어 드러난 것이니 그 밖에 책은 있지만 평소 시행되지 않은 것들은 족히 기술할 것이 없다. ≪書經≫에 "너희가 내는 명령을 삼가라."라고 하였는데 대개 法令은 簡易함에 달려 있으니 간이하면 明白하며, 시행은 오래 하는 데 달려 있으니 오래되면 신뢰를 받는다. 그런데 평범한 君主와 어리석은 관리가 늘 잘 준수하지 못하고 變革하기를 좋아하여 번다하게 누적되는 데 이른다. 이렇게 되면 비록 정밀하고 명석한 자가 있더라도 두루 익히지 못하여 서리들이 위아래로 농간을 부릴 수가 있으니 이것이 刑書의 폐단이다. 대개 高宗 이후로 그 기본 大法은 記述할 만한 것이 적은데 格, 令을 담은 책들은 그 繁多함을 이루 다 말할 수가

없다.

1) (益)〔蓋〕: 저본에는 '益'으로 되어 있으나, ≪新唐書≫에 의거하여 '蓋'로 바로잡았다.

高宗旣昏懦하고 而繼以武氏之亂하야 毒流天下하야 幾至於亡이라 自永徽[1]以後로 武氏已得志而刑濫矣라 當時大獄은 以尙書刑部御史臺大理寺雜按하니 謂之三司어늘 而法吏以慘酷爲能하야 至不(勝)〔釋〕[2]枷而笞箠(수)以死者를 皆不禁이라 律有杖百凡五十九條러니 犯者或至死而杖未畢일새 乃詔除其四十九條나 然無益也라 武后已稱制에 懼天下不服하야 欲制以威하야 乃修後(門)〔周〕[3]告密之法하야 詔官司受訊에 有言密事者어든 則[4]馳驛奏之라 自徐敬業越王貞瑯琊王冲等起兵討亂으로 武氏益恐하야 乃引酷吏周興來俊臣輩典大獄하고 與侯思止王弘義郭弘霸李敬仁康暐衛遂忠等으로 集告事數百人하야 共爲羅織하야 構陷無辜라 自唐之宗室與朝廷之士로 日被告捕가 不可勝數라 天下之人이 爲之仄足하니 如狄仁傑魏元忠等皆幾不免하다 左臺御史周矩上疏曰比姦憸告訐(알)이 習以爲常이라 推劾之吏는 以深刻爲功하고 鑿空爭能하야 相矜以虐이라 泥耳囊頭하고 摺(랍)脅籤爪하고 縣髮熏耳하고 臥隣穢溺하고 刻害支體하야 糜爛獄中하니 號曰獄持오 閉絶食飮하고 晝夜使不得眠하니 號曰宿囚라 殘賊威暴로 取快目前하니 被誣者苟求得死면 何所不至리잇고 爲國者는 以仁爲宗하고 以刑爲助라 周用仁而昌하고 秦用刑而亡하니 願陛下緩刑用仁이면 天下幸甚이라하야늘 武后不納[5]이라 麟臺正字陳子昂亦上書切諫이어늘 不省이라 及周興來俊臣等誅死하야 后亦老하야 其意少衰어늘 而狄仁傑姚崇宋璟王及善相與論垂拱以來酷濫之冤하니 太后感寤하야 由是不復殺戮이라 然其毒虐所被는 自古未之有也라 大(定)〔足〕[6]元年에 乃詔法司及推事使[7]敢多作辯狀而加語者는 以故入[8]論이라 中宗韋后繼以亂敗라

高宗은 이미 昏昧하고 懦弱하였고 게다가 武氏(측천무후)의 난리가 일어나서 害毒이 天下에 퍼져 거의 멸망할 지경에 이르렀다. 永徽 연간 이후로 무씨가 이미 뜻

을 이루어서 형벌을 남용하였다. 당시에 大獄은 尙書省의 刑部, 御史臺, 大理寺가 뒤섞여 판결하니 三司라고 하였는데 法을 집행하는 관리가 혹독한 것이 유능하다고 여겨 심지어 칼을 벗기지 않고 매질을 가해 죽는 경우를 모두 금지하지 않았다. 律文의 규정에 杖 100대를 치는 경우가 모두 59條였는데 범죄한 자가 더러 장을 맞다 죽었는데도 장을 아직 다 못 치는 경우가 있기에 이에 詔命을 내려 그 중에 49조를 삭제하였으나 소용이 없었다.

狄仁傑

武后가 즉위하고 나서 천하 사람들이 복종하지 않을까 두려워 威勢로 제압하려고 하여 이에 後周의 告密法을 부활시켜 詔命을 내려 官司에서 審問을 받을 때 남의 密計를 고발하는 자가 있으면 驛站을 거쳐 급히 보고하게 하였다. 徐敬業, 越王 貞, 瑯琊王 冲 등이 군대를 일으켜 무씨의 난리를 토벌하려 한 뒤부터 무씨가 더욱 두려워하여 이에 酷吏 周興, 來俊臣 같은 자들을 기용하여 大獄을 관장하게 하고 侯思止, 王弘義, 郭弘霸, 李敬仁, 康暐, 衛遂忠 등과 더불어 고발인 수백 명을 모아놓고서 함께 죄를 捏造하여 無辜한 자들을 誣陷하였다. 唐나라 宗室과 朝廷의 관리들로부터 날마다 고발당해 체포되는 자들이 이루 헤아릴 수가 없었다. 천하 사람들이 이 때문에 두려워 몸을 움츠리니 이를테면 狄仁傑, 魏元忠 등 같은 이들이 모두 거의 죄에서 벗어나지 못하였다.

左臺御史 周矩가 上疏하여 “근래 간사한 자들이 고발하는 일이 늘상 하는 습속이 되었습니다. 審問하는 관리는 가혹하게 하는 것을 공로로 여기고 서로 질세라 사실무근인 일을 날조하여 잔학함을 뽐냅니다. 귀를 진흙으로 메우고 머리에 주머니로 씌우며 갈비뼈를 부러뜨리고 손톱에 꼬챙이를 꽂으며 머리털을 줄에 매달고 귀를

불로 지지며 오물과 오줌 옆에 눕게 하고 사지를 손상시켜 獄中에서 온몸이 문드러지게 하니 이를 獄持라고 부르고, 食飮을 끊어버리고 밤낮으로 잠을 자지 못하게 하니 이를 宿囚라고 부릅니다. 殘忍하고 暴惡한 방법으로 눈앞에서 쾌락을 취하니 무함을 당한 자가 만일 죽을 방법을 구할 수 있다면 무슨 짓인들 하지 못하겠습니까. 나라를 다스리는 자는 仁을 宗旨로 삼고 刑을 輔助로 삼아야 합니다. 周나라는 仁을 써서 昌盛하였고 秦나라는 刑을 써서 滅亡하였으니 부디 陛下께서는 刑을 완화하고 仁을 사용하소서. 그렇게 해주신다면 천하 사람들이 매우 다행스럽게 여길 것입니다."라고 하였는데 무후가 받아들이지 않았다. 麟臺 正字 陳子昂 역시 글을 올려 간절히 諫言하였는데 거들떠보지 않았다.

주흥, 내준신 등이 주살을 당한 때에 이르러 무후 역시 연로하여 그 의지가 조금 수그러들자 적인걸, 姚崇, 宋璟, 王及善이 함께 모여 垂拱 연간 이후의 혹독하고 지나쳤던 冤獄을 논하니 太后가 깨달아서 이로부터 다시 살육하지 않았다. 그렇지만 그 毒虐이 끼친 영향은 자고이래로 없던 일이었다. 大足 元年(701)에 이에 詔命을 내려 法司 및 推事使 가운데 감히 변론하는 문서를 많이 만들고 말을 덧붙이는 자들은 故入罪로 논하였다. 中宗, 韋后는 연이어 紊亂하여 패망하였다.

1) 永徽 : 唐 高宗의 첫 번째 연호(650~655)이다.

2) (勝)〔釋〕: 저본에는 '勝'으로 되어 있으나, ≪新唐書≫에 의거하여 '釋'으로 바로잡았다.

3) (門)〔周〕: 저본에는 '門'으로 되어 있으나, ≪신당서≫에 의거하여 '周'로 바로잡았다.

4) 則 : ≪신당서≫에는 없다.

5) 左臺御史周矩上疏曰比姦憸告訐(알)……武后不納 : ≪二十二史考異≫ 권45 〈唐書5・刑法志〉에 "이 상소는 〈酷吏傳〉에도 보이는데 여기서는 '左臺御史'라고 하고 거기서는 '右臺'라고 하여 官名이 조금 다르고 여기서는 '무후가 받아들이지 않았다.〔后不納〕'라고 하고 거기서는 '무후가 깨우쳐 옥사가 비로소 조금 그쳤다.〔后寤 獄內稍息〕'라고 하였으니 어찌 이리도 서로 어긋난단 말인가."라고 하였다.

6) 大(定)〔足〕: '足'은 저본에는 '定'으로 되어 있으나, ≪신당서≫에 의거하여 '足'

으로 바로잡았다. 大足은 唐 則天武后의 연호(701)이다.

7) 推事使 : 당 측천무후가 都城 麗景門 안에 세운 사법 기구인 推事使院의 長官이다. 측천무후가 周興, 來俊臣 등에게 大獄을 캐내면서 酷刑을 써서 審問하도록 명하자 당시 사람들이 '新開獄'이라고 하였다고 한다.(≪舊唐書≫ 卷50 〈刑法志〉)

8) 故入 : 法律 用語로, 법을 집행하는 관원이 죄가 없거나 가벼운 자를 고의로 죄가 있거나 무거운 것으로 만드는 것을 말한다. 이와 반대의 경우를 故出이라 한다.

玄宗自初卽位로 勵精政事하야 常自選太守縣令하야 告(刑)〔戒〕[1]以言하야 而良吏布州縣하야 民獲安樂하니 二十年間에 號稱治平하야 衣食富足하야 人罕犯法이라 是歲에 刑部所斷天下死罪는 五十八人이라 往時에 大理獄은 相傳鳥雀不栖(서)러니 至是하야 有鵲巢其庭樹하니 群臣稱賀하야 以爲幾致刑錯(조)[2]라 然而李林甫用事矣라 自來俊臣誅後로 至此하야 始復起大獄하야 以誣陷所殺數十百人이니 如韋堅李邕等은 皆一時名臣이라 天下寃之요 而天子亦自喜邊功하야 遣將分出以擊蠻夷어늘 兵數大敗하야 士卒死傷以萬計라 國用耗乏하야 而轉漕[3]輸送이어늘 遠近煩費하야 民力旣弊에 盜賊起而獄訟繁矣라 天子方惻然하야 詔曰徒非重刑이어늘 而役者寒暑不釋械繫라 杖은 古以代肉刑也어늘 或犯非巨蠹(두)而捶(추)以至死하니 其皆免하고 以配諸軍自效하라 民年八十以上及重疾은 有罪라도 皆勿坐하라 侍丁[4]犯法은 原之俾終養하라하다 以此施德其民이라 然巨盜[5]起하야 天下被其毒하니 民莫蒙其賜也라

玄宗이 처음 즉위하였을 때부터 政事에 精力을 쏟아 늘 太守와 縣令을 친히 뽑고서 경계하는 말을 해주어 훌륭한 관리가 州縣들에 널리 퍼져 백성들이 安樂할 수 있었다. 20년 사이에 治平하다고 일컬어지며 衣食이 풍족하여 법을 범하는 사람들이 드물었다. 이해에 刑部에서 판결한 천하의 死罪는 58人이었다. 과거에 大理寺의 獄은 새들도 깃들지 않는다고 전해져 왔는데 이때에 이르러 까치가 그 뜰의 나무에 둥지를 트니 신료들이 稱賀하면서 거의 형벌을 쓰지 않게 되었다고 하였다.

그렇지만 李林甫가 권력을 장악하자 來俊臣이 주벌된 뒤로 이때에 이르러 다시

大獄이 일어나 誣陷으로 살해당한 이가 수십 수백 인이었다. 이를테면 韋堅, 李邕 등은 모두 한때의 名臣이었기에 천하 사람들이 원통하게 여겼다. 그리고 天子 역시 스스로 邊方에서 戰功 세우기를 좋아하여 장수들을 보내 나누어 출정하여 오랑캐를 쳤는데 군대가 자주 크게 패하여 죽거나 다친 士卒들이 무려 수만 명이었다. 그래서 국가의 재용이 부족해져 轉漕로 곡식을 輸送하였는데 遠近에서 옮기는데 번거롭고 비용이 들어 民力이 피폐해지자 盜賊이 일어나 獄訟이 繁多해졌다.

天子가 바야흐로 애처롭게 여기면서 詔命을 내려 "徒刑은 重刑이 아닌데 服役하는 자들이 추위와 더위에도 刑具를 풀지 못한다. 杖은 옛날에 이로써 肉刑을 대신한 것인데 간혹 大惡을 저지른 것이 아닌데도 매질을 당해 죽기까지도 하니, 모두 면제하여 주고 군대에 편입시켜 스스로 힘을 바치게 하라. 백성의 나이 80 이상 및 重病이 난 사람은 죄를 지었더라도 모두 처벌하지 말라. 부모를 모시는 男丁이 법을 범한 경우 용서해주어 부모의 봉양을 마치게 하라."라고 하였다. 이로써 백성에게 은덕을 베풀었다. 그렇지만 大盜가 일어나 천하가 그 害毒을 입으니 백성들이 그 혜택을 받지 못하였다.

1) (刑)〔戒〕: 저본에는 '刑'으로 되어 있으나, ≪新唐書≫에 의거하여 '戒'로 바로잡았다.
2) 刑錯(조): ≪荀子≫ 〈議兵〉에 "형을 마련해 놓았으나 쓰지 않는다.〔刑錯而不用〕"라고 한 말에서 유래하여 刑法은 갖추어 놓았으나 민중이 잘 교화되어 쓸 필요가 없게 되었다는 말이다. '錯'는 '措'로도 쓴다. ≪史記≫ 〈周本紀〉에 "성왕과 강왕 시대에 천하가 태평하여 형벌을 쓰지 않은 지 40여 년이었다.〔成康之際 天下安寧 刑錯四十餘年不用〕"라고 하였다.
3) 轉漕: 식량을 운송하는 것으로, 陸路를 통해 수레로 운반하는 것을 轉이라 하고, 水路를 이용하여 배로 운반하는 것을 漕라 한다.
4) 侍丁: 늙은 부모의 奉養이나 侍病을 위하여 국가의 身役을 면제하여 준 壯丁이다.
5) 巨盜: 唐 玄宗 天寶 연간에 난을 일으켜 한때 洛陽과 長安을 함락시켰던 安祿山과 史思明을 가리킨다.

安史之亂에 僞官[1)]陸大鈞等背賊來歸라 及慶緖奔河北하야 脅從[2)]者相率待罪闕下하니 自大臣陳希烈等合數百人이라 以御史大夫李峴中丞崔器等爲三司使[3)]러니 而肅宗方喜刑名[4)]하고 器亦刻深하야 乃以河南尹達奚珣等三十九人爲重罪하야 斬于獨柳樹[5)]者十一人이요 珣及韋恒腰斬하고 陳希烈等賜自盡於獄中者七人이요 其餘決重杖死者二十一人이라 以歲除日行刑할새 集百官臨視하고 家屬流竄하다 初에 史思明高秀巖等皆自拔歸命이라가 聞珣等被誅하고 懼不自安하야 乃復叛이어늘 而三司用刑連年하야 流貶相繼라 及王嶼爲相하야 請詔三司推覈未已者를 一切免之라 然河北叛人畏誅不降하야 兵連不解하니 朝廷屢起大獄이라 肅宗後亦悔歎曰朕爲三司所悞라하다 臨崩에 詔天下流人皆釋之하다

安史의 亂에 僞官 陸大鈞 등이 逆賊을 배반하고 귀순하였다. 安慶緖가 河北으로 도망가자 위협에 못 이겨 복종한 자들이 서로 이끌고 와서 대궐에서 待罪하니 大臣 陳希烈 등 이하로 도합 수백 인이었다. 御史大夫 李峴, 御史中丞 崔器 등을 三司使로 삼았는데 肅宗이 바야흐로 刑名을 좋아하였고 최기 역시 각박하여 이에 河南尹 達奚珣 등 39인을 重罪로 판결하여 그중 11인을 獨柳樹에서 베고 달해순 및 韋恒은 腰斬하고 진희열 등 7인은 獄中에서 自盡할 것을 명하고 나머지 21인은 혹독한 杖을 맞고 죽었다. 섣달 그믐에 형벌을 시행할 때 百官들을 소집하여 참관하게 하고 죄인의 家屬들을 유배 보냈다.

처음에 史思明, 高秀巖 등이 모두 스스로 벗어나 귀순하였다가 달해순 등이 주벌당한 소식을 듣고 두려워 스스로 안정하지 못하고서 이에 다시 반란하였으나, 三司에서는 해를 이어 형벌을 써서 유배 가는 자들이 줄을 이었다. 王嶼가 재상이 되자 詔命을 내려 삼사에서 審問이 아직 끝나지 않은 자들을 모두 용서해 달라고 청하였다. 그러나 河北의 반란한 자들이 주벌을 두려워하여 항복하지 않아 전쟁이 계속되어 그치지 않으니 朝廷에서 누차 大獄을 일으켰다. 숙종이 뒤에 역시 뉘우치며 탄식하며 이르기를, "朕이 삼사에 속았다."라고 하였다. 崩御하려 할 때에 詔命을 내려 天下의 유배된 자들을 모두 풀어주었다.

1) 僞官 : 逆賊에게 붙어서 얻은 벼슬로, 여기서는 唐朝를 배반한 安祿山에게 붙

어 벼슬한 것을 가리킨다.

2) 脅從 : 남의 위협에 의해 부득이 죄를 같이 짓는 것을 이른다. ≪書經≫ 〈夏書 胤征〉에 "천자의 관리가 덕을 잃는 것은 맹렬한 불보다 더하니, 큰 수괴만 죽이고 위협에 따랐던 자들은 다스리지 않아서, 옛날에 물든 나쁜 풍습을 모두 함께 새롭게 하겠다.〔天吏逸德 烈于猛火 殲厥渠魁 脅從罔治 舊染汚俗 咸與惟新〕"라고 한 데서 온 말이다.

3) 三司使 : 刑部尙書侍郞, 御史中丞, 大理卿의 세 관직이나 관리를 말하는데, 이들은 중요한 사건을 함께 모여서 審理, 判決하였다.

4) 刑名 : 유가의 仁義와는 달리 형벌을 통하여 나라를 다스리는 법가 사상을 말한다. 형명은 名實의 뜻으로, 전국 시대 韓非子가 주장한 학설이다. 관리를 등용할 때에는 그 사람의 의론 곧 名과 그의 실제 성적 곧 刑의 일치 여부를 살펴 賞罰과 黜陟을 시행해야 한다고 하였다.

5) 獨柳樹 : 한 그루만 서 있는 버드나무인데, 唐나라 때 주로 그 나무 아래에서 사람을 사형시켰다. ≪舊唐書≫ 권1 〈高祖本紀〉에 "戊子에 劉闥과 그의 아들 超郞 등 9명을 獨柳樹 아래에서 참수하였다."라고 하였다.

代宗性仁恕하야 常以至德以來用刑爲戒라 及河洛[1]平하야 下詔河北河南吏民任僞官者를 一切不問하다 得史朝義[2]將士妻子四百餘人하여 皆赦之하다 僕固懷恩[3]反한대 免其家하고 不緣坐라 劇賊[4]高(王)〔玉〕[5]聚徒南山하야 啖(담)人數千이러니 後擒獲에 會赦라 代宗將貸其死어늘 公卿議請爲菹醢(저해)한대 帝不從하고 卒杖殺之라 諫者常諷帝政寬이라 故朝廷不肅하니 帝笑曰艱難時無以逮下로되 顧刑法峻急하니 有威無恩은 朕不忍也라하다 即位五年에 府縣寺獄에 無重囚라 故時別勅決人捶(추)無數러니 寶應[6]元年에 詔曰凡制勅與一頓杖者는 其數止四十이요 至到與一頓及重杖一頓痛杖一頓者는 皆止六十이라

代宗은 성품이 인자하고 관대하여 늘 至德 연간 이래로 형벌을 과도하게 쓴 것을 경계로 삼았다. 河洛 지방이 평정되자 詔命을 내려 河北, 河南의 관리와 백성 가운데 僞官을 맡았던 자들을 일절 不問에 부쳤다. 史朝義의 將士들의 妻子 4백여 명을 붙잡아 모두 사면해주었다. 僕固懷恩이 반란하였는데 그 가족들을 사면해주고 연좌

시키지 않았다. 劇賊 高玉이 南山에서 무리를 모아 수천 명의 사람을 잡아 먹었는데 뒤에 사로잡혔을 때 마침 사면령을 내렸으므로 대종이 그의 死罪를 용서하려고 하였다. 公卿들이 審議하여 그를 죽여 육젓으로 만들 것을 청하니 황제가 따르지 않고 결국 杖을 쳐서 죽였다.

諫言하는 자들이 늘 황제의 정치가 관대하므로 조정이 엄숙해지지 못한다고 넌지시 비판하니 황제가 웃으면서 이르기를, "국가가 多難할 때 은혜가 아래로 미칠 수 없는데 도리어 刑法은 嚴酷하니, 威勢만 부리고 은혜가 없는 것은 朕이 차마 하지 못한다."라고 하였다. 즉위한 지 5년에 府, 縣, 大理寺의 獄에 重罪囚가 없었다. 예전에는 별도로 勅諭하여 사람에게 杖을 칠 경우에는 횟수 규정이 없었는데 寶應 元年(762)에 詔命을 내려, "무릇 制勅으로 장을 한 차례 치는 경우는 그 횟수가 40대에 그치고 최고 한도로 장을 한 차례 치는 경우 및 重杖을 한 차례 치는 경우, 痛杖을 한 차례 치는 경우는 모두 60대에 그친다."라고 하였다.

1) 河洛 : 본래 黃河와 洛水를 뜻하는 데서 비롯하여 洛陽과 인근 지역, 즉 河南과 河北을 통칭하는 말로 쓰인다.
2) 史朝義 : ?~763. 史思明의 맏아들로, 天寶 연간에 安祿山을 따라 난을 일으켜 冀州와 相州를 지켰다. 사사명이 안녹산을 죽이고 稱帝한 뒤 그를 懷王에 봉하고 등한시하자 上元 2년(761)에 부친을 시해한 뒤 즉위하고서 연호를 顯聖이라 하였다. 寶應 元年(762)에 唐나라와 回紇 연합군이 낙양을 함락하자 莫州로 도망갔다가 자살하였다.
3) 僕固懷恩 : ?~765. 僕固는 復姓이고 懷恩은 字로, 金微都督府 사람이다. 鐵勒族으로 唐나라를 中興시킨 名將이다. 安史의 亂 때 郭子儀를 따라 반군과 싸우고 朔方左武鋒使를 맡았다. 누차 戰功을 세워 豐國公에 봉해졌다. 두 딸을 回紇에 시집보내 회흘과 우호를 맺고 회흘의 군대를 빌어 난을 평정한 뒤, 邠寧을 지키면서 大寧郡王에 봉해졌다. 그러나 代宗 永泰 元年(765)에 宦官 駱奉先의 모함을 받아 군대를 일으켜 항거했다가 곽자의에게 패해 鳴沙城에서 病死하였다.
4) 劇賊 : 세력이 커서 다루기 힘든 도적이나 반역자를 말한다. ≪舊唐書≫ 권133 〈李晟傳〉에 "李晟이 안으로는 재화가 없고 밖으로는 물자의 수송이 없어

서 고립된 군대로써 劇賊과 맞섰지만, 예기가 조금도 쇠하지 않았다.〔晟內無貨財 外無轉輸 以孤軍而抗劇賊 而銳氣不衰〕"라고 하였다.

5) (王)〔玉〕: 저본에는 '王'으로 되어 있으나, ≪新唐書≫에 의거하여 '玉'으로 바로잡았다.

6) 寶應 : 唐 肅宗의 마지막 연호(762~763)이다.

德宗性猜忌少恩이나 **然用刑無大濫**이라 **刑部侍郎班宏言謀反大逆及叛惡逆四者**는 **十惡**[1]**之大也**니 **犯者宜如律**이요 **其餘當斬絞刑者**는 **決重杖一頓處死**하야 **以代極法**이라하다 **故時**에 **死罪皆先決杖**하되 **其數或百或六十**이러니 **於是**에 **悉罷之**하다

德宗은 성품이 시기심이 많고 恩愛가 적었지만 형벌을 너무 濫用하는 일은 없었다. 刑部侍郎 班宏이 아뢰기를, "謀反, 謀大逆 및 謀叛, 惡逆 네 가지는 十惡 중에서 가장 큰 것이니 이를 범하는 자는 의당 律文대로 처리해야 하고 나머지 斬刑과 絞刑을 써야 하는 자들은 重杖을 한 차례 쳐서 죽음에 처하게 함으로써 極刑을 대신해야 합니다."라고 하였다. 예전에는 死罪인 경우 모두 먼저 杖을 치되 그 횟수가 혹 100대나 60대가 되기도 하였는데 이때에 모두 폐지하였다.

1) 十惡 : 赦免해 줄 수 없는 열 가지 큰 죄로, 사직을 위태롭게 한 謀反, 종묘・산릉 등을 훼손한 謀大逆, 본국을 배반한 謀叛, 부모 또는 조부모를 비롯한 친척을 구타하거나 죽인 惡逆, 왕실에 불경한 大不敬, 부모 또는 조부모를 고발한 不孝, 일가 간에 화목하지 않은 不睦, 死罪가 아닌 1家 3인을 죽인 不道, 소속 상관을 죽인 不義, 至親 간에 간음한 內亂 등을 말한다.(≪唐律疏議≫ 〈名例一 十惡〉)

憲宗英果明斷하야 **自卽位**로 **數誅方鎭**하야 **欲治僭叛**하야 **一以法度**라 **然於用刑**에 **喜寬仁**이라 **是時**에 **李吉甫李絳爲相**한대 **吉甫言治天下**는 **必任賞罰**이라 **陛下頻降敕令**하야 **蠲**(견)**逋負**하고 **賑飢民**하시니 **恩德至矣**라 **然典刑未擧**하야 **中外有懈怠心**이라하야늘 **絳曰今天下雖未大治**나 **亦未甚亂**하니 **乃古平國用中典之時**[1]라 **自古欲治之君**은 **必先德化**요 **至暴亂之世**하야 **始專任刑法**이니 **吉甫之言過矣**라하니 **憲宗以爲然**하다 **司**

空于頔(적)亦諷帝用刑以收威柄한대 帝謂宰相曰頔懷姦謀하야 欲朕失人心也라하다 元和八年에 詔兩京關內河東河北淮南山南東西道[2]死罪十惡殺人鑄錢造印과 若彊盜持杖劫京兆界中 及他盜贓踰三匹者는 論如故하고 其餘死罪皆流天德五城하되 父祖子孫欲隨者勿禁하다 蓋刑者는 政之輔也라 政得其道하야 仁義興行하야 而禮讓成俗이라도 然猶不敢廢刑은 所以爲民防也니 寬之而已라 今不隆其本하고 顧風俗謂何而廢常刑은 是弛民之禁하야 啓其姦이니 由積水而決其防이라 故自玄宗廢徒杖刑으로 至是又廢死刑이로되 民未知德하고 而徒以爲幸也라

唐 憲宗

憲宗은 英明하고 果斷하여 卽位하고부터 자주 方鎭을 誅罰하여 참람되이 배반하는 자들을 懲治하여 一切 法度대로 하고자 하였다. 그렇지만 형벌을 쓸 때에는 관대하고 인자하게 해주는 것을 좋아하였다. 이때에 李吉甫, 李絳이 재상이 되었는데 이길보가 아뢰기를, "天下를 다스리는 일은 반드시 賞罰을 써야 합니다. 陛下께서 자주 勅令을 내려 조세 미납을 감면해주고 굶주린 백성들을 賑恤해주시니 恩德이 지극합니다. 하지만 刑法이 제대로 시행되지 못하여 중앙과 지방에서 解弛한 마음을 품고 있습니다."라고 하자, 이강이 아뢰기를, "지금 天下가 비록 크게 다스려지지 못하고 있지만 그렇다고 그리 혼란하지도 않으니 바로 옛날에 태평한 나라에서 통상적인 법률을 쓰는 때입니다. 예로부터 치세를 이루려고 하는 임금은 반드시 德化를 先務로 여겼고 포악하고 혼란한 세상이 되어서야 비로소 전적으로 刑法을 썼으니 이길보의 말은 잘못입니다."라고 하니 헌종이 이강의 말을 옳다 하였다. 司空 于頔 역시 형벌을 써서 權柄을 거두어들이자고 넌지시 말하자 황제가 재상에게 이르기를, "頔이 간사한 계획을 품고서 朕이 民心을 잃게 하고자 하는구려."라

고 하였다.

元和 8년(813)에 詔命을 내려 兩京, 關內, 河東, 河北, 淮南, 山南東道, 山南西道의 死罪 가운데 十惡과 殺人, 鑄錢, 造印과 强盜가 무기를 들고 京兆府 경계 내에서 위협하는 경우 및 기타 훔친 물건이 무명 3匹을 넘는 경우는 원래 법규대로 논죄하고 나머지 死罪는 모두 天德의 5城에 流刑시키되 父祖나 子孫이 따라가고자 하는 경우 금지시키지 말라고 하였다.

대개 刑이라는 것은 政令을 輔助하는 것이다. 정령이 제대로 시행되어 仁義가 흥성하게 행해져서 禮讓이 풍속을 이루더라도 감히 刑을 폐지하지 못하는 것은 刑으로써 백성이 죄를 짓지 못하도록 막는 堤防을 삼는 것이니 관대하게 할 따름이다. 그런데 지금 그 근본을 중시하지 않고 風俗이 어떠한지만 돌아보고서 常刑을 폐지하는 것은 백성이 지킬 禁法을 느슨하게 하여 백성들의 간사한 생각을 조장하는 것이니 이는 물이 쌓이고 쌓여 그 제방을 무너뜨리는 것과 같다. 그러므로 玄宗 때 徒刑과 杖刑을 폐지하고부터 이때에 이르러 다시 死刑을 폐지하였지만 백성들은 황제의 德을 감사할 줄 모르고 한갓 다행으로 여길 뿐이었다.

1) 古平國用中典之時 : 平國은 先代의 태평한 治世를 이어 守成하는 나라를 가리키는데, ≪周禮≫ 〈秋官·大司寇〉에 "첫 번째, 새로 세운 나라의 형벌은 가벼운 법률을 쓰고, 두 번째, 태평한 나라의 형벌은 통상적인 법률을 쓰고, 세 번째, 어지러운 나라의 형벌은 무거운 법률을 쓴다.〔一曰刑新國用輕典 二曰刑平國用中典 三曰刑亂國用重典〕"라고 한 데서 온 말이다.

2) 兩京關內河東河北淮南山南東西道 : 唐代에는 隋代의 지방 제도를 개혁하여 太宗 貞觀 초기에 關內, 河南, 河東, 河北, 山南, 淮南, 江南, 隴右, 劍南, 嶺南의 10道로 나누었는데, 玄宗 開元 21년(627)에 이 10도에서 일부를 분리하여 15도로 확장하였다. 즉 關內道에 속한 長安 지역을 京畿道로, 河南道에 속한 洛陽 지역을 都畿道로 분리하고, 山南道를 나누어 山南東道, 山南西道로, 江南道를 나누어 江南東道, 江南西道, 黔中道로 만들고, 嶺南道의 福州, 建州, 泉州를 떼어 江南東道에 귀속시켰다. 이들 15도를 다시 열거하면 隴右道, 河北道, 河南道, 산남동도, 산남서도, 劍南道, 검중도, 關內道, 河東道, 강남서도, 강남동도, 영남도, 경기도, 淮南道, 도기도이다. 특히 산남동도와

산남서도는 산남도로 合稱하고, 강남서도와 강남동도는 강남도라고 합칭하였다. 兩京은 長安과 洛陽으로, 경기도와 도기도를 말한다.

穆宗童昏이나 **然頗知愼刑法**하야 **每有司斷大獄**에 **令中書舍人一人參酌而輕重之**하니 **號參酌院**이라 **大理少卿崔杞奏曰國家法度**는 **高祖太宗制二百餘年矣**라 **周禮**에 **正月布刑**하야 **張之門閭及都鄙邦國**은 **所以屢丁寧**하야 **使四方謹行之**[1]니이다 **大理寺**(시)는 **陛下守法之司也**어늘 **今別設參酌之官**하야 **有司定罪**에 **乃議其出入**하니 **是與奪繫於人情而法官不得守其職**이라 **昔子路問政**한대 **孔子曰必也正名乎**[2]인저하시니 **臣以爲參酌之名不正**하니 **宜廢**라하야 **乃罷之**하다

穆宗은 어리고 昏暗하였지만 자못 刑法을 신중하게 쓸 줄 알아서 有司가 大獄을 판결할 때마다 中書舍人 1인으로 하여금 이를 參酌하여 刑量을 저울질하게 하니 參酌院이라 하였다. 大理寺 少卿 崔杞가 아뢰기를, "우리나라의 法度는 高祖, 太宗이 제정하신 지 2백여 년이 지났습니다. ≪周禮≫에 '正月에 刑法을 펴서 門閭 및 采邑, 諸侯國에 공포하는 것은 누차 간곡하게 알려 사방으로 하여금 삼가 행하게 하는 것이다.'라고 하였습니다. 대리시는 陛下께서 法을 수호하는 官司인데 지금 참작하는 관사를 별도로 설치하여 유사가 定罪할 때 이에 그 형량의 경중을 논의하게 하니 이렇게 되면 판결이 人情에 얽매이게 되어 法官이 그 직책을 제대로 수행하지 못하게 됩니다. 옛날 子路가 政事에 대해 묻자 孔子께서 말씀하시기를, '반드시 명분을 바로잡을 것이다.'라고 하셨으니 신은 참작이라는 명분은 바르지 않으니 폐지해야 한다고 생각합니다."라고 하여 이에 폐지하였다.

1) 周禮……使四方謹行之 : ≪周禮≫ 〈秋官・布憲〉에 "布憲은 국가의 刑法과 禁令을 게시하는 일을 관장한다. 정월 초하루에 旌節을 가지고서 사방에 선포하여 국가의 형법과 금령을 게시하여 사방의 諸侯國 및 그 采邑에서 준수하게 하여 천하에 미치도록 한다.〔布憲掌憲邦之刑禁 正月之吉 執旌節以宣布于四方 而憲邦之刑禁 以詰四方邦國及其都鄙 達于四海〕"라고 하였는데, ≪周禮註疏≫의 註에 "司寇는 정월에 천하에 형법을 편다.……포헌은 사구가 형법을 게시하면 정절을 가지고서 나가 王命을 전달하고 사구가 刑書를 게시하면 역

시 문려 및 채읍, 제후국에 게시한다. 刑이라는 것은 王政에서 중요하게 여기는 것이므로 여러 차례 간곡하게 알리는 것이다. 詰은 삼감이니 사방으로 하여금 삼가 행하게 하는 것이다.〔司寇正月布刑于天下……布憲於司寇布刑 則以旌節出宣令之 於司寇縣書 則亦縣之于門閭及都鄙邦國 刑者王政所重 故屢丁寧焉 詰 謹也 使四方謹行之〕"라고 하였다. 본문은 이 註를 발췌 인용한 것이다.

2) 孔子曰必也正名乎 : ≪論語≫ 〈子路〉에서 子路가 일찍이 孔子에게 말하기를 "위나라 임금이 선생님을 기다려 정사를 하려고 합니다. 선생님께서는 장차 무슨 일을 먼저 하시겠습니까?〔衛君待子而爲政 子將奚先〕"라고 묻자, 공자가 이르기를 "반드시 명분을 바로잡을 것이다"라고 한 데서 온 말이다.

太和六年에 **興平縣民上官興以醉殺人而逃**라가 **聞械其父**하고 **乃自歸**어늘 **京兆尹杜悰御史中丞宇文鼎以其就刑免父**로 **請減死**라 **詔兩省議**하니 **以爲殺人者死**는 **百王所守**어늘 **若許以生**이면 **是誘之殺人也**라하고 **諫官亦以爲言**이라 **文宗以興免父囚**가 **近於義**라하야 **杖流靈州**하니 **君子以爲失刑**이라 **文宗好治**하야 **躬自謹畏**라 **然閹宦肆孽**(얼)**不能制**하야 **至誅殺大臣**하야 **夷滅其族**하니 **濫及者不可勝數**라 **心知其寃**하야 **爲之飮恨流涕而莫能救止**라 **蓋仁者制亂**하고 **而弱者縱之**라 **然則剛彊非不仁**이요 **而柔弱者仁之賊也**라

太和 6년(832)에 興平縣의 백성 上官興이 술에 취해 殺人하고 도망갔다가 그 부친이 구금되었다는 말을 듣고서야 스스로 돌아왔는데, 京兆尹 杜悰과 御史中丞 宇文鼎이 그가 自首하여 부친을 풀려나게 하였다는 이유로 死刑에서 減免할 것을 청하였다. 詔命을 내려 兩省에서 논의하게 하니 살인한 자를 사형에 처하는 것은 역대 모든 帝王들이 지키는 것인데 만약 살려주도록 허락한다면 이는 사람들에게 살인하라고 誘引하는 것이라고 하였고 諫官 역시 이런 취지로 말하였다. 文宗은 상관흥이 갇혀 있던 부친을 풀려나게 한 일이 義에 가깝다고 하여 杖을 치고 靈州에 유배 보내게 하였는데, 君子들이 형벌을 잘못 집행하였다고 하였다.

문종은 治道를 이루기를 좋아하여 몸가짐을 謹愼하였다. 그렇지만 환관들이 악행을 방자하게 저지르는 것을 제어하지 못하여 大臣들을 살해하고서 그들의 가문을

滅族시키기까지 하였으니 부당하게 연루되어 죽은 자들을 이루 다 헤아릴 수조차 없었다. 문종이 마음속으로 그들의 원통함을 알아 그들을 위해 한을 머금고 눈물을 흘리기는 하였지만 救濟하지 못하였다. 仁者는 난리를 制止하고 弱者는 내버려둔다. 그러한즉 剛彊함이 不仁한 것이 아니고 柔弱한 자는 仁의 賊이다.

武宗用李德裕하야 **誅劉稹**(진)**等**하니 **大刑擧矣**로되 **而性嚴刻**이라 **故時**에 **竊盜無死**는 **所以原民情迫於飢寒也**러니 **至是**하야 **贓滿千錢者死**라가 **至宣宗乃罷之**로되 **而宣宗亦自喜刑名**하야 **常曰犯我法**이면 **雖子弟**라도 **不宥也**라하다 **然少仁恩**하니 **唐德自是衰矣**라

武宗은 李德裕를 기용하여 劉稹 등을 誅罰하니 死刑은 시행하였지만 성품이 각박하였다. 예전에 竊盜한 자를 사형에 처하지 않은 것은 백성들이 굶주림과 추위에 내몰려 저지른 사정을 헤아려 용서한 것이었는데, 이때에 이르러 훔친 장물이 천錢을 넘는 자는 사형에 처하였다가 宣宗 때에 이르러서야 폐지하였다. 하지만 선종 역시 본래 刑名을 좋아하여 늘 이르기를, "나의 法을 범하면 비록 子弟라 하더라도 용서하지 않을 것이다."라고 하였다. 그렇지만 仁恩이 적었으니 唐나라의 德이 이로부터 쇠잔해 갔다.

唐 武宗

李德裕

蓋自高祖太宗이 除隋虐亂하야 治以寬平으로 民樂其安하고 重於犯法하야 致治之美가 幾乎三代之盛時하니 考其推心惻物이면 其可謂仁矣라 自高宗武后以來로 毒流邦家하야 唐祚絶而復續이라 玄宗初에 勵精爲政하야 二十年間에 刑獄減省하야 歲斷死罪纔(재)五十八人이라 以此見致治雖難이나 勉之則易니 未有爲而不至者라 自此以後로 兵革遂興하야 國家多故어늘 而人主規規하야 無復太宗之志라 其雖有心於治者라도 亦不能講考大法而性有寬猛하야 凡所更革을 一切臨時苟且하야 或重或輕하야 徒爲繁文하야 不足以示後世요 而高祖太宗之法을 僅守而存이라 故自肅宗以來로 所可書者幾希矣요 懿宗以後로 無所稱焉이러라

高祖, 太宗이 隋나라의 포학한 亂政을 제거하여 寬平함으로 다스리고부터 백성들이 安定됨을 즐거워하고 犯法하기를 어려워하여 治世를 이룬 아름다움이 거의 三代의 盛世에 가까웠으니 그들이 자기 마음을 미루어 남을 아낀 자세를 살펴보면 仁이라고 이를 만하다. 高宗, 武后 이후로 害毒이 국가에 퍼져 唐나라의 國運이 끊어졌다가 다시 이어졌다. 玄宗 初年에는 政事에 精力을 쏟아 20년 사이에 刑獄이 감소하여 한 해에 死罪로 處斷하는 것이 겨우 58인뿐이었다. 이를 통해 治世를 이루는 것이 비록 어렵지만 힘쓰면 쉬운 법이니 노력하고도 이르지 못하는 경우는 없음을 볼 수 있다.

이때 이후로 전란이 마침내 일어나서 국가에 변고가 많았는데 君主들이 식견이 좁고 고루하여 다시는 태종과 같은 뜻이 없었다. 그중에 비록 治世에 마음을 두고 있는 이가 있다 하더라도 역시 大法을 講究하지 못하고 성품이 관대하거나 각박하였다. 그리하여 모든 개혁하는 일들을 一切 상황에 따라 구차하게 진행하여 무겁게 하기도 했다가 가볍게 하기도 하여 한갓 번다한 조문만 만들어 족히 후세에 전할 만한 것이 없고 고조와 태종의 法을 겨우 지키고 보존할 뿐이었다. 그래서 肅宗 이후로는 기록할 만한 것들이 거의 드물고 懿宗 이후로는 일컬을 것이 없다.

歐陽文忠公新唐書抄 卷下

歸安 鹿門 茅坤 批評
孫男 闇叔 茅著 重訂

志論

01. 禮樂志論* 예악지에 관한 論

* 고대 중국의 禮樂에 관해 본격적으로 서술한 史書는 司馬遷이 지은 ≪史記≫로부터 비롯한다. 다만 ≪사기≫에는 志가 아닌 書라는 편명으로 예악을 나누어 〈禮書〉와 〈樂書〉로 수록되어 있다. 이후 ≪漢書≫를 지은 班固가 〈禮樂志〉를 지으면서 예악을 통합하였는데, ≪사기≫의 영향으로 禮와 樂을 내용상 구분하여 차례로 서술하였다. 禮를 서술한 앞부분에서는 上古 시대부터 漢代까지 禮制의 변화를 서술한 뒤 賈誼, 董仲舒, 王吉, 劉向 등의 예제에 대한 건의를 받아들이지 않아 後漢에 이르러 예악이 구비되지 못한 사정을 말하였고, 樂을 서술한 부분에서는 역시 이전 시대까지 樂의 변천을 기술한 뒤 한나라는 周나라와 秦나라를 계승하였음을 밝혔다. 시대를 내려와 ≪舊唐書≫에서는 〈禮儀志〉와 〈音樂志〉로 편을 나누었는데, ≪新唐書≫에서 이를 다시 〈예악지〉로 통합하였다.

본 편은 상고 시대로부터 唐나라에 이르기까지 禮樂制度의 變遷과 得失에 관해 논술한 서론에 해당하는 부분을 茅坤이 발췌하여 수록한 것이다. 본 편은 三代 이후 秦나라에 의해 古禮가 무너진 뒤 예악이 이어져 내려온 상황을 간략하게 개괄하고 나서 唐代로 내려와 貞觀禮와 顯慶禮를 통해 예제가 대략 정리되고 開元禮를 통해 완비되었다고 말하였다. 하지만 개원례 이후 몇 차례의 정리를 통해 禮文은 구비되었지만 의미가 남아 있지 않으므로 삼대의 융성함을 회복하지 못하였다고 아쉬움을 표명하였다.

한편 ≪신당서≫를 살펴보면, 서론에 이어지는 부분에서는 먼저 禮를 서술하면서 吉禮, 賓禮, 軍禮, 嘉禮, 凶禮의 五禮로 나누어 설명하였고, 이어지는 부분에서 樂에 대해 서술하였는데 禮를 다룬 부분이 9권이고 樂을 다룬 부분이 2권으로 樂에 대한 내용이 소략한 것을 알 수 있다. 한편 ≪신당서≫ 〈예악지〉는 志 가운데 가장 앞에 수록되어 있으면서 권수로 11권에 달해 志 가운데 가장 많은 분량을 차지하고 있다. 이를 통해 당대에 예악이 차지하고 있던 위상 및 ≪신당서≫가 편찬된 宋代의 예악에 대한 인식을 엿볼 수 있다.

歐陽公撰禮樂志하니 **按唐歷朝所行本末及臣下建議甚詳**이라 **雖不見其本三王而上**하야 **折衷是非之至**나 **然一代禮典燦然可考睹矣**라 **此則勝於史漢處**일새 **予姑撮錄其引之志首**하야 **以見其槪云**하노라

歐陽公이 〈禮樂志〉를 撰述하니, 살펴보건대, 唐代 역대 조정에서 시행한 일들의 本末 및 신하들이 건의한 것들이 매우 상세하다. 비록 夏殷周 三王 이전에 근본하여 是非의 至當함을 절충한 모습은 볼 수 없으나 한 왕조의 禮典을 찬란하게 상고할 수가 있다. 이는 ≪史記≫, ≪漢書≫보다 훌륭한 점이기에 내가 일단 해당 志의 앞에 붙인 引을 採錄하여 그 大綱을 보인다.

由三代而上에 **治出於一**[1]**而禮樂**(악)**達于天下**러니 **由三代而下**에 **治出於二**[2]**而禮樂爲虛名**이라 **古者**에 **宮室車輿以爲居**하며 **衣裳冕弁**[3]**以爲服**하며 **尊**(준)**爵俎豆**[4]**以爲器**하며 **金石絲竹以爲樂**하야 **以適郊廟**하며 **以臨朝廷**하며 **以事神而治民**이라 **其歲時聚會以爲朝覲聘問**[5]과 **歡欣交接以爲射鄕食**(사)**饗**[6]과 **合衆興事以爲師田學校**[7]와 **下至里閭田畝**의 **吉凶哀樂**히 **凡民之事**가 **莫不一出於禮**라 **由之以敎其民**하니 **爲孝慈友悌忠信仁義者**가 **常不出於居處動作衣服飮食之間**이라 **蓋其朝夕從事者**가 **無非乎此也**라 **此所謂治出於一而禮樂達天下**하야 **使天下安習而行之**하야 **不知所以遷善遠罪而成俗也**라

三代 이전에는 정치가 一에서 나와 禮樂이 天下에 펼쳐졌는데, 삼대 이후로는 정치가 二에서 나와 예악이 虛名이 되었다. 옛날에는 宮室과 車輿에 기거하며 衣裳과 冕弁을 착용하며 尊爵와 俎豆를 그릇으로 쓰며 金石과 絲竹을 악기로 써서, 이것으로 郊廟에 가며 이것으로 조정에 임하며 이것으로 귀신을 섬기고 백성을 다스렸다. 歲時에 聚會하여 朝覲과 聘問을 하는 것과 즐겁게 교제하여 射鄕과 食饗을 하는 것과 무리를 모아 일을 일으켜 사냥을 하고 학교를 세우는 것과 아래로 里閭와 田畝의 吉凶哀樂에 이르기까지 모든 백성들의 일이 한결같이 禮에서 나오지 않은 것이 없었다. 이를 통해 백성들을 가르치니 孝慈·友悌·忠信·仁義를 행하는 것이 항상 거처와 동작과 의복과 음식 사이를 벗어나지 않는다. 대개 아침저녁으로 從事하는 것이 이것 아닌 것이 없다. 이것이 이른바 정치가 一에서 나와 예악이 천하에 펼쳐져 천하로 하여금 편안히 익히고 행하게 하여, 자기도 모르게 선으로 옮겨가고 죄를 멀리하여 저절로 풍속을 이루게 하는 것이다.

1) 治出於一 : 政敎合一의 정치를 말한다.
2) 治出於二 : 政敎, 즉 政治와 敎化(學問)가 둘로 나뉘어진 것을 말한다.
3) 冕弁 : 冕과 弁으로, 모두 古代의 帝王, 諸侯, 卿, 大夫가 머리에 쓰는 禮帽를 말한다.
4) 尊(준)爵俎豆 : 祭祀나 宴饗 때 쓰는 禮器로, '尊'과 '爵'은 술을 담는 그릇이고, '俎'와 '豆'는 음식을 담는 그릇이다.
5) 朝覲聘問 : 朝覲은 신하가 군주를 뵙는 예이다. 봄에 뵙는 것을 朝라고 하고, 가을에 뵙는 것을 覲이라고 한다. 聘問은 諸侯 간에 외교를 트고 友好를 맺는 것이다.
6) 射鄕食(사)饗 : 大射禮와 鄕飮酒禮의 종류이다.
7) 師田學校 : 師田은 병사를 출동시켜 사냥 따위를 하는 것이고, 學校 역시 동물 사냥을 배우는 곳이다. 校는 동물 사냥을 의미한다.

及三代已亡에 遭秦變古하야 後之有天下者는 自天子百官名號位序로 國家制度宮車服器를 一切用秦이라 其間雖有欲治之主가 思所改作이라도 不能超然遠復三代之上하고 而牽其時俗하야 稍卽以損益하니 大抵安於苟簡[1]而已라 其朝夕從事는 則以

簿書獄訟兵食爲急하야 **曰此爲政也**니 **所以治民**이라하고 **至於三代禮樂**하얀 **具其名物**하되 **而藏於有司**하야 **時出而用之郊廟朝廷**하야 **曰此爲禮也**니 **所以敎民**이라하니 **此所謂治出於二而禮樂爲虛名**이라 **故自漢以來**로 **史官所記事物名數降登揖讓拜**俛(부)**伏興之節**[2)]이 **皆有司之事爾**니 **所謂禮之末節也**라 **然用之郊廟朝廷**일새 **自搢紳大夫**로 **從事其間者**가 **皆莫能曉習**하고 **而天下之人**은 **至於老死**히 **未嘗見也**온 **況欲識禮樂之盛**하야 **曉然諭其意**하고 **而被其敎化**하야 **以成俗乎**아

三代가 망하고 난 뒤, 秦나라에 와서 古禮를 바꾸어 버려 이후 천하를 소유한 자는 천자와 백관의 名稱과 位序를 비롯하여 國家의 制度와 宮室·車輿·服飾·器物에 이르기까지 일체 진나라 법을 썼다. 그 사이에 비록 치세를 이루려는 군주가 있어 고칠 바를 생각한다 하더라도 超然히 멀리 삼대 이전을 회복하지 못하고 時俗을 끌어와 조금씩 때에 따라 加減을 하니, 대체로 苟簡하게 지내는 데 안주할 뿐이었다. 그래서 아침저녁으로 종사하는 것은 簿書·獄訟·兵食을 급선무로 삼아 '이것이 政治이니, 백성을 다스리는 방법이다.' 하고, 삼대의 禮樂에 이르러서는 名物을 갖추어 놓되 有司에게 맡겨 보관하게 하고 때가 되면 꺼내어 郊廟와 朝廷에서 사용하여 '이것이 예법이니 백성을 교화시키는 방법이다.' 한다. 이것이 이른바 정치가 二에서 나와 예악이 虛名이 되었다는 것이다.

이런 까닭에 漢나라 이래로 史官이 기록한 事物의 名數와 降登揖讓과 拜俛伏興에 관한 儀節이 모두 有司의 일일 뿐이니, 이른바 예의 末節이란 것이다. 그러나 교묘와 조정에 사용하기에 搢紳大夫로부터 그 사이에 종사하는 자도 모두 환히 익히지 못하고, 천하의 사람들은 죽을 때까지 보지 못한다. 하물며 예악의 성대함을 알아 또렷이 의미를 깨치고 그 교화를 입어 풍속을 이루려 함에랴.

1) 苟簡 : 거칠고 엉성하다는 뜻이다.

2) 降登揖讓拜俛(부)伏興之節 : 降登揖讓은 예식에서 계단을 오르내리고 나아가고 물러나며 공손하게 揖하고 사양하는 禮節을 가리키고, 拜俛伏興은 절하고 몸을 구부리고 엎드려 절하고 다시 일어나는 제반 儀節을 가리키는바, 여기서는 禮의 구체적인 외적 표현을 가리킨다.

嗚呼라 習其器而不知其意하며 忘其本而存其末하고 又不能備具하니 所謂朝覲聘問射鄕食(사)饗師田學校冠婚喪葬之禮在者가 幾何오 自梁以來로 始以其當時所行으로 傅於周官五禮之名하야 各立一家之學이러니 唐初卽用隋禮라가 至太宗時하야 中書令房玄齡[1)]과 秘書監魏徵[2)]이 與禮官學士等[3)]으로 因隋之禮하야 增以天子上陵朝廟養老大射講武讀時令納皇后皇太子入學太常行陵合朔陳兵大社等하야 爲吉禮六十一篇[4)]과 賓禮四篇과 軍禮二十篇과 嘉禮四十二篇과 凶禮十一篇하니 是爲貞觀禮라

오호라! 器物을 익숙하게 쓰되 그 의미를 알지 못하며 근본을 잊고 말단을 보존하면서도 그마저 제대로 갖추지도 못하였으니, 이른바 朝覲·聘問·射鄕·食饗·師田·學校·冠婚·喪葬의 禮 중에서 남아 있는 것이 그 얼마인가. 梁나라 이래로 비로소 당시 행하던 예를 가지고 ≪周官≫ 五禮의 이름에 붙여 각각 一家의 학문을 세웠다. 唐나라 초기에는 그대로 隋나라 禮制를 쓰다가 太宗대에 와서 中書令 房玄齡과 秘書監 魏徵이 禮官學士 等과 함께 수나라의 예제를 바탕으로 天子上陵·朝廟·養老·大射·講武·讀時令·納皇后·皇太子入學·太常行陵·合朔·陳兵大社 等을 더하여 〈吉禮〉 61篇과 〈賓禮〉 4편과 〈軍禮〉 20편과 〈嘉禮〉 42편과 〈凶禮〉 11편을 만드니, 이것이 貞觀禮이다.

1) 房玄齡 : 579~648. 唐나라 齊州 臨淄 사람. 자는 喬이고 房彦謙의 아들이다. 隋나라에서 進士가 되었으나 뒤에 당나라에 귀의하여 太宗 貞觀 원년(627)에 中書令이 되고, 開國公에 봉해졌다. 뒤에 魏國公과 梁國公에 봉해졌다. 15년 동안 재상 직위에 있으면서 杜如晦와 정권을 담당하여 '방현령이 모의하고 두여회가 결단한다.〔房謀杜斷〕'라고 일컬어졌다.

2) 魏徵 : 580~643. 산동성 曲城 사람. 자는 玄成, 시호는 文貞公이다. 수나라 말 혼란기에 李密의 군대에 참가하였으나, 곧 唐 高祖에게 귀순하여 고조의 장자 李建成의 유력한 측근이 되었다. 황태자 건성이 아우 世民(뒷날 당 태종)과의 경쟁에서 패하였으나, 위징의 인격에 감복한 태종의 부름을 받아 諫議大夫 등의 요직을 역임한 후 宰相으로 중용되었다.

3) 太宗時……與禮官學士等 : ≪二十二史考異≫ 권43 〈唐書3·禮樂志〉에 "〈藝文

志〉에 長孫無忌, 방현령, 위징, 李百藥, 顔師古, 令狐德棻, 孔穎達, 于志寧 등이 撰하였다고 하였다."라고 하였다.

4) 爲吉禮六十一篇 : ≪이십이사고이≫ 권43 〈당서3 · 예악지〉에 "〈예문지〉에는 60편으로 되어 있다. 살펴보건대, ≪五禮≫의 편수는 이미 〈예악지〉에 실려 있고 〈예문지〉에도 실려 있으니 이것을 삭제하고 저것을 보존하면 된다."라고 하였다.

高宗又詔太尉長孫無忌[1]中書令杜正倫[2]李義府[3]中書侍郞李友益[4]黃門侍郞劉祥道[5]許圉師[6]太子賓客許敬宗[7]太常卿韋琨[8]等하야 **增之爲一百三十卷**하니 **是爲顯慶禮**라 **其文雜以式令**하고 **而義府敬宗**이 **方得幸**일새 **多希旨傅會**하니 **事旣施行**에 **議者皆以爲非**라

高宗이 또 太尉 長孫無忌와 中書令 杜正倫·李義府와 中書侍郞 李友益과 黃門侍郞 劉祥道·許圉師와 太子賓客 許敬宗과 太常卿 韋琨 等에게 詔命을 내려 貞觀禮를 증보하여 130卷을 만드니, 이것이 顯慶禮이다. 그 문장이 式과 令이 뒤섞여 있고, 이의부와 허경종이 바야흐로 총애를 받고 있었기 때문에 천자의 비위에 맞추어 牽强附會한 곳이 많았다. 일이 시행되고 나자 의론하는 자들이 모두 그르다고 여겼다.

長孫無忌

1) 長孫無忌 : 594~659. 자는 輔機이고, 河南 洛陽 사람이다. 隋나라 右驍衛將軍 長孫晟의 아들로, 선조는 선비족 拓跋氏이다. 高宗 초에 太尉에 올라 ≪唐律疏議≫를 지었다.

2) 杜正倫 : ?~?. 당 고종 때의 재상이다. 貞觀 연간에 누차 中書侍郞에 올랐고, 軍國의 政令을 관장하였다.

3) 李義府 : 614~666. 瀛州 饒陽 사람이다. 어려서부터 총명하여 문학으로 명성이 있었다. 唐 太宗 때에 벼슬에 나아가 신임을 크게 얻었고, 中書省의 직무를 두루 관장하였다.

4) 李友益 : 고종 때의 중서시랑으로 당나라의 禮樂 정리에 참여하였다.

5) 劉祥道 : 595~666. 자는 同壽이고, 당나라 觀城(지금의 莘縣 觀城) 사람이다. 中書舍人, 御史中丞, 吏部侍郎, 刑部尙書, 右相 등의 직책을 역임하고 廣平郡에 봉해졌다.

6) 許圉師 : 安州 安陸(지금의 湖北省 安陸縣) 사람이다. 進士科에 급제하여 누차 給事中, 黃門侍郎 등을 역임하였고, 龍朔 3년에 左相이 되었다.

7) 許敬宗 : 592~672. 자는 延族이고, 杭州 新城(지금의 浙江省 富陽縣 서남) 사람으로 許善心의 아들이다. 隋나라 때 관직을 맡았다가 당나라에 들어와 著作郎兼脩國史가 되고, 이어 급사중, 太子右庶子 등을 거쳤다. 고종이 즉위한 뒤 禮部尙書로 발탁되었으며, 侍中, 中書令 등을 거쳐 右相이 되었다.

8) 韋琨 : 京兆 萬年(지금의 陜西省 西安) 사람이다. 太子洗馬事 등을 거쳐 태종 때에 급사중이 되었다. 고종 때에 太子中舍人, 太常卿이 되었다.

上元三年에 **詔復用貞觀禮**라 **由是**로 **終高宗世**히 **貞觀顯慶二禮兼行**하니 **而有司臨事**에 **遠引古義**하야 **與二禮參考增損之**하고 **無復定制**라 **武氏中宗**[1]은 **繼以亂敗**하야 **無可言者**하니 **博士掌禮**나 **備官而已**라

上元 3년(676)에 다시 貞觀禮를 사용하라고 詔書를 내렸다. 이로부터 고종의 치세가 끝날 때가지 정관례와 顯慶禮 두 禮制를 兼行하였다. 그래서 有司가 일에 임할 때 멀리 古義를 인용하여 정관례와 현경례 두 예제와 함께 참고하여 가감하였고 달리 확정된 예제가 없었다. 武氏와 中宗은 뒤를 이어 정치가 혼란하고 쇠퇴하였기 때문에 말할 만한 것이 없으니 太常博士가 예를 관장하여 관직만 갖추고 있을 뿐이었다.

1) 武氏中宗 : 武氏는 則天武后(624~705)이다. 高宗의 후비인데, 자신의 아들인 中宗을 폐위하고 다른 아들인 睿宗을 세웠으며, 다시 예종을 폐위하고 직접 황제가 되어 국호를 周로 바꾸었다. 중종은 측천무후에 의해 폐위되었다가

뒤에 神龍 원년(705)에 다시 복위되었다.

玄宗開元十年에 **以國子司業韋韜**(도)[1])**爲禮儀使**하야 **以掌五禮**하다 **十四年**에 **通事舍人王嵒**(암)[2])이 **上疏**하야 **請刪去禮記舊文**하고 **而益以今事**일새 **詔付集賢院議**한대 **學士張說**[3])이 **以爲禮記不刊之書**니 **去聖久遠**에 **不可改易**이오 **而唐貞觀顯慶禮**는 **儀注前後不同**하니 **宜加折衷以爲唐禮**라하야늘 **乃詔集賢院學士右散騎常侍徐堅**[4]) **左拾遺李銳**[5])**及太常博士施敬本**[6])하야 **撰述**이로되 **歷年未就**하고 **而銳卒**에 **蕭嵩**[7])**代銳爲學士**하야 **奏起居舍人王仲丘**[8])**撰定**하야 **爲一百五十卷**이니 **是爲大唐開元禮**라 **由是**로 **唐之五禮之文**이 **始備**하야 **而後世用之**하니 **雖時小有損益**이나 **不能過也**라

玄宗 開元 10년(722)에 國子司業 韋韜를 禮儀使로 삼아 五禮를 관장하게 하였다. 14년에 通事舍人 王嵒이 疏를 올려 ≪禮記≫의 옛 문장을 刪去하고 당시의 일을 가지고 보충하자고 청하였다. 현종이 集賢院에 부쳐 논의하라고 詔命을 내리자, 學士 張說이 "≪예기≫는 刪削할 수 없는 경서이니, 성현과의 시대가 멀어진 이때에 改易할 수 없습니다. 그리고 唐나라 貞觀·顯慶 兩禮는 儀注가 전후로 같지 않으니, 의당 절충을 가하여 唐禮를 만들어야 합니다."라고 하였다. 이에 집현원 學士 右散騎常侍 徐堅과 左拾遺 李銳 및 太常博士 施敬本에게 조명을 내려 撰述하게 하였다. 그러나 몇 해가 지나도록 완성하지 못하고 이예가 죽자, 蕭嵩이 이예를 대신하여 學士가 되어 起居舍人 王仲丘가 撰定하도록 상주하여 150권을 만드니, 이것이 ≪大唐開元禮≫이다. 이로부터 당나라 五禮의 禮文이 비로소 완비되어 후세에 이것을 사용하였으니 비록 때에 따라 조금 가감을 하는 경우가 있으나 이것을 넘어서지 못하였다.

1) 韋韜(도) : 韋叔夏의 아들이다. 開元 연간에 集賢院 脩撰, 光祿卿 등을 역임하고, 太常卿으로 올랐다가 끝내 太子少師가 되었다.
2) 王嵒(암) : 자는 山甫이다. 玄宗 때에 벼슬하였으며, 글씨를 잘 쓰고 禮에 밝았다.
3) 張說 : 667~730. 자는 道濟이고, 또 다른 자는 說之이다. 洛陽 사람으로 관직이 中書令에 이르렀고 燕國公에 봉해졌다. 朝廷의 重要한 글이 그의 손에서

나온 것이 많았다. 碑誌 문자에 뛰어났고, 시는 淒婉하다는 평을 받는다. 시호는 文貞이다. 許國公 蘇頲과 함께 詔勅의 文章을 잘 지었으므로 '燕許大手筆'이라 일컬어졌다.

4) 徐堅 : 659~729. 字는 元固이고 湖州 사람이다. 어려서부터 총명하여 沛王 李賢이 그의 이름을 듣고 불러서 종이를 주고 賦를 지어보라고 하였다. 그 자리에서 바로 부를 짓자 기특하게 여겼다. 聖曆 연간에 東都留守判官이 되어 表奏를 담당하니, 王方慶이 '掌綸誥之選'이라 불렀다. 中宗 때에 給事中이 되고 현종 때에 集賢院 學士가 되었다. 太子少保에 추증되고, 시호는 文이다. 저서에 ≪初學記≫가 있다.

5) 李銳 : 자세한 사항은 미상이다. 太常博士, 左拾遺를 지냈고 禮樂 개정에 참여하였다.

6) 施敬本 : 潤州 丹陽 사람이다. 개원 연간에 四門助教가 되고, 태상박사로서 집현원 수찬이 되었다. 뒤에 右補闕과 秘書郎이 되었다.

7) 蕭嵩 : ?~749. 後梁 明帝 때의 蕭巋의 玄孫이다. 神龍 元年(705)에 洛州參軍事, 景雲 元年(710)에 醴泉尉가 되었다. 개원 초에 中書舍人이 되고, 姚崇의 신임을 받아 개원 14년(726)에 朔方節度使를 역임하였고, 개원 16년(728)에 재상이 되었다.

8) 王仲丘 : 沂州 琅邪 사람으로 王師順의 손자이다. 현종 개원 연간에 집현원 수찬, 起居舍人 등을 지냈다. 禮部員外郎으로 遷職되어 ≪開元禮≫, ≪群書四錄≫ 등을 纂輯하는데 참여했다. 저서에 ≪攝生撮錄≫ 등이 있다.

貞元中에 太常禮院脩撰王涇[1)]이 考次歷代郊廟沿革之制及其工歌祝號하고 而圖其壇屋陟降之序하야 爲郊祀錄十卷하고 元和十一年에 秘書郎脩撰韋公肅[2)]이 又錄開元已後禮文하고 損益爲禮閣新儀三十卷하고 十三年에 太常博士王彦威[3)]가 爲曲臺新禮三十卷하고 又採元和以來三公士民婚祭喪葬之禮하야 爲續曲臺禮三十卷하니 嗚呼라 考其文記에 可謂備矣오 以之施于貞觀開元之間이면 亦可謂盛矣나 而不能至三代之隆者는 具其文而意不在焉이니 此所謂禮樂爲虛名也哉인저

貞元 연간에 太常禮院 脩撰 王涇이 역대 郊廟의 沿革의 제도 및 工歌·祝號를 고

증하여 撰次하고, 壇屋에 오르내리는 순서를 그림으로 그려 ≪郊祀錄≫ 10권을 만들었다. 元和 11년에 秘書郎 脩撰 韋公肅이 開元 이후의 禮文을 기록하고 가감하여 ≪禮閣新儀≫ 30권을 만들었다. 원화 13년에 太常博士 王彦威가 ≪曲臺新禮≫ 30권을 만들고, 또 원화 이래 三公과 士民의 婚禮·祭禮·喪禮·葬禮를 채집하여 ≪續曲臺禮≫ 30권을 만들었다. 아, 그 文記를 고찰해봄에 가히 완비되었다 할 만하고, 이것을 가지고 정관과 개원 연간에 시행하면 또한 성대하다 하겠다. 그러나 三代의 융성함에 미치지 못하는 것은 예문은 갖추었으나 의미가 남아 있지 않기 때문이니, 이것이 이른바 禮樂이 虛名이 되었다는 것이다.

1) 王涇 : 河南府 密縣尉를 지냈고, 元和 元年(806)에 내직에 들어와 太常博士가 되었다.
2) 韋公肅 : 京兆 사람으로, 원화 초년에 태상박사 兼脩撰이 되었다.
3) 王彦威 : 太原 사람으로 원화 연간에 明經 甲科에 합격하였다. 大和 연간에 司農卿 등을 거쳐 平盧節度使에 제수되었다. 檢校禮部尙書, 忠武軍節度使 등을 거쳐 北海縣子에 봉해졌다. 시호는 靖이다.

02. 曆志論* 역지에 관한 論

* 본 편은 〈曆志〉의 서론에 해당하는 글로, 신화적인 성격이 강한 上古 시대 曆法의 기원으로부터 唐代 이전까지의 변천 과정을 간략하게 서술하고 있다. 史書에 나타나는 역법에 대한 논의의 시초는 ≪史記≫의 〈曆書〉이고, 이후 班固가 ≪漢書≫를 지으면서 ≪사기≫의 〈律書〉와 〈역서〉를 통합하여 〈律曆志〉를 지었다. ≪舊唐書≫에서는 〈曆志〉를 독립시키고 ≪新唐書≫와 마찬가지로 隋代까지의 변천을 한 단락으로 간단히 서술한 뒤, 당대의 역법으로 들어가 前史에서 傅仁均, 李淳風, 南宮說, 一行 이상 四家의 曆經을 가져다 曆志 4권으로 만들었다는 사실을 소개하고 있다. 이들의 역법은 각각 戊寅曆經, 麟德甲子元曆, 景龍曆, 開元大衍曆經으로 불렸는데 ≪구당서≫에서는 이 가운데 일행의 개원대연력이 千古를 지나도 어그러짐이 없다고 극찬하고서 경룡역을 제외한 나머지 세 역법의 내용을 자세히 기술하고 있다.

이와 대비하여, ≪신당서≫ 〈역지〉에서는 당대 290여 년 동안 역법이 8번

바뀌었다고 말하면서, 戊寅元曆, 인덕갑자원력, 개원대연력, 寶應五紀曆, 建中正元曆, 元和觀象曆, 長慶宣明曆, 景福崇玄曆을 들고 이어지는 부분에서 이 역법들을 자세히 기술하고 있다. 이처럼 역법은 시대가 내려올수록 천문을 관측하고 기후를 살피는 과정에서 推步하는 데 차이가 발생하여 이를 보정하는 작업이 지속적으로 이루어질 수밖에 없었다. 그래서 후대에 새롭게 추보한 역법들에 여러 명칭이 붙게 되었다.

曆法尙矣라 **自堯命羲和**하야 **曆象日月星辰**하야 **以閏月定四時成歲**하니 **其事略見于書**[1]요 **而夏商周**는 **以三統改正朔**[2]하야 **爲曆固已不同**이요 **而其法不傳**이라 **至漢造曆**하야 **始以八十一分爲統母**[3]어늘 **其數起於黃鍾之龠**(약)[4]하니 **蓋其法一本於律矣**라 **其後劉歆又以春秋易象**으로 **推合其數**하니 **蓋傅會之說也**[5]라 **至唐一行始專用大衍之策**[6]하야는 **則曆術又本於易矣**라

曆法은 유래가 오래되었다. 堯임금이 羲氏와 和氏에게 명하여 해와 달과 별의 운행을 관찰하여 윤달을 두는 방식으로 四時를 정해 한 해를 이루니 그 일이 ≪書經≫에 간략히 드러나 있고, 夏, 商, 周 三代에는 三統으로 正朔을 개정하여 역법을 만든 것이 본래 이미 같지 않았던 데다 그 방법이 전해지지 않는다. 漢代에 역법을 만들 때에 이르러 비로소 81分을 分母로 삼았는데 그 숫자는 黃鍾의 龠에서 起源하였으니 그 방법이 한결같이 音律에 근본한 것이었다. 그 후에 劉歆이 다시 ≪春秋≫와 易象을 가지고 그 숫자를 推算하여 합치시켰는데 대체로 억지로 갖다 맞춘 說이었다. 唐代의 一行이 처음으로 大衍의 算法만을 사용한 때에 이르러서는 曆術이 다시 ≪周易≫에 근본하였다.

堯임금

1) 自堯命羲和……其事略見于書 : ≪書經≫ 〈虞書・堯典〉에 "이에 羲氏와 和氏에게 명하여 하늘의 운행을 공경히 따라 해와 달과 별의 운행을 관찰하여 백성들에게 농사철을 알려 주게 하였다.〔乃命羲和 欽若昊天 曆象日月星辰 敬授人時〕"라고 하였다.

2) 以三統改正朔 : 三統은 夏나라의 正月은 寅月로 하였으니 人統이 되고, 商나라의 정월은 丑月로 하였으니 地統이 되고, 주나라의 정월은 子月로 하였으니 天統이 됨을 이른다. (≪論語集註≫ 〈爲政〉) 인월은 지금의 1월, 축월은 지금의 12월, 자월은 지금의 11월을 말한다. 正朔의 正은 한 해의 시작, 朔은 한 달의 시작을 말하는 것으로 제왕이 새로 반포하는 曆法을 말한다. 古代에 帝王이 易姓革命을 하면 반드시 정삭을 개정하였으므로 夏, 商, 周, 秦 및 漢나라 초기의 정삭은 저마다 같지 않았는데 漢 武帝 이후로 오늘날의 陰曆에 이르도록 모두 夏나라의 曆法을 사용하였다.

3) 至漢造曆 始以八十一分爲統母 : 한 무제 太初 1년(B.C. 104)에 司馬遷의 주관 하에 鄧平, 洛下閎 등이 太初曆을 만들었는데 1回歸年이 365와 1539분의 385일과 같고, 1朔望月이 29와 81분의 43일과 같고, 1일을 81로 等分하였다. 그래서 이를 八十一分率曆이라고도 한다.

4) 其數起於黃鍾之龠(약) : 黃鐘은 音價의 이름인데 서양의 7음계에서는 도쯤에 해당하고 동양의 5음계에서는 宮쯤에 해당한다. 황종의 음가를 만들어 내는 것이 바로 대통으로 만든 黃鍾管으로, 황종관이 중요한 이유는 길이와 부피 등 도량형의 기본 단위가 되기 때문이다. 황종의 음가를 만들어 내는 황종관의 길이를 黃鐘尺이라 하여 길이의 단위로 삼았고, 검은 기장알 1천 2백개로 그 관을 가득 채울 때의 부피를 1龠이라 하였고 10약이 바로 1合으로 부피의 기본 단위가 되었다.

5) 其後劉歆又以春秋易象……蓋傅會之說也 : 劉歆(?~23)은 前漢 沛 땅 사람으로, 字는 子駿인데, 후에 劉秀로 개명하고 자를 穎叔이라고 하였다. 劉向의 아들로, 어려서 詩書에 통달하여 부친과 함께 校書를 맡아 중국 최초의 도서 분류목록인 ≪七略≫을 저술하였다. 曆法 등 數學에 밝아 ≪三統曆譜≫를 지었고 이전의 태초력의 오류를 바로잡기 위해 三統曆을 만들었다.

6) 至唐一行始專用大衍之策 : 一行(683~727)은 唐 玄宗 때 高僧 大慧禪師의 이

름이다. 이전에 쓰이던 麟德曆의 日食이 맞지 않자 현종의 명으로 각지의 緯度를 측정하여 15년 만에 새 曆書를 만들었는데 ≪周易≫ 大衍의 數를 인용해 설을 세웠으므로 ≪開元大衍曆≫이라 명명하고 반포하여, 728년~762년에 사용하였다. 참고로, 인덕력은 唐 高宗 麟德 2년(665)에 李淳風에게 명하여 제작 반포한 것으로, 이순풍은 관측에 매우 정밀하여 스스로 낙하굉의 태초력 이후 자신의 달력이 가장 정확하다고 자부하였으나 시행한 지 40년 만에 緯晷에 오차가 생겼다고 한다.

蓋曆起於數하니 **數者**는 **自然之用也**라 **其用無窮而無所不通**하니 **以之於律於易**에 **皆可以合也**라 **然其要在於候天地之氣**하야 **以知四時寒暑而仰察天日月星之行運**하야 **以相參合而已**라 **然四時寒暑**는 **無形而運於下**하고 **天日月星**은 **有象而見于上**하니 **二者常動而不息**이라 **一有一無**하고 **出入升降**이 **或遲或疾**하야 **不相爲謀**하니 **其久而不能無差**忒(특)**者**는 **勢使之然也**라 **故爲曆者其始未嘗不精密**이라가 **而其後多疎而不合**은 **亦理之然也**라 **不合則屢變其法以求之**니 **自堯舜三代以來**로 **曆未嘗同也**라

대개 曆法은 數에 기원하니 數는 自然스러운 作用이다. 그 작용이 무궁하면서 통하지 않는 바가 없으니 이것으로 音律이나 易에 적용하면 모두 합치할 수 있다. 그렇지만 그 주요한 쓰임은 天地의 氣를 測候하여 四時, 寒暑를 알아 위로 하늘의 해와 달과 별의 운행을 관찰하여 상호 부합되도록 하는 데 있을 뿐이다. 그렇지만 사시, 한서는 형체가 없으면서 아래에서 변화하고 하늘의 해와 달과 별은 형상이 있으면서 위에서 드러나니, 두 가지가 늘 움직이면서 쉬지 않는다. 하나는 형상이 있고 하나는 형상이 없으며 나가고 들어오며 오르고 내리는 것이 더디기도 하고 빠르기도 하여 서로 상의해 맞추지 않으니 오랜 세월이 지나면서 오차가 없을 수 없는 것은 형세가 그렇게 만드는 것이다. 그러므로 역법을 만든 것이 처음에는 精密하지 않은 적이 없다가 이후에 엉성해지고 부합하지 않는 경우가 많아지는 것은 또한 이치가 그러한 것이다. 부합하지 않으면 누차 그 방법을 변경하여 부합하기를 강구하니 堯, 舜, 三代 이래로 역법이 일찍이 같은 적이 없었다.

03. 五行志論* 오행지에 관한 論

* 본 편은 〈五行志〉의 서론에 해당하는 글로, 五行이 順調롭지 못하여 발생하는 災異가 人事의 잘못에서 비롯된다는 전통적인 주장에 동조하면서도 漢代의 董仲舒나 劉向 같은 학자들이 五行災異와 인사의 관계를 牽强附會하여 특정한 인사의 잘못을 곧바로 특정한 재이에 대응시키는 설에는 반대하였다. 이러한 자세는 재이는 기록하되 재이가 발생하게 된 인사를 억지로 부회하지 않는다는 서술 방식으로 이어졌고, 이는 이 글의 말미에서 분명하게 闡明되었다.

前漢 초엽에 동중서와 유향은 ≪春秋≫를 전공하여 재이를 논하였는데, 洪範九疇의 설을 인용하여 춘추 시대 242년 동안의 일에 붙여 天人感應의 학설을 세웠다. 이후 班固는 ≪漢書≫ 〈오행지〉를 지으면서 이 학설을 채택하였다. ≪舊唐書≫ 〈오행지〉에서는 漢代 이후 唐代까지 史官들이 이 학설을 계승하였다고만 언급하고 별도의 비판을 가하지는 않았는데, ≪新唐書≫ 〈오행지〉에 이르러 이에 대한 비판이 시작된 것이다.

본 편에 이어지는 내용은 유향이 지었다는 ≪洪範五行傳≫의 재이 부분을 인용하면서 거기에 나오는 각종 재이들을 표제어로 제시한 뒤 당대에 실제 그러한 재이가 일어난 사실을 열거하는 방식으로 구성되었다. 이는 ≪구당서≫ 〈오행지〉에서 재이의 종류를 구분하여 서술하지 않고 단순히 시대순으로 나열하고 있는 점과 대비되는 면으로, 합리적인 자세로 재이의 구분을 시도하고 있다는 점이 눈에 띈다.

이를테면 처음에 〈오행전〉에 나오는 "사냥할 때 시절을 고려하지 않고 음식을 먹을 때 제향 의식을 올리지 않고 動駕하는 일을 절제하지 않고 백성들이 농업에 전념하지 못하게 하고 간사한 계모가 있으면 나무가 그 본성을 잃게 된다는 것은, 식물이 제대로 자라지 못하고 꺾이고 말라버리는 일이 많고 變怪가 출현해 그 본성을 잃어버림을 말한다.〔田獵不宿 飮食不享 出入不節 奪民農時 及有姦謀 則木不曲直 謂生不暢茂 多折槁 及爲變怪而失其性也〕"라는 말과, "용모가 공손하지 않음을 不肅이라고 하는데 그 잘못은 정신이상으로 나타나고 그 벌은 끝없이 비가 내리는 것이고 그 끝에 가서는 흉악해지는 것이니, 이때에는 요상한 복장, 거북의 조짐, 닭의 역병, 하체가 상체에 나는 병, 청색 물건이 낳는 재앙의 조짐, 쥐의 不祥, 金이 木을 해치는 일이 일어난다.

〔貌之不恭 是謂不肅 厥咎狂 厥罰常雨 厥極凶 時則有服妖 時則有龜孼 時則有鷄禍 時則有下體生上之痾 時則有青眚青祥鼠妖 惟金沴木〕"라고 한 부분을 인용한 뒤, 거기에 나오는 '木不曲直'(23건), '常雨'(20건), '服妖'(16건), '龜孼'(5건), '鷄禍'(6건), '下體生上之痾'(1건), '青眚青祥'(3건), '鼠妖'(15건), '金沴木'(9건)을 표제어로 제시한 뒤, 각각의 재이가 발생한 年月日과 해당 사실을 열거하고 있는 것이다.

이런 식으로 모두 여섯 차례 〈오행전〉을 인용하고 각각의 재이를 열거하고 있다. 이처럼 ≪신당서≫ 〈오행지〉는 합리적인 태도로 迷信을 타파하려는 풍조가 성숙해 간 宋代의 학문 태도를 일정 정도 반영하는 것이라 하겠다.

論五行不詭於道라

五行을 논함에 道에서 어긋나지 않았다.

萬物盈於天地之間에 **而其爲物**이 **最大且多者**가 **有五**하니 **一曰水**요 **二曰火**요 **三曰木**이요 **四曰金**이요 **五曰土**라 **其用於人也**에 **非此五物**이면 **不能以爲生**하야 **而闕其一不可**니 **是以**로 **聖王重焉**이라 **夫所謂五物者**는 **其見象於天也**에 **爲五星**[1)]이며 **分位於地也**에 **爲五方**[2)]이며 **行於四時也**에 **爲五德**[3)]이며 **稟於人也**에 **爲五常**[4)]이며 **播於音律**에 **爲五聲**[5)]이며 **發於文章**에 **爲五色**[6)]이오 **而總其精氣之用**하야 **謂之五行**이라

만물이 천지의 사이에 가득 차 있는데 그중에 物의 성질이 가장 크고 많은 것이 다섯 가지이니, 첫째 水이고, 둘째 火이고, 셋째 木이고, 넷째 金이고, 다섯째 土이다. 사람이 사용하는 데 있어 이 다섯 가지 물이 아니면 삶을 살아갈 수가 없어 하나라도 없어서는 안 된다. 이런 까닭에 聖王이 중하게 여겼다. 무릇 이른바 五物이라는 것은 하늘에 형상이 드러남에 五星이 되고 땅에 방위를 나눔에 五方이 되며, 四時에 행함에 五德이 되고 사람에게 품부됨에 五常이 되며, 音律에 베풂에 五聲이 되고 文章에 발현됨에 五色이 된다. 그 精氣의 쓰임을 총괄하여 五行이라 한다.

1) 五星 : 金星, 木星, 水星, 火星, 土星의 다섯 행성으로, 이들은 각각 太白星, 歲星, 辰星, 熒惑, 塡星이다.

2) 五方 : 東方, 西方, 南方, 北方, 中央의 다섯 방위이다.
3) 五德 : 四時의 변화를 낳는 金, 木, 水, 火, 土의 특징을 말한다.
4) 五常 : 仁, 義, 禮, 智, 信의 다섯 덕목이다.
5) 五聲 : 宮, 商, 角, 徵(치), 羽의 다섯 음이다.
6) 五色 : 靑色, 黃色, 赤色, 白色, 黑色의 다섯 색깔이다.

自三代之後로 **數術之士興**하니 **故爲災異之學者**가 **務極其說**하야 **至擧天地萬物動植**하야 **無大小**히 **皆推其類而附之於五物**하야 **曰五行之屬**이라하고 **以爲人稟五行之全氣以生**이라 **故於物爲最靈**이오 **其餘動植之類**는 **各得其氣之偏者**라 **其發爲英華美實**과 **氣臭滋味**와 **羽毛鱗介**와 **文采剛柔**에 **亦皆得其一氣之盛**하고 **至其爲變怪非常**에 **失其本性**하얀 **則推以事類吉凶影響**하니 **其說尤爲委曲繁密**이러라

三代 이후로 數術의 선비가 일어났다. 그러므로 災異를 전공한 학자가 그 설을 극구 말하기에 힘써, 심지어 天地萬物과 動植物을 들어 크고 작고 할 것 없이 모두 그 속성을 미루어 五物에 붙여 五行의 等屬이라 하고, "사람은 오행의 全氣를 받아 태어났다. 그래서 物 중에 가장 靈明하다. 그 나머지 동식물 따위는 각각 氣의 편벽된 것을 얻었기 때문에 발하여 英華와 美實이 되거나 氣臭와 滋味가 되거나 羽毛와 鱗介가 되거나 文采가 강하고 부드러움이 됨에 또한 모두 一氣의 성대함을 얻는다." 고 하였다. 그리고 변괴나 비정상적인 것이 되어 본성을 잃어버림에 미쳐서는 일의 종류에 따라 길흉의 영향을 유추하니, 그 설이 더욱 왜곡되고 번잡해졌다.

蓋王者之有天下也에 **順天地以治人**하고 **而取材於萬物**하야 **以足用**하니 **若政得其道**하고 **而取不過度**면 **則天地順成**하고 **萬物茂盛**하야 **而民以安樂**하니 **謂之至治**어니와 **若政失其道**하고 **用物傷夭**하야 **民被其害而愁苦**하면 **則天地之氣沴**(려)하야 **三光**[1]**錯行**에 **陰陽寒暑失節**하야 **以爲水旱**과 **蝗螟**과 **風雹**와 **雷火**와 **山崩**과 **水溢**과 **泉竭**과 **雪霜不時**와 **雨非其物**하고 **或發爲氛**(분)**霧虹蜺**(예)**光怪之類**하니 **此天地災異之大者**가 **皆生於亂政**이니 **而考其所發**하야 **驗以人事**면 **往往近其所失**하야 **而以類至**라 **然時有推之不能合者**하니 **豈非天地之大**가 **固有不可知者邪**아 **若其諸物種類**는 **不可勝數**오 **下**

至細微家人里巷之占하얀 **有考於人事而合者**하고 **有漠然而無所應者**하니 **皆不足道**라

대개 王者가 天下를 소유함에 天地에 순응하여 人間을 다스리고 萬物에서 재료를 취하여 쓰기에 풍족하게 하니, 만약 정치가 옳은 道를 얻고 세금을 거둠이 과도하지 않으면 천지가 순조로이 이루어지고 만물이 무성하여 백성이 이로써 안락하게 지내니 이를 至治라고 한다. 그에 비해 정치가 옳은 도를 잃고 만물을 사용함에 傷하고 夭折하게 만들어 백성들이 그 해를 입고 괴로워하면 천지의 기운이 흐트러져 三光이 운행이 어긋남에 陰陽과 寒暑가 절제를 잃어 장마와 가뭄·蝗蟲과 螟蟲의 해·바람과 우박·벼락과 화재·산사태·홍수의 범람·지하수 고갈·때를 벗어난 눈과 서리·내릴 곳이 아닌 사물에 비 내리는 현상이 나타나고, 때로는 음산한 안개나 무지개 또는 괴이한 광채 따위가 발생한다.

이는 천지의 災異 가운데 큰 것이 모두 어지러운 정치에서 생긴 것이다. 발생한 원인을 고찰하여 人事를 가지고 徵驗하면 往往 잘못한 바에 가깝게 비슷한 종류의 재이가 이른다. 그러나 때로는 유추해보아도 합치할 수 없는 것이 있으니, 어찌 천지의 큼이 실로 알 수 없는 것이 아니겠는가. 저 만물의 종류와 같은 것은 이루 헤아릴 수 없고, 아래로 民間 閭巷에서 치는 자질구레한 점에 이르러서는 인사에 헤아려 보아 합치하는 것이 있고 막연하여 응험하지 않는 것도 있으니, 모두 말할 것이 못 된다.

1) 三光 : 해와 달과 별 혹은 해와 달과 五星을 말한다.

語曰迅雷風烈에 **必變**[1)]이라하니 **蓋君子之畏天也**에 **見物有反常而爲變者失其本性**이면 **則思其有以致而爲之戒懼**하야 **雖微不敢忽而已**러니 **至爲災異之學者**하얀 **不然**하야 **莫不指事以爲應**하고 **及其難合**하얀 **則旁引曲取**하야 **而遷就其說**이라 **蓋自漢儒董仲舒劉向與其子歆之徒**[2)]로 **皆以春秋洪範爲學**하되 **而失聖人之本意**하고 **至其不通也**하얀 **父子之言**이 **自相戾**하니 **可勝歎哉**아

≪論語≫에 "우레가 치고 바람이 세차게 불면 반드시 안색을 고치셨다."라고 하였다. 대개 군자가 하늘을 두려워함에 物이 正常에서 벗어나 이변이 생겨 本性을 잃은

것을 보면 그것을 초래한 원인을 생각하여 경계하고 두려워하여, 비록 미미한 것이라 하더라도 감히 소홀히 하지 않을 뿐이다. 그런데 災異를 전공하는 학자에 이르러서는 그렇지 않아 현상을 가리켜 응험으로 삼지 않는 것이 없고, 합치하기 어려운 것에 이르러서는 엉뚱한 것을 끌어 붙여 그 說에 영합하였다. 대개 漢나라 유학자 董仲舒·劉向과 그 아들 劉歆 등의 무리로부터 모두 ≪春秋≫와 〈洪範〉으로 학문을 하였으되 聖人의 本意를 잃었고, 통하지 않는 곳에 이르러서는 부자간의 말이 서로 어긋나니 매우 탄식할 만하다.

董仲舒

1) 迅雷風烈必變 : ≪論語≫ 〈鄕黨〉에 나오는 말이다.
2) 董仲舒劉向與其子歆之徒 : 董仲舒는 前漢 때 학자로, 유학을 중심으로 하면서도 陰陽五行과 天人感應의 학설을 내세워 五行相生說을 주장하였다. 劉向은 전한 말의 학자로, ≪洪範五行傳≫을 저술하였다. 劉歆은 유향의 아들로, 부친이 지은 ≪別錄≫을 기초로 하여 ≪七略≫을 저술하였는데, 이 가운데 〈數術略〉에서 五行說을 정리하였다.

昔者에 箕子爲周武王하야 陳禹所有洪範之言하야 條其事爲九類하고 別其說爲九章하야 謂之九疇[1]하니 考其說컨대 爲不相附屬이어늘 而向爲五行傳[2]에 乃取其五事皇極庶證하야 附於五行하고 以爲八事皆屬五行歟하니 則至於八政五紀三德稽疑福極之類하야 又不能附하고 至俾洪範之書로 失其倫理하야 有以見所謂旁引曲取而遷就其說也라 然自漢以來로 未有非之者오 又其祥眚(생)禍痾(아)之說은 自其數術之

學이라 故略存之하니 庶幾深識博聞之士가 有以考而擇焉이라

옛날 箕子가 周 武王을 위하여 禹임금이 가지고 있던 洪範의 말을 진달하여 事案을 조목별로 나누어 9類를 만들고, 내용을 구분하여 9章을 만들어서 九疇라고 하였다. 그 설을 고찰해보건대, 애초에 서로 연결이 되지 않는데 劉向이 ≪洪範五行傳≫을 지을 때 五事, 皇極, 庶徵을 취하여 五行에 붙이고 "八事가 모두 오행에 속한다." 하였으니, 이렇게 하면 八政, 五紀, 三德, 稽疑, 福極 따위가 또 연결되지 않고, 洪範의 書로 하여금 倫理를 잃게 하는 데 이르러 이른바 엉뚱한 것을 끌어 붙여 그 說에 영합하는 것을 볼 수 있다. 그러나 漢나라 이래로 비판하는 자가 없고, 또 祥瑞, 妖眚, 殃禍, 疾病에 관한 설은 본래 術數의 학문이므로 소략하게 남겨두니, 깊은 식견과 넓은 견문이 있는 선비가 고찰하여 택하기를 바라노라.

1) 九疇 : 천하를 다스리는 아홉 가지 大法으로 禹王이 하늘의 계시에 의하여 얻은 것으로서 대대로 전하다가, 箕子에 이르러 武王의 물음에 대답한 후 비로소 세상에 알려졌다. 이는 곧 五行, 五事, 八政, 五紀, 皇極, 三德, 稽疑, 庶徵, 五福이다.(≪書經≫ 〈洪範〉)

2) 五行傳 : 유향이 〈홍범〉의 五行을 참고해 만든 책인 ≪洪範五行傳≫이다. 이 책은 ≪漢書≫ 〈藝文志〉에는 ≪五行傳記≫로 著錄되어 있다. 다만 이 책은 지금 일실되었고 그 내용의 일부가 ≪한서≫ 〈五行志〉 및 ≪尙書大傳≫ 등에 실려 있다.(≪漢書≫ 卷36 〈楚元王傳〉, 卷30 〈藝文志〉, 卷27 〈五行志〉)

夫所謂災者는 被於物而可知者也니 水旱螟蝗之類是已요 異者는 不可知其所以然者也니 日食星孛(패)五石六鷁(익)[1]之類是已라 孔子於春秋에 記災異而不著其事應은 蓋愼之也라 以爲[2]天道遠하야 非諄諄以諭人이로되 而君子見其變이면 則知天之所以譴告하야 恐懼修省而已요 若推其事應이면 則有合有不合하고 有同有不同하니 至於不合不同하야는 則將使君子怠焉하야 以爲偶然而不懼하니 此其深意也라 蓋聖人愼而不言如此이언마는 而後世猶爲曲說以妄意天하니 此其不可以傳也라 故考次武德以來하야 略依洪範五行傳하되 著其災異而削其事應云하노라

무릇 災라는 것은 物에 가해져서 알 수 있는 것이니 水旱, 螟蝗 따위가 이것이고,

異라는 것은 그렇게 되는 까닭을 알지 못하는 것이니 日食, 星孛, 五石, 六鷁 따위가 이것이다. 孔子께서 ≪春秋≫에 災異를 기록하면서 그 일의 應驗을 드러내지 않은 것은 대개 재이를 신중하게 여기신 것이다. "天道가 아득하여 자상하게 사람에게 깨우쳐 주는 것이 아니지만 君子가 그 災變을 보면 하늘이 譴責하여 警告하는 까닭을 알아 두려워하며 修身하고 反省할 뿐이다. 만약 그 일의 응험을 미루어 본다면 부합하는 경우도 있고 부합하지 않는 경우도 있으며 같은 경우도 있고 같지 않은 경우도 있으니, 부합하지 않고 같지 않은 경우를 놓고 보면 군자가 해이해져서 재변을 우연이라 여기면서 두려워하지 않게 될 것이다."라고 여기신 것이니 이것이 공자의 깊은 뜻이다. 대개 聖人이 신중하게 여겨서 이와 같이 응험을 말씀하지 않으셨건만 후세에는 도리어 曲說을 만들어 함부로 하늘의 뜻을 헤아리니 이것이 응험이 전해져서는 안 되는 까닭이다. 그래서 武德 연간 이래의 일들을 考察하고 編次하여 대략 〈洪範五行傳〉에 의거하되 그 재이는 드러내고 그 일의 응험은 삭제한다.

1) 日食星孛(패)五石六鷁(익) : 日食은 태양이 달의 그림자에 가려 보이지 않는 현상이다. 星孛는 고대 중국에서 彗星을 가리키던 이름의 하나로, 蓬星, 長星이라고도 불렀다. 五石과 六鷁은 ≪春秋≫ 僖公 16년 조에 "떨어진 운석이 宋나라에 다섯이었다. 이달에 여섯 마리 익조가 뒤로 날아 송나라 도성을 지나갔다.〔賈石于宋五 六鷁退飛 過宋都〕"라고 한 데서 비롯하여, 후대에 흔히 災異의 징조를 가리킨다.

2) 爲 : ≪新唐書≫에는 '謂'로 되어 있다.

04. 地理志論* 지리지에 관한 論

* 본 편은 〈地理志〉의 서론에 해당하는 글로, 秦나라가 郡縣을 두기 시작한 것으로부터 시작하여 아주 간략하게 隋代까지의 지방제도를 논한 뒤, 바로 唐代의 지방제도와 戶口, 耕田 등의 통계를 제시하고 천하를 다스리는 자는 德을 넓히는 데 힘써야지 土地를 넓히는 데 힘써서는 안 된다는 警戒로 마무리하였다. 아마도 茅坤은 이 글을 議論文의 典型으로 여겨 채록한 듯하다. 중국의 地理를 다룬 최초의 글로는 ≪書經≫의 〈禹貢〉을 들 수 있는데, 천하를 九州로 나누고 각 州의 지리와 物產에 대해 서술하였다.

지리지는 각 지방의 自然과 人文 방면의 지리 상황 및 그 역사적 변천의 과정을 담은 전문적인 記述로, 역대의 史書에 수록되어 전해오는데, 地理志・郡國志・州郡志 등 篇名의 차이는 있으나 지리지로 통칭된다. 구체적으로 살펴보면, ≪史記≫에는 지리를 다룬 篇目이 따로 없고, ≪漢書≫〈지리지〉, ≪後漢書≫〈군국지〉, ≪晉書≫〈지리지〉, ≪宋書≫〈주군지〉, ≪南齊書≫〈주군지〉, ≪魏書≫〈地形志〉, ≪隋書≫〈지리지〉, ≪舊唐書≫〈지리지〉 등이 있어 이들을 통해 역대 州郡의 廢置 연혁을 고찰할 수 있다.

≪新唐書≫〈지리지〉는 이상의 지리지들을 참고하여 당대의 지방 행정 구역인 10道를 표제어로 세우고 각 도와 그에 속한 州郡들의 연혁을 서술하였다. 서술의 방식을 살펴보면, 역대 地名의 변천, 행정 기관 설치 연혁, 土貢, 戶口, 屬縣 등의 내용을 차례로 서술하여 일목요연하게 천하 지리의 대강을 알 수 있도록 하였다. ≪신당서≫〈지리지〉는 ≪구당서≫〈지리지〉와 내용의 詳略은 다소 차이가 있지만 체제에 있어서는 대체로 비슷하다. 그리고 마지막에 한 권을 할애하여 각 도에 딸린 羈縻州를 열거하고 있는 부분은 ≪신당서≫에 독자적으로 추가된 것이다.

自秦變古로 **王制亡**하고 **始郡縣天下**라 **下更漢晉**하야 **分裂爲南北**이러니 **至隋滅陳**하야 **天下始合爲一**일새 **乃改州爲郡**하야 **依漢制置太守**하고 **以司隷刺史相統治**하니 **爲郡一百九十**이요 **縣一千二百五十五**요 **戶八百九十萬七千五百三十六**이요 **口四千六百一萬九千九百五十六**이라 **其地**는 **東西九千三百里**요 **南北一萬四千八百一十五里**니 **東南皆至海**하고 **西至(旦)〔且〕末**[1]하고 **北至五原**[2]이라

秦나라가 古法을 바꾸고부터 王制가 없어지고 처음으로 천하에 郡縣을 두어 다스렸다. 아래로 漢나라, 晉나라를 지나고서 分裂하여 南北朝가 되었는데 隋나라가 陳나라를 멸망시킨 때에 이르러 천하가 비로소 통합되어 하나가 되었다. 이에 州를 고쳐 郡으로 삼고서 한나라 제도를 따라 太守를 두고 司隷, 刺史를 통해 다스리게 하니 郡으로 만든 것은 190이고 縣은 1,255이고 戶는 890만 7,536이고 口는 4601만 9,956이었다. 그 지역 범위는 東西로 9,300里이고 南北으로 1만 4,815里이니 동쪽과 남쪽으로는 모두 바다에 이르고 서쪽으로는 且末에 이르고 북쪽으로는 五原

에 이르렀다.

1) (旦)〔且〕末 : 저본에는 '且'가 '旦'으로 되어 있으나, ≪新唐書≫에 의거하여 '且'로 바로잡았다. 且末은 漢代 西域 36國 가운데 하나로, 西域都護府에 속한다. 都城은 且末城인데 지금의 新疆省 且末縣城의 서남쪽에 있었다. 後漢 초엽에는 鄯善에 병합되어 있다가 다시 독립하였다. 北魏 말엽에는 吐谷渾에 병합되었다.

2) 五原 : 前漢 때 북방의 변경 지역으로, 郡을 설치하고 요새를 두어 五原郡, 五原塞라고도 불리었다. 지금의 內蒙古 後套의 동쪽, 陰山의 남쪽, 包頭市의 서쪽 지역에 해당한다.

唐興에 高祖改郡爲州하야 太守爲刺史하고 又置都督府以治之라 然天下初定일새 權置州郡頗多라 太宗元年에 始命併省(생)하고 又因山川形便하야 分天下爲十道하니 一曰關內요 二曰河南이요 三曰河東이요 四曰河北이요 五曰山南이요 六曰隴右요 七曰淮南이요 八曰江南이요 九曰劍南이요 十曰嶺南이라 至十三年定簿하야 凡州府三百五十八이요 縣一千五百五十一이라 明年에 平高昌[1]하고 又增州二와 縣六이라 其後에 北殄突厥頡(힐)利[2]하고 西平高昌하고 北踰陰山하고 西抵大漠이라 其地는 東極海하고 西至焉耆[3]하고 南盡林州南境하고 北接薛延陀[4]界하니 東西九千五百一十一里요 南北一萬六千九百一十八里라 景雲[5]二年에 分天下郡縣하야 置二十四都督府以統之러니 旣而오 以其權重不便이라하야 罷之하다 開元[6]二十一年에 又因十道分山南江南爲東西道하고 增置黔中道又京畿都畿하고 置十五採訪使하야 檢察如漢刺史之職이라 天寶盜起[7]하야 中國用兵하야 而河西隴右不守하야 陷于吐蕃이러니 至大中咸通[8]하야 始復(복)隴右라 乾符[9]以後에 天下大亂하야 至于唐亡이라

唐나라가 일어나자 高祖가 郡을 고쳐 州로 삼고서 太守를 刺史로 바꾸고 다시 都督府를 설치하여 다스렸다. 그렇지만 天下가 막 평정되었기에 임시로 설치한 州郡이 퍽 많았다. 太宗 貞觀 元年(627)에 처음으로 병합하여 줄이도록 명하고 다시 山川의 형세에 따라 천하를 나누어 10道를 만드니 첫째가 關內道, 둘째가 河南道, 셋째가 河東道, 넷째가 河北道, 다섯째가 山南道, 여섯째가 隴右道, 일곱째가 淮南道,

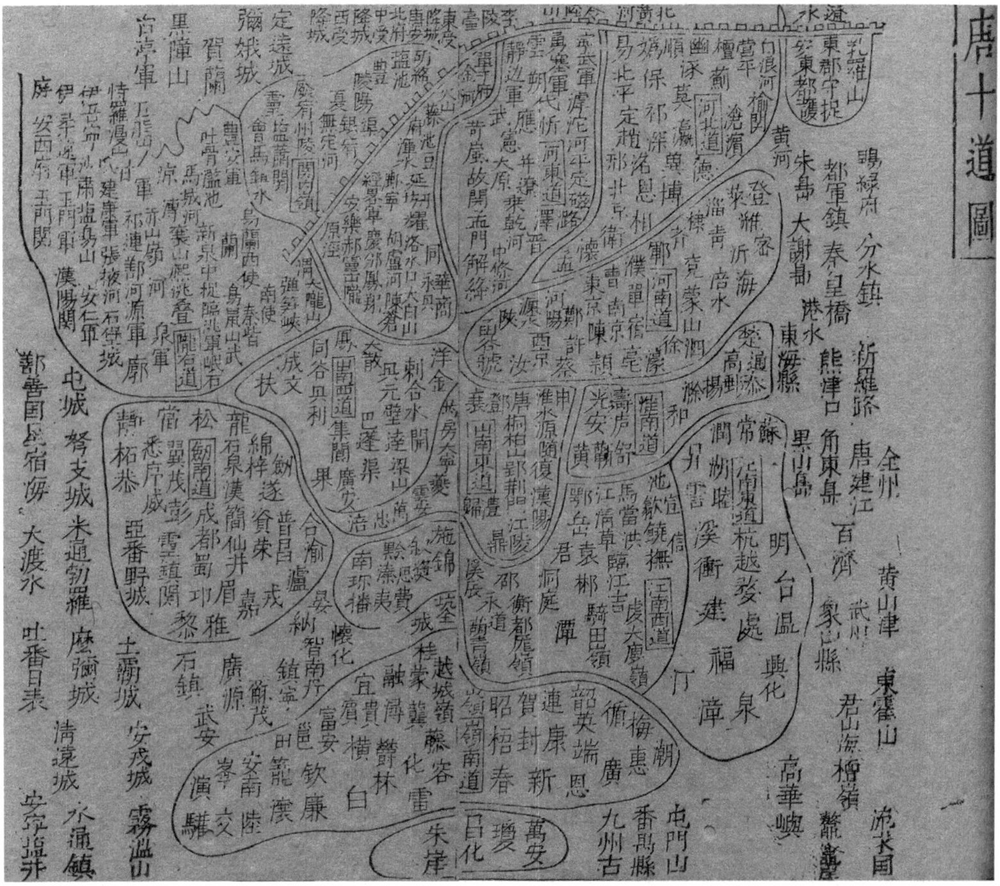

唐十道圖

여덟째가 江南道, 아홉째가 劍南道, 열째가 嶺南道였다. 정관 13년(639) 簿籍을 확정할 때에 이르러 州府는 모두 358, 縣은 1,551이었다. 이듬해 고창을 평정하고 다시 州 둘과 縣 여섯을 增設하였다. 그 후에 북쪽으로 突厥의 頡利를 섬멸하고 서쪽으로 高昌을 평정하고 북쪽으로 陰山을 넘고 서쪽으로 大漠에 닿았다. 그 지역 범위는 동쪽으로 바다까지 이르렀고 서쪽으로 焉耆에 이르렀고 남쪽으로 林州의 남쪽 경계 끝까지 미쳤고 북쪽으로 薛延陀의 경계에 접하였으니 東西로 9,511里이고 南北으로 1만 6,918里였다.

景雲 2년(711)에 천하의 郡縣을 나누어 24都督府를 두어 다스렸는데 이윽고 그 권력이 過重하여 불편하다 여겨 폐지하였다. 開元 21년(733)에 다시 10道를 바탕으로 山南道와 江南道를 나누어 東道, 西道를 만들고 黔中道 및 京畿道, 都畿道를 增設하고 採訪使 15인을 두어 漢나라 때 刺史의 직임처럼 檢察하도록 하였다. 天寶 연간에 도적이 일어나 中國 內地에서 군대를 起動하면서 河西道, 隴右道를 지키지 못해 吐蕃에 함락되었는데 大中, 咸通 연간에 이르러 비로소 농우를 회복하였다. 乾符 연간 이후로 천하가 크게 혼란해져서 唐나라가 멸망하는 데 이르렀다.

1) 高昌 : 지금의 新疆省 투르판 동쪽 카라코룸 서남쪽에 있었다. 漢代에는 高昌壁이었고 東晉 鹹和 2년(327)에 前涼이 高昌郡을 설치하였다. 唐 貞觀 14년(640)에 고창을 멸망시키고 그 땅에 西昌州를 두었다가 뒤에 西州로 개칭하였다.
2) 突厥頡(힐)利 : 頡利는 당나라 때 突厥의 可汗으로, 성은 阿史那이고 이름은 咄苾이다. 高祖 때 국력이 막강하여 매년 중국을 침입했고, 太宗이 즉위한 해에는 長安의 渭水 便橋 북쪽까지 침입하자, 태종이 직접 玄武門을 나와 6騎를 이끌고 위수 가로 가서 담판을 한 다음에, 다시 편교에서 白馬를 잡아 맹약을 맺고 돌려보내기도 하였다. 후에 태종이 정벌하여 당나라의 포로가 되었다. ≪新唐書≫ 卷215 〈頡利可汗列傳〉
3) 焉耆 : 漢나라 때 西域 36國 가운데 하나로 西域都護府에 소속되었고 도성은 員渠城에 있었는데 北魏 때 멸망당하였다. 唐나라 때 焉耆都督府를 두었고 唐末에 西州의 回鶻에게 병합되었다.
4) 薛延陀 : 종족의 이름으로 흉노의 별종이다. 처음에는 薛部와 延陀部로 나뉘어져 있다가 설부가 연타부를 합병하고는 설연타라 칭하였다. 처음에는 燕末山에 웅거해 있다가 夷男이 부족장이 되어 돌궐에 귀부하였으며, 그 뒤 돌궐을 배반하고 자립하였다. 당 태종 때 眞珠毘伽可汗으로 冊立되었으며, 貞觀 말에 몽고의 鬱督軍山 즉 지금의 杭愛山 부근에 웅거해 있으면서 여러 부족을 통솔하였다. 진주비가가한이 죽은 뒤 국내가 어지러워지자 당나라에서 李世勣을 파견하여 토벌하였다.
5) 景雲 : 唐 睿宗의 첫 번째 연호(710~711)이다.
6) 開元 : 唐 玄宗의 두 번째 연호(713~741)이다.
7) 天寶盜起 : 天寶는 唐 玄宗의 세 번째 연호(742~756)로, 이때 安祿山과 史思明이 난을 일으켜 한때 洛陽과 長安을 함락시켰다.

8) 大中咸通 : 大中은 唐 宣宗의 연호(847~860)이고, 咸通은 唐 懿宗의 연호(860~874)이다.

9) 乾符 : 唐 僖宗의 첫 번째 연호(874~879)이다.

然擧唐之盛時하면 **開元天寶之際**[1]에 **東至安東**하고 **西至安西**하고 **南至日南**하고 **北至單于府**하니 **蓋南北如漢之盛**이로되 **東不及而西過之**라 **開元二十八年戶部帳**에 **凡郡府三百二十有八**이요 **縣千五百七十三**이요 **戶八百四十一萬二千八百七十一**이요 **口四千八百一十四萬三千六百九**요 **應受田一千四百四十萬三千八百六十二頃**이라

그렇지만 唐나라가 全盛했던 때를 들어보자면 開元, 天寶 연간에 동쪽으로 安東에 이르고 서쪽으로 安西에 이르고 남쪽으로 日南에 이르고 북쪽으로 單于府에 이르렀으니 대체로 南北은 漢나라가 全盛했던 때와 같았지만 동쪽은 漢나라만 못하였고 서쪽은 漢나라를 넘어섰다. 개원 28년(740) 戶部의 帳簿에 郡府는 모두 328이고, 縣은 1,573이고, 戶는 841만 2,871이고 口는 4814만 3,609이고 應受田은 1440만 3,862頃이었다.

1) 開元天寶之際 : 唐 玄宗의 연호로, 당나라의 전성기를 가리킨다.

考隋唐地理之廣狹과 **戶口盈耗與其州縣廢置**하면 **其盛衰治亂興亡可以見矣**라 **蓋自古爲天下者**는 **務廣德而不務廣地**하나니 **德不足矣**면 **地雖廣**이라도 **莫能守也**라 **嗚呼**라 **盛極必衰**니 **雖曰勢使之然**이나 **而殆忽驕滿**이 **常因盛大**라 **可不戒哉**아

隋와 唐의 영토의 넓이와 戶口의 증감과 그 州縣의 廢置를 고찰하면 그들의 盛衰와 治亂과 興亡을 볼 수가 있다. 대개 예로부터 천하를 다스리는 자는 德을 넓히는 데 힘쓰고 땅을 넓히는 데 힘쓰지 않나니 德이 부족하면 땅이 비록 넓더라도 지킬 수가 없다. 오호라! 盛大함이 극도에 이르면 반드시 쇠퇴하니 비록 형세가 그렇게 만든다고는 하지만 나태하고 소홀하고 驕慢하고 自滿함이 항상 성대함으로 인해 생겨난다. 경계하지 않을 수 있겠는가.

05. 食貨志論* 식화지에 관한 論

* 본 편은 〈食貨志〉의 서론에 해당하는 글로, 食貨의 史的 흐름을 개괄하고 唐代 經濟史를 간략하게 평가하였다. 요약하자면, 식화의 이상적인 운용과 파괴적인 운용을 대비하는 설명으로 시작하여 唐나라가 口分田, 世業田을 지급하여 民力을 합리적으로 관리하면서 租庸調의 稅法을 시행하여 전성기를 누릴 수 있었던 前期와 대비하여 天寶 연간 이후로 이 제도들이 무너져 兩稅法으로 바뀌고 복잡하고 잡다한 명목들이 생기며 폐단을 낳아 결국 멸망에 이르렀다는 주장으로 마치고 있다.

〈식화지〉는 중국 紀傳體 史書에서 경제사를 전문적으로 기술하고 있는 편목이다. 식화라는 말은 ≪書經≫ 〈洪範〉의 "八政은 첫째가 食이고 둘째가 貨이다."라는 말에서 비롯하였는데, 孔穎達의 疏에 食은 백성들에게 농업에 힘쓰게 하도록 교화하는 것이고 貨는 백성들에게 재물을 생산하도록 교화하는 것이라고 하였다. 역대의 사서를 살펴보면, ≪史記≫ 〈平准書〉가 〈식화지〉의 先河를 열었고 〈貨殖列傳〉이 〈평준서〉와 함께 당시까지의 경제 문제를 다루었다. 이후 ≪漢書≫에서 처음 〈식화지〉라는 명칭을 사용하여 이후의 사서에서는 모두 이 篇名을 襲用하는 등 ≪한서≫ 〈식화지〉가 후대 〈식화지〉의 典範이 되었다. 班固는 ≪한서≫ 〈식화지〉에서 '식'은 農業 생산, '화'는 農家의 부업인 布帛의 생산 및 貨幣의 유통을 가리키는 개념으로 보고 두 부분으로 나누어 설명을 전개하고 있다.

이후 ≪신당서≫ 〈식화지〉에서는 田制와 세법의 연혁, 漕運의 변천, 鹽·茶·酒 등 국가 專賣 물품에 대한 설명, 화폐 유통의 변화, 百官의 녹봉 등 각각의 주제별로 서술하고 있는 것이 특징으로, 후대로 내려올수록 복잡해져가는 경제 상황을 반영하였다. 이는 후대에 편찬된 사서인 ≪宋史≫와 ≪明史≫의 〈식화지〉에서 田制, 戶口, 賦役, 倉庫, 조운, 鹽法, 雜稅, 錢法, 礦冶, 市糴, 會計 등 20여 종에 이르는 더욱 다양한 주제에 대해 서술하고 있는 것으로도 변화의 흐름을 엿볼 수 있다. 한편 이밖에 唐나라 杜佑가 편찬한 ≪通典≫에서는 맨 앞에 '식화'를 열거하여 堯舜 시대로부터 唐代 천보 연간까지의 경제 문제를 전문적으로 기술하기도 하였다.

古之善治其國而愛養斯民者는 必立經常簡易之法하야 使上愛物以養其下하고 下勉力以事其上하야 上足而下不困이라 故量人之力하야 而授之田하며 量地之産하야 而取以給公上하며 量其入而出之以爲用度之數하니 是三者는 常相須以濟하야 而不可失하니 失其一이면 則不能守其二라

옛날에 그 나라를 훌륭하게 다스리고 백성들을 愛養하는 자는 반드시 經常적이고 簡易한 법을 세워 윗사람으로 하여금 재물을 아껴 아랫사람을 기르도록 하고, 아랫사람으로 하여금 힘을 다하여 윗사람을 섬기도록 하여 윗사람은 풍족하고 아랫사람은 곤궁하지 않았다. 이런 까닭에 사람의 힘을 가늠하여 田地를 지급하고, 전지의 생산량을 헤아려 세금을 거두어 국가에 바치고, 수입을 따져 지출을 하여 용도의 수를 삼으니, 이 세 가지는 항상 서로 의지하여 균형을 이루어서 하나라도 그르쳐서는 안 되니, 하나를 그르치면 나머지 둘을 지킬 수가 없다.

及暴君庸主가 縱其佚欲하야 而苟且之吏從之하야 變制合時하야 以取寵於其上이라 故用於上者無節하고 而取於下者無限하야 民竭其力而不能供이라 由是로 上愈不足而下愈困하니 則財利之說興而聚斂之臣用이라 記曰寧畜(휵)盜臣[1]이라하니 盜臣이 誠可惡(오)나 然一人之害爾어니와 聚斂之臣用하면 則經常之法壞하야 而下不勝其弊焉이라

난폭한 군주와 용렬한 임금이 과도한 욕망을 마음대로 부리게 되자 구차한 벼슬아치가 그것을 따라서 제도를 변화시켜 시속에 영합하여 윗사람에게 총애를 구한다. 그런 까닭에 위에서 쓰는 것이 절제가 없고 아래에서 취하는 것이 한정이 없어 백성들이 힘을 다 해도 이바지할 수 없다. 이로 인해 위에서는 갈수록 부족하고 아래에서는 갈수록 곤궁하니, 財利에 대한 주장이 흥기하고 聚斂하는 신하가 등용된다. ≪禮記≫에 "차라리 도적질하는 신하를 둔다."라고 하였으니, 도적질하는 신하가 참으로 밉지만 한 사람에게 해가 될 뿐이거니와 취렴하는 신하를 쓰면 經常적인 法이 붕괴되어 아래에서는 그 폐단을 감당할 수 없다.

1) 記曰寧畜(휵)盜臣 : ≪禮記≫ 〈大學〉에 "百乘의 家에서는 취렴하는 신하를 두

지 않으니, 취렴하는 신하를 둘 바에는 차라리 도둑질하는 신하를 두는 편이 낫다.〔百乘之家 不畜聚斂之臣 與其有聚斂之臣 寧有盜臣〕"라고 하였다.

唐之始時에 **授人以口分世業田**[1)]하야 **而取之以租庸調**[2)]**之法**하니 **其用之也有節**이라 **蓋其畜兵以府衛之制**라 **故兵雖多而無所損**하고 **設官有常員之數**라 **故官不濫而易**(이)**祿**하니 **雖不及三代之盛時**나 **然亦可以爲經常之法也**러니 **及其弊也**하얀 **兵冗官濫**하야 **爲之大蠹**(두)라 **自天寶以來**로 **大盜屢起**하고 **方鎭數叛**하야 **兵革之興**이 **累世不息**하야 **而用度之數**를 **不能節矣**오 **加以驕君昏主**와 **姦吏邪臣**이 **取濟一時**하야 **屢更其制**하야 **而經常之法**이 **蕩然盡矣**라

당나라가 시작될 때에 사람들에게 口分田과 世業田을 주고서 租·庸·調의 법으로 세금을 거두었으니 쓰는 것이 절도가 있었다. 대개 병사를 양성함에 府와 衛의 제도로 하기 때문에 병사가 아무리 많아도 손실되는 바가 없고, 관직을 설치함에 일정한 정원의 숫자가 있기 때문에 관리가 넘치지 않아 녹봉을 주기 쉬웠으니, 비록 삼대의 盛時에 이르러서는 못하지만 그러나 또한 經常적인 법을 시행할 수 있었다. 그러다가 무너지기에 미쳐서는 병사는 쓸데없이 많고 관리가 넘쳐나서 큰 골칫거리가 되었다. 天寶 연간 이래로 大盜가 누차 일어나고 方鎭이 자주 반란을 일으켜 전란이 누세토록 그치지 않아 用度의 수를 절제할 수 없었다. 게다가 교만하고 어리석은 임금과 간사한 신하가 일시적인 도움을 받으려고 누차 제도를 변경하여 경상적인 법이 쓸어버린 듯 모두 없어졌다.

1) 口分世業田 : 口分田은 가족의 식구 수를 기준으로 田地를 지급하는 제도이다. 開元 25년(737)에 시행되었다. 丁男 1인당 田 100畝를 지급하는데, 이 가운데 20畝는 永業田이고, 80畝는 구분전이다. 늙거나 병약한 자에게는 구분전 40畝를 지급하고 과부에게는 30畝를 지급한다. 구분전은 절대 매매를 할 수 없고, 지급받은 자가 죽은 뒤에 국가로 반납하여야 한다. 세업전은 영업전을 달리 이르는 말인데, 자손에게 물려줄 수 있기 때문에 이렇게 부른 것이다.

2) 租庸調 : 당나라 때의 조세법이다. 租는 남정 1인당 粟 2石 또는 稻 3石을 바치는 것이다. 調는 지방 특산물에 따라 비단이나 목화 또는 삼을 바치는 것이

다. 庸은 매 장정이 20일간 부역을 하는 제도이고, 閏月이 있는 해에는 2일이 추가된다.

由是로 **財利之說興**하고 **聚斂之臣進**하니 **蓋口分世業之田**이 **壞而爲兼幷**하고 **租庸調之法**이 **壞而爲兩稅**하고 **至於鹽鐵轉運屯田和糴**(적)**鑄錢括苗搉**(각)**利借商進奉獻助**[1)]하얀 **無所不爲矣**라 **蓋愈煩而愈弊**하야 **以至於亡焉**이라

이런 까닭에 財利에 관한 주장이 흥기하고 취렴하는 신하가 등용되니, 대개 口分田과 世業田이 무너져 兼幷되고 租·庸·調의 稅法이 무너져 兩稅가 되었으며, 鹽鐵·轉運·屯田·和糴·鑄錢·括苗·搉利·借商·進奉·獻助에 이르러서는 못하는 짓이 없었다. 대개 갈수록 번잡하고 갈수록 폐단이 생겨 결국 망하는 데에 이르렀다.

1) 鹽鐵轉運屯田和糴(적)鑄錢括苗搉(각)利借商進奉獻助 : 鹽鐵은 소금과 철의 생산을 국가에서 관리하는 것이고, 轉運은 세곡 등 각종 부세를 수송하는 일이다. 屯田은 변경이나 군사 요지에 주둔한 군대의 식량을 마련하기 위하여 설치한 토지이다. 和糴은 北魏에서 시작된 제도로, 관청에서 팔고 사는 값을 정하여서 양쪽에 손해가 없게 곡식을 사들이는 일이다. 鑄錢은 돈을 주조하는 것이다. 括苗는 벼의 싹을 검사하여 賦稅를 미리 계산하는 일이다. 搉利은 국가에서 어떤 물품을 전매하여 이익을 취하는 것이다. 借商은 상인에게 돈을 빌려주는 것이다. 進奉은 공물을 국가에 바치는 일이다. 獻助는 국가의 정책에 도움이 되도록 곡물 등을 바치는 것이다. 이상은 모두 국가 재정의 근간에 관계되면서 간사한 자의 농간이 개입될 수 있는 것들이다.

06. 百官志* 백관지

* 본 편은 〈百官志〉의 서두 부분을 발췌한 글로, 唐代의 官制가 隋代의 제도를 沿襲하였다고 말하고서 수대 이전의 관제에 대한 서술 없이 곧바로 당대 관제에 대한 설명으로 들어가는 것이 다른 志들과 다소 다른 특징이다. 본 편을 살펴보면, 첫 단락에서 당대 관제의 得失을 總評하였고 이어지는 단락들에서

宰相과 學士를 다른 관직들보다 앞에 두어 서술하였다.

역대의 史書를 살펴보면, ≪史記≫와 ≪漢書≫에는 관제에 대한 志가 따로 있지 않다. 다만 ≪한서≫ 卷19上, 卷19下에 〈百官公卿表〉가 있는데 권19상에 上古 시대부터 漢나라까지의 官制를 서술하고 있어 사실상 官制志와 비슷한 역할을 하고 있고, 이후 ≪後漢書≫ 〈백관지〉가 작성되어 백관지란 명칭이 처음으로 쓰이게 되었다. 이후 ≪宋書≫・≪南齊書≫・≪隋書≫・≪新唐書≫에 〈백관지〉, ≪晉書≫・≪舊唐書≫에 〈職官志〉라는 篇名으로 이어져 내려왔다. ≪구당서≫ 〈직관지〉는 주로 永泰 2년(766)의 官品과 職官 제도의 연혁을 기록하였는데, 唐 玄宗 때 편찬한 ≪唐六典≫을 많이 참고하여 그 수록 순서를 따라 三師三公, 尙書都省, 門下省, 中書省, 祕書省, 殿中省, 內官, 宮官, 內侍省, 御史臺, 太常寺 등 9寺, 國子監 등 5監, 武官, 東宮官, 王府官, 州縣官員 등의 순서로 서술하였다.(박수정, 〈≪三國史記≫ 雜志의 편찬과 職官志의 체재〉, 한국사학보, 2010. 79~82쪽 참조)

≪신당서≫ 〈백관지〉는 ≪구당서≫ 〈직관지〉의 체재를 거의 그대로 인습하면서도 앞서 말한 대로 宰相職과 學士職을 삼사삼공의 앞에 두어 두 직책의 의의와 연혁을 다룬 점이 다르다. 이는 두 직책이 治道에 미치는 영향력이 매우 크면서도 다른 관부에 예속되어 있지 않다는 점을 고려해 앞에 내세운 것으로 보인다.

唐之官制는 **其名號祿秩**을 **雖因時增損**이나 **而大抵皆沿隋**라 **故其官司之別**은 **曰省曰臺曰寺**(시)**曰監曰衛曰府**니 **各統其屬**하야 **以分職定位**라 **其辨貴賤**하고 **敍勞能**은 **則有品有爵**하고 **有勳有階**하야 **以時考覈**(핵)**而升降之**하니 **所以任群材**하고 **治百事**라 **其爲法**은 **則精而密**하고 **其施於事**엔 **則簡而易行**하니 **所以然者**는 **由職有常守而位有常員也**일새라 **方唐之盛時**하야 **其制如此**라 **蓋其始未嘗不欲立制度明紀綱爲萬世法**이로되 **而常至於交侵紛亂者**는 **由其時君不能愼守而徇一切之苟且**라 **故其事愈繁而官益冗**하야 **至失其職業而卒不能復**(복)이라

唐나라의 官制는 그 名號와 祿秩을 비록 시기에 따라 增損하였지만 대체로 모두 隋나라의 관제를 襲用하였다. 그래서 그 官司의 類別은 省, 臺, 寺, 監, 衛, 府라고

하였는데 각자 그 屬官을 통솔하여 직책을 나누고 지위를 정하였다. 그 尊貴와 卑賤을 분별하고 功勞와 才能을 차례지우는 것에는 品과 爵이 있고 勳과 階가 있어 일정한 기간에 따라 考覈하여 올리거나 내리니, 수많은 人才를 임용하고 온갖 업무를 수행하기 위한 것이다. 그 法制는 精巧하면서 周密하고 일에 적용할 때에는 簡略하면서 시행하기 쉬우니 그렇게 되는 까닭은 관직에는 일정한 職責이 있고 지위에는 일정한 員數가 있기 때문이다. 唐나라가 全盛할 때에 그 제도가 이와 같았다. 대개 그 처음에는 일찍이 制度를 세우고 紀綱을 밝혀 만세토록 이어갈 법이 되도록 하고자 하지 않은 것은 아니지만, 늘 번갈아 침범하여 혼란해지는 지경에 이르는 것은 그 당시의 임금이 처음의 제도를 신중하게 지키지 못하고 일체를 구차하게 처리하고 말기 때문이다. 그래서 그 업무는 더욱 번다해지고 관직은 더욱 쓸데없이 많아져 그 직책을 다하지 못하고 끝내 회복하지 못하는 지경에 이르게 된다.

初에 **太宗省**(생)**內外官**하야 **定制爲七百三十員**하고 **曰 吾以此**로 **待天下賢材**면 **足矣**라하다 **然是時**에 **已有員外**[1]**置**하고 **其後**에 **又有特置同正員**[2]하고 **至於檢校兼守判知**[3]**之類**하야는 **皆非本制**요 **又有置使之名**하니 **或因事而置**라가 **事已則罷**하고 **或遂置而不廢**하야 **其名類繁多**하야 **莫能徧擧**라 **自中世以後**로 **盜起兵興**하야 **又有軍功之官**하야 **遂不勝其濫矣**라 **故採其綱目條理可爲後法**과 **及事雖非正**이나 **後世遵用因仍而不能改者**하야 **著于篇**이라

당초에 太宗이 內外의 官員을 줄여 제도를 확정해 730員으로 만들고 이르기를, "내가 이를 가지고 천하의 어진 인재들을 대우하면 충분하다."라고 하였다. 그렇지만 이때 이미 員外를 설치하였고 그 뒤에 다시 특별히 同正員을 두었으며, 檢校·兼·守·判·知 따위의 경우에는 모두 본래의 官制가 아니었고 또 使라는 명칭을 두는 경우가 있었으니, 혹은 어떤 일 때문에 두었다가 일이 마무리되면 없애기도 하고 혹은 끝내 설치하고 없애지 않아 그 이름과 종류가 번다하여 이루 다 들어 말할 수가 없기도 하였다. 唐代 中葉 이후로는 도적이 일어나고 전쟁이 발생하여 또 軍功으로 주는 관직을 두게 되어 마침내 관직들이 너무나 넘쳐나는 상황이었다. 그래서 그중에 후대의 본보기가 될 만한 綱目과 條理 및 비록 正常적인 일은 아니지만

후세에 遵用하고 인습하여 고칠 수 없는 것들을 採錄하여 이 篇에 기록한다.

1) 員外 : 定員 이외로 두는 관원을 지칭한다.
2) 同正員 : 員外에 '同正'을 加하면 정원 외의 관원을 正官으로 간주하는 것이다. 同正의 제도는 唐 高宗 永徽 6년(655)에 처음 설치하였는데, 同正官의 대우는 正員과 員外의 중간이어서 단지 職田만 없었을 뿐 녹봉은 正員과 같았다. 員外는 녹봉이 正員의 절반이었다.
3) 檢校兼守判知 : 檢校는 南北朝 때 다른 관원을 칙령으로 파견하여 일을 맡게 하고 부른 명칭으로, 參知처럼 정식 임용은 아니었다. 兼은 한 관원이 다른 관직을 겸임하는 것으로, 겸직은 대체로 본직과 비슷하거나 實職이 아니었다. 守는 관원을 처음 임명할 때 종종 試署에 먼저 임명하여 守라 불렀는데, 漢나라 때에는 이러한 수습기간이 만 1년이 되어야 眞除가 되었다. 唐나라에 와서 貞觀 연간에는 맡은 직임이 본래의 품계보다 높은 경우 守로 삼았는데, 그 뒤에는 겸직과 섞여 겸직을 兼이나 守라 하였다. 判은 검교처럼 정식적인 임용이 아니었으며 대체로 문서를 주관하였다. 判某官事라 하여 '判'자만 붙인 것 외에 權判·兼判·分判·專判·代判·平判 등의 구별이 있었는데, 모두 일이나 칙령에 의하여 그때그때 정해졌다. 知는 일종의 勅旨의 규정에 의한 임용이다. 漢나라 때에는 知尙書事가 있었고 南北朝 때에는 知와 參知의 명칭이 있었으며, 唐나라 때에는 知省事·知臺事·知制誥·知貢擧·知雜·知州事·知府事·知軍事 등이 있었는데, 모두 칙령에 의해 정한 것이었다.

宰相之職은 佐天子하고 總百官하고 治萬事하니 其任重矣라 然自漢以來로 位(品)〔號〕[1] 不同하고 而唐世宰相은 名尤不正이라 初에 唐因隋制하야 以三省之長中書令侍中尙書令으로 共議國政하니 此宰相職也라 其後에 以太宗嘗爲尙書令이라하야 臣下避不敢居其職하니 由是로 僕射(야)爲尙書省長官하야 與侍中中書令으로 號爲宰相이라 其品位旣崇하야 不欲輕以授人이라 故常以他官居宰相職而假以他名이라 自太宗時에 杜淹[2]以吏部尙書參議朝政하고 魏徵以秘書監參預朝政으로 其後或曰參議得失參知政事之類가 其名非一이나 皆宰相職也라 貞觀八年에 僕射李靖[3]以疾辭位한대 詔疾小瘳(추)어든 三兩日一至中書門下平章事하니 而平章事之名은 蓋起于此라 其後에

李勣(적)以太子詹事로 同中書門下三品하니 謂同侍中中書令也라 而同三品之名은 蓋起於此[4]라 然二名不專用하고 而他官居職者가 猶假他名如故라 自高宗已後로 爲宰相者必加同中書門下三品하니 雖品高者라도 亦然이요 惟三公三師中書令則否라 其後에 改易官名하야 而張文瓘[5]以東臺侍郎同東西臺三品하니 同三品入銜은 自文瓘始라 永淳元年에 以黃門侍郎郭待擧兵部侍郎岑長倩(천)等으로 同中書門下平章事하니 平章事入銜은 自待擧等始라 自是以後로 終唐之世不能改라

宰相의 직책은 天子를 輔佐하고 百官을 통솔하고 萬事를 다스리니 그 책임이 중대하다. 그러나 漢代 이후로 位號가 같지 않았고 唐代의 재상은 명칭이 더욱 바르지 못했다. 당초에 唐나라가 隋나라의 官制를 이어받아 三省의 長官인 中書令, 侍中, 尙書令에게 함께 國政을 논의하도록 하니 이것이 재상의 직책이었다. 그 후에 太宗이 일찍이 상서령을 지냈다고 하여 신하들이 피하여 감히 그 직책을 맡지 않으니 이런 까닭에 僕射가 尙書省 長官이 되어 시중, 중서령과 함께 재상이라 일컬어졌다. 재상의 品位가 이미 높아 가벼이 수여하려고 하지 않았으므로 늘 다른 관직으로 재상의 직책을 맡게 하면서 다른 명칭을 빌려 썼다.

태종 때에 杜淹이 吏部尙書로 朝政에 參議하고 魏徵이 秘書監으로 조정에 參預하고부터 그 후에 더러 參議得失, 參知政事라고 하기도 하는 부류가 그 명칭이 한둘이 아니었는데 모두 재상의 직책이었다. 貞觀 8년(634)에 복야 李靖이 질병으로 사직하자 詔命을 내려 질병이 조금 나으면 이틀이나 사흘에 한 번 中書門下에 이르러 政事를 平章하도록 하니 平章事의 명칭은 대개 여기에서 起源하였다. 그 후에 李勣이 太子詹事로 同中書門下三品이 되니 侍中, 中書令과 같은 품계임을 말한다. 同三品의 명칭은 대개 여기에서 기원하였다. 그렇지만 이 두 명칭은 단독으로 쓰지 않고 다른 관직으로 재상의 직책을 맡고 있는 관원이 여전히 예전처럼 다른 명칭을 빌려 썼다.

高宗 이후로 재상이 된 자는 반드시 동중서문하삼품을 더하니 비록 官品이 높은 자라도 역시 그러하였고 오직 三公, 三師, 중서령만 더하지 않았다. 그 후에 官名을 개정하여 張文瓘이 東臺侍郎으로 同東西臺三品을 맡으니 同三品이 官銜에 들어간 것은 장문관으로부터 시작되었다. 永淳 元年(682)에 黃門侍郎 郭待擧, 兵部侍郎 岑

長倩 등에게 同中書門下平章事를 맡기니 平章事가 관함에 들어간 것은 곽대거 등으로부터 시작되었다. 이때 이후부터 唐代가 끝날 때까지 고치지 못하였다.

1) (品)〔號〕: 저본에는 '品'으로 되어 있으나, ≪新唐書≫에 의거하여 '號'로 바로잡았다.
2) 杜淹 : ?~628. 京兆府 杜陵 사람으로, 자는 執禮이다. 隋나라 때 河內 太守 杜徵의 아들이자 貞觀 연간 名相인 杜如晦의 숙부이다. 京兆 杜氏로, 이른 나이에 수나라 조정에서 御史中丞, 吏部尙書를 지냈고 唐나라에 투항한 이후 學士가 되었다. 뒤에 楊文幹 사건으로 연좌되어 巂州에 유배되었다가 太宗 때 御史大夫가 되고 뒤에 재상이 되었다.
3) 李靖 : 571~649. 雍州 三原 사람으로, 자는 藥師이다. 唐나라 때 걸출한 군인이자, 수나라 때 涼州 刺史를 지낸 韓擒虎의 외조카이다. 用兵과 謀略에 뛰어나 수나라 때 馬邑郡丞이 되었고 당나라 때 王世充을 평정하고 북쪽으로 東突厥을 치고 서쪽으로 吐谷渾을 깨뜨렸다. 당나라의 발전에 혁혁한 戰功을 세워 凌煙閣 24功臣 가운데 한 명이 되었다. 檢校中書令, 兵部尙書, 尙書右僕射를 지내고 衛國公에 봉해져 세상에서 李衛公이라 불렀다. ≪李靖六軍鏡≫ 등 여러 兵書를 지었는데 대부분 전해지지 않는다. 後人이 逸文을 모아 ≪唐太宗李衛公問對≫를 편집하였는데, 北宋 때 ≪武經七書≫에 편입되어 古代 兵學의 대표 저작이 되었다.
4) 李勣(적)以太子詹事同中書門下三品……蓋起於此 : 李勣(594~669)은 본명이 世勣이고, 자가 懋功으로, 曹州 離狐 사람이다. 당나라 초엽의 名將으로, 衛國公 李靖과 병칭된다. 젊은 시절 瓦崗軍에 투신하였다가 뒤에 李密을 따라 당나라에 투항하여 평생 唐 高祖, 太宗, 高宗을 섬기며 조정의 중임을 맡았다. 태종을 따라 四方을 평정하고 薛延陀를 두 차례 치고 磧北을 평정하였다. 뒤에 다시 동돌궐, 高句麗를 크게 격파하여 국토를 넓히는 데 공헌하였다. 전공이 뛰어나 능연각 24공신 가운데 한 명이 되었다. ≪二十二史考異≫ 권44 〈唐書4·百官志〉에 "太子詹事는 侍中, 中書令과 함께 품계가 모두 正三品이다. 그러나 단지 시중, 중서령만 재상이므로 同中書門下三品이라 하여 다른 삼품과 구별한 것이다. 大曆 연간 이후 시중, 중서령을 올려 二品으로 하니 이로부터 동중서문하삼품이라는 칭호가 없어졌다."라고 하였다.

5) 張文瓘 : 606~678. 貝州 武城 사람으로, 자는 稚圭이다. 淸河 張氏로 수나라 말엽 魏州 昌樂縣에 옮겨 살았다. 明經科에 급제한 뒤 여러 관직을 거쳐 고종 때 재상이 되었다. 儀鳳 3년(678) 고종이 新羅를 정벌하려는 계획에 반대하여 병을 무릅쓰고 간언을 올렸는데 오래지 않아 병으로 죽었다.

初에 三省長官議事于門下省之政事堂이러니 其後裴炎[1]自侍中遷中書令이라 (又)〔乃〕[2]徙政事堂於中書省이라 開元中에 張說(열)[3]爲相하야 又改政事堂하야 號中書門下하고 列五房於其後하니 一曰吏房이요 二曰樞機房이요 三曰兵房이요 四曰戶房이요 五曰刑禮房이라하야 分曹以主衆務焉이라 宰相事無不統이라 故不以一職名官이러니 自開元以後로 常以領他職하니 實欲重其事而反輕宰相之體라 故時方用兵이면 則爲節度使하고 時崇儒學이면 則爲太學士하고 時急財用이면 則爲鹽鐵轉運使하고 又其甚則爲延資庫使요 至於國史太淸宮之類하야는 其名頗多하니 皆不足取法이라 故不著其詳이라

당초에 三省의 長官이 門下省의 政事堂에서 政事를 의논하였는데 그 후에 裴炎이 侍中에서 中書令으로 자리를 옮기자 이에 정사당을 중서성으로 옮겼다. 開元 연간에 張說이 재상이 되어 다시 정사당을 고쳐 中書門下라고 부르고 그 뒤에 五房을 나열하니 첫째를 吏房, 둘째를 樞機房, 셋째를 兵房, 넷째를 戶房, 다섯째를 刑禮房이라 하고서 부서를 나누어 소속 업무들을 주관하게 하였다. 宰相은 총괄하지 않는 일이 없었으므로 한 職事로 관직을 명명하지 않았는데 개원 이후로 늘 다른 직사를 관할하게 하니 실제로는 그 직사를 무겁게 하고자 해서였지만 도리어 재상의 체모를 가볍게 하였다. 그래서 바야흐로 군대를 움직일 때에는 節度使가 되고 儒學을 높일 때에는 太學士가 되고 재정 문제가 시급한 때에는 鹽鐵轉運使가 되고 더 심한 경우에는 延資庫使가 되고, 國史, 太淸宮과 같은 부류에 이르러서는 그 명칭이 자못 많으니 모두 족히 본받을 만하지 않다. 그래서 그 상세한 내용은 기술하지 않는다.

1) 裴炎 : ?~684. 絳州 聞喜 사람으로, 자는 子隆이다. 河東 裴氏로, 明經科에 급제하고 濮州 司倉參軍 등을 지내고 뒤에 黃門侍郎으로 재상에 임명되어 同三品을 더하였고 다시 승진하여 侍中이 되었다. 高宗의 顧命大臣으로 遺詔를

받들고 정사를 보좌하였다. 뒤에 則天武后가 中宗을 폐출하고 睿宗을 세우는데 찬동하여 河東縣侯의 작위를 받았는데 오래지 않아 武氏가 七廟를 세우려고 하는 데 반대하여 죄를 받았다. 揚州의 叛亂 시기에 예종에게 정사를 돌려줄 것을 주장하다가 謀反罪의 무고를 받아 洛陽에서 참수당하였다.

2) (又)〔乃〕: 저본에는 '又'로 되어 있으나, ≪新唐書≫에 의거하여 '乃'로 바로잡았다.

3) 張說(열) : 667~730. 河南 洛陽 사람으로, 자는 道濟 혹은 說之이다. 과거를 쳤을 때 策論이 천하제일이었다. 太子校書, 左補闕, 右史, 內供奉 등의 직책을 거쳤는데 魏元忠을 무함하려고 하지 않아 欽州에 유배당하였다. 뒤에 조정에 돌아와 각 部의 侍郎을 거치고 弘文館 學士가 되었다. 재상이 된 뒤 太平公主의 편을 들지 않아 尙書左丞으로 폄적되었다. 뒤에 中書令이 되고 燕國公에 봉해졌다. 姚崇이 재상이 되자 相州刺史, 嶽州刺史로 폄적되었다. 성품이 조급하고 동료들과 관계가 원만하지 않은 데다 재물을 탐내어 탄핵을 받아 致仕하게 되었다. 하지만 오래지 않아 다시 右丞相과 左丞相을 역임하였다. 30년 동안 文壇을 장악하여 許國公 蘇頲과 명성을 나란히 하여 燕許大手筆로 불렸다.

學士之職은 本以文學言語被顧問하고 出入侍從이라 因得參謀議納諫諍하야 其禮尤寵이요 而翰林院者는 待詔之所也라 唐制에 乘輿所在엔 必有文詞經學之士요 下至卜醫伎術之流히 皆直於別院하야 以備宴見이요 而文書詔令은 則中書舍人掌之라 自太宗時로 名儒學士를 時時召以草制라 然猶未有名號러니 乾封[1]以後에 始號北門學士하고 玄宗初置翰林待詔하고 以張說陸堅張九齡等爲之하야 掌四方表疏批答하고 應和文章이라 旣而오 又以中書務劇하야 文書多壅滯라하야 乃選文學之士하야 號翰林供奉하야 與集賢院學士로 分掌制詔書勅이라 開元二十六年에 又改翰林供奉爲學士하야 別置學士院하고 專掌內命[2]이라 凡拜免將相과 號令征伐은 皆用白麻라 其後에 選用益重而禮遇益親하야 至號爲內相하고 又以爲天子私人이라 凡充其職者無定員[3]이요 自諸曹尙書로 下至校書郞히 皆得與選[4]이라 入院一歲면 則遷知制誥하니 未知制誥者不作文書라 班次는 各以其官이로되 內宴則居宰相之下一品之上이라 憲

宗時又置學士承旨라 **唐之學士**는 **弘文集賢分隷中書門下省**이로되 **而翰林學士獨無所屬**[5)]이라 **故附列於此云**하노라

學士의 직책은 본래 文學과 言語로 天子의 顧問을 받고 천자가 出入할 때 侍從하기 때문에 政事를 謀議하는 데 참여하고 諫諍을 올릴 수 있어 그 예우가 더욱 융숭하였고, 翰林院은 詔命을 기다리는 곳이었다. 唐代의 제도에 천자의 乘輿가 있는 곳에는 반드시 文詞와 經學에 뛰어난 선비가 있었고 아래로 卜筮, 醫藥, 伎術을 익힌 부류들에 이르기까지 모두 別院에서 當直하여 천자가 한가할 때의 召見에 대비하였고 文書와 詔令은 中書舍人이 관장하였다. 太宗 때부터 名儒學士를 때때로 불러 制詔를 起草하도록 하였다. 그렇지만 아직도 名號가 있지는 않았는데 乾封 연간 이후에 처음 北門學士라고 불렀다.

玄宗이 처음 翰林待詔를 설치하고 張說, 陸堅, 張九齡 등에게 이 직책을 맡도록 하여 四方에서 올라오는 表疏의 批答을 관장하고 文章을 화답하여 짓게 하였다. 이윽고 다시 中書省의 업무가 많아 文書가 쌓여 있는 경우가 많다고 하여 이에 文學이 뛰어난 선비를 선발하여 翰林供奉이라 부르고 集賢院의 學士와 함께 制詔와 書勅을 分掌하게 하였다. 開元 26년(738)에 다시 한림공봉을 學士로 고쳐 學士院을 별도로 설치하고 內命을 전문으로 관장하게 하였다. 무릇 將相의 任免, 號令과 征伐에는 모두 白麻紙를 사용하였다. 그 후에 翰林學士의 선발이 더욱 무거워지고 예우가 더욱 친근해져서 內相이라 부르기까지 하였고 또 天子가 사사로이 대하는 사람이 되었다.

무릇 이 직무를 채우는 것은 定員이 없고 각 曹의 尙書부터 아래로 校書郞까지 모두 선발에 낄 수 있었다. 한림원에 들어간 지 1년이 지나면 知制誥로 옮기는데 아직 지제고가 되지 못한 자는 文書를 짓지 않았다. 이들의 班次는 각기 그 본래 관직으로 따지지만 內宴을 열 때에는 宰相의 아래, 1品의 위에 자리하였다. 憲宗 때에는 또 學士承旨를 두었다. 唐代의 學士의 경우 弘文, 集賢이 中書省과 門下省에 分屬된 반면 한림학사는 유독 소속된 곳이 없었으므로 여기에 붙여 나열한다.

1) 乾封 : 唐 高宗의 다섯 번째 연호(666~667)이다.

2) 內命 : 皇帝가 직접 發布하는 詔命을 말한다.

3) 凡充其職者無定員 : ≪二十二史考異≫ 권44 〈唐書4 · 百官志〉에 "學士는 定員이 없는데 李肇의 〈翰林志〉에 보인다. 그러나 ≪舊唐書≫ 〈職官志〉에 翰林은 으레 학사 6인을 두는데, 그중에 나이가 많고 덕망이 무거운 자 1인을 뽑아 承旨로 삼는다. 白居易의 詩에 '同時六學士'라는 구절이 있으니 정원이 없는 것이 아니다."라고 하였다.
4) 自諸曹尙書……皆得與選 : ≪이십이사고이≫ 권44 〈당서4 · 백관지〉에 "尙書는 正三品이고 校書郎은 正九品이니 3품에서 9품까지 관리가 모두 학사에 제수될 수 있었다는 말이다."라고 하였다.
5) 唐之學士……而翰林學士獨無所屬 : ≪이십이사고이≫ 권44 〈당서4 · 백관지〉에 "학사는 品秩이 없고 단지 다른 관원으로 뽑아 충원하는 데다 天子의 私人(개인 비서)이므로 三省에 소속되지 않았다. ≪唐六典≫에는 翰林學士가 실려 있지 않는데 학사 역시 差遣이지 정식 관직이 아니다. ≪구당서≫ 〈직관지〉에는 中書省의 뒤에 붙어 있다."라고 하였다.

07. 藝文志論* 예문지에 관한 論

* 본 편은 〈藝文志〉의 서론에 해당하는 글로, 上古 시대에서 唐代까지의 書籍의 흥망성쇠를 간략하게 다루면서 漢代 劉歆의 ≪七略≫에 이르러 文體에 따라 서적을 분류하게 되었고 당대에 經史子集의 네 부류로 분류하기 시작한 한편, 開元 연간에 藏書가 제일 성대하게 발전하였다고 서술하였다. 다만 본 편에서는 당대 중엽 이후 書籍의 浮沈을 다룬 후반부는 발췌하지 않았다. 전체 서론 부분이 길지 않은 점에 비추어 茅坤이 후반부를 발췌하지 않은 이유는 자세하지 않다.

한편 〈예문지〉의 연혁을 살펴보면, ≪史記≫에는 이러한 성격의 篇目이 없고 유흠의 ≪칠략≫을 바탕으로 班固가 지은 ≪漢書≫ 〈藝文志〉가 이 분야의 최초라고 할 수 있다. ≪한서≫ 〈예문지〉는 ≪칠략≫의 六分法을 채택하여 先秦부터 前漢까지의 학술 발전 상황을 6略 38類로 분류하여 도합 596家, 13,269卷을 著錄한 중국 최초의 도서 분류목록이다. 이후의 史書들은 대부분 〈예문지〉 내지 동일한 성격의 편목인 〈經籍志〉를 두었는바, 예를 들어 ≪隋書≫와 ≪舊唐書≫는 〈경적지〉를 두었고 이후 ≪新唐書≫에서는 다시 〈예문지〉라고 개칭하였다. ≪수서≫ 〈경적지〉는 최초로 經籍을 경사자집 4部 40類로 나누고 佛家類와 道家類의 典籍을 별도로 붙여 總序와 小序에 小注 형식의 설명을 가하였다. ≪구당서≫ 〈경적지〉는 訓詁書, 文字書, 音韻書, 書法書 등의 도서를 著錄하고 또 錢譜, 竹譜를 史部 譜牒類에서 빼내어 子部로 옮기기도 하였다.

≪신당서≫ 〈예문지〉는 ≪구당서≫ 〈경적지〉의 체재를 그대로 받아들여 甲部經錄, 乙部史錄, 丙部子錄, 丁部集錄의 四部로 나누어 목록을 기재하였는데, 구체적인 하위 분류와 수록 서목에는 상호 출입이 있다. 예를 들어 갑부의 경우 ≪구당서≫에서는 易類, 書類, 詩類, 禮類, 樂類, 春秋類, 孝經類, 論語類, 圖緯類, 經解類, 詁訓類, 小學類 등 모두 12類로 분류한 반면, ≪신당서≫에서는 역류, 서류, 시류, 예류, 악류, 춘추류, 효경류, 논어류, 讖緯類, 경해류, 소학류 등 모두 11類로, 고훈류가 빠져 있는 것을 알 수 있다. 그리고 세부적으로 들어가 역류를 살펴보면, ≪구당서≫에는 78部, 673卷을 저록한 반면, ≪신당서≫에서는 76家, 88部, 665卷을 저록하여 적지 않은 차이가 있음을 알 수 있다. 이상과 같은 新舊 唐書의 상호간의 차이에 대해서는 정밀한 대조가 필요해 보인다.

한편, 淸나라 때 학자인 金榜(1735~1801)은 ≪한서≫ 〈예문지〉에 통달하지 않으면 천하의 책들을 읽을 수 없다고 하여 〈예문지〉 연구의 중요성을 설파하기도 하였다.

自六經焚於秦而復出於漢으로 **其師傳之道中絶**하고 **而簡編脫亂訛缺**하야 **學者莫得其本眞**이라 **於是**에 **諸儒章句之學興焉**하고 **其後**에 **傳注箋解義疏之流**가 **轉相講述**하야 **而聖道粗明**이나 **然其爲說**은 **固已不勝其繁矣**라

秦나라에서 六經이 불탔다가 漢나라에서 다시 출현한 이래로 스승이 전한 道가 중도에 끊어졌고, 簡編이 빠지고 어질러지고 殘缺되어 학자들이 본래의 참 모습을 찾을 수가 없었다. 이에 諸儒의 章句의 학문이 흥기하였다. 뒤에 傳注・箋解・義疏를 전공하는 학자들이 서로서로 講述하여 성인의 도가 조금 밝아졌다. 그러나 그 주장들이 실로 이미 너무 번잡하였다.

至於上古三皇五帝[1)]以來世次國家興滅終始와 **僭竊僞亂**하얀 **史官備矣**오 **而傳記小說**과 **外暨**(기)**方言地理職官氏族**은 **皆出於史官之流也**라 **自孔子在時**로 **方修明聖經**하야 **以絀**(출)**繆異**하고 **而老子著書論道德**이러니 **接乎周衰**하야 **戰國游談放蕩之士**로 **田駢愼到[2)]列莊之徒**가 **各極其辯**이어늘 **而孟軻荀卿**이 **始專修孔氏**하야 **以折異端**이라 **然諸子之論**은 **各成一家**하야 **自前世**로 **皆存而不絶也**러라

상고시대 三皇·五帝 이래로 역대로 國家가 興하고 滅하며 끝나고 시작함과 찬탈하여 훔치고 속여 어지럽게 된 사실에 대해서는 史官이 상세하게 기록하고 있었다. 그리고 傳記·小說과 밖으로 方言·地理·職官·氏族에 이르기까지 모두 사관의 부류에서 나왔다. 孔子가 계실 때부터 성인의 경전을 닦아 밝혀 오류를 바로잡았고, 老子가 책을 저술하여 道德을 논하였다. 그러다가 주나라의 말기에 와서 戰國시대의 游談之士·放蕩之士로서 田駢·愼到·列子·莊子와 같은 무리가 각각 극력 논변을 하였는데, 孟軻와 荀卿이 비로소 공자의 학문을 전적으로 연구하여 이단을 꺾었다. 그러나 諸子의 논변은 각각 一家를 이루어 이전 세대로부터 모두 남아서 멸절되지 않았다.

孔子

老子

1) 三皇五帝 : 상고시대의 전설적인 제왕들로 三皇은 伏羲・神農・黃帝이고, 五帝는 少昊・顓頊・帝嚳・唐堯・虞舜을 말한다.

2) 田駢愼到 : 戰國 시대 齊 宣王이 學士와 遊說하는 선비를 좋아하여 稷下에 學館을 지어 놓고 鄒衍, 淳于髡, 接子, 環淵 등과 함께 초빙하여 집을 주고 上大夫로 삼아 직무 없이 토론만 하게 한 선비들이다. ≪荀子≫ 〈非十二子〉편에서는 이들이 법도를 숭상하면서 법도가 없다고 비판하였고 ≪莊子≫ 〈天下〉편에서는 이들이 '齊萬物', '棄知去己', '笑天下之尙賢', '無用賢聖' 등의 설을 주장하였다고 하였다.

夫王迹熄而詩亡하고 **離騷作而文辭之士興**하니 **歷代盛衰**에 **文章與時高下**러라 **然其變態百出**하야 **不可窮極**이 **何其多也**오 **自漢以來**로 **史官列其名氏篇第**하야 **以爲六藝九種七略**[1]이러니 **至唐**하야 **始分爲四類**하니 **曰經史子集**이라 **而藏書之盛**이 **莫盛於開元**하니 **其著錄者五萬三千九百一十五卷**이오 **而唐之學者**가 **自爲之書**가 **又二萬八千四百六十九卷**이니 **嗚呼**라 **可謂盛矣**로다

저 제왕의 功業이 끊어지자 詩가 없어졌고, 〈離騷〉가 쓰여지자 文辭를 짓는 선비가 흥기하니, 歷代 盛衰에 文章이 시대와 더불어 부침하였다. 그러나 온갖 변화가 다 나와서 끝이 없음이 어찌 그리도 많은가. 漢나라 이래로 史官이 그 이름과 篇章의 순서를 나열하여 六藝니 九種이니 ≪七略≫이니 등을 만들었다. 그러다가 唐나라에 와서 비로소 四類로 분류하니 '經・史・子・集'이다. 藏書의 성대함이 開元 연간에 절정을 이루니, 著錄한 것이 53,915卷이고, 唐나라 학자가 스스로 지은 책이 또 28,469권이다. 아! 성대하다 하겠다.

1) 六藝九種七略 : 六藝는 유가의 六經인 ≪詩≫, ≪書≫, ≪禮≫, ≪樂≫, ≪易≫, ≪春秋≫를 말한다. 九種은 ≪易≫, ≪書≫, ≪詩≫, ≪春秋≫, ≪禮≫, ≪樂≫, ≪論語≫, ≪孝經≫ 및 ≪小學≫ 등 9종의 儒家 經典을 가리킨다. 七略은 前漢의 학자 劉向이 지은 ≪別錄≫을 토대로 아들 劉歆이 지은 서적 분류 목록으로, 輯略, 六藝略, 諸子略, 詩賦略, 兵書略, 術數略, 方技略을 합칭한 말이다.

六經之道는 **簡嚴易直**하야 **而天人備**라 **故其愈久而益明**이러니 **其餘作者衆矣**어늘 **質之聖人**에 **或離或合**이나 **然其精深閎**(굉)**博**하야 **各盡其術**하고 **而怪奇偉麗**하야 **往往震發於其間**하니 **此所以使好奇博愛者不能忘也**라 **然凋零磨滅**이 **亦不可勝數**하니 **豈其華文少實**하야 **不足以行遠歟**아 **而俚言俗說**이 **猥有存者**는 **亦其有幸不幸歟**아 **今著于篇**에 **有其名而亡其書者**가 **十蓋五六也**니 **可不惜哉**아

六經의 道는 간략하고 엄격하며 평이하고 질박하여 天人이 갖추어졌다. 그러므로 오래되면 될수록 더욱 밝아졌다. 그러다가 그 밖에 지은 책들이 많아졌는데 성인에 질정해보면 혹 유리되기도 하고 혹 부합하기도 한다. 그러나 精深하고 宏博하여 각각 나름의 학술을 다하고, 怪奇하고 偉麗하여 往往 그 사이에 떨쳐 일어나니, 이것이 기이한 것을 좋아하고 박학을 사랑하는 자들이 잊지 못하는 까닭이다. 그러나 영락하고 마멸된 것이 또한 헤아릴 수 없이 많으니, 어쩌면 화려한 문채에 실질이 적어 멀리 전해지기에 부족해서 그런 것인가. 그럼에도 俚言과 俗說이 많이 남아 있는 것은 또한 거기에 행운과 불운이 존재하는 것인가. 지금 편명을 著錄함에 이름만 있고 책 자체는 없는 것이 열에 대여섯이니, 안타깝지 않겠는가.

〔附 錄〕

先公事跡 先公의 事跡

發[1]等述

歐陽發 등이 찬술하다.

1) 發 : 歐陽發(1040~1085). 字는 伯和로 歐陽修의 맏아들이다. 蔭職으로 將作監主薄에 補任되고 벼슬이 殿中丞에 이르렀다.

先公爲人이 天性剛勁하며 而器度恢廓宏大하고 中心坦然하야 未嘗有所屑屑於事라 事不輕發이로대 而義有可爲면 則雖禍患在前이라도 直往不顧하니 以此或至困逐이나 及復振起하야도 終莫能掩이요 而公亦正身特立하야 不少屈奪이라 四五十年之間에 氣象偉然蓋天下하야 而以文章道德爲一世學者宗師라 故歷事三聖에 常被眷倚하야 遂托以天下安危之計하고 而公亦以身許國하니 進退出處에 士人以爲輕重이라 至於接人待物하야는 樂易(이)明白하야 無有機慮與所疑忌요 與人言에 抗聲極談하야 徑直明辨하니 人人以爲開口可見心腑라 至於貴顯하야도 終始如一하야 不見大官貴人事位貌之體하고 一切出於誠心直道하야 無所矜飾하니 見者莫不愛服이라 而天資勁正高遠하야 無纖毫世俗之氣하니 常人亦自不能與之合也라 平生學之所得으로 以至文章事業히 皆明識所及이요 性所自得이라 不勞而至하야 無所勉强하니 而衆人學之者가 終莫能及이라 其於經術에 務明其大本하되 而本於情性하야 其所發明이 簡易明白이라 其論詩曰 察其美刺(자)하고 知其善惡하야 以爲勸戒니 所謂聖人之志者가 本也요 因其失傳而妄自爲之說者는 經師之末也라 今夫學者得其本而通其末이면 斯盡善矣요 得其本而不通其末이어든 闕其所疑可也라하고 又云 今夫學者知前事之善惡하고 知詩人之美刺하고 知聖人之勸戒면 是謂知學之本而得其要라 其學足矣어니 又何求

焉[1)]이리오하니 公於經術에 去取如此라 以至先儒注疏하야는 有所不通이어든 務在勇斷不惑하니 平生所辨明十數事가 皆前世人不以爲非하야 未有說者[2)]라 然亦不苟務立異於諸儒하야 嘗曰 先儒於經不能無失이나 而所得已多矣니 正其失可也요 力詆(저)之不可也라 盡其說而理有不通이어든 然後得以論正이니 予非好爲異論也라하다 其於詩易에 多所發明하야 爲詩本義하야 所改正百餘篇하고 其餘則曰 毛鄭之說是矣니 復何云乎아하니 其公心通論이 如此라

先公은 사람됨이 天性이 굳건하며 기국이 탁 트여 광대하고 마음이 평온하게 안정되어, 일에 급급한 적이 없었다. 일을 가벼이 하지 않았으나 의리상 해야 할 일이 있으면 비록 禍患이 앞에 있더라도 곧바로 나아가서 뒤돌아보지 않았다. 이 때문에 혹 곤경에 처하고 내쫓기기도 하였지만 다시 기용된 뒤에도 끝내 아무도 그러한 기상을 막을 수 없었고 공 또한 몸가짐을 바르게 하고 지조를 꼿꼿이 하여 조금도 굴하거나 뜻을 빼앗기지 않았다. 그리하여 4,50년 사이에 공의 기상이 우뚝이 천하를 덮어 文章과 道德으로 한 시대 학자들의 宗師가 되었다. 그러므로 역대로 세 분의 聖主(仁宗・英宗・神宗)를 섬기면서 항상 총애와 신임을 받아 마침내 천하의 안위를 책임질 계책을 부탁받고 공 또한 자신의 몸을 나라를 위해 바치니, 공의 進退와 出處에 따라 士人들이 조정의 무게를 판단하였다.

남을 대할 때에는 和樂하고 明白하여 계산하거나 의심하고 꺼리는 바가 없었다. 다른 사람과 말할 때에는 큰 소리로 할 말을 다하여 솔직하고 밝게 분별하니 사람들이 "입을 열면 심장을 볼 수 있다."라고 하였다. 귀하고 현달하게 되어서도 始終如一하여 지위를 으스대고 용모를 꾸미는 데 신경 쓰는 大官貴人의 태도가 없었고, 모든 것이 정성스러운 마음과 정직한 도에서 나와 뽐내고 꾸미는 바가 없으니, 공을 본 사람들이 좋아하고 감복하지 않음이 없었다. 그러나 천품이 굳세고 바르고 높고 원대하여 터럭만큼도 세속적인 기운이 없으니, 평범한 사람은 또한 자연히 공과 합치될 수 없었다. 평소 배워서 터득한 것에서부터 문장과 사업에 이르기까지 모두 밝은 見識으로 미친 것이자 본성에서 저절로 얻은 것이어서, 수고를 들이지 않고서도 도달하여 억지로 애써 한 바가 없으니, 다른 사람들이 배우려고 해도 끝내 미칠 수 없었다.

經術에 있어서는 큰 근본을 밝히는데 힘쓰되 性情에 근본하여 發明한 바가 簡易하고 명백하였다. ≪詩經≫을 논한 글에 "讚美와 諷刺를 살피고 선과 악을 알아서 勸戒로 삼으니 이른바 聖人의 뜻이 근본이고, 失傳된 것으로 인해 망령되이 스스로 해설하는 것은 經師의 말단이다. 지금 배우는 자가 그 근본을 얻고 그 말단까지 안다면 이는 더없이 좋은 일이요, 그 근본을 얻고 그 말단은 모른다면 의심나는 것은 우선 제쳐두어야 한다."라고 하고, 또 "지금 배우는 자가 지난 일의 선악을 알고 시인의 찬미와 풍자를 알고 성인의 권계를 알면 이를 일러 학문의 근본을 알고 그 요체를 얻었다고 한다. 그 배움이 충분하니 다시 무엇을 구하겠는가."라고 하였으니, 공이 경술에 있어서 버리고 취함이 이와 같았다.

先儒의 注疏에 이르러서는 통하지 않는 곳이 있으면 勇斷하여 의혹을 남기지 않는데 힘썼으니, 평소 논변하여 밝힌 10여 가지의 일이 모두 前代의 사람은 잘못된 것으로 여기지 않아 논설하지 않았던 것들이다. 그러나 또한 諸儒의 설과 다른 설을 세우는 데 구차하게 힘쓰지 않아 일찍이 말하기를 "선유가 經에 대해 잘못 본 것이 없을 수 없지만 소득이 이미 많으니, 잘못 본 것을 바로잡으면 되지 힘써 비난해서는 안 된다. 그 설을 다 궁구하고서도 이치에 통하지 못하는 점이 있은 뒤에야 논하여 바로잡을 수 있으니, 나는 異論 세우기를 좋아하지 않는다."라고 하였다. ≪시경≫과 ≪周易≫에 대해 發明한 바가 많아 ≪詩本義≫를 지어 改正한 것이 백여 편이고, 그 나머지는 "毛氏와 鄭玄의 설이 옳으니 다시 무슨 말을 하겠는가."라고 하니, 그 공평한 마음과 통달한 논의가 이와 같았다.

1) 察其美刺……又何求焉 : 두 글 모두 歐陽脩의 ≪詩本義≫ 卷14 〈本末論〉의 글이다. 앞의 글의 중간에 다소 생략이 있어 전문을 밝혀 둔다. "무엇을 일러 근본과 말단이라 하는가? 이 시를 짓고 이 일을 서술함에 선하면 찬미하고 악하면 풍자하니 이른바 시인의 뜻이 근본이고, 그 이름을 바로잡고 그 종류를 구별하여 어떤 것은 여기에 연결시키고 어떤 것은 저기에 연결시키니 이른바 太師의 직책이 말단이다. 찬미와 풍자를 살피고 선과 악을 알아서 권계로 삼으니 이른바 聖人의 뜻이 근본이고, 시인의 뜻을 구하고 성인의 뜻을 통달하는 것이 經師의 근본이다. 태사의 직책을 講磨하되 失傳된 것으로 인해 망령되이 스스로 해설하는 것은 경사의 말단이다.〔何謂本末 作此詩 述此事 善則美 惡

則刺 所謂詩人之意者 本也 正其名 別其類 或繫於此 或繫於彼 所謂太師之職者 末也 察其美刺 知其善惡 以爲勸戒 所謂聖人之志者 本也 求詩人之意 達聖人之志者 經師之本也 講太師之職 因其失傳而妄自爲之說者 經師之末也〕"

2) 〔原註〕以至先儒注疏……未有說者：如五帝不必皆出於黃帝,*1) 春秋趙盾(돈)弑君非趙穿,*2) 許世子非不嘗藥,*3) 武王之十有一年非受命之年數,*4) 及力破漢儒災異五行之說,*5) 正統論破以秦爲僞閏, 或以功德, 或以國地不相臣屬, 則必推一姓以爲主之說, 以爲"正者, 正天下之不正, 統者, 統一天下之不一. 至于各據地而稱帝, 正朔不相加, 則爲絶統, 惟合天下於一者爲正統, 統或絶或續." 而正統之說遂定焉.*6)

예컨대 五帝가 꼭 다 黃帝에게서 나오지는 않았다는 것, ≪春秋≫에서 趙盾이 임금을 시해한 것이지 趙穿이 시해한 것이 아니라는 것, 許나라 世子가 약을 맛보지 않은 것이 아니라는 것, 武王 11년은 天命을 받은 年數가 아니라는 것, 漢儒의 災異와 五行의 학설을 힘써 논파한 것이다. 그리고 〈正統論〉에서 〈기존의 설이〉 秦나라를 僞閏으로 삼는 설과 혹은 功德으로 혹은 國地를 가지고서 서로 〈병립하여〉 신하로 예속되지 않았을 경우에 반드시 어느 한 姓을 들어 천하의 主人으로 삼는 설을 논파하여 말하기를 "正이라는 것은 천하의 바르지 못한 것을 바로잡는 것이요, 統이라는 것은 천하가 하나로 합쳐지지 못한 것을 하나로 합치는 것이다. 각각 땅을 점거하고 稱帝하여 正朔을 서로 적용할 수 없는 경우는 統이 끊어진 것이고 오직 천하를 하나로 합치는 자가 正統이 되니, 統은 끊어지기도 하고 이어지기도 하는 것이다."라고 하니, 정통의 설이 마침내 정해진 것들이다.

*1) 〔역주〕五帝不必皆出於黃帝：五帝는 보통 黃帝 軒轅, 顓頊 高陽, 帝嚳 高辛, 唐堯, 虞舜을 가리키고 황제로부터 계보가 시작된다고 여기는데, 歐陽脩는 〈帝王世次圖序〉에서 공자의 학문으로도 前世를 서술하면서 堯舜을 언급하는 데만 그쳤으니 분명하지 않고 의심나는 것은 빼놓는 것이 진정한 학자의 자세라고 하면서 堯·舜·夏·商·周에 대해서만 황제에게서 나온 것으로 기술하였다. 〈제왕세차도서〉는 본 譯書 3책에 있다.

*2) 〔역주〕春秋趙盾弑君非趙穿：구양수는 〈春秋論〉에서, ≪춘추≫에 공자가 분명하게 임금을 시해한 사람은 조돈이라고 기술했음에도 公羊高와 穀梁赤과 左丘明이 조돈이 아닌 조천이라고 해설한 이후 사람들이 공자가 아닌 세 사람

의 설을 믿고 따르고 있음을 비판하면서 이를 분별하여 밝혔다. 〈춘추론〉은 본 譯書 2책에 있다.

＊3) 〔역주〕 許世子非不嘗藥 : 구양수는 〈춘추론〉에서, ≪춘추≫에 許 悼公의 일에 대해 공자가 분명하게 "許나라의 世子 止가 자기 임금 買를 시해하였다."라고 기록하였는데 공양고와 곡량적과 좌구명이 "허나라의 세자 지가 자기 임금 매를 시해한 것이 아니라 매는 병들어 죽은 것이고 지는 어버이에게 올리는 藥을 맛보지 않았을 뿐이다."라고 하자 후세 사람들이 공자가 아닌 세 사람의 설을 믿고 따르고 있음을 비판하면서 이를 분별하여 밝혔다.

＊4) 〔역주〕 武王之十有一年非受命之年數 : 구양수는 〈泰誓論〉에서, ≪書經≫ 〈周書 泰誓〉의 "惟十有一年" 구절을 해설하는 자들이 文王이 天命을 받은 9년으로부터 武王이 居喪한 2년까지를 아울러 헤아린 年數라고 한 것을 비판하면서 이는 단지 무왕이 즉위한 지 11년째임을 말한 것이라고 논변하였다. 〈태서론〉은 본 譯書 2책에 있다.

＊5) 〔역주〕 力破漢儒災異五行之說 : 구양수는 〈唐書五行志論〉에서, 三代 이후 특히 漢나라 때의 董仲舒와 劉向과 劉歆 등의 무리가 세상의 모든 현상과 사물을 억지로 五行과 災異에 연결시켜 聖人의 本意를 잃었음을 비판하였다. 〈당서오행지론〉은 본 譯書 2책에 있다.

＊6) 〔역주〕 正統論……正統之說遂定焉 : 僞閏은 정통성이 없는 거짓되고 일시적인 나라라는 뜻이다. 구양수는 〈正統論〉에서, 禮樂을 없애고 法의 집행이 가혹했으며 처음 흥할 적에 五德의 운에 해당하지 않았다는 이유로 秦나라를 僞閏으로 처리한 기존의 논의와 南北朝나 五代 시대처럼 균등한 세력이 동시에 천하에 존재하면서 자취나 의리가 서로 동등하거나 서로 바름을 얻지 못하고 천하를 하나로 합치지 못한 경우에 사람들이 자신의 好惡와 입장에 따라 굳이 어느 한쪽으로 정통을 부여하려는 논의를 논파하고 정통도 끊어질 때가 있음을 주장하였다. 〈정통론〉은 본 譯書 2책에 있다.

先公四歲而孤하야 家貧無資라 太夫人[1]以荻畫(획)地하야 敎以書字하고 多誦古人篇章하야 使學爲詩라 及其稍長하야 而家無書讀하야 就閭里士人家하야 借而讀之한대 或因而抄錄이면 抄錄未畢에 而已能誦其書하고 以至晝夜忘寢食하야 惟讀書是務라 自

幼所作詩賦文字가 **下筆已如成人**하니 **兵部府君**[2]**閱之**하고 **謂韓國太夫人曰 嫂無以家貧子幼爲念**이어다 **此奇兒也**라 **不惟起家以大吾門**이요 **他日必名重當世**리라하다 **及擧進士時**하야 **學者方爲四六**하야 **號時文**[3]한대 **公已獨步其間**이라 **天聖七年**에 **補國子監生**하고 **是秋取解**하고 **明年南省試**에 **皆爲第一人**[4]하니 **由是名重當世**라 **及景祐中**에 **在西京**[5]할새 **與尹公洙**[6]**偕爲古文**이러니 **已而**오 **有詔**하야 **戒天下學者盡爲古文**이어늘 **獨公古文旣行**하야 **遂擅天下**라 **四十年間**에 **天下以爲模範**하야 **一言之出**에 **學者競相傳道**하야 **不日之間**에 **流布遠近**하야 **外至夷狄**히 **莫不仰服**하고 **後進之士**가 **爭爲門生**하야 **求受敎誨**라 **當世皆以爲自兩漢後**로 **五六百年**에 **有韓退之**[7]요 **退之之後**로 **又數百年**에 **而公繼出**하니 **自李翶**(고)**柳宗元**[8]**之徒**는 **皆不足比**라 **然公之文**은 **備盡衆體**하고 **變化開闔**하야 **因物命意**가 **各極其工**하야 **或過退之**하니 **如醉翁亭記眞州東園記**는 **創意立法**이 **前世未有其體**요 **作尹公洙志文**하야 **以爲尹公文簡而有法**이라하고 **取其意而爲之**하야 **卽得其體**[9]요 **石先生介墓志**에 **不多假事跡**하고 **但述其平生志意所存與其大節氣槪**하니 **讀之如見其人**이요 **作集古錄敍**[10]에 **今王丞相以謂讀之可**辟(피)**瘧鬼**라

先公은 4세에 부친을 여의어 집이 가난하여 재산이 없었다. 太夫人이 갈대를 가지고 땅에 획을 그어 글자 쓰는 법을 가르쳤고 古人의 篇章을 많이 외워 선공에게 시 짓는 법을 배우게 하였다. 조금 장성해서는 집안에 읽을 책이 없어 마을의 士人 집에 가서 책을 빌려 읽었는데, 혹 빌려온 책을 베껴 적을 때면 베껴 적기를 끝내기도 전에 이미 그 책을 외울 수 있었고, 심지어 온종일 寢食도 잊은 채 오직 독서에만 힘썼다. 어렸을 때 지은 詩賦들은 붓을 대면 이미 어른이 지은 것과 같았으니, 兵部府君이 읽어보고 韓國太夫人에게 이르기를 "형수님은 집이 가난하고 자식이 어리다고 염려할 것이 없습니다. 이 아이는 특출한 아이입니다. 단지 집안을 일으켜 우리 가문을 크게 할 뿐만이 아니라 후일 반드시 당세에 이름을 크게 떨칠 것입니다."라고 하였다.

進士試에 응시했을 때 공부하는 자들이 바야흐로 四六文을 지어 時文이라고 불렀는데, 공은 이미 그 가운데서 독보적이었다. 天聖 7년(1029)에 國子監生에 補任되

고 이해 가을에 解試에 응시하고 이듬해 南省試에 응시하여 모두 第一人이 되니, 이로 말미암아 이름을 당세에 크게 떨쳤다. 景祐 연간에 西京에 있을 때 尹公 洙와 함께 古文을 지었는데, 얼마 뒤 詔命이 내려 천하의 배우는 자들은 모두 고문을 지으라고 신칙하였다. 이때 유독 공의 고문이 이미 通行하여 마침내 천하에서 독보적인 지위를 얻었다. 40년 동안 천하 사람들이 공을 모범으로 여겨 공의 글이 한 번 나왔다 하면 배우는 자들이 다투어 전하여 하루가 채 되지 않아서 원근에 퍼져서 밖으로 夷狄에 이르기까지 우러러 감복하지 않음이 없었고, 後進의 선비들이 다투어 門生이 되어 가르침을 받고자 하였다.

당세 사람들은 兩漢 이후로 5,6백년 세월에 韓退之가 있었고 한퇴지 이후로 또 수백 년 세월에 공이 이어서 나오니 李翺와 柳宗元의 무리는 모두 비교가 되기에 부족하다고 여겼다. 그러나 공의 문장은 여러 문체가 다 구비되었고 변화하고 開闔하여 사물에 따라 뜻을 담은 것이 각각 그 공교로움을 다하여 혹 한퇴지보다 뛰어나기도 했다. 예컨대 〈醉翁亭記〉와 〈眞州東園記〉는 뜻을 만들고 법도를 세움이 이전에 없던 문체이고, 윤공수의 墓誌文을 지으면서 윤공의 문장은 簡潔하면서 법도가 있다고 하고서 그 뜻을 취하여 글을 지어 곧 윤공의 문체를 구현하였고, 石先生 介의 墓志에서는 事跡을 많이 인용하지 않고 단지 평소 보존하였던 뜻과 그 大節과 氣槪만을 서술하니 묘지문을 읽으면 마치 그 사람이 눈앞에 있는 것처럼 느껴졌고, ≪集古錄≫의 서문을 지음에 지금의 王丞相이 말하기를 "이 글을 읽으면 瘧鬼를 피할 수 있다."라고 하였다.

韓愈

1) 太夫人 : 歐陽脩의 모친인 鄭氏이다. 江南의 名門家 출신으로 부친은 鄭德儀

이다. 구양수가 존귀해짐에 따라 福昌縣太君에 봉해진 후 사후에 魏國太夫人, 韓國太夫人에 봉해졌다.

2) 兵部府君 : 구양수의 숙부인 歐陽曄(958~1037)이다. 字는 日華로 隨州 推官, 南雄州 判官, 江陵府 掌書記, 知桂陽蘭黃永三州事, 太子中允, 尙書屯田都官二員外郎 등을 역임하였다. 후에 구양수가 현달하여 兵部郎中에 加贈되었다. 구양수의 부친인 歐陽觀이 일찍 세상을 떠난 후 의지할 곳이 없었던 구양수의 모친 정씨가 구양엽에게 의지하여 생계를 이어갔다.

3) 學者方爲四六 號時文 : 宋나라 초에 騈儷文의 한 문체인 四六文이 유행하였는데, 詔令은 모두 사륙문으로 쓰게 되어 있었다. 당시 文人이었던 楊億과 劉筠은 이를 表章과 奏疏와 書信에까지 확대하여 당대 문단을 풍미하였는데 이를 時文이라 불렀다. 구양수는 애초에 古文에 뜻을 두었으나 연이은 落榜으로 결국 과거 합격을 위해 잠시 시문을 익혔다. 《文忠集》 卷47 〈與荊南樂秀才書〉에 "저는 어려서 어버이를 여의고 집안이 가난하여 벼슬살이를 해서 모친을 봉양하려고 하다 보니 스승에게 나아가 경전을 궁구하여 성인의 遺業을 배울 겨를이 없었습니다. 그리하여 書史를 섭렵하여 우선 세속을 따라 이른바 時文이라는 것을 지었으니, 이것들은 모두 좀벌레가 종이를 뚫듯 경전의 구절을 천착하여 이것을 옮겨 저기에다 짝을 맞추어 浮薄하게 지은 것이었습니다.〔僕少孤貧 貪祿仕以養親 不暇就師窮經以學聖人之遺業 而涉獵書史 姑隨世俗 作所謂時文者 皆穿蠹經傳 移此儷彼以爲浮薄〕"라고 하였고, 〈答陝西安撫使范龍圖辭辟命書〉에 "더구나 요즘 세상 사람들의 이른바 四六文은 제가 좋아하는 것이 아닙니다. 소싯적에 진사가 되려 할 때 사륙문 짓는 것을 피할 수 없었습니다만, 급제한 뒤로는 마침내 그만두고 다시 짓지 않았습니다.〔況今世人所謂四六者 非脩所好 少爲進士時 不免作之 自及第 遂棄不復作〕"라고 하였다.

4) 天聖七年……皆爲第一人 : 구양수는 1029년에 國子監試에서 1등을 차지하여 廣文館生에 補任되었고, 가을에 國學解試에서도 1등을 차지하였고, 이듬해 정월의 禮部省試에서도 1등을 차지하였다. 南省은 尙書省의 異稱이며 특히 상서성에 속한 禮部의 별칭으로 쓰이기도 한다.

5) 及景祐中 在西京 : 景祐 연간이라고 하였으나, 실제로 구양수가 西京에 있었던 대부분의 기간은 天聖 연간에 해당한다. 서경은 곧 洛陽이다. 구양수는 천

성 8년(1030) 5월에 西京留守推官을 제수 받아 경우 원년(1034) 5월까지 임기를 채웠고, 이후 開封으로 돌아왔다. 경우와 천성은 모두 宋 仁宗의 연호이다.

6) 尹公洙 : 尹洙(1001~1047)는 河南 사람으로 字는 師魯이다. 光澤知縣, 館閣校勘, 陝西帥府判官, 直龍圖閣 등을 역임했다. 구양수와 의기투합하여 절친하였으며 함께 宋代 古文을 창도했고 저서에 ≪河南先生文集≫이 있다. 본 譯書 4책에 〈尹師魯墓誌銘〉이 있다.

7) 韓退之 : 唐나라 때의 文章家이자 관료인 韓愈(768~824)이다. 한유는 河南 河陽 사람으로 退之는 그의 字이며 昌黎先生이라 불렸고 시호는 文이다. 四門博士, 監察御史, 中書舍人, 刑部侍郎, 京兆尹 등을 역임하였다. 도교와 불교를 배척하고 유학을 높여 道學의 선구자가 되었으며 문장에서 騈儷文을 지양하고 古文을 唱導하였다. 저서에 ≪昌黎先生集≫이 있으며 唐宋八大家의 한 사람으로 꼽힌다.

8) 李翺(고)柳宗元 : 李翺(772~841)는 당나라 때의 문인 관료로 隴西 趙郡 사람이며 字는 習之, 시호는 文이다. 國子博士, 史館修撰, 考功員外郎, 山南東道節度使 등을 역임하였다. 한유와 절친한 벗이자 姪壻로 그의 학문을 계승 발전시켜 韓李라 불렸다. 저서에 ≪李文公集≫이 있다. 柳宗元(773~819)은 당나라 河東 사람으로 자는 子厚이다. 감찰어사, 禮部員外郎, 柳州刺史 등을 역임하였다. 유종원 역시 한유와 교분이 있었으며 古文의 대가로 한유와 병칭되었다. 다만 한유의 사상과는 다르게 합리주의적인 입장을 취했다. 저서에 ≪柳河東集≫ 등이 있다.

9) 作尹公洙志文……卽得其體 : 志文은 곧 구양수가 지은 〈윤사로묘지명〉이다. 구양수는 절친한 벗이었던 윤수의 墓誌銘을 지으면서 大綱을 기록하고 細事를 생략하여 그 인물의 진면모를 깊이 드러내는 방식을 택하였다. 이로 인해 윤수의 가족들과 지인들이 너무 간략하다는 이유로 구양수에게 보충을 요구하였다. 구양수는 이에 대해 〈論尹師魯墓誌〉라는 글을 별도로 지어 자신이 作文한 本意를 개진하였다. 이 글에서 구양수는 ≪春秋≫와 ≪詩經≫ 등을 예로 들면서 장황하게 서술하는 것이 그 사람을 잘 표현하는 방법이 아니라 深切하고 완곡하게 간결히 드러내는 것이 오히려 그 사람을 더 드러내 주는 것이라고 역설한 후, "내가 보건대 韓退之가 孟郊에게 준 聯句는 맹교의 詩와 흡사

하고, 樊宗師에게 지어준 墓誌는 번종사의 문장과 흡사하였으니, 한퇴지는 이처럼 그들을 흠모하였던 것이다. 그래서 師魯의 묘지를 지을 때 用意가 특히 깊었고 글이 簡潔하였으니, 사로는 문장이 간결하면서도 意思가 深長하였기 때문이다.〔脩見韓退之與孟郊聯句 便似孟郊詩 與樊宗師作誌 便似樊文 慕其如此 故師魯之誌 用意特深而語簡 蓋爲師魯文簡而意深〕"라고 하여, 자신이 윤수를 아꼈던 만큼 마음을 담아 윤수의 간결한 문체대로 誌文을 지은 것이라고 하였다.

10) 集古錄敍 : ≪集古錄≫은 구양수가 家藏하고 있던 金石文 자료들을 集錄한 책으로 본 譯書 3책에 그 서문인 〈集古錄目序〉가 있다.

先公旣奉勅撰唐書紀志表하고 **又自撰五代史七十四卷**한대 **其作本紀**에 **用春秋之法**하니 **雖司馬遷班固**라도 **皆不及也**라 **其於唐書禮樂志**에 **發明禮樂之本**하야 **言前世治出於一**이러니 **而後世禮樂爲空名**이라하고 **五行志**에 **不書事應**[1]하고 **悉破漢儒災異附會之說**하니 **皆出前人之所未至**라 **其於五代史**에 **尤所留心**하야 **褒貶善惡**에 **爲法精密**하야 **發論必以嗚呼**하고 **曰此亂世之書也**라하며 **其論曰 昔孔子作春秋**에 **因亂世而立治法**이러니 **余述本紀**에 **以治法而正亂君**이라하니 **此其志也**라 **書成**에 **減舊史之半而事跡添數倍**하니 **文省而事備**하고 **其所辨正前史之失甚多**라 **嘉祐中**에 **今致政侍郎范公等**이 **列言于朝**하야 **請取以備正史**어늘 **公辭以未成**이러니 **熙寧中**에 **有旨取以進御**[2]라

先公이 勅命을 받들어 ≪新唐書≫의 本紀와 志와 表를 찬술하고 또 스스로 ≪新五代史≫ 74권을 찬술하였는데, 〈본기〉를 지을 때 ≪春秋≫의 필법을 따라 지으니 비록 司馬遷과 班固라 하더라도 모두 미칠 수 없었다. ≪신당서≫ 〈禮樂志〉를 지을 때 예악의 근본을 發明하여 "前世에는 다스림이 한 곳에서 나왔는데 後世에는 예악이 虛名이 되었다."라고 하고, 〈五行志〉에서는 일의 감응을 기록하지 않고 漢나라 儒者들이 災異를 牽强附會한 설을 모두 논파하니, 모두 이전 사람들이 도달하지 못한 것이었다.

≪신오대사≫에 있어서는 특히 마음을 써서 善惡을 褒貶하는 법이 정밀하여 史論

을 시작할 때 반드시 "嗚呼"라고 하고 "이는 亂世의 책이다."라고 하였으며, 그 사론에 이르기를 "옛날 孔子께서 ≪춘추≫를 지으실 때 亂世를 말미암아 治法을 세웠는데, 나는 〈본기〉를 찬술하면서 치법으로 亂君을 바로잡는다."라고 하였으니, 이것이 공의 뜻이었다. 책이 완성되자 분량은 ≪舊五代史≫의 절반이었으나 事跡은 몇 배가 늘어나니, 글은 줄어들었으나 일은 구비되었고 ≪구오대사≫의 잘못을 분별해 바로잡은 것이 매우 많았다. 嘉祐 연간에 지금 致仕한 侍郎 范公 등이 조정에 건의하여 공의 ≪신오대사≫를 가져다 正史에 넣자고 청하였는데, 공은 완성되지 않았다며 사양하였다. 熙寧 연간에 聖旨가 있어 공의 ≪신오대사≫를 가져다가 황제께 올렸다.

1) 事應 : 漢나라 때 董仲舒 등이 주장한 天人感應說에 기반하여 현실에서 일어난 사건과 災異를 모두 하늘의 뜻에 결부시켜 해석하는 것이다.
2) 〔原註〕 熙寧中 有旨取以進御 : 按神宗實錄, 熙寧五年八月丁亥, 詔潁州令歐陽某家上某所撰五代史.
≪神宗實錄≫을 살펴보건대 熙寧 5년(1072) 8월 丁亥일에 潁州에 聖旨를 내려 歐陽某의 집으로 하여금 某가 찬술한 ≪新五代史≫를 올리게 하였다.

先公筆札精勁雄偉하야 自爲一家하야 當世士大夫有得數十字면 皆藏以爲寶로대 而未嘗爲人書石이라

先公의 글씨는 정교하고 힘차며 雄偉하여 스스로 一家을 이루어 당세 사대부가 몇 십 자를 얻으면 모두 보물로 여겨 보관하였으나, 남을 위해 碑石의 글씨를 써 준 적은 없었다.

先公平生以獎進賢材爲己任하야 一時賢士大夫雖潛晦不爲人知者라도 知之에 無不稱譽薦擧하야 極力而後已라 旣爲當世宗師하야 凡後進之士로 公嘗所稱者가 遂爲名人하니 時[1] 人皆以得公一言爲重이라 而公推揚誘進不倦하야 至於有一長者하야는 識與不識히 皆隨其所長而稱之하니 至今當世顯貴知名者가 公所稱薦爲多라 今湖州孫正言覺[2]이 爲合淝(비)主簿에 未與公相識이러니 郡守怒之하야 欲捃(군)拾以罪어늘 時

胡侍講[3)]**在太學以屬**(촉)**公**하야 **公爲作手書**하야 **與其寮佐**하야 **令保全之**하야 **遂獲免**이라 **福州處士陳烈**[4)]은 **素不與公相識**이라 **公聞其名**하고 **知其行義**하야 **屢薦於朝**하야 **乞賜召用**하니 **朝廷卽召烈**하야 **爲國子監直講**이라

先公은 평소 賢材를 추천하여 관직에 나오게 하는 것을 자신의 임무로 여겨 당시 賢良한 士大夫로 비록 침체되어 있어 다른 사람이 알아주지 않는 자라 하더라도 공이 알게 되면 모두 칭찬하여 천거해서 온 힘을 다한 뒤에야 그만두었다. 공이 당세의 宗師가 되고나서 무릇 後進의 선비로 공이 칭찬한 적이 있는 자는 마침내 이름난 사람이 되니, 당시 사람들이 모두 공의 말 한 마디 얻는 것을 중하게 여겼다. 공은 사람을 추천하고 이끄는 것을 게을리하지 않아 한 가지 장점이 있는 경우 아는 사람이건 모르는 사람이건 모두 그 장점에 따라 칭찬하니, 지금까지 당세에 현달하고 이름이 알려진 자들 중에 공이 칭찬하여 추천한 이들이 많다. 지금 湖州의 孫正言覺이 合淝 主簿가 되었을 때 공과 서로 모르는 사이였는데, 郡守가 그를 노여워하여 구실을 끌어 모아 죄를 주려고 하였다. 당시 胡侍講이 太學에 있으면서 공에게 부탁하여 공이 손수 서신을 지어 屬官에게 주어 손정언을 보호하여 마침내 화를 면하였다. 福州의 處士 陳烈은 평소 공과 서로 모르는 사이였다. 공이 그 이름을 듣고 그 行義를 알고서 여러 차례 조정에 천거하여 불러서 등용해주기를 청하니 조정에서 즉시 진열을 불러 國子監 直講으로 삼았다.

1) 〔原註〕 時 : 一作士
어떤 본에는 士로 되어 있다.

2) 孫正言覺 : 孫覺(1028~1090)은 北宋 高郵 사람으로 字는 莘老이다. 仁宗 皇祐 원년(1049)에 진사가 되었으며 神宗이 즉위하자 右正言, 知諫院, 知審官院 등을 역임했다. 熙寧 연간에는 新法에 반대하여 廣德知軍으로 좌천되고 湖州와 廬州의 知州를 거쳐 太常少卿, 秘書少監 등이 되었다. 哲宗이 즉위하자 御史中丞, 龍圖閣學士 등을 역임하였다. 저서에 ≪春秋經解≫ 등이 있다.

3) 胡侍講 : 胡瑗(993~1059)이다. 泰州 사람으로 字는 翼之, 號는 安定이다. 經術에 박학하여 范仲淹의 천거를 받아 布衣 신분으로 천자를 면대하고 校書郎이 되었다. 天章閣侍講 등을 역임하였다.

4) 陳烈 : 1012~1087. 북송 福建 侯官사람으로 字는 季慈이다. 인종 때 여러 차

례 그를 불렀으나 사양하고 나아가지 않았고 후에 福州教授가 되었는데 봉직 중에 녹봉을 받지 않았다. 학문과 덕행이 있어 배우는 자들이 季甫先生이라 불렀다.

先公嘗言平生爲學所得이 **惟平心無怨惡**(오)**爲難**이라 **故於事**에 **未嘗挾私喜怒以爲意**하야 **雖仇讎之人**으로 **嘗出死力擠陷公者**라도 **他日遇之**에 **中心蕩然**하야 **無纖芥不足之意**라 **嘗曰 孔子言以直報怨**[1]이라하니 **夫直者**는 **是之爲是**하고 **非之爲非**라 **是非**를 **付之至公**이면 **則是亦不報也**라하다

先公은 일찍이 말하기를 평소 학문하여 얻은 것이 오직 마음을 공평히 하여 원망과 미움이 없는 것을 어렵게 여긴 것이라고 하였다. 그러므로 일에 있어 사사로운 생각을 가지고 기뻐하거나 노여워하는 마음을 품은 적이 없어서, 비록 원수지간으로 死力을 다해 공을 모함한 적이 있는 사람이라 하더라도 후일에 그를 만나면 평탄한 마음으로 대하여 털끝만큼도 언짢게 여기는 생각이 없었다. 일찍이 말하기를 "孔子가 '정직으로 원한을 갚는다.'라고 하였으니, 대저 정직이란 옳은 것을 옳다 하고 그른 것을 그르다 하는 것이다. 옳고 그름을 지극히 공정한 기준에 맡긴다면 이는 또한 원한을 갚지 않는 것이다."라고 하였다.

1) 孔子言以直報怨 : ≪論語≫ 〈憲問〉에 보인다. 어떤 사람이 공자에게 덕으로써 원망을 갚는 것이 어떠한지 묻자, 공사가 "무엇으로 덕을 갚을 것인가? 정직함으로써 원한을 갚고, 덕으로써 덕을 갚아야 한다.〔何以報德 以直報怨 以德報德〕"라고 하였다.

先公初貶滁(저)**州**는 **蓋錢明逸輩爲之**[1]라 **自外還朝**에 **遇明逸於京師**하야 **屢同飮宴**을 **不以爲嫌**하고 **其後公在中書**에 **明逸罷秦州歸**어늘 **復用爲翰林學士**라 **近日小人蔣之奇妄興大謗**[2]이러니 **及公移青州**하야 **其兄之儀知臨淄縣**[3]한대 **爲二司**[4]**所不喜**하야 **力欲壞之**하야 **亦以托公**이어늘 **公察其實無他**하야 **力保全之**라

先公이 처음 滁州로 貶謫된 것은 錢明逸 무리들이 그렇게 만든 것이었다. 공이 외방에서 조정으로 돌아왔을 때 京師에서 전명일을 만나 여러 번 함께 술자리를 가

지는 것을 꺼려하지 않았고, 그 뒤에 공이 中書省에 있을 때 전명일이 파직되어 秦州에서 돌아오자 그를 다시 기용해 翰林學士로 삼았다. 근자에 小人인 蔣之奇가 망령되이 큰 비방을 일으켰는데 공이 靑州로 자리를 옮겼을 때 장지기의 형인 蔣之儀가 知臨淄縣이 되었다. 그런데 二司에서 그를 좋아하지 않아 힘써 무너뜨리려고 하면서 또한 공에게 이 일을 맡기자 공이 그에게 실제로 별다른 혐의가 없음을 살피고서 힘껏 보호하여 무사하게 해주었다.

1) 先公初貶滁(저)州 蓋錢明逸輩爲之 : 1045년에 歐陽脩의 甥姪女인 張氏가 犯法한 일이 있었는데 이를 틈타 구양수를 몰아내기 위해 諫官인 錢明逸과 開封知府 楊日嚴 등이 구양수를 연루시켜 하옥되었고, 뒤에 죄가 없음이 밝혀졌으나 滁州 知事로 貶謫되었다.
2) 蔣之奇妄興大謗 : 1067년에 英宗이 昇遐하고 神宗이 즉위한 후 구양수가 추천하여 御史에 오른 인물인 장지기가 오히려 구양수를 비방하여 구양수가 집안에서 며느리와 음란한 짓을 하였다는 무고를 하였다. 신종이 사람을 시켜 조사하여 이것이 무고임을 알았으나 장지기는 귀양을 가고 구양수도 亳州 知事로 좌천되었다. 1년 후 구양수는 다시 靑州 知事로 轉補되었다.
3) 臨淄縣 : 지금은 山東省에 속해 있으며, 구양수 당시에 靑州의 屬縣이었다.
4) 二司 : 관리를 감찰하는 기관인 御史臺와 간쟁하는 기관인 諫院을 가리킨다.

先公平生文章擅天下로대 未嘗以矜人하고 而樂成人之美하야 不掩其所長이라 詩筆不下梅聖兪[1]로대 而嘗推之하야 自謂不及이라 然識者或謂過之라 初에 奉勅撰唐書할새 專成紀志表하고 而列傳則宋公[2]所撰한대 朝廷恐其體不一하야 詔公看詳하야 令刪爲一體라 公雖受命이나 退而曰 宋公於我爲前輩요 且人所見不同하니 豈可悉如己意리오하고 於是에 一無所易(역)이라 書成奏御할새 舊制에 惟列官最高者一人이라 公官高當書어늘 公曰 宋公於傳에 功深而日久하니 豈可掩其名하야 奪其功이리오하고 於是에 紀志表는 書公名하고 而列傳은 書宋公하니 宋丞相[3]聞之嘆曰 自古文人好相凌掩하니 此事前所未有也로다하다

先公은 평소 문장이 천하에 으뜸이었으나 일찍이 남에게 자랑한 적이 없었고, 남

의 아름다운 점을 완성시켜 주기를 좋아하여 그 장점을 가리지 않았다. 공의 詩文은 梅聖兪만 못하지 않았으나 일찍이 그를 높여 스스로 그에게 미치지 못한다고 말하였다. 그러나 識者들 중에는 공이 더 뛰어나다고 하는 이도 있었다.

당초 勅命을 받들어 ≪新唐書≫를 찬술할 때 本紀와 志와 表는 공이 전적으로 맡아 완성하였고 列傳은 宋公이 지었는데, 조정에서 문체가 통일되지 않을까 우려하여 詔命으로 공에게 도맡아 살펴 刪定해서 하나의 문체로 만들게 하였다. 공이 비록 명을 받았으나 물러나와 말하기를 "송공은 나에게는 前輩이고 사람들의 소견은 같지 않은 법이니 어찌 모두 내 뜻대로 할 수 있겠는가."라고 하고, 이에 하나도 바꾸지 않았다. 책이 완성되어 천자에게 올릴 때, 옛 제도에 오직 관직이 가장 높은 한 사람의 이름을 列書하게 되어 있었으므로 관직이 높은 공의 이름을 적어야 했는데, 공이 말하기를 "송공은 열전에 오랜 세월동안 깊은 功을 들였으니 어찌 그 이름을 가려 그 공적을 빼앗을 수 있겠는가."라고 하였다. 이에 본기와 지와 표에는 공의 이름을 적고 열전에는 송공의 이름을 적으니, 宋丞相이 듣고서 감탄하며 말하기를 "예로부터 문인들은 서로 폄하하고 가리기를 좋아하는 법인데, 이 일은 전에 없던 일이다."라고 하였다.

1) 梅聖兪 : 宋나라 때의 文人 梅堯臣(1002~1060)으로, 聖兪는 그의 자이다. 호는 宛陵이다. 歐陽脩의 추천으로 國子監 直講이 되었다. 蘇舜欽, 구양수 등과 盛唐의 시를 본받아 당시 유행하던 西崑體의 풍조를 쇄신하고 宋詩의 새로운 전범을 세웠다. 저서에 ≪宛陵集≫이 있다. 본 譯書 3책에 〈梅聖兪詩集序〉와 〈送梅聖兪歸河陽序〉가 있으며, 4책에 〈梅聖兪墓誌銘〉과 〈祭梅聖兪文〉과 〈書梅聖兪藁後〉 등 매성유와 관련된 많은 글이 있다.

2) 〔原註〕 宋公 : 祁*)

이름은 祁이다.

*) 〔역주〕 祁 : 998~1061. 송기는 安州 安陸 사람으로 자는 子京, 시호는 景文이다. 宋庠의 동생으로 형제가 함께 유명해 二宋으로 불렸다. 太常博士, 知制誥, 翰林學士, 工部尙書 등을 역임하였다. 1054년에 修撰이 되어 구양수와 함께 ≪新唐書≫를 편찬했다. 저서에 ≪宋景文集≫ 등이 있다.

3) 〔原註〕 宋丞相 : 庠

이름은 庠이다.

先公篤於交友하야 恤人之孤라 梅聖兪家素貧한대 旣卒에 公醵(갹)於諸公하여 得錢數百千하야 置義田[1]以恤其家하고 且乞錄其子增하며 尹龍圖洙已卒에 公乞錄其子構하며 孫先生復有尊王發微十五卷[2]하야 有旨進內러니 未畢而卒이어늘 公乞令其家錄進하고 而推恩其子大年하니 尹構孫大年梅增이 皆蒙錄用以官이라 天聖初에 胥公[3]在漢陽할새 先公時年二十餘라 以所爲文謁之하니 胥公一見奇之曰 子當有名於天下라하고 因館于門下하야 與公偕入京師러니 及公登第에 乃以女妻之하다

先公은 벗과의 교제에 돈독하여 부모를 여읜 남의 자식을 돌봐주었다. 梅聖兪의 집은 본래 가난하였는데, 그가 죽고 나서 공이 여러 공에게 추렴하여 數百千의 돈을 얻어 義田을 마련하여 그 집을 돌봐주고 그 아들 梅增을 錄用해달라고 청하였다. 그리고 龍圖閣直學士 尹洙가 죽고 나서 공이 그 아들 尹構를 녹용해달라고 청하였다. 또 孫先生 復이 지은 ≪尊王發微≫ 15권이 있어 聖旨를 내려 궁중으로 올리게 하였는데, 일을 마치기 전에 선생이 졸하자 공이 그 집에서 베껴 적어 올리게 하고 그 아들 孫大年에게 恩典을 베풀어 주기를 청하였다. 그리하여 윤구와 손대년과 매증이 모두 녹용되어 관직을 받았다. 天聖 初年에 胥公이 漢陽에 있을 때 당시 나이 20여 세였던 선공이 지은 글을 가지고 찾아뵈니, 서공이 한 번 보고 기특하게 여기며 말하기를 "그대는 응당 천하에 이름이 날 것이다."라고 하고는 자신의 門下에 두고서 공과 함께 京師로 들어갔다. 공이 과거에 급제하자 마침내 자신의 딸을 시집보냈다.

1) 義田 : 과거에 일족 및 마을의 곤궁한 이를 구제하기 위해 마련했던 공동 전답이다.
2) 孫先生復有尊王發微十五卷 : 孫復(992~1057)은 晉州 平陽 사람으로 자는 明復이다. 당시 사람들이 泰山先生이라 불렀다. 經學에 조예가 깊었으며 ≪春秋≫를 연구하여 ≪尊王發微≫라는 저서를 남겼다. 薦擧로 國子監直講, 殿中丞 등을 역임하였다. 본 譯書 4책의 〈孫明復先生墓誌銘〉에 "≪춘추≫를 연구할 때 傳註에 미혹되지 않고 지나친 해설을 하여 經書를 어지럽히지 않았으며

그 논의가 簡易하여 諸侯와 大夫의 功과 罪에 분명하여 시대의 盛衰를 고찰하고 王道의 治亂을 미루어 보았으니 經의 本義를 밝힌 것이 많았다."라고 평하였다.

3) 胥公 : 胥偃(983~1039)이다. 潭州 長沙 사람으로 자는 安道이다. 知開封縣, 鄧州通判, 工部郎中, 翰林學士, 權知開封府 등을 역임하였다.

王文康公[1]知西京할새 先公爲留守推官이라 一日에 當都廳勘事할새 有一兵士自役所逃歸라 文康問公曰 勘兵士코 何謂未斷고하야늘 公曰 合送本處行遣이라하니 文康曰 似此면 某作官處斷過甚多라 推官新作官하니 不須疑라하야늘 公曰 若相公直斷이면 雖斬亦可어니와 有司則不敢奉行이라하다 一夜에 文康夜召問 軍人未斷否아하니 公曰 未라하야늘 文康曰 幾至誤事로다하고 明日에 遂送所屬處하다

王文康公이 知西京留守일 때 先公이 西京留守推官이 되었다. 하루는 都廳에서 일을 審理할 때 병사 하나가 役所에서 도망치는 일을 처리하게 되었다. 문강공이 공에게 묻기를 "병사를 심리해놓고 어찌하여 판결하지 못하는가?"라고 하자, 공이 말하기를 "마땅히 본래 소속처에 보내 처리해야 합니다."라고 하였다. 문강공이 말하기를 "이와 같다면 내가 관리로 있으면서 판결을 잘못한 것이 매우 많게 되는 것이다. 추관은 이제 막 관리가 되었으니 굳이 의심하여 주저하지 말라."라고 하자, 공이 말하기를 "만약 相公께서 직접 판결하시겠다면 참수하더라도 괜찮지만 有司로서는 감히 봉행하지 못하겠습니다."라고 하였다. 어느 날 밤에 문강공이 불러 묻기를 "군인을 판결하지 않았는가?"라고 하니, 공이 말하기를 "아직 판결하지 않았습니다."라고 하자, 문강공이 말하기를 "하마터면 일을 그르칠 뻔하였다."라고 하고는 이튿날 마침내 소속처로 보냈다.

1) 王文康公 : 王曙(963~1034)이다. 자는 晦叔이고 文康은 그의 시호이다. 樞密直學士, 知益州, 知河南府, 樞密使, 吏部侍郎, 同平章事 등을 역임하고 太原郡開國公에 봉해졌다. 저서에 ≪兩漢詔議≫ 등이 있으나 대부분 散失되었고 ≪全宋詩≫에 그의 작품이 실려 있다.

先公在河南할새 **以文學負當世之名**이라 **前後留守**가 **皆名公好賢**하야 **莫不傾身禮接**이라 **王文康自西京召歸**에 **謂公曰 今來有例**하니 **合擧館職**이라 **當奉擧**라하더니 **遂用王文康公薦**하야 **自西京留守推官召試**[1]하다

先公이 河南에 있을 때 文學으로 당세에 명성이 있었다. 전후로 부임하는 留守들이 모두 名公으로서 賢人을 좋아하여 공을 정성스럽게 예우하지 않는 이가 없었다. 王文康公이 西京에서 조정으로 불려 돌아갈 때 공에게 이르기를 "지금 규례가 있으니 館職에 천거되어 마땅하다. 응당 천거해 올리겠다."라고 하였는데, 마침내 왕문강공의 천거로 西京留守推官에서 召試되었다.

1) 召試 : 임금이 인재를 직접 앞에 불러다 놓고 시험하는 등용 방식이다.

范文正公이 **以言事忤**(오)**大臣**[1]하야 **貶知饒州**라 **先公一日遇司諫高若訥於余襄公**[2] **家**한대 **若訥非短范公**하야 **以爲宜貶**이라 **公歸**하야 **遂爲書與之辯**[3]하고 **且責若訥**[4]**不能論列**이어늘 **若訥繳**(교)**進**[5]**其書**하야 **遂坐貶爲夷陵令**하다 **旣而**오 **余襄公尹公洙亦連坐被貶**이라 **蔡公爲四賢詩**하야 **述其事**하니 **天下傳之**[6]라

范文正公이 時事를 말한 일로 大臣을 거슬러 知饒州로 貶謫되었다. 先公이 하루는 余襄公의 집에서 司諫 高若訥을 만났는데, 고약눌이 范公의 과실을 비난하면서 폄적된 것이 마땅하다 하였다. 공이 돌아와 드디어 서신을 적어 그에게 보내 변론하고 또 고약눌이 이 문제를 論列하지 못한 것을 책망하였는데, 고약눌이 그 서신을 황제에게 올려 마침내 선공이 연좌되어 夷陵令으로 폄적되었다. 얼마 뒤 余襄公과 尹公 洙도 연좌되어 폄적되었다. 蔡公이 〈四賢詩〉를 지어 그 일을 기술하니 천하 사람들이 이를 전하였다.

范仲淹

1) 范文正公以言事忤(오)大臣 : 范文正公은 范仲淹(989~1052)이다. 蘇州 吳縣

사람으로 자는 希文이고 文正은 그의 시호이다. 權知開封府, 樞密副使, 參知政事 등을 역임하였다. 直言으로 세 차례나 좌천되었으며 仁宗 시기에 慶曆新政을 주도하였다. 西夏가 발호하자 陝西經略安撫招討副使가 되어 서하의 침입을 막았다. 저서에 ≪范文正公集≫이 있다. 이때의 貶謫은 景祐 3년(1036)의 일이다. 당시 범중엄이 인종에게 百官圖를 그려서 올려 관리들의 승진과 좌천을 지적하며 어느 경우가 공정하고 어느 경우가 인맥에 의한 것인지 말하면서 재상 呂夷簡이 권력을 농단하고 있는 실정을 비판하고 연이어 글을 올려 당시의 폐단을 말하였는데, 여이간 역시 이에 대응하여 범중엄을 부패한 관리로 몰아세우며 강력하게 공격하여 결국 좌천되었다.

2) 余襄公 : 余靖(1000~1064)이다. 襄은 그의 시호이다.

3) 遂爲書與之辯 : 본 譯書 2책의 〈與高司諫書〉가 이 당시 썼던 서신이다.

4) 〔原註〕若訥 : 二字一作其

이 두 글자가 어떤 본에는 '其'로 되어 있다.

5) 繳(교)進 : 封納의 뜻이다.

6) 蔡公爲四賢詩……天下傳之 : 蔡公은 蔡襄(1012~1067)으로 歐陽脩와 함께 館閣校勘을 지낸 인물이다. 〈四賢詩〉는 〈四賢一不肖詩〉로 간언으로 좌천된 범중엄과 이를 옹호하다 좌천된 余靖, 尹洙, 구양수의 4명을 賢人으로 서술하고 고약눌을 불초한 사람으로 서술한 시이다. 채양의 ≪端明集≫ 권1에 실려 있다. ≪宋史≫ 권320 〈蔡襄列傳〉에 따르면, 이 당시 士人들이 다투어 이 시를 傳寫해 보았고 서적을 파는 이들이 이를 팔아 많은 이득을 보았으며, 契丹의 사신도 이것을 사서 幽州館에 두었다고 한다.

先公旣坐范公하야 **遠貶數年**에 **復得滑州職官**[1)]이러니 **會范公復起**하야 **經略陝西**[2)]할새 **辟**(벽)**公掌牋奏**하니 **朝廷從之**라 **時天下久無事**라가 **一旦西邊用兵**하니 **士之負材能者**가 **皆欲因時有所施爲**라 **而范公以天下重名**으로 **好賢下士**라 **故士之樂從者衆**이어늘 **公獨嘆曰 吾初論范公事**가 **豈以爲己利哉**아 **同其退不同其進可也**라하고 **遂辭不往**하니 **其於進退不苟如此**라 **以至致位二府**[3)]하야는 **惟以忠義自得主知**요 **未嘗有所因緣憑藉**(자)라

先公이 范公의 일에 연좌되어 遠地로 貶謫된 지 몇 년 뒤 다시 滑州의 職官을 받았는데, 때마침 범공이 다시 조정에 등용되어 陝西를 經略할 때 공을 掌書記로 천거하니 조정에서 받아들였다. 당시 천하에 오랫동안 별 일이 없다가 하루아침에 서쪽 변경에서 전쟁이 벌어지니 재주 있고 능력 있는 선비들이 모두 이때를 기회로 포부를 펼치고자 하였다. 범공은 천하에서 큰 명망이 있는 몸으로 賢人을 좋아하고 어진 선비에게 자신을 낮추어 예우하였다. 그러므로 범공을 즐겨 따르는 선비가 많았는데, 공은 홀로 탄식하며 말하기를 "내가 당초 범공의 일을 논한 것이 어찌 나 자신의 이익을 위한 것이겠는가. 그 물러남을 같이 하고 나아감은 같이 하지 않는 것이 옳다."라고 하고는 마침내 사양하고 가지 않으니, 進退에 구차하지 않음이 이와 같았다. 二府의 지위에 이르러서는 오직 忠義로 군주의 知遇를 스스로 얻었고 남의 권세를 빌려 의지한 적이 없었다.

1) 復得滑州職官 : 1036년 夷陵令으로 좌천된 歐陽脩는 1037년에 乾德令이 되었다가 1039년에 옛 官品인 試大理評事 兼監察御史 鎭南軍節度掌書記를 회복하고 곧이어 1040년에 滑州判官으로 부임하였다.
2) 會范公復起 經略陝西 : 1040년 宋나라가 西夏와 전투를 벌여 계속 패배하자 이를 두려워 한 仁宗이 다시 范仲淹을 불러들여 陝西經略按撫招討副使로 삼았다.
3) 二府 : 宋代 中書省과 樞密院을 가리킨다.

先公在館中에 遇西邊用兵하야 天下多事라 詣闕上書하되 爲三策하야 以料賊情과 及指陳天下利害甚衆[1]이라 旣而오 有詔百官許上封章言事하니 公上疏言三弊五事하야 力陳當時之患[2]이라 仁宗增諫官爲四員하야 先公與蔡公襄余襄公靖今致政王尙書素同時選用이라 是時에 陝西用兵已久하고 京東西盜賊群起하야 內外多事라 仁宗旣進退大臣[3]하고 遂欲改更闕失하야 方急於求治하니 公遇事感激하야 知無不言이라 范文正公杜正獻公今司徒韓魏公富鄭公[4]四人同時登用이어늘 公屢請召對訪問하고 責以所爲러니 旣而오 仁宗降手詔하야 出六條以責諸公[5]하니 各亦有所陳述이라 公言諸公所陳을 宜力主張하야 勿爲群言所奪이라 而王文安公爲三司使에 有爲無名

詩中之者어늘 **公請嚴禁止之**하야 **以絶小人流言搖動朝政之漸**[6)]하니 **勅出官爵購捕其人**이라 **時上欲改更朝政**하니 **小人不便**이라 **故造作語言動搖**러니 **及勅榜**[7)]**出**하야 **自此遂絶**이라 **是後**에 **上遂下詔**하야 **勸農桑興學校**하야 **改更庶事之弊**하다

先公이 館閣에 있을 때 서쪽 변경에서 전쟁이 벌어져 천하에 일이 많았으므로 궐에 나아가 上書하면서 세 가지 계책을 세워서 적의 실정을 헤아릴 것과 천하의 利害를 지적하여 진술한 것이 매우 많았다. 얼마 뒤 百官들이 封章을 올려 時事를 말하는 것을 허락하는 詔命이 내리니, 공이 상소하여 세 가지 폐단과 다섯 가지 일을 말하면서 당시의 근심거리를 힘써 진달하였다. 仁宗이 諫官을 4명으로 增員하여 선공과 蔡公 襄과 余襄公 靖과 지금 致仕한 王尙書 素를 동시에 선발하여 임용하였다. 이때 陝西에서는 전쟁을 벌인 지 이미 오래되고 京師 東西로 도적떼가 일어나 안팎으로 일이 많았다. 인종이 이미 大臣을 進退시키고 드디어 政事의 과실을 고치고자 하여 바야흐로 급하게 治道를 구하니, 공이 이 일에 감격하여 자신이 아는 모든 것을 말하지 않음이 없었다.

范文正公과 杜正獻公과 지금 司徒인 韓魏公과 富鄭公 네 사람이 동시에 등용되자 공이 천자에게 이들을 召對하여 자문하고서 일을 해낼 책임을 부여할 것을 여러 차례 청하였다. 얼마 뒤 인종이 手詔를 내려 여섯 조항의 일에 대해 여러 공에게 대책을 요구하니 여러 공들이 각기 또한 진술한 바가 있었다. 그러자 공이 여러 공이 아뢴 내용을 마땅히 힘써 밀고 나가서 여러 사람들의 말에 흔들리지 말 것을 아뢰었다. 그리고 王文安公이 三司使가 되었을 때 無名으로 詩를 지어 왕문안공을 공격하는 자가 있자 공이 엄하게 금지하여 小人의 유언비어가

韓琦

조정의 정사를 요동시키는 조짐을 끊을 것을 청하니, 勅命으로 官爵을 懸賞으로 내걸어 시를 지은 자를 잡게 하였다. 당시 聖上이 조정의 정사를 개혁하고자 하니 소인들이 편치 못하였다. 그러므로 말을 지어내어 흔들었는데 勅榜이 나오자 이로부터 마침내 그러한 움직임이 없어졌다. 이후 성상이 드디어 詔命을 내려 農桑을 권장하고 學校를 진흥하여 여러 일의 폐단을 개혁하였다.

1) 爲三策……及指陳天下利害甚衆 : 본 譯書 1책의 〈通進司上皇帝書〉에 자세하다.
2) 公上疏言三弊五事 力陳當時之患 : 본 譯書 1책의 〈準詔言事上書〉에 자세하다.
3) 仁宗旣進退大臣 : 기존에 권력을 잡았던 재상 呂夷簡을 물러나게 하고 范仲淹과 富弼 등을 大臣으로 기용한 것을 가리킨다.
4) 杜正獻公今司徒韓魏公富鄭公 : 杜正獻公은 杜衍(978~1057)으로 자는 世昌이고 正獻은 그의 시호이다. 御史中丞, 樞密使, 太子少師 등을 역임했으며 祁國公에 봉해졌다. 韓魏公은 韓琦(1008~1075)로 자는 稚圭, 호는 贛叟이다. 右司諫, 樞密院直學士 등을 역임했으며 魏國公에 봉해졌다. 富鄭公은 富弼(1004~1083)로 자는 彦國, 시호는 文忠이다. 青州知州, 同中書門下平章事, 추밀사 등을 역임했으며 鄭國公에 봉해졌다가 후에 韓國公으로 進封되었다. 세 사람 모두 范仲淹과 함께 慶曆新政을 이끌었으며 宋代의 名相으로 꼽힌다.
5) 出六條以責諸公 : 仁宗이 慶曆 8년(1048) 3월에 龍圖閣과 天章閣에 幸行하여 서쪽 변방의 방비, 임금의 과실, 朋黨, 中外의 간교한 행위, 州郡의 暴虐, 백성들에게 불편을 끼치는 法令 등에 대해 진달하게 하였다.(≪宋史≫ 卷11 〈仁宗本紀〉)
6) 王文安公爲三司使……以絶小人流言搖動朝政之漸 : 王文安公은 王堯臣(1003~1058)으로 자는 伯庸이며 文安은 그의 시호이다. 후에 文忠으로 改諡되었다. 光州知州, 樞密副使, 參知政事, 吏部侍郎 등을 역임하였다. 본 譯書 1책의 〈論禁止無名子傷毁近臣狀〉이 바로 歐陽脩가 당시 사건의 처치를 요청한 글이다.
7) 勅榜 : 천자가 百官과 백성들을 申飭하고 曉諭하는 글이다.

自范文正公之貶으로 **先公與余襄公等坐黨人被逐**하니 **朋黨之說遂起**하야 **久而不能解**하야 **一時名士**가 **皆被目爲黨人**이라 **公在諫院**에 **爲朋黨論以獻**[1]하니 **群言遂息**하야

大救當時之弊라 時天下久安하야 上下失於因循이러니 一旦陝西用兵하고 而群賊王倫張海等이 所在皆起[2]라 先公請遣使者按察州縣하니 朝廷命諸路轉運使皆兼按察이라 公言轉運使가 苟非其人이면 則按察遂爲空名이라하고 復條陳按察六事[3]하니 於是에 兩府[4]聚議하야 盡破常例하야 不次用人[5]이라 其後州縣多所升降[6]하고 內外百職振擧라 及杜待制杞[7]爲京西轉運使하야 與御史蔡稟同治賊事하야 公言杞可獨任이니 無用稟이라하야늘 杞果遂平諸盜하야 京西無事라

范文正公이 貶謫되고부터 先公과 余襄公 등이 黨人으로 연좌되어 내쫓김을 당하니 朋黨의 설이 마침내 일어나 오랫동안 그치지 않아 일시의 名士들이 모두 당인으로 지목 당했다. 공이 諫院에 있을 때 〈朋黨論〉을 지어 바치니 사람들의 말이 마침내 수그러들어 당시의 폐단이 크게 바로잡혔다.

당시 천하가 오랫동안 편안하여 上下가 구태의연하게 因襲하며 잘못되어갔는데 하루아침에 陝西에서 전쟁이 벌어지고 王倫과 張海 등의 도적떼가 곳곳에서 모두 반란을 일으켰다. 선공이 使者를 파견하여 州縣을 按察할 것을 청하니 조정에서 諸路의 轉運使들에게 명하여 모두 안찰을 겸하게 하였다. 공이 말하기를 "전운사가 만일 적임자가 아니라면 안찰은 결국 공허한 명칭이 되는 것이다."라고 하고는 다시 안찰의 여섯 가지 일을 조목별로 진달하니, 이에 兩府에서 의론을 모아 常例를 모두 혁파하고서 官階의 차례를 따르지 않고 인재를 등용하였다. 그 후로 주현들이 升降한 바가 많았고 內外의 온갖 職事가 진흥되었다. 杜待制 杞가 京西轉運使가 되어 御史 蔡稟과 함께 도적을 다스리는 일을 맞게 되었을 때, 공이 말하기를 "두기가 홀로 감당해 낼 터이니 채품은 쓸 필요가 없다."라고 하였는데, 두기가 과연 마침내 도적들을 평정하여 京西 지방이 무사하였다.

1) 爲朋黨論以獻 : 본 譯書 2책의 〈朋黨論〉이 이때 지어올린 것이다.

2) 群賊王倫張海等 所在皆起 : 王倫은 沂州 虎翼軍의 士卒 출신으로, 慶曆 3년(1043) 5월에 무리를 선동하여 巡檢使 朱進을 죽이고 반란을 일으켰다가 京東都提擧巡檢 傅永吉에게 진압 당하여 江淮로 달아나 泰州와 揚州 등을 공격하던 중 7월에 和州에서 피살되었다. 張海는 경력 3년(1043)에 郭邈山 등과 굶주린 백성 천여 명을 거느리고 陝西省 일대 商山에서 반란을 일으켰다가 토

벌하는 관군에 패전하여 죽었다.

3) 復條陳按察六事 : ≪文忠集≫ 권97의 〈論按察官吏箚子〉와 〈論按察官吏第二狀〉과 〈再論按察官吏狀〉이 이 당시 쓴 것이다.

4) 兩府 : 中書省과 樞密院이다.

5) 〔原註〕 公言轉運使苟非其人……不次用人 : 後來別因一箚子中備言此事.*)
뒤에 별도로 한 箚子 속에 이 일을 자세히 말하였다.

*) 〔역주〕 後來別因一箚子中備言此事 : 본 譯書 1책의 〈論軍中選將箚子〉에서 "삼가 바라건대 폐하께서는 특별히 兩府의 대신에게 詔命을 내려서 장수를 구하는 방법을 따로 의논하고 종전의 常規에 따르는 격식을 모두 없애버려서 비범한 사람을 구해야 할 것이니, 진실로 격식을 뛰어넘어서 사람을 쓰지 않으면 지금의 큰 환난을 막기 어려울 것입니다.〔伏望陛下 特詔兩府大臣 別議求將之法 盡去循常之格 以求非常之人 苟非不次以用人 難弭當今之大患〕"라고 하고 이어서 장수를 구하는 방법을 상세히 진달한 것을 가리키는 듯하다.

6) 州縣多所升降 : 按察의 결과에 따라 州縣의 등급을 올리거나 내리는 것을 가리킨다.

7) 杜待制杞 : 杜杞(1005~1050)는 金陵 사람으로 자는 偉長이다. 尙書虞部員外郞, 京西轉運按察使, 天章閣待制 등을 역임하였다. 본 譯書 4책에 〈兵部員外郞天章閣待制杜公墓誌銘〉이 있다. 이 묘지명은 두기의 兵略과 관련된 부분만을 상세히 다루고 여타 젊은 시절의 관직은 소략하게 서술하여 두기의 대표적인 공적을 부각하는 방식으로 지어졌다.

時에 **張溫成**[1]**方有寵**하야 **人莫敢言**이어늘 **因生皇女**하야 **染綾羅八千匹**하니 **先公上言**하야 **乞裁損其恩寵及其親戚恩澤太頻可以減罷**하고 **極陳女寵驕恣**하야 **以至禍敗之戒**[2]라

당시에 張溫成이 바야흐로 총애를 받아 사람들이 감히 그에 대해 말하지 못했는데, 皇女를 낳은 일로 말미암아 綾羅 8천 필을 염색하니, 先公이 上言하여 장온성에 대한 은총과 그 친척에게 내리는 은택으로써 너무 자주 베풀어 줄이거나 없애야 할 것들을 덜어내기를 청하고 임금에게 총애 받는 여인이 교만 방자하여 재앙과 패망

에 이르는 것에 대한 경계를 남김없이 진달하였다.

1) 張溫成 : 死後에 溫成皇后로 追冊된 仁宗의 후궁 張貴妃이다. 빼어난 미모로 인종의 총애를 받아 단기간에 귀비가 되었으며, 인종이 그 집안에 많은 재물을 하사하고 큰아버지 張堯佐에게 宣徽使 등의 벼슬을 내려 신하들의 비난을 샀다. 31살의 나이로 장귀비가 죽자 인종은 7일 동안 조회를 거두고 京城의 음악을 한 달 동안 금하였다. 또 신하들의 반대에도 불구하고 황후로 追冊하여 황후의 禮로 장사 지냈으며 아버지 張堯를 淸河郡王에, 어머니 曹氏를 齊國夫人에 봉하였다.

2) 先公上言……以至禍敗之戒 : 본 譯書 1책의 〈論美人張氏恩寵宜加裁損箚子〉가 이때 쓴 글이다.

皇叔燕王薨에 議者以國用不足하니 請待豐年而葬이어늘 先公乞減費而葬하야 以爲不肯薄葬하야 留之以待侈葬하야 徒成王之惡名하고 使四夷聞天子皇叔薨에 無錢出葬하야 遂輕中國[1)]이라하니 有旨減節浮費而葬하다

皇叔인 燕王이 薨逝하자 의론하는 자들이 나라의 財用이 충분치 못하므로 풍년을 기다려 장사 지내기를 청하였는데, 先公이 비용을 줄여 장사 지낼 것을 청하면서 말하기를 "儉薄하게 장사 지내려 하지 않고 喪事를 지체하여 사치하게 장사 지낼 때를 기다리느라 한갓 연왕에 대한 나쁜 평판만 만들고, 사방의 오랑캐들에게 천자의 황숙이 홍서했는데 장사 지낼 돈이 없다는 소문을 듣게 하여 마침내 중국을 업신여기게 할 것입니다."라고 하니, 聖旨로 불필요한 비용을 절감하여 장사 지내게 하였다.

1) 皇叔燕王薨……遂輕中國 : 燕王은 宋 太宗의 일곱째 아들인 荊王으로 연왕의 봉호는 사후에 추증된 것이다. 이에 관한 글이 본 譯書 1책의 〈論葬荊王後贈燕王一行事箚子〉와 〈論葬荊王箚子〉이다.

澧州柿木成文에 有太平之道四字라 先公上言 今四海騷然하니 未見太平之象이라하고 又曰 太平之道者는 其意可推라 自古帝王致太平이 皆有道하니 得道則太平이요 失

道則危亂이라 **今見其失**이요 **未見其得**이니 **願陛下憂勤萬務**면 **漸期致理**라 **其瑞木**은 **乞不宣示于外**[1)]하소서하다

澧州의 감나무에 생긴 무늬에 '太平之道'라는 넉 자가 있었다. 先公이 上言하기를 "지금 四海가 소란하니 태평의 기상은 보지 못하겠습니다."라고 하고, 또 말하기를 "'태평지도'라는 것은 그 뜻을 미루어 알 수 있습니다. 예로부터 帝王이 태평을 이룬 데는 모두 도가 있었으니, 도를 얻으면 태평하고 도를 잃으면 危亂하였습니다. 지금은 도를 잃은 것은 보이고 도를 얻은 것은 보이지 않으니, 원컨대 폐하께서는 모든 정무에 근심하고 힘쓰소서. 그리하시면 점차 잘 다스려지기를 기약할 수 있을 것입니다. 그 상서로운 나무는 바라건대 바깥에 보이지 마소서."라고 하였다.

1) 澧州柿木成文……乞不宣示於外 : 仁宗 慶曆 3년(1043) 12월에 知澧州 馮載가 상서로운 감나무를 진상한 일이 있었다. 그 나무에 '太平之道' 네 글자가 저절로 나타나 있었기 때문에 풍재가 이 나무를 바쳐 천자에게 아첨하고자 한 것인데, 歐陽脩가 上言하여 천자가 속지 않게 한 것이다. 이때 상언한 글이 본 譯書 1책의 〈論澧州瑞木乞不宣示外廷箚子〉이다.

慶曆三年에 **御試進士**하야 **以應天以實不以文**[1)]**爲賦題**라 **公爲擬試賦一道以進**[2)]하야 **指陳當世闕失**하니 **言甚切至**라

慶曆 3년(1043)에 進士의 殿試를 행하면서 "하늘에 응답하는 데에는 진실로써 해야지 겉치레로 해서는 안 된다."를 賦題로 삼았다. 공이 試賦 한 편을 擬作해 올려 당세의 부족하고 잘못된 부분을 지적하여 진달하니 말이 매우 절실하였다.

1) 應天以實不以文 : 漢 哀帝 때의 승상 王嘉가 한 말이다.(≪漢書≫ 卷45 〈蒯通傳〉)

2) 公爲擬試賦一道以進 : ≪文忠集≫ 권74 〈進擬御試應天以實不以文賦〉가 이때 올린 글이다.

淮南轉運使呂紹寧이 **到任**하야 **便進羨餘**[1)]**錢十萬**한대 **公乞拒而不受**하야 **以彰朝廷均恤外方防禦刻剝**이라

淮南轉運使 呂紹寧이 任所에 도착하여 곧 羨餘錢 10만을 올렸는데, 공이 이를 거절하고 받지 않음으로써 조정에서 외방을 고루 진휼하고 백성을 수탈하는 일을 막고 제어하는 뜻을 드러내기를 청하였다.

1) 羨餘 : 초과 징수하고 남은 잉여분의 세금을 가리키는 말로, 唐代 이후로 지방 관원들이 이러한 명목의 금전을 조정에 進貢하였다.

前後所上章疏百餘에 **其間斥去奸邪**하고 **抑絶僥幸**하야 **以謂任人不可疑**요 **節制不可不一**이요 **當推恩信以懷不服**[1]이라하니 **其事往往施行**이라

전후로 올린 章疏가 백여 통인데 그 안에 奸邪한 이를 물리쳐 제거하고 僥倖을 바라는 이를 억제하여 끊을 것을 말하면서 "사람에게 임무를 맡겼으면 의심해서는 안 되고, 節制는 통일하지 않아서는 안 되며, 마땅히 은혜와 신의를 미루어 복종하지 않는 이를 품어야 한다."라고 하니, 그 일이 왕왕 시행되었다.

1) 任人不可疑……當推恩信以懷不服 : 任人不可疑는 본 譯書 1책의 〈論任人之體不可疑箚子〉, 節制不可不一은 〈論罷鄭戩四路都部署箚子〉, 當推恩信以懷不服은 〈論乞放還蕃官胡繼諤箚子〉가 그러한 류이다.

先公以諫官除知制誥라 **故事**에 **知制誥當先試**어늘 **有旨更不召試**하니 **有國以來**로 **不試而受者**는 **惟楊文公陳文惠公**[1]**與公三人**이라 **公既典制誥**하야 **尤務敦大體**라 **初作勸農勅**[2]한대 **既出**에 **天下翕然**하야 **人人傳誦**하니 **王言**[3]**之體**가 **遠復**(복)**前古**라

先公은 諫官으로 知制誥에 제수되었다. 故事에 지제고는 먼저 시험을 거쳐야 했는데, 聖旨로 다시 召對하여 시험하지 않으니, 개국 이래로 시험을 거치지 않고 지제고 벼슬을 받은 사람은 오직 楊文公과 陳文惠公과 선공 세 사람뿐이었다. 공이 制誥를 관장하고서 大體를 돈독히 하는 데 더욱 힘을 쏟았다. 처음 〈勸農勅〉을 지었는데, 이 글이 나오자 천하 사람들이 기뻐하며 사람들마다 전하여 외우니 王言의 體貌가 멀리 前古의 모습을 회복하였다.

1) 楊文公陳文惠公 : 楊文公은 楊億(974~1020)이다. 建州 浦城 사람으로 자는

大年이고 文은 그의 시호이다. 文才가 뛰어나 11살 때 太宗이 불러 詩賦로 시험해보고 秘書省正字에 임명했다. ≪太宗實錄≫ 편수에 참여하고 ≪冊府元龜≫ 편찬을 총괄했으며 錢惟演 등과 酬唱한 詩 200여 수를 모아 ≪西崑酬唱集≫을 편찬했다. 翰林學士, 工部侍郎 등을 역임했다. 저서에 ≪楊文公談苑≫, ≪武夷新集≫ 등이 있다. 陳文惠公은 陳堯佐(963~1044)이다. 四川 閬中 사람으로 자는 希元, 호는 知餘子이고 文惠는 그의 시호이다. 한림학사, 參知政事, 同中書門下平章事 등을 역임했다. 書法이 뛰어났고 저서에 ≪遺興集≫, ≪愚邱集≫ 등이 있다.

2) 勸農勑 : ≪文忠集≫ 권79에 실려 있다.

3) 王言 : 군왕의 말이라는 뜻으로 制誥 등을 가리킨다.

陜西兵役之後에 河東困弊하야 糧草闕少라 又有言者請廢麟州어나 或請移於合河津이어나 或請廢五寨[1]하니 朝廷命先公視其利害하고 及察訪一路官吏能否하야 擘劃經久利害及計置糧草라 公爲四議하야 以較麟州利害하야 請移兵就食於河濱[2]淸塞堡하야 緩急不失應援하고 而平時可省(생)饋運[3]하니 麟州遂不廢라 又建言忻代岢嵐(가람)火山四州軍이 沿邊有禁地하야 棄而不耕하니 人戶私糴(적)北界斛斗하야 入中以爲邊儲라 今若耕之면 每年可得三二百萬石以實邊[4]이라하니 朝廷從之라 此兩事至今大爲河東之利라

陜西에서 전란이 있은 이후로 河東路가 피폐하여 軍糧과 馬草가 부족해졌다. 거기에다 이 문제를 말하는 자들이 麟州의 廢置를 청하거나 혹 治所를 合河津으로 옮길 것을 청하거나 혹 五寨의 폐치를 청하니, 조정에서 先公에게 명하여 그 이해관계를 살피고 하동로 관리들의 능력을 시찰하여 장기적 利害를 계획하고 군량과 마초를 계산해 마련할 것을 명하였다. 공이 네 가지 조항으로 인주의 이해관계를 비교해 黃河 가의 淸塞堡로 병사를 옮겨 就食하게 하여 위급할 때는 應援軍의 역할을 잃지 않고 평시에는 군량 운송에 들어가는 수고와 비용을 줄일 것을 청하니, 인주가 마침내 폐치되지 않았다. 또 건의하기를 "忻州, 代州, 岢嵐, 火山 네 州軍이 변경 일대에 禁地를 두어 버려두고 경작하지 않으니, 백성들이 사사로이 北界(遼나라)의 곡식을

매입해 중원으로 들여와서 변경의 비축 곡식으로 삼고 있습니다. 지금 만약 그 땅을 경작한다면 매년 2,3백만 섬을 얻어 변경을 튼실하게 할 수 있을 것입니다."라고 하니, 조정에서 따랐다. 이 두 가지 일은 지금까지도 크게 하동의 이익이 되고 있다.

1) 請廢麟州……或請廢五寨 : 麟州는 唐나라 때 설치한 행정구역으로 陝西省과 甘肅省의 경계에 있었으며 宋代에 西夏와 맞닿은 邊塞였다. 合河津은 곧 合河縣으로 당나라 때 嵐州에 속한 지역이다. 치소가 오늘날 山西省 興縣 서북쪽 40리 지점에 있었다. 北宋 元豐 연간에 치소를 오늘날 興縣으로 옮겼다. 五寨는 山西省 雁門 일대에 있던 송대의 邊寨이다. 建寧·鎭川·中堠·百勝 등 다섯 곳이 있었다.

2) 〔原註〕 濱 : 一作次

어떤 본에는 '次'로 되어 있다.

3) 公爲四議……平時可省(생)饋運 : 본 譯書 1책의 〈論麟州事宜箚子〉가 이때 올린 글이다.

4) 又建言……每年可得三二百萬石以實邊 : 본 譯書 1책의 〈請耕禁地箚子〉가 이때 올린 글이다.

自西事後로 **河東賦斂重而民貧**하야 **道路嗟怨**하니 **先公奏罷十事**하야 **以寬民力**[1)]하다

西夏와의 전쟁 이후로 河東路의 세금이 과중하여 백성들이 빈곤해져 길에 탄식과 원성이 넘치니, 先公이 10가지 일을 혁파하기를 주청하여 백성들의 노고를 줄였다.

1) 〔原註〕 自西事後……以寬民力 : 文字見河東奏事[*1)], 謂乞罷和糴(적)米三司銀[*2)]之類.

해당 글이 〈河東奏事〉에 보이니, 和糴米와 三司의 銀을 혁파할 것을 청한 따위를 말한다.

*1) 〔역주〕 河東奏事 : 歐陽脩가 조정의 명으로 河東을 시찰했을 때 올린 奏章들로, ≪文忠集≫ 권115 〈河東奉使公草〉와 권116 〈河東奉使奏草〉가 이에 해당한다.

*2) 〔역주〕 和糴(적)米三司銀 : 和糴米는 본래 관청에서 민간의 곡식을 사들일 때 싼값에 사들이지 않고 관청과 민간이 서로 양해하여 적당한 값을 정해 사

들이는 것을 가리켰다. 그러나 실제로는 값을 조정한다는 명목 하에 싼값으로 강제매입하고 대금지불을 이행하지 않는 등의 폐단을 낳아 농민의 고통이 가중되고 관리와 상인의 부정축재를 부추겼다. 三司는 宋代 재정과 관련된 세 부서인 鹽鐵, 度支, 戶部를 가리킨다. 三司銀은 곧 삼사에서 국가에 필요한 銀을 지방에 할당하여 그 지방에서 매입해 올리게 한 것이다.

先公自河東還에 **會保州兵叛**이라 **遂出爲河北都轉運使**라 **別得不下司箚子**[1]**云 河北宜選有文武材識轉運使二員**하야 **密授經略之任**하야 **使其熟圖利害**하야 **豫爲禦備**라하다

先公이 河東에서 돌아왔을 때 마침 保州의 병사들이 반란을 일으켰기에 마침내 河北都轉運使로 나갔다. 별도로 얻은 官司에 내리지 않는 箚子에 이르기를 "河北에는 마땅히 文武의 재능과 식견을 갖춘 轉運使 2員을 선발하여 은밀히 經略의 임무를 주어 하북의 이해관계에 대한 대책을 치밀하게 세워 미리 방비하게 해야 합니다."라고 하였다.

1) 不下司箚子 : 不下司는 문맥 및 ≪文忠集≫의 "不得下司" 등의 용례를 참조할 때, 관청에서 箚子 등의 공문을 올리면서 해당 공문의 내용이나 기밀 등 모종의 이유로 절차상 그 공문을 내려주어야 할 관사에 내리지 않는 것을 가리키는 듯하나 자세하지 않다. 차후의 상세한 고증을 요한다. 不下司는 ≪문충집≫ 외에도 ≪朱子語類≫, ≪東坡全集≫ 등 宋代 문헌에서 몇몇 용례가 보인다. ≪문충집≫ 권118 〈乞預聞邊事〉의 해당 내용을 참조하면, 歐陽脩는 해당 관사가 河北轉運使의 선발을 건의하며 올린 이 차자의 내용에 비추어 볼 때 자신은 文武의 재주를 겸하지 못하여 여기에 해당하지 않는다며 謙辭를 올리고 있다.

保州旣降에 **總管李昭亮私取叛兵妻女**하니 **通判馮博文等**이 **亦往往效之**라 **先公發博文罪**하야 **置獄推劾**하니 **昭亮恐懼**하야 **立令送出**하다

保州의 반란군이 항복하자 總管 李昭亮이 사사로이 반란군의 아내와 딸을 취하

니, 通判 馮博文 등도 왕왕 그러한 행태를 따라하였다. 先公이 풍박문의 죄를 밝혀 옥에 가두고 심문하니 이소량이 두려워하여 즉시 처자들을 돌려보냈다.

自保州事後로 **河北兵驕**하야 **少不如意**면 **即謀結集**이 **處處有之**어늘 **上下務在姑息**이라 **先公屢乞主張將帥每事鎭重**하야 **以遏士心**하니 **河北卒無事**라

保州 사건 이후로 河北의 병졸들이 교만해져 조금이라도 마음에 차지 않으면 즉시 모의해서 무리 짓는 일이 곳곳에서 있었는데, 조정과 지방 관사에서는 임시로 무마하는 것에만 힘썼다. 先公이 將帥가 매사에 鎭重하게 처신하여 병사들의 마음을 누르도록 주지시킬 것을 여러 차례 청하니, 하북이 마침내 무사하였다.

保州叛兵既降에 **其脅從者二千餘人**을 **分隷河北諸州**한대 **富鄭公爲宣撫使**하야 **恐其復生變**하야 **欲委諸州同日誅之**라 **方作文書**할새 **會先公權知鎭府**하야 **遇富公於內黃**이라 **富公夜半屛人**하고 **密以告公**하니 **公曰 禍莫大於殺降**이라 **昨保州叛卒**을 **朝廷許以不死招之**러니 **今已戮之矣**라 **此二千人本以脅從**이라 **故得不死**어늘 **奈何一旦無辜就戮**이리오 **且無朝旨**라 **若諸郡不肯從命**하야 **事既參差**면 **則必生事**리니 **是趣**(촉)**其爲亂也**라 **且某至鎭州**하야 **必不從命**하리라하야늘 **富鄭公遂止**하다

富弼

保州의 반란병들이 이미 항복하고 나서 그들의 협박을 받아 따랐던 사람 2천여 명을 河北의 여러 州에 나누어 예속시켰는데, 富鄭公(富弼)이 宣撫使가 되어 그들이 다시 변란을 일으킬까 염려하여 여러 주에 맡겨 동시에 죽이려 하였다. 바야흐로 그들을 죽일 것을 명하는 문서를 작성하고 있을 때, 마침 先公이 權知鎭州府事가 되어 內黃에서 부정공을 만났다. 부정공이 밤중에 사람을 물리고 은밀히 이 사실을 공에게 고하

니, 공이 말하기를 "항복한 사람을 죽이는 것보다 더 큰 禍亂은 없습니다. 지난날 보주의 반란병들을 조정에서 죽이지 않겠다고 약속하여 招諭하였는데 지금 이미 誅戮하였습니다. 이 2천여 명은 본래 협박을 받아 따른 자들이므로 죽임을 당하지 않았거늘 어찌 하루아침에 무고하게 주륙당할 수 있겠습니까. 게다가 조정의 명도 없는 터에 만약 여러 고을에서 명을 따르려 하지 않아 일에 차질이 생기면 반드시 사단이 날 것이니, 이는 난을 일으키라고 재촉하는 것입니다. 또 저는 鎭州에 가서 기필코 명을 따르지 않겠습니다."라고 하였다. 그러자 부정공이 마침내 그 일을 그만두었다.

先公在河北에 **旣被朝廷委任之重**하야 **悉力經營**하야 **凡一路官吏能否**와 **山川地里**와 **財産所出**과 **兵糧器械**와 **敎閱陣法**을 **一一別爲圖籍**하야 **盡四路之事如在目前**이라 **或問公曰 公以文章儒學**으로 **名天下**어늘 **而治此俗吏之事乎**아하니 **公曰 吏之不職**은 **吾所愧也**라 **繫民休戚**이어늘 **其敢忽乎**아하다 **奏置御河催綱司**하야 **通致糧運**하야 **以省**(생)**入中之數**하고 **置都作院於磁相二州**하야 **以省**(생)**諸州兵器之費**라 **旣究見河北利害本末**[1]하고 **乃一一條列**하야 **遍貽書於執政**하야 **將大爲經畫**(획)이러니 **未盡行而公罷去**라

先公이 河北에 있을 때 이미 朝廷의 막중한 委任을 받고서 온 힘을 다해 경영하여 河北路 관리들의 能否, 山川地里, 財産의 所出, 군량과 병기, 군사 敎閱과 陳法 등을 하나하나 별도의 圖籍으로 만들어 하북 四路의 일을 눈앞에 있는 것처럼 모두 파악하였다. 어떤 사람이 공에게 묻기를 "공은 文章과 儒學으로 천하에 이름이 알려져 있는데 이러한 俗吏의 일을 다 하십니까?"라고 하니, 공이 말하기를 "관리가 제 직무를 제대로 수행하지 못하는 것은 내가 부끄러워하는 바입니다. 백성들의 기쁨과 근심이 달려 있는데 감히 소홀히 할 수 있겠소."라고 하였다. 奏請하여 御河催綱司를 두어 糧穀의 운송을 통하게 하여 도성으로 들어가는 수량을 줄이고, 磁州와 相州에 都作院을 두어 여러 주의 兵器의 비용을 줄였다. 이미 하북의 利害의 本末을 남김없이 알고서 마침내 하나하나 조목별로 열거해 모두 서신에 적어 執政에게 보내 장차 크게 경영하고 계획하려 했는데, 다 시행하기도 전에 공이 파직되어 떠났다.

1)〔原註〕本末：一無此二字

어떤 본에는 이 두 글자가 없다.

慶曆初에 仁宗旣復四諫[1]之職[2]하고 拔英俊賢能材德之士하야 竝進于朝라 公負天下之望而居其職하니 仁宗寵異之意가 獨絶衆人이라 嘗因奏事하야 論及當世人材어늘 仁宗不覺謂公曰 如歐陽某를 何處得來리오하니 公乃盡心悉力하야 思所補報하야 遇事不避하야 以至犯忤權貴하고 排擊姦倖하니 怨怒隨至라 常欲大用而未果라 是時에 中外多事하야 仁宗意以謂艱難之際에 非公이면 不足以辦事라 故自諫官으로 奉使河東하야 委以一路之利害라 及保州事作하야 河北轉運使張昷之得罪라 公自河東還未數月에 復出爲河北轉運使라 及陛辭之日에 仁宗面諭曰 不久當還하리니 無爲久居計어다 有事어든 但言來요 無以中外爲限[3]하라하야늘 公對曰 在京師所言도 尙以風聞[4]이라 或恐失實이온 況於在[5]外아하니 仁宗曰 有所聞이어든 但言來하라 行與不行則在此라하다 及至河北하야 百事振擧하니 小人忌公하야 恐大用이라 而又杜范韓富同時罷黜하고 小人彙進하니 公上疏하야 極言四人忠實可用而無過하고 辨明小人誣罔之言하고 請加任用[6]이라 於是에 群小益懼하야 相與造爲謗辭러니 及詔獄之起[7]하야 窮究無狀이어늘 仁宗亦悟하야 止奪職知滁(저)州하다

宋 仁宗

慶曆 初年에 仁宗이 이미 네 諫官의 직책을 회복시키고서 英俊하고 賢能하며 材德을 갖춘 선비를 뽑아 아울러 조정에 나오게 했다. 공이 천하의 기대를 짊어지고 직책에 임하니 인종의 남달리 총애하는 뜻이 뭇 사람에 비해 유독 두터웠다. 일찍이 時事를 아뢸 때에 당세의 인재를 논하여 언급하였는데 인종이 不知不識간에 공에게 이르기를 "구양수와 같은 사람을 어디에서 얻겠는가."라고 하니, 공이 이에 마음과 힘을 다하여 은총에 보답할 것을 생각하여

일을 맡으면 피하지 않았다. 그래서 권세 있고 지위가 높은 사람의 잘못을 주저 없이 말하여 그들의 심사를 거스르고 간사한 자들을 배척하여 공격하기에 이르니 그들의 원망과 노여움이 뒤따라 이르렀으므로 인종이 항상 공을 크게 쓰고자 하였으나 결행하지 못하였다.

이때 中外에 일이 많아 인종이 어려운 시기에는 공이 아니면 일을 처리할 수 없다고 생각하였다. 그리하여 간관의 신분으로 使命을 받들고 河東으로 가서 河東路의 利害를 위임받았다. 保州의 事變이 일어났을 때 河北轉運使 張昷之가 죄를 얻었기에 공이 하동에서 돌아온 지 몇 달 지나지 않아 다시 하북전운사로 나가게 되었다. 하직 인사하는 날에 인종이 面對하여 下諭하기를 "오래지 않아 조정으로 돌아올 것이니 오래 머물 생각은 하지 말라. 일이 생기면 그저 말할 것이요 내직과 외직에 구애받지 말라."라고 하자, 공이 대답하기를 "京師에서 말한 것도 오히려 風聞이라 혹 실제와 다를까 두려웠는데 하물며 외직이겠습니까."라고 하니, 인종이 말하기를 "보고할 일이 있으면 그저 말하라. 시행하고 안하고는 이곳에서 결정하겠다."라고 하였다.

河北에 이르러 온갖 정사가 잘 거행되니 소인들이 공을 시기하면서 크게 쓰일까 두려워하였다. 또 杜正獻公(杜衍)과 范文正公(范仲淹)과 韓魏公(韓琦)과 富鄭公(富弼)이 동시에 罷黜되고 소인들이 무리지어 나오니, 공이 상소하여 네 사람이 충직하고 성실하여 쓸 만하고 과오가 없음을 극진히 말하고 소인들의 무함하는 말을 분별해 밝히고서 네 사람의 임용을 청하였다. 이에 소인들이 더욱 두려워하여 서로 공을 비방하는 말을 날조하더니, 詔獄이 일어남에 공을 연루시키려고 추궁하는 근거 없는 말들이 들끓자 인종이 이를 알아차리고서 단지 직첩을 빼앗고 知滁州로 내보냈다.

1) 復四諫 : 앞서 기술된 바와 같이 仁宗이 歐陽脩, 余靖, 蔡襄, 王素 등을 간관으로 임명한 사실을 가리킨다. 이 네 사람은 直諫을 잘하여 四諫으로 불렸다.

2) 〔原註〕 職 : 一有而擧二字

어떤 본에는 이 다음에 "而擧" 두 글자가 있다.

3) 有事……無以中外爲限 : 황제의 至近에서 간관으로 있으면 모든 사안에 대해 직접 간언할 수 있지만 외직으로 나갔을 때는 절차를 거쳐 문서로 자신이 말

은 일의 범위 안에서만 上奏할 수 있었다. 인종은 구양수에게 외직에 있더라도 구애받지 말고 사안이 생기면 곧바로 말하라고 한 것이다.

4) 在京師所言 尙以風聞 : 옛날에 監察을 담당하는 관원은 風聞言事라 하여 전해들은 말에 근거해 간언을 올리거나 관리를 탄핵할 수 있는 권한이 있었다.

5) 〔原註〕 在 : 一作在於

어떤 본에는 '在於'로 되어 있다.

6) 公上疏……請加任用 : 이 당시 올린 글이 본 譯書 1책의 〈論杜衍范仲淹等罷政事狀〉이다.

7) 詔獄之起 : 詔獄은 聖旨를 받들어 처리하는 獄事이다. 이때의 옥사에 앞서 구양수의 누이가 그 남편 張龜正이 아들을 남기지 않고 죽어 의지할 데가 없자 장귀정의 前妻 소생인 어린 딸을 데리고 구양수에게 의지하였다. 누이의 어린 딸인 張氏가 성장하자 구양수는 族兄의 아들 歐陽晟에게 시집보냈는데, 구양수가 외직에 있을 때 장씨가 구양성의 노비와 사통하는 일이 발생했다. 이 사건을 당시 開封知府인 楊日嚴이 맡았는데, 양일엄이 과거에 益州를 다스릴 때 구양수가 양일엄의 탐욕과 방자함을 논핵한 적이 있었다. 이 때문에 앙심을 품은 양일엄은 獄吏를 사주하여 이 사건에 구양수를 연루시키게 했고 諫官 錢明逸이 이 말을 받아 마침내 구양수가 甥姪女 장씨와 사적으로 애매한 관계를 가졌다고 탄핵하였다. 그러나 이 사건의 감독을 맡은 환관 王昭明이 구양수가 이 사실과 무관함을 밝히자 결국 구양수가 장귀정의 재산을 탐내 자신의 것으로 만들었다는 누명을 씌웠다. 최종적으로는 이 일에 구양수가 관여되었다는 증거가 없어 판별할 필요가 없다는 것으로 처리되었으나, 이로 인해 구양수는 滁州로 貶謫되었다.(≪資治通鑑後編≫ 卷57)

南京은 素號要會[1]라 賓客往來가 無虛日하니 一失迎候면 則議論鋒[2]起라 先公在南京에 雖貴臣權要過者라도 待之如一하니 由是로 造爲語言하야 達於朝廷이라 時陳丞相升之[3]安撫京東할새 因令審察是非라 陳公陰訪之民間하야 得俚語에 謂公爲照天蠟燭[4]이라 還而奏之어늘 上方欲召用이러니 而公丁大夫人憂라

南京은 평소 중요한 도회로 이름난 곳이라 빈객들이 하루도 빠짐없이 왕래하니 한번이라도 마중을 잘못하면 의론이 분분하게 들끓었다. 先公이 남경에 있을 때 비

록 지위가 높고 권세 있는 사람이 방문하더라도 한결같이 대우하니 이 때문에 공을 비방하려 지어낸 말들이 조정에까지 들렸다. 당시 陳丞相 升之가 京東 지방을 安撫할 때에, 그에게 공에 대한 是非를 살펴 조사할 것을 명하였다. 陳公이 몰래 민간을 탐문하여 항간의 말을 들어 보니 공을 일러 照天蠟燭이라 하였다. 조정에 돌아와 이 사실을 아뢰자 성상이 공을 불러 쓰고자 하였는데 공이 大夫人의 喪을 당하였다.

1) 要會 : 都城으로 통하는 중요한 지역이다.
2) 〔原註〕 鋒 : 一作群
   어떤 본에는 '群'으로 되어 있다.
3) 陳丞相升之 : 陳升之(1011~1079)는 建州 建陽 사람으로 本名은 旭, 字는 暘叔, 諡號는 成肅이다. 監察御史, 樞密副使, 同中書門下平章事 등을 역임하였다.
4) 照天蠟燭 : 하늘을 비추는 촛불이라는 뜻으로, 宋나라 때에 엄격하고 사리가 분명하며 청렴하고 공정한 관리를 백성들이 부르던 美稱이다. 歐陽脩와 동시대 인물인 田況이 成都를 잘 다스리고 訟事를 명쾌하게 분별하여 蜀의 백성들이 그를 照天蠟燭이라 불렀다는 말이 ≪類說≫과 ≪古今事文類聚≫ 등에 보인다.

先公初服除還朝에 惟除本官龍圖閣直學士而無主判[1)]이라 入見日에 仁宗惻然하야 怪公鬢髮(빈발)之白하고 問公在外幾年이며 今年幾何오하야 恩意甚至라 公求補外하니 仁宗曰 此中見人多矣라 爲小官時엔 則有肯盡言이라가 名位已高하얀 則多顧藉(적)[2)]이라 如卿且未要去하라하고 明日以責大臣하고 卽以公判流內銓이라 是時에 小人忌公且見進用하야 僞爲公乞澄汰內臣箚子하야 傳布中外하니 內臣人人切齒라 判銓六日에 楊永德以差船及引見胡宗堯事中公[3)]하야 出知同州어늘 而外議紛紜하야 論救者衆하니 上亦開悟라 適會劉公沆[4)]有箚子하야 乞催宋公祁結絶唐書하니 上曰 莫不須宋祁否아하야늘 劉公曰 別未有人이라하니 上曰 歐陽某知同州어늘 臣寮已有文字請留라하야늘 劉公曰 乞自陛下宣諭라하다 明日朝辭上殿에 上曰 休去同州하고 且修唐書하라하다 旣而오 曾魯公[5)]自翰林學士換侍讀學士知鄭州라 劉公奏歐陽某見(현)未有主判處라 乞替曾某判三班院이라하니 上曰 翰林學士有人未아하야늘 劉公曰 見(현)

商量이라하니 **上曰 歐陽某不止一好差遣**[6)]이요 **亦好一翰林學士**니 **便可替曾某**라하야 **遂入翰林**하고 **爲史官**하고 **判三班院**이라 **上嘗面問公以唐學士院鈴索故事**[7)]하고 **將議臨幸**하니 **其於眷待之意甚厚**라

先公이 막 喪服을 벗고 조정에 돌아왔을 때 本官인 龍圖閣直學士만 제수되고 主判은 없었다. 조정에 들어와 알현하는 날에 仁宗이 측은해하면서 공의 머리가 하얗게 센 것을 괴이하게 여기고 "외직에 있은 지 몇 해이며 올해 나이가 몇인가?" 하고 공에게 물으며 은혜로운 뜻이 매우 지극하였다. 공이 외직에 보임되고자 하니 인종이 말하기를 "여기에서 사람을 많이 보았는데, 낮은 관직에 있을 때는 直言을 다하려 하다가 이름과 지위가 높아지고 나서는 아까워하는 것이 많았다. 卿은 우선 조정을 떠나려 하지 말라."라고 하고, 다음날 大臣을 책망하고 즉시 공을 判流內銓에 임명하였다.

이때 소인들이 공이 장차 등용될 것을 꺼려서, 공이 宦官들을 가려내어 도태시킬 것을 청한 箚子를 거짓으로 꾸며 中外에 전하여 퍼뜨리니 환관들마다 공에게 이를 갈았다. 판유내전이 된 지 엿새째에 배를 빌려준 일과 胡宗堯를 引見하는 일을 가지고 楊永德이 공을 中傷하야 知同州로 나가게 되었는데, 조정 밖의 의론이 분분하여 공을 論救하는 자들이 많으니, 성상 또한 잘못된 처사임을 깨달았다. 때마침 劉公沆이 차자를 올려 宋公 祁에게 ≪唐書≫의 修撰을 마무리 지으라고 재촉할 것을 청하니, 성상이 말하기를 "宋祁를 기다리는 것 말고 다른 방도는 없는가?"라고 하자, 유공이 말하기를 "달리 사람이 없습니다."라고 하였다. 성상이 "구양수가 知同州가 되었는데 신료들이 이미 그를 조정에 머무르게 할 것을 청하는 글을 올렸다."라고 하자, 유공이 말하기를 "폐하께서 宣諭해주시기를 청합니다."라고 하였다. 이튿날 공이 謝恩肅拜를 하러 어전에 오르자 성상이 말하기를 "同州로 가는 일은 그만두고 우선 ≪당서≫를 찬수하라."라고 하였다.

얼마 뒤 曾魯公이 翰林學士에서 侍讀學士 知鄭州로 자리가 바뀌자 유공이 上奏하여 "구양수가 현재 主判하는 곳이 없으니 청컨대 曾公亮의 判三班院 직임을 대신하게 하소서."라고 하였다. 성상이 말하기를 "한림학사 자리에는 사람이 있는가?"라고 하자, 유공이 말하기를 "현재 商量하는 중입니다."라고 하였다. 성상이 말하기를 "구

양수는 단지 훌륭한 差遣일 뿐 아니라 한림학사로도 훌륭하니 증공량을 대체할 만하다."라고 하여, 마침내 翰林院에 들어오고 史官이 되고 判三班院이 되었다. 성상이 일찍이 공을 면대하여 唐나라 때 學士院의 鈴索의 故事를 묻고 성상이 한림원에 거둥하는 일을 의논하였으니 은혜롭게 대우하는 뜻이 매우 두터웠다.

曾公亮

1) 主判 : 宋나라 때에 高官이 兼任으로 가지는 비교적 낮은 職務를 가리킨다. 송나라 때에는 관직체계가 복잡하여 실제적인 職事는 거의 없이 품계나 봉록을 정하는 기준이 되는 관직과 실제적인 직사를 행하는 관직을 겸임하는 경우가 많았다.
2) 顧藉(적) : 顧念, 愛惜과 같은 뜻으로 곧 직언을 하다가 자신의 관직이 날아갈까 아까워한다는 말이다.
3) 楊永德以差船及引見胡宗堯事中公 : 楊永德은 당시의 환관이다. 당시 胡宗堯라는 사람이 前例에 따라 황제를 알현하고 京官으로 승진할 차례였는데, 전에 常州推官으로 있을 때 관아의 배를 다른 사람에게 빌려준 일에 연좌되어 승진하지 못하고 있었다. 歐陽脩가 황제를 알현했을 때 이 일을 아뢰어 그의 죄가 가볍고 이미 용서를 받았으니 법률상 승진해야 한다고 말하여 황제가 허락하였다. 양영덕이 이 일을 빌미로 호종요는 翰林學士 胡宿의 아들인데 구양수가 사사로이 그를 비호했다고 공격하였다.(≪資治通鑑後編≫ 卷63 · ≪文忠集≫ 〈附錄〉 卷3)
4) 劉公沆 : 劉沆(995~1060)은 吉州 永新 사람으로 字는 冲之, 號는 廬山, 謚號는 文安이다. 參知政事, 刑部尙書, 同中書門下平章事 등을 역임하였다.
5) 曾魯公 : 曾公亮(998~1078)이다. 泉州 晉江 사람으로 字는 明仲, 號는 樂正

이다. 知開封府, 동중서문하평장사, 吏部尙書 등을 역임하였고 魯國公에 봉해졌다. ≪新唐書≫와 ≪武經總要≫ 편찬에 참여하였다.

6) 差遣 : 宋나라 때 관원의 實職을 가리킨다. ≪宋史≫ 〈職官志〉에 "관원이 임명받는 것에는 官, 職, 差遣의 구별이 있다. 官은 俸祿을 매기고 品級을 차례짓는 것이고, 職은 文學으로 뽑힌 사람을 대우하는 것이며 별도로 差遣을 만들어 내외의 일을 다스리게 하였다.〔其官人受授之別 則有官有職有差遣 官以寓祿秩敍位著 職以待文學之選 而別爲差遣以治內外之事〕"라고 하였다.

7) 唐學士院鈴索故事 : 鈴索은 방울을 매단 끈이다. 唐나라 때 翰林院은 內外의 사람들이 마음대로 출입하는 것을 嚴禁하여 鈴索을 달아놓고 사람을 부르고 소식을 전하였다. 五代 시절에 이러한 제도가 오랫동안 폐기되었다가 宋나라 때에 와서 다시 시행하였다.

先公在侍從八年에 **知無不言**하고 **屢建議**하야 **多見施行**이라 **自初還朝**로 **唐公介**[1]**與諸公方居言職**하야 **所言**이 **久之未見聽納**이어늘 **公上疏言人君拒諫之失**하고 **請採聽言者**하니 **其後上遂用諫官言**하야 **進退宰相**[2]이라

先公은 侍從臣으로 있는 8년 동안 자신이 아는 것을 말하지 않은 것이 없었고 누차 건의하여 시행된 것이 많았다. 처음 조정에 돌아왔을 때 唐公 介와 여러 공이 바야흐로 言職에 있었는데 올린 말이 오랫동안 받아들여지지 않고 있었다. 그러자 공이 상소하여 임금이 諫言을 막는 잘못을 말하고 간관들이 말한 것을 받아들여 따르기를 청하니, 그 뒤에 성상이 마침내 간관의 말을 따라 재상을 교체하였다.

1) 唐公介 : 唐介(1010~1069)는 江陵 사람으로 字는 子方, 諡號는 質肅이다. 直言을 잘하여 言官으로 있으면서 권력자들로부터 많은 공격을 받았다. 殿中侍御史, 英州別駕, 御史中丞, 參知政事 등을 역임하였다.

2) 〔原註〕 公上疏言人君拒諫之失……進退宰相 : 用唐介等疏, 罷陳執中.[*]

唐介 등의 상소를 따라서 陳執中을 파면하였다.

*) 〔역주〕 陳執中 : 990~1095. 宋나라 洪州 南昌사람으로 字는 昭譽, 諡號는 恭이다. 寶元 원년(1038)에 同知樞密院事에 제수되고, 慶曆 5년(1045)에 同平章事 兼樞密使가 되어 8년 동안 재상 자리에 있었다. 그러나 별다른 공적이

없어 사람들로부터 혹평을 받았다. 구양수가 진집중을 탄핵한 글이 본 譯書 1책의 〈論臺諫官言事未蒙聽允書〉이다.

時에 **議者方以河患爲意**하니 **陳恭公在相位**하야 **欲塞商胡**하고 **開橫壟**[1)]하야 **回大河於故道**라 **先公上疏言其不可**[2)]러니 **未幾**에 **恭公罷去**하고 **新宰相復用李仲昌議**하야 **欲開六塔**[3)]하야 **全回河流**라 **公兩上疏爭之**[4)]로대 **不聽**이러니 **河纔成而決**하야 **濱〔棣〕**[5)] **德博數千里**가 **大被其害**하야 **仲昌等議者流竄遠方**하고 **卒如公議**라

당시 의론하는 자가 바야흐로 黃河의 水害 문제를 거론하니 陳恭公(陳執中)이 재상으로 있으면서 商胡를 막고 橫壟을 열어서 황하를 옛 물길로 돌리려고 하였다. 先公이 上疏하여 그 불가함을 말했는데, 얼마 지나지 않아 恭公이 재상에서 파면되고 새 재상이 다시 李仲昌의 주장을 따라 六塔河의 물길을 열어 황하의 물줄기를 전부 돌리려고 하였다. 공이 두 차례 상소하여 爭執하였으나 받아들여지지 않았는데, 황하의 수로 공사가 완성되자마자 제방이 터져서 濱州, 棣州, 德州, 博州 지역 수천 리가 피해를 크게 입어 이중창 등 이 일을 주장했던 자들이 遠方으로 추방되고 마침내는 공의 논의대로 되었다.

1) 塞商胡 開橫壟 : 商胡와 橫壟는 모두 澶州에 있던 지명이다.
2) 先公上疏言其不可 : 이 당시 올린 글이 본 譯書 1책의 〈論修河 第一狀〉이다.
3) 六塔 : 지금의 河南城 淸豐縣 동남쪽에 있던 강이다.
4) 公兩上疏爭之 : 이 당시 올린 글이 본 譯書 1책의 〈論修河 第二狀〉과 〈論修河 第三狀〉이다.
5) 〔棣〕 : 저본에는 빈칸으로 되어 있고, ≪四庫全書本≫에는 '河'로 되어 있으나, ≪宋史≫ 및 ≪文忠集≫ 에 의거하여 보충하였다.

至和二年에 **先公奉使契丹**한대 **契丹使其貴臣陳留郡王宗愿惕**(척)**隱大王宗熙北宰相蕭知足尙父中書令晉王蕭孝友來押宴**하야 **曰 此非常例**니 **以卿名重**일새라하다 **宗愿宗熙**는 **竝契丹皇叔**이요 **北宰相**은 **蕃官**[1)]**中最高者**요 **尙父中書令晉王**은 **是太皇太后弟**라 **送伴使耶律元寧言 自來不曾如此一併差近上親貴大臣押宴**이라하다

至和 2년(1055)에 先公이 使命을 받들고 契丹으로 갔는데, 거란에서 貴臣인 陳留郡王 宗愿, 惕隱大王 宗熙, 北宰相 蕭知足, 尙父 中書令 晉王 蕭孝友로 하여금 接賓宴을 열게 하고서 말하기를 "이는 常例가 아니니 卿의 명성이 크기 때문이오."라고 하였다. 종원과 종희는 모두 거란의 皇叔이고 북재상은 蕃官 중의 최고위직이고 상보 중서령 진왕은 太皇太后의 아우였다. 送伴使 耶律元寧이 말하기를 "예로부터 황제와 가깝고 신분이 귀한 大臣들을 이와 같이 한꺼번에 보내 접빈연을 연 적은 없소."라고 하였다.

1) 蕃官 : 중국의 제도상으로는 변경의 소수민족으로 중국에 임용된 자를 가리키는 말이다. 그러나 이는 중국의 입장에서 말한 것이고, ≪遼史≫ 〈百官志〉에 따르면 北宰相은 軍國의 大政을 다스리고 황족이 그 자리를 맡는다고 하였다. 여기서 蕃官이 어떤 의미인지는 자세하지 않지만, 중국 제도상의 번관의 의미가 아닌 것은 분명하다.

嘉祐初에 **狄武襄公**[1]**爲樞密使**라 **狄自破蠻賊**[2]**之後**로 **方振威名**이러니 **而是時仁宗不豫久之**라가 **初康復**이라 **而狄得士心**하야 **京師訛言**訩訩이어늘 **先公因水災**하야 **言**[3] **武臣典機密**하고 **得士心**하야 **而訛言可畏**하니 **非國之便**이라 **請且出之於外**하야 **以保全之**라하다 **未久**에 **狄終以流言不已**로 **罷知陳州**라

嘉祐 初年에 狄武襄公이 樞密使가 되었다. 狄公은 蠻賊을 격파한 이후로부터 한창 威名을 떨쳤는데 당시 仁宗이 오랫동안 편찮으시다가 막 회복된 터였다. 적공이 병사들의 마음을 얻어 京師가 근거 없는 소문으로 흉흉하자, 先公이 水災에 대해 아뢰던 차에 "武臣이 機密을 담당하고 병사들의 마음을 얻어 근거 없는 소문이 두려워할 만하니 국가가 편안하지 않습니다. 청컨대 우선 외직으로 내보내 자신을 保全하게 하소서."라고 말하였다. 오래지 않아 적공은 끝내 유언비어가 그치지 않아 파직되어 知陳州가 되었다.

1) 狄武襄公 : 狄靑(1008~1057)이다. 汾州 西河 사람으로 字는 漢臣이며 武襄은 그의 諡號이다. 일반 兵卒 출신으로 무예가 뛰어나 西夏와의 전쟁에서 많은 전공을 세웠다. 이후 尹洙가 그를 韓琦와 范仲淹에게 천거하였고 범중엄이

그에게 ≪春秋左氏傳≫을 가르치기도 했다. 평민 출신으로 이례적으로 樞密副使에 발탁되었으며 儂智高의 난을 평정하여 樞密使에 올랐다. 빠른 출세와 병사들의 信望으로 인해 의심을 받아 지방관으로 좌천되었다가 얼마 후 죽었다.

2) 蠻賊 : 오늘날 베트남 북동 지역의 土豪로 반란을 일으켜 중국의 廣州 등 남쪽 지역까지 공격한 儂智高(1026~1055)를 가리킨다.

3) 先公因水災 言 : 이 당시 올린 글이 본 譯書 1책의 〈論狄靑箚子〉이다.

嘉祐中에 **復用賈魏公**[1]**爲樞密使**하니 **先公言**[2] **其爲人好爲陰謀**하야 **陷害良士**어늘 **小人朋附**하야 **樂爲其用**이라 **前任相位**하야 **累害善人**하니 **所以聞其再來**하고 **望風畏恐**이라 **乞早罷還之舊鎭**이라하야늘 **其命遂止**라

嘉祐 연간에 賈魏公이 다시 기용되어 樞密使가 되니, 先公이 말하기를 “그 사람됨이 음모를 좋아하여 어진 선비들을 모함하였는데, 소인들이 그에게 빌붙어 수하 노릇하기를 즐겼습니다. 예전에 재상을 맡아 여러 차례 착한 사람들을 해쳤으니, 이 때문에 사람들이 그가 다시 온다는 말을 듣고는 風聞만 듣고도 두려워합니다. 청컨대 빨리 파직하여 예전의 鎭으로 돌려보내소서.”라고 하자 그 명이 마침내 중지되었다.

1) 賈魏公 : 賈昌朝(998~1065)이다. 開封 사람으로 字는 子明, 諡號는 文元이다. 天章閣侍講, 樞密使, 鳳翔節度使 등을 역임하였고 魏國公에 봉해졌다. 식견이 넓고 논변에 뛰어났으며 侍講 시절 친분을 쌓은 환관들과 결탁하여 范仲淹 등을 조정에서 몰아냈다는 비판을 받았다. 저서에 ≪群經音辨≫, ≪春秋要論≫, ≪本朝時令≫ 등이 있다.

2) 先公言 : 이 당시 올린 글이 본 譯書 1책의 〈論賈昌朝除樞密使箚子〉이다.

先公在翰林에 **嘗草春帖子**[1]**詞**러니 **一日仁宗因閑行**하야 **擧首見御閤帖子**하고 **讀而愛之**하야 **問何人作**하니 **左右以公對**라 **卽悉取皇后夫人諸閤中者閱之**하야 **見其篇篇有意**하고 **歎曰 擧筆**에 **不忘規諫**하니 **眞侍從之臣也**로다하다 **自是**로 **每學士院進入文書**에 **必問何人當直**하야 **若公所作**이어든 **必索文書自覽**[2]이라

先公이 翰林에 있을 때 일찍이 春帖子의 글을 지었는데, 하루는 仁宗이 산보를 하다가 머리를 들어 御閣에 걸린 帖子를 보고는 읽고서 좋아하여 누가 지었는지 물으니, 좌우의 사람이 공이 지은 것이라 대답했다. 즉시 皇后와 夫人들의 전각에 걸린 것들까지 모두 가져다 읽어보고서 篇篇마다 의미가 있음을 보고는 감탄하며 말하기를 "붓을 들면 規諫을 잊지 않으니, 참된 侍從臣이로다."라고 하였다. 이때부터 學士院에서 文書를 올릴 때마다 반드시 누가 當直인지 물어보고 만약 공이 지은 것이면 반드시 문서를 찾아 직접 읽어보았다.

1) 春帖子 : 立春이 되면 대궐 안 기둥에 써 붙이는 柱聯이다.

2) 〔原註〕 先公在翰林……必索文書自覽 : 先公每述仁宗恩遇, 多言此事, 云 內官梁寔爲先公說. 春帖子詞有云, "陽進升君子, 陰消退小人. 聖君南面治, 布政法新春." 至今士大夫盡能誦之. 及溫成皇后閣帖子云, "聖君念舊憐遺族, 常使無權保厥家."*)

선공이 인종의 은혜로운 知遇를 술회할 때마다 이 일을 많이 말씀하시면서, 내관 梁寔이 선공을 위해 말해준 것이라고 하였다. 춘첩자의 글에 이르기를 "陽이 나아가니 군자가 나아오고 陰이 사라지니 소인이 물러가네. 성군께서 南面하여 다스리시니 정사를 펼침이 新春을 본받네."라고 하니, 지금까지도 사대부들이 모두 외우고 있다. 溫成皇后 전각의 첩자에 이르기를 "성군께서 옛날을 생각하여 그 유족을 어여삐 여겨 항상 권력이 없게 하여 그 집안을 보전해주셨네."라고 하였다.

*) 〔역주〕 及溫成皇后閣帖子云……常使無權保厥家 : 溫成皇后는 死後에 皇后로 追冊된 仁宗의 후궁 張貴妃이다. 인종의 극진한 총애로 짧은 시간에 귀비가 되었으나 31살의 나이로 요절하였다. 첩자에서 권력이 없게 하여 집안을 보전해주었다고 한 것은 그 집안에 너무 지나친 권력을 가지게 하지 않아 그 집안사람들이 분수에 넘치게 행동하다가 화를 입는 일이 없게 했다는 말이다. 실제로 장귀비가 살아 있을 때 族叔인 張堯佐가 분수에 넘치는 권력을 잡고 전횡하였는데 구양수가 이를 諷諫한 것이기도 하다.

仁宗嘉祐中에 先公在翰林하고 富鄭公在中書하고 胡侍講在太學하고 包孝肅公[1]爲中丞하니 士大夫相語曰 富公眞宰相이라하고 呼先公字曰 眞翰林이라하고 學士胡先

生은 **眞先生**이라하고 **包公**은 **眞中丞**이라하니 **時人謂四眞**이라하다

仁宗 嘉祐 연간에 先公은 翰林院에 있고 富鄭公(富弼)은 中書省에 있고 胡侍講(胡瑗)은 太學에 있고 包孝肅公은 中丞이 되니 사대부들이 서로 말하기를 "富公은 眞宰相이다."라고 하고, 선공의 字를 "眞翰林"이라 부르고, 學士 胡先生은 "眞先生"이라 하고, 包公은 "眞中丞"이라 하니, 당시 사람들이 四眞이라 하였다.

1) 包孝肅公 : 包拯(999~1062)이다. 廬州 合肥 사람으로 字는 希仁이고 孝肅은 諡號이다. 監察御史, 三司戶曹判官, 御史中丞, 樞密副使 등을 역임하였다. 관직 생활을 하면서 청렴결백하고 공명정대하게 소신대로 일을 처결하여 명성이 높아 淸白吏의 대명사로 불린다. 저서에 ≪包孝肅奏議≫가 있다.

包拯

嘉祐二年에 **先公知貢擧**라 **時**에 **學者爲文**에 **以新奇相尙**하야 **文體大壞**[1]라 **公深革其弊**하야 **一時以怪僻知名在高等者**가 **黜落幾盡**이라 **二蘇**[2]**出於西川**하야 **人無知者**러니 **一旦拔在高等**이라 **榜出**에 **士人紛然**하야 **驚怒怨謗**이러니 **其後稍稍信服**하야 **而五六年間**에 **文格遂變而復古**는 **公之力也**라

嘉祐 2년(1057)에 先公이 知貢擧가 되었다. 당시 배우는 자들이 글을 지을 적에 신기한 것을 숭상하여 文體가 크게 무너졌다. 공이 그 폐단을 깊이 혁파하여 당시 괴이하고 험벽한 것으로 이름이 알려져 높은 등급에 있던 자들이 거의 다 낙방하였다. 二蘇는 西川 출신으로 사람들에게 알려지지 않았는데 하루아침에 높은 등급으로 뽑혔다. 합격자의 榜이 나오자 士人들이 시끌시끌하여 놀라고 노여워하고 원망하고 비방하였는데, 그 후로 차츰차츰 信服하여 5, 6년 사이에 문장의 격조가 마침

내 변하여 古文을 회복한 것은 공의 힘이었다.

1) 〔原註〕 時學者爲文……文體大壞：僻澁如"狼子豹孫, 林林逐逐"之語, 怪誕如"周公伻(팽)圖, 禹操畚鍤(분삽), 傳說負版築, 來築太平之基"之說
險僻하고 難澁한 것은 "이리 자식과 표범 손자가 많고도 바쁘다."와 같은 말이고, 괴이하고 虛誕한 것은 "周公은 사람을 시켜 지도를 보내고 禹는 삼태기와 삽을 잡고 傳說은 널빤지와 공이를 지고 와서 태평의 기틀을 다진다."와 같은 말이다.

2) 二蘇：蘇軾과 蘇轍 형제를 가리킨다.

先公知開封府하야 **承包孝肅公之後**하니 **包公以威嚴爲治**하야 **名震京師**하고 **而公爲治循理**하야 **不事風采**라 **或謂公曰 前政威名震動都下**하니 **眞得古京兆尹之風采**어늘 **公未有動人者**는 **奈何**오하니 **公曰 人材性各有短長**이니 **豈可捨己所長**하고 **勉强其所短**하야 **以徇俗求譽**리오 **但當盡我所爲**하야 **不能則止**라하다 **旣而**오 **都下事無不治**라

先公이 知開封府가 되어 包孝肅公의 뒤를 이으니, 包公은 威嚴으로 다스려 이름이 京師를 진동시켰고, 공은 순리대로 다스려 威望을 떨치는 것을 일삼지 않았다. 어떤 사람이 공에게 이르기를 "전임 府尹은 威名이 도성에 진동했으니 참으로 옛 京兆尹의 風采를 얻은 것이었습니다. 그런데 공은 명성이 사람을 움직이는 점이 없는 것은 어째서입니까?"라고 하니, 공이 말하기를 "사람의 재질과 성품은 각기 장단점이 있으니, 어찌 자신이 잘하는 것을 버리고 억지로 못하는 것을 하면서 時俗을 따르고 명예를 얻고자 하겠는가. 그저 내 할 바를 다하고서 잘하지 못하겠으면 그만둘 뿐이다."라고 하였다. 얼마 뒤 도성의 일이 다스려지지 않는 것이 없었다.

開封府旣多近戚寵貴干令犯禁이어늘 **而復求以內降**(강)[1]**苟免**이라 **先公旣受命**에 **屢有其事**하니 **卽上奏論列**하야 **乞今後求內降以免罪者更加本罪二等**이라 **內臣梁擧直私役官兵**하야 **付開封府取勘**이어늘 **旣而**오 **內降放罪**하야 **凡三次內降**이로대 **公終執而不行**이라

開封府에는 법령을 어기고 禁法을 범하는 황제의 近戚과 寵貴가 이미 많았는데

다시 內降을 구하여 구차하게 죄를 면하였다. 先公이 이미 知開封府의 명을 받고나서 여러 차례 그러한 일이 발생하니 즉시 上奏하여 論列하여 지금 이후로는 내강을 구해 죄를 면하는 자들은 원래 죄에 두 등급을 더할 것을 청하였다. 內官 梁擧直이 사사로이 官兵을 부렸다가 開封府에 맡겨져 審理받게 되었는데, 얼마 뒤 放免하라는 내강이 세 차례나 내려왔지만 공이 끝내 법대로 하여 방면하라는 내강을 시행하지 않았다.

1) 內降(강) : 절차에 따라 中書省의 논의를 거치지 않고 황제가 직접 내리는 詔命이다.

嘉祐三年閏十二月에 **京師大雪**하야 **民凍餒**(뇌)**而死者十七八**이라 **明年上元**에 **有司以常例張燈**하니 **先公奏請罷之**라

嘉祐 3년(1058) 閏 12월에 京師에 큰 눈이 내려 얼어죽고 굶어죽은 백성들이 열에 일곱 여덟이었다. 이듬해 上元日(정월 대보름)에 有司가 常例에 따라 등불을 달아 늘어놓았는데 先公이 奏請하여 그만두었다.

故事에 **國史皆在史院**이러니 **近制**엔 **皆進入內**라 **自是**로 **每日曆**[1]**成**에 **亦入內**하니 **而有司惟守空司**라 **先公請錄本付外**[2]하야 **遂如公言**하니 **今史院之有國史**는 **自**[3]**公請也**라

故事에 國史는 모두 史院에 있었는데, 근래 제도에는 모두 궐내로 올려 들이게 하였다. 이때부터 매번 日曆이 완성되면 또한 궐내로 들이니, 有司는 그저 빈 官司나 지키고 있을 뿐이었다. 先公이 초록한 사본을 外廷에 하달할 것을 청하여 마침내 공의 말대로 하니, 지금 사원에 국사가 있는 것은 공이 주청한 이후부터이다.

1) 日曆 : 史官이 날마다 조정의 政事 및 時事를 기록한 것이다.
2) 先公請錄本付外 : 이 사안과 관련된 글이 본 譯書 1책의 〈論史館日曆狀〉이며, ≪文忠集≫ 권113의 〈乞差檢討官校國史箚子〉 역시 이 사안에 대한 것이다.
3) 〔原註〕 自 : 一作由
어떤 본에는 '由'로 되어 있다.

先公在密院에 **與今侍中曾魯公悉力振擧紀綱**하야 **革去宿弊**하고 **大考天下兵數及三路屯戍多少**와 **地里遠近**하야 **更爲圖籍之法**하고 **邊防久闕屯守者**를 **大加蒐(수)補**하니 **數月之間**에 **機務浸理**라

先公이 樞密院에 있을 때 지금 侍中 曾魯公(曾公亮)과 함께 힘을 다해 기강을 확립하여 묵은 폐단을 혁파하고, 천하의 병력 숫자 및 三路의 屯戍의 多少와 地理의 遠近을 대대적으로 조사하여 다시 圖籍의 법을 만들고, 오랫동안 비어 있던 변방의 屯守를 대대적으로 모아서 보강하니, 몇 달 사이에 機務가 점점 다스려졌다.

臺諫官唐公介王公陶范公師道呂公景初[1)]가 **皆以言事被逐**이어늘 **先公言四人剛正敢言**하고 **蹤跡有本末**하니 **宜早賜牽復**[2)]이라 **其後四人遂復進用**이라

臺諫 唐公 介, 王公 陶, 范公 師道, 呂公 景初가 모두 時事를 말한 일로 放逐당하자, 先公이 네 사람이 강직하고 바르며 과감하게 간언하고 행적에 本末이 있으니 마땅히 빨리 복직시켜야 한다고 말하였다. 그 뒤 네 사람이 마침내 다시 등용되었다.

1) 王公陶范公師道呂公景初 : 王陶는 京兆 萬年 사람으로 자는 樂道이다. 太子中允, 監察御史, 樞密直學士, 河南府尹 등을 역임하였다. 范師道는 蘇州 吳縣 사람으로 자는 貫之이다. 同知諫院, 侍御史 등을 역임하였다. 呂景初는 開封 酸棗 사람으로 字는 沖之이다. 汝州推官, 著作佐郎, 僉書河南府判官 등을 역임하였다.

2) 先公言四人剛正敢言……宜早賜牽復 : 이 당시 올린 글이 본 譯書 1책의 〈論臺諫官唐介等宜早牽復箚子〉이다.

先公在侍從에 **因嘉祐水災**하야 **凡再上疏**하야 **請選立皇子**하야 **以固天下根本**[1)]하니 **言甚激切**이라 **及在政府**하야 **遂與諸公協定大議**어늘 **而英宗力辭宗正之命**하야 **堅臥久之**[2)]에 **諸公同議不若遂正皇子之名**하야 **奏事仁宗前**이라 **顧問之際**에 **公獨進曰宗室自來不領職事**라 **今外人忽見有此除授**하고 **皆知陛下將以爲子**하니 **不若遂正**

其名이라 蓋判宗正寺는 降(강)誥勅이라도 得以不授어니와 今立爲皇子는 只煩陛下命學士作一詔書告天下면 事卽定矣라하니 仁宗以爲然하야 大計遂定이라 及英宗初年하야 未親政事하고 慈聖垂簾한대 危疑之際에 公與諸公往來兩宮하야 鎭撫內外하고 而公之危言密議에 忠力爲多하야 以至英宗親御萬機하야 內外睦然이라

先公이 侍從臣으로 있을 때 嘉祐 연간의 水災로 인하여 모두 두 차례 상소하여 皇子를 세워서 천하의 근본을 공고히 할 것을 청하니, 말이 매우 激切하였다. 政府에 있을 때 마침내 여러 공과 협의하여 大議를 정하였는데, 英宗이 判宗正寺에 임명하는 명을 힘써 사양하여 오랫동안 굳은 뜻으로 조정에 나오지 않자 여러 공이 차라리 皇子의 名號를 정하는 것이 좋겠다고 의론을 함께하여 仁宗 앞에서 이 일을 아뢰었다. 황제가 이 일을 자문할 때 공이 홀로 나아가 말하기를 "宗室은 예로부터 職事를 받은 적이 없습니다. 지금 外人들이 이러한 除授가 있음을 갑자기 보고서 모두 폐하께서 장차 황자로 삼을 것을 알았으니, 그 명호를 정하는 것이 낫습니다. 판종정시의 직책은 제수하는 칙서가 내리더라도 받지 않을 수 있겠지만, 지금 황자로 세우는 일은 그저 폐하께서 學士에게 명하여 詔書 한 장을 지어 천하에 포고하면 일이 그 즉시 확정될 것입니다."라고 하니, 인종이 옳게 여겨 大計가 마침내 정해졌다. 영종의 즉위 初年에는 親政하지 않고 太后가 垂簾聽政하였는데, 兩宮이 서로 의심을 품는 때에 공이 여러 공들과 양궁을 오가면서 內外를 鎭撫하였고 공이 直言과 密議를 할 때 충성과 힘을 다함이 많아서 영종이 萬機를 親覽할 때에는 내외가 화목하였다.

1) 因嘉祐水災……以固天下根本 : 당시 仁宗이 後嗣가 없었으므로 이러한 청이 있었다. 당시 올린 글이 본 譯書 1책의 〈論選皇子疏〉와 〈論水災疏〉이다.
2) 英宗力辭宗正之命 堅臥久之 : 영종은 濮安懿王 趙允讓의 열셋째 아들로 본래 이름은 宗實이었다가 皇子로 세워진 뒤 曙로 改名하였다. 당시 후사가 없었던 仁宗이 먼저 영종을 判宗正寺에 임명하였는데 영종은 부친의 상을 당한 중이였고 상을 끝낸 이후에도 출사하지 않으며 사양하였다.(≪宋史≫ 卷312 〈韓琦列傳〉)

先公天性勁正하야 不顧仇怨하야 雖以此屢被讒謗하야 至於貶逐이나 及居大位하야도 毅然不少顧惜하고 尤務直道而行하야 橫身當事하야 不恤浮議라 是時에 今司徒韓魏公當國하야 每諸公聚議에 事有未可어든 公未嘗不力爭이어늘 而韓公亦欣然忘懷하니 以此與公相知益深이라 或奏事上前에 衆議未合이면 公亦往返折難하야 無所顧避라 嘗一日獨對에 英宗面諭公曰 參政[1]性直하야 不避衆怨이라 每見奏事與二相公有所異同이면 便相折難하야 其語更無回避이라 亦聞臺諫論事에 往往面折其短하야 若似奏事時語하니 可知人皆不喜也라 宜少戒此어다하다 而公又務抑絶僥倖하야 有以事干公者가 或不可行이어든 面爲其人分別可否하야 曰 此事必不可行이라하니 以此人多怨謗이로대 而公安然未嘗少恤이라 嘗稱故相王沂公[2]之言曰 恩欲歸己하니 怨使誰當고하고 每亦曰 貧賤常思富貴나 富貴必履危機하니 此古人之所歎也라 惟不思而得하고 旣得에 不患失之者라야 其庶幾乎인저하다 及濮(복)園議[3]起하야 非公所獨專이요 朝廷亦未有定議어늘 而言者妄以非禮之說로 指公爲主議하대 公亦不與之較[4]라 其後小人彭思永蔣之奇等이 造爲無根之飛語하야 欲以危公[5]이로대 自人主而下로 朝廷名臣巨公과 天下有識之士히 皆知因公亮直不隱하야 得怨於小人이라 故上連降手詔하야 詰問思永之奇하니 二人引服誣罔하야 悉皆貶逐이라

先公은 天性이 굳세고 정직하여 남에게 원한 사는 것을 아랑곳하지 않아서 비록 이 때문에 여러 차례 참소와 비방을 받아 貶謫되기까지 하였으나, 높은 벼슬자리에 오르고 나서도 의연하게 조금도 자신을 아끼지 않고 더욱 힘써 조정에서 강직하게 처신하여 자신의 몸을 던져 일을 담당하여 浮薄한 의론은 돌아보지 않았다. 이때 지금 司徒 韓魏公(韓琦)이 국사를 담당하면서 매번 여러 공을 모아 의론할 때 사안에 불가한 것이 있으면 공이 힘써 爭論하지 않은 적이 없었는데 韓公 또한 흔연히 개의치 않았다. 이 때문에 한공과 공이 서로를 알아줌이 더욱 깊었다.

혹 성상 앞에서 일을 아뢸 때 사람들의 의견이 합치되지 않으면 공 또한 반복해서 쟁론하면서 고려하거나 기피하는 바가 없었다. 어느 날 獨對할 때에 英宗이 면전에서 공에게 下諭하기를 "參知政事는 성품이 강직하여 사람들의 원망을 피하지 않소. 매번 보니 일을 아뢸 때 두 相公과 뜻이 다르면 곧 서로 쟁론하면서 그 말에 회피함

이 없소. 또 들으니 臺諫들이 사안을 논의할 때 왕왕 면전에서 그 잘못을 책망하여 나에게 일을 아뢸 때처럼 말한다고 하니, 사람들이 모두 좋아하지 않음을 알 수 있소. 마땅히 이 점을 조금 조심하오."라고 하였다.

공은 또 僥倖으로 득을 보는 일을 힘써 억누르고 끊어서 어떤 사람이 공에게 요구하는 일이 혹 행할 수 없는 일이면 면전에서 그 사람을 위해 可否를 분별하면서 말하기를 "이 일은 반드시 행할 수 없소."라고 하니, 이 때문에 사람들이 많이들 원망하고 비방하였으나 공은 편안하여 조금도 신경을 쓴 적이 없었다. 일찍이 故相 王沂公이 한 말을 일컬으면서 말하기를 "은혜를 자신에게 돌리고자 하니 원망은 누구에게 떠맡기려는가?"라고 하고, 매번 또한 말하기를 "빈천할 때는 항상 부귀할 것을 생각하지만 부귀하면 반드시 위태로움을 만나니, 이는 옛사람들이 탄식하던 바이다. 오직 얻기를 생각하지 않고서 얻고, 얻고 나서는 잃을 것을 근심하지 않는 자라야 거의 위태롭지 않을 것이다."라고 하였다.

濮園에 대한 논의가 일어났을 때 공이 독단적으로 擅斷한 것도 아니고 조정에도 정해진 의론이 없었는데 言事하는 이들이 망령되이 예법에 맞지 않는 설을 가지고 공이 의론을 주도하였다고 지목하였지만 공은 또한 그들과 더불어 시비를 따지지 않았다. 그 뒤에 小人인 彭思永과 蔣之奇 등이 근거 없는 유언비어를 날조하여 공을 위태롭게 하고자 했는데, 황제 이하로부터 조정의 名臣巨公과 천하의 식견 있는 선비에 이르기까지 모두 공이 성실하고 정직하여 속내를 숨기지 않았기 때문에 소인들에게 원망을 받은 것을 알았다. 그러므로 성상이 연달아 手詔를 내려 팽사영과 장기지에게 詰問하니 두 사람이 자신들이 무함하고 비방했음을 자복하여 두 사람 모두 貶謫되었다.

1) 〔原註〕 參政 : 英宗於先朝大臣, 多不以名呼而以官稱.
   英宗은 先朝의 大臣들을 대부분 이름을 부르지 않고 官名으로 불렀다.
2) 王沂公 : 王曾(978~1038)이다. 靑州 사람으로 字는 孝先, 諡號는 文正이다. 吏部侍郎, 參知政事, 同中書門下平章事, 樞密使 등을 역임하고 沂國公에 봉해졌다. 저서에 ≪王文正筆錄≫이 있다.
3) 濮(복)園議 : 영종의 生父인 濮安懿王의 典禮에 대한 논의이다. 仁宗이 後嗣가 없어 복안의왕의 열셋째 아들인 영종을 皇子로 삼았는데, 영종이 즉위하여 복

안의왕의 崇奉을 의논하게 하였다. 中書省 및 구양수 등은 복안의왕을 皇考라 칭하기를 주장하고, 司馬光과 范純仁 등은 大統을 중시하여 皇伯이라 칭하기를 주장하였다. 의논이 정해지지 않자 皇太后의 명으로 복안의왕을 황친이라 칭하게 하니, 영종이 복안의왕의 塋을 園으로 개칭하고 원에 廟를 세우게 하였다.(≪宋史≫ 卷245 〈濮王傳〉)

4) 言者妄以非禮之說……公亦不與之較 : 이는 본 譯書 1책의 〈論議濮安懿王典禮箚子〉에 자세하다. 여기서 말하는 예법에 맞지 않는 설이란 漢나라 때 哀帝의 生父인 定陶恭王에 관한 논의이다. 애제가 처음 즉위하고서는 정도공왕을 단지 共皇이라는 칭호로만 부르고 그 사당은 本國에 세웠는데 뒤에 京師에 사당을 세우고 정도공왕의 혈통을 황제의 大統에 넣으려고 하였다. 이에 신하들이 쟁론하였다. 구양수는 이에 대해 애제가 그 생부를 부친이라 일컫고 園寢을 본국에 둔 것은 한나라 학자들이 인정하여 경전의 뜻에 맞다고 한 것이고 오직 定陶라는 제후국의 국호를 떼어버리고 경사에 사당을 세운 것만 불가하다고 한 것인데, 지금 言事하는 이들은 조정의 본래 의논이 무엇인지 따져보지도 않고 또한 한나라 신하들이 그르다 한 것이 무엇인지 찾아보지 않고서 복안의왕을 皇考라고 칭해야 한다는 주장에 대해 대통을 어지럽히려는 것이라고 비판하니 이는 잘못이라고 하였다. 구양수는 〈論議濮安懿王典禮箚子〉로 자신의 입장을 정리하기는 하였으나 이를 올리지는 않았다.

5) 其後小人彭思永蔣之奇等……欲以危公 : 당시 蔣之奇 등이 구양수의 사생활이 문란하고 며느리와 통정하였다는 등의 유언비어로 구양수를 공격하였다.

自嘉祐以後로 **朝廷務惜名器**[1)]하야 **而進人之路稍狹**이어늘 **先公屢建言 館閣**은 **育材之地**니 **宜盛其選**하야 **以廣賢路**라하니 **遂令兩府**[2)] **人各擧五人**이라 **其後中選者十人**이라

嘉祐 이후로 조정에서 되도록 名器를 아껴 인재를 등용하는 길이 차츰 좁아지자, 先公이 여러 차례 건의하여 말하기를 "館閣은 인재를 육성하는 곳이니 마땅히 선발을 많이 하여 유능한 인재가 진출하는 길을 넓혀야 합니다."라고 하니, 마침내 兩府의 사람에게 각각 다섯 사람씩 천거하게 하였다. 그 뒤 선발된 이가 열 사람이었다.

1) 名器 : 名은 官爵이고 器는 관작에 따른 車服으로 벼슬을 가리킨다.

2) 兩府 : 中書省과 樞密院이다.

嘗因僧官[1]闕人하야 內臣陳承禮以寶相院僧慶輔爲請하야 內降(강)從之라 舊有著(저)令[2]에 僧官必試而補하니 諸公相與執奏其事라 先公進言曰 補一僧官은 至爲小事나 但內降衝改著令하고 內臣干撓朝政은 不可啓其端이라 且宦女近習은 前世常患難於防制라 乞絶之於漸하소서하니 英宗卽欣然嘉納이라

일찍이 僧官에 闕員이 생기자 宦官 陳承禮가 寶相院의 승려 慶輔를 임명하자고 청하여 內降을 내려 그 청을 따랐다. 오래된 著令에 승관은 반드시 시험을 거쳐 補任한다고 되어 있으니, 여러 공들이 함께 그 일을 爭執하여 아뢰었다. 先公이 나아와 말하기를 "승관 하나를 보임하는 것은 지극히 작은 일입니다. 다만 내강이 저령을 침범하고 환관이 조정 일에 관여하여 어지럽히는 단서를 열어주어서는 안 됩니다. 또 환관과 女寵 등 임금을 지근거리에서 모시는 사람에 대해 前代에 항상 막아서 제어하기 어려울까 근심하였습니다. 청컨대 조짐이 드러났을 때 끊으소서."라고 하니, 英宗이 즉시 흔연히 嘉納하였다.

1) 僧官 : 宋나라 때 寺廟와 僧尼를 관리하던 직책이다.
2) 著(저)令 : 문서로 명확하게 규정된 법령이다.

契丹降(항)人韓皐謨者自言 太叔[1]使來하야 言太叔謀取其國하니 乞中國出兵爲應이라하니 二府會議其事라 時에 有意主之者하야 將議從之어늘 先公爭曰 中國待夷狄은 宜以信義爲本이니 奈何欲助其叛亂이리오 使事不成이면 得以爲辭아하니 主議者大笑曰 迂儒迂儒로다하다 公力爭之不已하야 遂止러니 旣而오 虜中太叔擧事라가 不成而死라

항복한 契丹 사람 韓皐謨가 스스로 말하기를 "太叔이 보낸 使者가 와서 말하기를 '태숙이 나라를 취할 것을 도모하고 있으니 중국이 出兵하여 호응하기를 청한다.'라고 하였습니다."라고 하니, 二府에서 모여 그 일을 의논하였다. 당시 의도를 가지고 이 일을 주장하는 자가 있어 장차 의논하여 거란의 뜻을 따르려 하였는데, 先公이 爭執하여 말하기를 "중국이 夷狄을 대할 때는 마땅히 信義를 근본으로 해야 하는 법

이니 어찌하여 그 반란을 돕고자 하오. 만약 일이 성공하지 못하면 무슨 할 말이 있겠소."라고 하니, 의론을 주장하는 자가 크게 웃으며 말하기를 "오활한 儒者로다. 오활한 유자로다."라고 하였다. 공이 힘써 쟁집하기를 그치지 않아 마침내 중지되었는데, 얼마 뒤 오랑캐 땅에서 태숙이 거사하였다가 성공하지 못하고 죽었다.

1) 太叔 : 당시 거란의 皇太叔인 重元이다. 堯 道宗 淸寧 9년(1063)에 모반하였다가 실패하여 죽임을 당했다.(≪遼史≫ 卷22 〈道宗本紀〉)

初에 **樞密使闕人**에 **先公以次當拜**라 **時**에 **英宗未親政事**라 **二府密議**하야 **不以告公**이라 **一日待漏院**[1]**中**에 **公見二相耳語**하고 **知其所爲**하야 **問曰 得非密院闕人**하야 **而某當次補乎**아하니 **二公曰然**이라 **公曰 此大不可**라 **今天子不親政而母后垂簾**하니 **事之得失**을 **人皆謂吾輩爲之耳**라 **今如此則是大臣二三人相補置耳**니 **何以鎭服天下**리오하니 **二公大然公言**하야 **遂止**라 **及今致政張太師罷樞密使**하야 **英宗復用公**이어늘 **公力辭不拜**라

당초 樞密使에 闕員이 생겼을 때 先公이 차례에 따라 임명되어야 했다. 당시 英宗이 親政하지 않고 있었으므로 二府에서 비밀히 논의하며 공에게는 알리지 않았다. 하루는 待漏院에서 공이 두 재상이 귓속말을 하고 있는 곳을 보고 무슨 일인지 알고서 묻기를 "추밀원에 궐원이 생겨 제가 차례에 따라 補任되는 일 아닙니까?"라고 하니 두 공이 그렇다고 하였다. 공이 말하기를 "이는 절대 안 됩니다. 지금 천자께서 친정하지 않고 母后께서 垂簾聽政하고 계시니 일의 得失에 대해 사람들이 모두 우리들이 하는 것이라고 합니다. 지금 이처럼 저를 보임하면 이는 大臣 두 세 사람이 서로 관직을 만들어 맡는 것이니 어찌 천하를 鎭撫하여 복종시킬 수 있겠습니까."라고 하니 두 공이 공의 말을 매우 옳게 여겨 마침내 중지하였다. 지금 致仕한 張太師가 추밀사에서 파직되었을 때 영종이 다시 공을 등용하였는데 공이 힘써 사양하며 肅拜하지 않았다.

1) 待漏院 : 관원들이 入朝하기 전 이른 새벽에 궐문 앞으로 나가서 입조 시각을 기다리던 곳이다.

京師百司所行兵民官吏財用之類가 皆無總數하야 中書一有行移면 則下有司纂集이러니 先公因暇日하야 盡以中書所當知者로 集爲總目이라 一日上有所問에 宰相以總目爲對어늘 公以祀假家居하야 上遣中貴人就中書閤子[1]하야 取而閱之라

京師의 百司가 집행하는 兵民과 官吏와 財用 따위가 모두 總數가 없어서 中書省에서 한번 공문을 보내면 有司에게 내려 보내 관련 사항을 모아 엮었는데, 先公이 한가한 여가에 중서성에서 마땅히 알아야 할 내용을 모두 모아 ≪總目≫을 만들었다. 하루는 성상이 하문하여 재상이 ≪총목≫으로 대답하였는데, 공이 제사 때문에 말미를 얻어 家居 중이어서 성상이 환관을 보내 중서성의 閤子에 가서 가져오게 하여 열람하였다.

1) 閤子 : 小屋 또는 소옥 안의 한 칸을 가리키는 말이다. 문맥상 중서성의 書架 정도를 지칭하는 듯하다.

先公平生連典大郡하야 務以鎭靜爲本하고 不求聲譽하며 治存大體하고 而施設各有條理하야 綱目不亂이라 非盜賊大獄이면 不過終日하니 吏人不得留滯爲奸이라 如揚州南京青州는 皆大郡多事로대 公至數日에 事十減五六하고 既久에 官宇闃(격)然이라 嘗曰 以縱爲寬하고 以略爲簡이면 則事弛廢而民受弊라 吾所謂寬者는 不爲苛急이요 簡者는 去其繁碎爾라하다 故所至에 不見治跡이나 而民安其不擾하야 既去에 至今追思不已하니 今滁(저)揚二州에 皆有生祠라 而公天性仁恕하야 斷獄常務從寬이라 嘗云 漢法엔 惟殺人者死러니 後世엔 死刑多矣라하니 故凡死罪에 非已殺人而法可出入者어든 皆全活之하고 曰 此吾先君之志也[1]라하다 其在河北一議하야 活二千人之命[2]이요 及晩年在京東에 奏寬沙門島[3]刑名하야 設法減其人數하니 賴以獲全者甚衆[4]이라

先公은 평생 큰 고을을 연이어 맡아 힘써 鎭靜시키는 것을 근본으로 삼고 명성은 구하지 않았으며, 다스림에 大體를 보존하고 시행할 때 각각 條理가 있어 大綱과 細目이 어지러워지지 않았다. 도적과 大獄에 관한 일이 아니면 하루를 넘기지 않고 처결하니 아전들이 사안을 지체하면서 농간을 부릴 수 없었다. 揚州와 南京과 青州는 모두 큰 고을로 사무가 많았으나 공이 부임한 지 며칠 만에 사무가 열에 대여섯

이 줄었고, 오래 지나자 관청이 고요하였다. 일찍이 말하기를 "풀어놓는 것을 너그러움이라 하고 생략하는 것을 簡易함이라 한다면 일이 느슨해지고 폐기되어 백성들이 그 폐해를 입는다. 나의 이른바 너그러움이란 가혹하고 급하게 하지 않는 것이요, 간이함이란 번잡하고 잦단 것을 제거하는 것이다."라고 하였다. 그러므로 부임하는 곳마다 겉으로 드러난 다스림의 행적은 없었으나 백성들이 그 분란을 일으켜 번거롭게 하지 않음을 편안히 여겨 공이 떠난 뒤 지금까지 사모해 마지않으니, 지금 滁州와 揚州에 모두 生祠堂이 있다.

공은 천성이 인자하여 옥사를 판결할 때 항상 되도록 너그럽게 처리하였다. 일찍이 말하기를 "漢나라 때 법에는 사람을 죽인 자만 사형에 처했는데, 후세에는 사형이 많아졌다."라고 하였다. 그러므로 무릇 死罪에 해당하는 사람 중에 이미 사람을 죽인 경우가 아니어서 법률상 참작할 만한 점이 있는 자는 모두 목숨을 보전하게 해주고 말하기를 "이는 우리 先君의 뜻이다."라고 하였다. 河北에서 한 번 주장하여 이천 명의 목숨을 살렸고, 만년에 京東에 있을 때에는 沙門島 유배에 해당하는 형률을 관대하게 하여 법을 정해 그 인원수를 줄이자고 주청하니, 이 덕분에 목숨을 보전한 자가 매우 많았다.

1) 此吾先君之志也 : 歐陽脩의 부친인 歐陽觀이 관직생활을 할 때 사형수의 獄案을 맡으면 항상 살려줄 방도를 생각하였다. 본 譯書 4책의 〈瀧岡阡表〉에 자세하다.

2) 其在河北一議 活二千人之命 : 본 事跡 안의 保州 반란 부분에 자세하다.

3) 沙門島 : 현재의 山東省 烟台市 앞바다에 있는 섬으로, 당시에 사형에 해당하나 減刑하여 죽음을 면한 사람을 이곳으로 유배 보냈다. 그러나 섬에 수용할 수 있는 인원이 한정되어 있어 이 인원을 넘겨서 유배 오면 담당관리가 마음대로 죽이거나 바다에 던져버렸다.

4) 〔原註〕 及晩年在京東……賴以獲全者甚衆 : 沙門島罪人, 寨主[*1)]舊敢專殺. 故數不多而易制. 馬默知登州, 務全人命, 擧察甚嚴, 稍優恤罪人.[*2)] 罪人既多而又不畏本寨, 漸恣橫難制, 京東議者大患之. 有司之意, 多欲許令依舊一面處置, 公以爲朝廷既貸其命, 豈可非理殺之. 奏請將編勅[*3)]州[*4)]名合配沙門島而情稍輕者, 只配遠惡州軍, 見在島多年情輕者放遠, 遂以無事而人亦獲全.

사문도의 죄인은 寨主가 예전부터 마음대로 죽였다. 그러므로 죄인의 수가 많지 않아 제어하기가 쉬웠는데, 馬默이 知登州가 되어 사람의 목숨을 보전하는데 힘써서 감찰을 몹시 엄하게 하여 차츰 죄인들을 불쌍히 여겨 돌봐주었다. 그리하여 죄인의 숫자가 많아지고 또 사문도의 本寨를 두려워하지 않게 되어 점점 제멋대로 굴어 제어하기 어려워지니 京東의 의론하는 자들이 크게 근심하였다. 有司들이 대부분 예전처럼 마음대로 처치하는 것을 허락하고자 하였는데, 공이 "조정에서 이미 그 목숨을 살려주고서 어찌 도리에 맞지 않게 죽일 수 있는가."라고 하고서 編勅상 州名이 沙門島에 유배되어 마땅하면서 情狀이 조금 가벼운 자는 단지 멀고 험악한 州軍으로 유배 보내고 현재 섬에 있은 연수가 오래되고 정상이 가벼운 자는 遠地로 放逐할 것을 주청하여, 마침내 없었던 일이 되고 사람들도 목숨을 보전하였다.

＊1) 〔역주〕 寨主 : 宋나라 때 要塞의 將領이다.

＊2) 〔역주〕 馬默知登州……稍優恤罪人 : 馬默(1020~1100)은 單州 成武 사람으로 字는 處厚이다. 監察御史, 登州知府, 權工部侍郎 등을 역임하였다. 마묵이 등주에 부임했을 당시 관에서 沙門島에 양식을 지급하는 인원수는 3백 명에 불과하여 그 수효가 넘으면 바다로 던져버려 당시 寨主 李慶은 2년 만에 7백 명을 죽일 정도였다. 마묵이 이를 엄하게 책망하면서 그 죄를 다스리려 하자 이경은 놀라 스스로 목을 매 죽었다. 이후 마묵이 주청하여 配島法 20조를 정하여 정원을 넘기고 연수가 오래되며 과실이 없는 자는 등주로 移配하도록 하였다.(≪宋史≫ 卷344 〈馬默列傳〉)

＊3) 〔역주〕 編勅 : 宋나라 때 특히 勅命에 의해 成文된 법률을 가리키던 말로, 관습법에 해당하는 祖宗法에 대비되는 것이다.

＊4) 〔原註〕 州 : 一作刑＊＊)

어떤 본에는 '刑'으로 되어 있다.

＊＊) 〔역주〕 一作刑 : 원문대로 州名으로 하면 관할 구역 등을 참조할 때 沙門島로 보내야 하는 고을의 뜻이 되고, 원주대로 刑名으로 하면 사문도에 보내야 하는 죄명의 뜻이 된다.

先公初有太原之命에 **令赴闕朝見**하니 **中外之望**이 **皆謂朝廷方虛相位以待公**이라

公六上章하야 堅辭不拜하고 而請知蔡州하니 天下莫不歎公之高節이라

先公에게 처음 判太原府에 임명하는 명이 내렸을 때 궐에 나와서 朝見하게 하니, 中外의 사람들이 기대하기를 모두 조정에서 재상 자리를 비워놓고 공을 기다린다고 여겼다. 공이 여섯 번 疏章을 올려 굳게 사양하며 肅拜하지 않고서 知蔡州에 임명해 주기를 청하니 천하에서 공의 높은 절조에 감탄하지 않는 이가 없었다.

先公在亳(박)할새 年纔六十一에 已六上章乞致仕[1)]어늘 而上方眷留未聽이러니 及在蔡하야 勤請益堅하야 遂如素志라 公旣氣貌康强하고 而年未及禮制로대 一旦勇退하니 近古數百年所未嘗有라 天下士大夫仰望驚嘆이라 公雖退居於家나 士論猶望以爲輕重이라

先公이 知亳州로 있을 때 나이 겨우 예순 하나에 이미 여섯 번이나 疏章을 올려 致仕를 청하였는데 聖上이 바야흐로 공을 총애하여 만류하고 들어주지 않았다. 知蔡州로 있으면서 더욱 굳게 간절히 청하여 마침내 평소의 뜻대로 되었다. 공이 기운과 외모가 강건한데다가 禮制상 치사할 나이에 미치지 않았는데 하루아침에 勇退하니 近古 수백 년 사이에 일찍이 없던 일이라 천하의 사대부들이 우러러 바라보면서 驚嘆하였다. 그리하여 공이 비록 조정에서 물러나 家居하였으나 士論이 오히려 공의 거취를 바라보며 조정의 輕重으로 삼았다.

1) 已六上章乞致仕 : 이 당시 올린 글들이 본 譯書 2책의 〈乞罷政事第三表〉, 〈亳州乞致仕第二表〉, 〈蔡州乞致仕第二表〉, 〈蔡州乞致仕第三表〉 등이다.

先公平生以直道見忌於群小하야 再被貶逐이로대 而未嘗以介意라 初在峽州할새 作至喜亭[1)]하고 及自河北以小人無名之謗으로 降(강)知滁州하야 治州泉爲幽谷泉하고 作亭於琅邪(야)山하고 自號醉翁[2)]이라 及晩年하야 又自號六一居士하고 曰 吾集古錄一千卷이요 藏書一萬卷이요 有琴一張하며 有棋一局하고 而常置酒一壺라 吾老於其間하니 是爲六一이라하고 自爲傳以刻石[3)]이라

先公은 평소 직언 때문에 소인배들에게 시기를 받아 두 차례 貶逐을 당하였으나

개의한 적이 없었다. 처음 峽州에 있을 때 至喜亭을 지었고, 河北에서 無名의 소인이 비방하여 知滁州로 강등되자 고을의 시내를 정비하여 幽谷泉을 만들고 琅邪山에 정자를 짓고서 醉翁이라 自號하였다. 晩年에 이르러 또 六一居士라 자호하고 이르기를 "나에게 ≪集古錄≫이 일천 권이요 藏書가 일만 권이요 거문고가 한 벌 있으며 바둑판이 하나 있고 항상 술 한 병을 두고 있다. 내가 그 사이에서 늙으니 이것이 六一이다."라고 하고 스스로 傳을 지어 돌에다 새겼다.

1) 初在峽州 作至喜亭 : 1036년 范仲淹의 좌천을 변호하다가 峽州의 夷陵令으로 좌천되었을 때이다. 본 譯書 3책에 〈峽州至喜亭記〉가 있다.
2) 降知滁州……自號醉翁 : 이 당시 지은 글들이 본 譯書 3책의 〈豐樂亭記〉와 〈醉翁亭記〉이다.
3) 又自號六一居士……自爲傳以刻石 : 이 당시 지은 글이 본 譯書 3책의 〈六一居士傳〉이다.

先公平生於物少所嗜好하야 **雖異物奇玩**이라도 **不甚愛惜**이로대 **獨好收蓄古文圖書**하야 **集三代以來金石銘刻**하야 **爲一千卷**[1)]하고 **以校正史傳百家訛繆之說爲多**라 **藏書一萬卷**하야 **雖至晩年**이나 **暇日惟讀書**하야 **未嘗釋卷**이라

先公은 평소 사물을 嗜好함이 적어 비록 특별한 물건과 기이한 玩好品이라 해도 그다지 아끼지 않았으나 유독 古文圖書의 수집을 좋아하여 三代 이래의 金石銘刻을 모아 일천 권으로 만들었고 史傳과 百家의 잘못된 설을 교정한 것이 많았다. 일만 권의 서책을 보관하고서 비록 만년에 이르러서도 한가한 날에는 오직 책을 읽으며 손에서 놓은 적이 없었다.

1) 集三代以來金石銘刻 爲一千卷 : 이에 대해 쓴 글이 본 譯書 3책의 〈集古錄目序〉이다.

先公平生著述은 **易童子問三卷 詩本義十四卷 五代史七十四卷 居士集五十卷 歸榮集一卷 外制集三卷 內制集八卷 奏議集十八卷 四六集七卷 集古錄跋尾十卷 雜著述十九卷 諸子集以爲家書總目八卷**이요 **其遺逸不錄者尙數百篇**하니 **別爲編**

集而未及成이요 **又奉勅撰唐書紀十卷志五十卷表十五卷**이요 **在館職日**에 **與同時諸公共撰崇文總目祖宗故事**라

先公이 평생 저술한 책으로는 ≪易童子問≫ 3권, ≪詩本義≫ 14권, ≪五代史≫ 74권, ≪居士集≫ 50권, ≪歸榮集≫ 1권, ≪外制集≫ 3권, ≪內制集≫ 8권, ≪奏議集≫ 18권, ≪四六集≫ 7권, ≪集古錄跋尾≫ 10권, ≪雜著述≫ 19권, 諸子의 글을 모아 만든 家書의 總目이 8권이다. 빠뜨리고 기록하지 않은 것이 아직 수백 편이니 별도로 編集하였으나 완성하지는 못하였다. 또 勅命을 받아 ≪唐書≫의 〈紀〉 10권, 〈志〉 50권, 〈表〉 15권을 편찬하였고, 館職에 있을 때 함께 있던 여러 공과 공동으로 편찬한 ≪崇文總目≫과 ≪祖宗故事≫가 있다.

廬陵歐陽文忠公年譜 여릉 구양 문충공의 연보

眞宗景德四年丁未

眞宗 景德 4년(1007, 眞宗10) 丁未년 1세

是歲에 皇考崇國公觀爲綿州軍事推官이라 六月二十一日寅時에 公生이라

이해에 皇考 崇國公 觀이 綿州軍事推官이 되었다. 6월 21일 寅時에 공이 태어났다.

大中祥符元年戊申

大中祥符 원년(1008, 진종11) 戊申년 2세

大中祥符二年己酉

대중상부 2년(1009, 진종12) 己酉년 3세

大中祥符三年庚戌

대중상부 3년(1010, 진종13) 庚戌년 4세

是歲에 崇公終於泰州軍事判官이라 公叔父[1)]時任隨州推官하야 因卜居焉이라 公母夫人鄭氏年方二十九라 携公往依之하야 遂家于隨라 貧無資하야 以荻畫(획)地하야 敎公書字라 稍長에 多誦古人篇章하니 使學爲詩라 叔父後歷閬(랑)州推官江陵府掌書記하고 仕至二千石하고 終都官員外郎[2)]이라

이해에 崇公이 泰州軍事判官으로 재직 중에 考終하였다. 공의 叔父가 당시 隨州推官을 맡아 그곳에 살고 있었다. 공의 母夫人 鄭氏는 당시 나이 스물아홉으로 공을 이끌고 가서 의탁하여 마침내 隨州에 거주하게 되었다. 집이 가난하고 재산이 없어 억새로 땅에 획을 그어 공에게 글자를 가르쳤다. 조금 자라서 古人의 篇章을 많이 외우니 詩를 배우게 하였다. 숙부는 후에 閬州推官과 江陵府掌書記를 역임하고 벼슬이 二千石에 이르렀고 都官員外郞으로 세상을 떠났다.

1)〔原註〕叔父：曄

이름은 曄이다.

2) 終都官員外郞：본 譯書 4책의 〈尙書都官員外郞歐陽公墓誌銘〉에 따르면, 歐陽曄은 分司西京을 兼帶하던 중에 隨州에서 家居를 허락받았으며, 가거하던 도중 도관원외랑으로 승진하여 致仕하고서 景祐 4년(1037) 4월 9일에 졸하였다.

大中祥符四年辛亥

대중상부 4년(1011, 진종14) 辛亥년 5세

是歲에 葬崇公于吉州吉水縣瀧岡[1)]이라

이해에 吉州 吉水縣 瀧岡에 崇公을 장사 지냈다.

1)〔原註〕是歲 葬崇公于吉州吉水縣瀧岡：其後至和元年, 析吉水縣之報恩鎭, 置永豐縣, 遂隷永豐.

그 뒤 至和 元年(1054)에 吉水縣의 報恩鎭을 분리하여 永豐縣을 두니 마침내 永豐에 속하게 되었다.

大中祥符五年壬子

대중상부 5년(1012, 진종15) 壬子년 6세

大中祥符六年癸丑

대중상부 6년(1013, 진종16) 癸丑년 7세

大中祥符七年甲寅

대중상부 7년(1014, 진종17) 甲寅년 8세

大中祥符八年乙卯

대중상부 8년(1015, 진종18) 乙卯년 9세

大中祥符九年丙辰

대중상부 9년(1016, 진종19) 丙辰년 10세

公年十歲라 **在隨**라 **家益貧**하야 **借書抄誦**이라 **州南大姓李氏子好學**하야 **公多游其家**하야 **於故書中**에 **得唐韓昌黎文六卷**하야 **乞以歸**하야 **讀而愛之**이라 **爲詩賦**에 **下筆如成人**하니 **都官曰 奇童也**로다 **他日必有重名**이라하다

공의 나이 10세였다. 隨州에 있었다. 집이 더욱 가난해져 책을 빌려 베껴놓고 외웠다. 고을 남쪽의 大姓인 李氏의 아들이 학문을 좋아하여 공이 그 집에 많이 놀러가 古書 가운데에서 唐나라 때 韓昌黎(韓愈)의 문집 6권을 얻어 빌려서 돌아와 읽으며 愛好하였다. 詩賦를 지으면 성인이 지은 것과 같으니, 都官公이 말하기를 "기특한 아이로다. 훗날 반드시 대단한 명성을 얻을 것이다."라고 하였다.

天禧元年丁巳

天禧 원년(1017, 진종20) 丁巳년 11세

天禧二年戊午

천희 2년(1018, 진종21) 戊午년 12세

天禧三年己未

천희 3년(1019, 진종22) 己未년 13세

天禧四年庚申

천희 4년(1020, 진종23) 庚申년 14세

天禧五年辛酉

천희 5년(1021, 진종24) 辛酉년 15세

乾興元年壬戌

乾興 원년(1022, 진종25) 壬戌년 16세

二月에 **仁宗卽位**라

2월에 仁宗이 즉위하였다.

仁宗天聖元年癸亥

인종 天聖 원년(1023, 인종1) 癸亥년 17세

是歲에 **公應擧隨州**하야 **試左氏失之誣論**이라 **其略云 石言于晉**하고 **神降于莘**이라 **內蛇鬪而外蛇傷**하고 **新鬼大而故鬼小**[1)]라하다 **人已傳誦**이러니 **坐賦逸官韻**[2)]하야 **黜**이라

이해에 공이 隨州에서 과거에 응시하여 〈春秋左氏傳의 실착은 속임에 있다는 것에 대한 論〉으로 시험을 보았다. 그 大略에 이르기를 "晉나라에서 돌이 말하고 莘 땅에 신이 내려왔네. 문 안의 뱀이 다투고 문 밖의 뱀이 상하며 새 귀신은 크고 옛 귀신은 작네."라고 하였다. 사람들이 이미 이 글을 전하며 외웠는데 賦에 官韻을 빠뜨리는 결격 사유에 걸려 낙방하였다.

1) 石言于晉……新鬼大而故鬼小 : 돌이 말했다는 것은 ≪春秋左氏傳≫ 昭公 8년 기사에 보이고, 신이 내려왔다는 것은 莊公 32년 기사에 보이고, 문 안팎의 뱀은 장공 14년 기사에 보이고, 귀신은 文公 2년 기사에 보인다. 모두 괴이하고 虛誕한 사건들이다.

2) 官韻 : 과거를 볼 때 답안에 넣도록 官에서 정한 운을 말한다. 宋나라 때는 ≪禮部韻略≫이 있어 이를 표준으로 삼았다.

天聖二年甲子

천성 2년(1024, 인종2) 甲子년 18세

天聖三年乙丑

천성 3년(1025, 인종3) 乙丑년 19세

天聖四年丙寅

천성 4년(1026, 인종4) 丙寅년 20세

公年二十이라 **自隨州薦名禮部**[1)]라

공의 나이 20세였다. 隨州에서 공의 이름을 禮部에 추천하였다.

1) 自隨州薦名禮部 : 당시 시험 절차상 州에서 보는 秋試를 통해 貢士로 선발되어 禮部로 명단이 보내지는 것을 말한다.

天聖五年丁卯

천성 5년(1027, 인종5) 丁卯년 21세

是春에 **試禮部不中**이라

이해 봄에 禮部試에 낙방하였다.

天聖六年戊辰

천성 6년(1028, 인종6) 戊辰년 22세

是歲에 **公携文謁胥學士**[1]**於漢陽**하니 **胥公大奇之**하야 **留置門下**라 **冬**에 **携公泛江**하야 **如京師**라

이해에 공이 자신이 지은 글을 가지고 胥學士를 漢陽에서 拜謁하니 胥公이 대단히 뛰어난 사람이라 여기고 문하에 머물게 하였다. 겨울에 서공이 공을 데리고 江을 건너 京師로 갔다.

1)〔原註〕胥學士 : 偃
이름은 偃이다.

天聖七年己巳

천성 7년(1029, 인종7) 己巳년 23세

是春에 **公從胥公**하야 **在京師**라 **試國子監爲第一**하야 **補廣文館生**이라 **秋**에 **赴國學解試**하야 **又第一**이라

이해 봄에 공이 胥公을 따라 京師에 있었다. 國子監試에서 第一等을 차지하여 廣文館生에 補任되었다. 가을에 國學解試에 응시하여 또 제일등을 차지하였다.

天聖八年庚午

천성 8년(1030, 인종8) 庚午년 24세

正月에 **試禮部**하니 **翰林學士晏公**[1]**知貢擧**라 **公復爲第一**이라 **三月**에 **御試崇政殿**하야 **公甲科第十四名**이라 **五月**에 **授將仕郎試**[2]**秘書省校書郎**하고 **充西京留守推官**이라

정월에 예부시에 응시하니 翰林學士 晏公이 知貢擧였다. 공이 다시 제일등을 차지하였다. 3월에 崇政殿에서 御試를 보아 공이 甲科 제14名에 올랐다. 5월에 將仕

郎과 試秘書省校書郎을 제수 받고 西京留守推官에 充任되었다.

1) 〔原註〕 晏公 : 殊
이름은 殊이다.
2) 試 : 정식 임명되기 전에 임시로 맡는 벼슬을 가리키는 말로 試官, 試秩이라고 한다.

天聖九年辛未

천성 9년(1031, 인종9) 辛未년 25세

三月에 **公至西京**이라 **錢文僖公**[1]**爲留守**하니 **幕府多名士**라 **與尹**[2]**師魯梅**[3]**聖兪尤善**하야 **日爲古文歌詩**하야 **遂以文章名冠天下**라 **初**에 **胥公許以女妻公**이러니 **是歲**에 **親迎于東武**라

3월에 공이 西京에 이르렀다. 錢文僖公이 留守가 되니 幕府에 名士들이 많았다. 공은 尹師魯, 梅聖兪와 더욱 친밀하여 날마다 古文歌詩를 지어 마침내 문장으로 천하에 으뜸이라는 명성이 났다. 당초 胥公이 딸을 공에게 시집보내기로 허락했는데 이해에 東武에서 親迎하였다.

1) 〔原註〕 錢文僖公 : 惟演
이름은 惟演이다.
2) 〔原註〕 尹 : 洙
이름은 洙이다.
3) 〔原註〕 梅 : 堯臣
이름은 堯臣이다.

明道元年壬申

明道 원년(1032, 인종10) 壬申년 26세

是春及秋에 **兩游嵩**(숭)**嶽**이라 **秋**에 **蓋從通判謝絳**하야 **奉御香告廟也**라 **禮畢**에 **同游五人**이 **皆見峭壁大書神淸之洞**[1]이라

이해 봄과 가을에 두 번 嵩嶽을 유람하였다. 가을에 通判 謝絳을 따라 御香을 받들고 嵩岳廟에 告祭하였다. 祭禮를 마치고 함께 유람한 다섯 사람이 모두 가파른 절벽에 큰 글씨로 '神淸之洞'이라고 써져 있는 것을 보았다.

1) 〔原註〕 是春及秋……皆見峭壁大書神淸之洞 : 詳見附錄後謝希深與梅聖兪書.*) 公又嘗行縣, 視旱蝗.
附錄 뒤의 謝希深이 梅聖兪에게 준 편지에 자세히 보인다. 공이 또 일찍이 縣을 巡行하여 가뭄과 蝗蟲害를 살폈다.

*) 〔역주〕 詳見附錄後謝希深與梅聖兪書 : ≪文忠集≫ 附錄 권4의 〈遊嵩山寄梅殿丞書〉를 가리킨다.

明道二年癸酉

명도 2년(1033, 인종11) 癸酉년 27세

正月에 **以吏事如京師**하야 **因省叔父于漢東**이라 **三月還洛**에 **夫人胥氏卒**하니 **時生子未逾月**이라 **九月**에 **莊獻劉后莊懿李后**祔(부)**葬定陵**[1]할새 **公至鞏縣陪祭**라 **十二月**에 **進階承奉郎**이라

정월에 공무로 京師에 간 길에 漢東에서 叔父를 문안하였다. 3월에 洛陽으로 돌아왔을 때 부인 胥氏가 卒하니, 아들을 낳은 지 한 달도 넘기지 않은 때였다. 9월에 莊獻皇后 劉氏와 莊懿皇后 李氏를 定陵에 祔葬할 때 공이 鞏縣에 이르러 성상이 올리는 제사에 참례하였다. 12월에 承奉郎으로 품계가 올랐다.

1) 莊獻劉后莊懿李后祔(부)葬定陵 : 莊獻皇后는 眞宗의 妃로 진종 사후에 황태후로서 攝政하며 정사에 큰 영향력을 행사하였다. 莊懿皇后는 장헌황후의 궁녀로 들어왔다가 진종의 후궁이 되어 仁宗을 낳았다. 그러나 인종은 장헌황후의 아들로 길러졌고 장의황후는 宸妃의 신분으로 세상을 떠났다. 이후 인종이 등극하고 장헌황후가 세상을 떠나자 인종의 숙부 趙元儼이 신비가 인종의 생모임을 알려 인종이 황후로 추봉하였다. 定陵은 진종의 능이다.

景祐元年甲戌

景祐 원년(1034, 인종12) 甲戌년 28세

三月에 **西京秩滿**하야 **歸襄城**이라 **五月**에 **如京師**라 **會前留守王文康公**[1]**入樞府**하야 **薦召試學士院**이라 **閏六月乙酉**에 **授宣德郎試大理評事兼監察御史**하고 **充鎭南軍節度掌書記館閣校勘**이라 **三館**[2]**秘閣所藏書多脫謬**하야 **七月甲辰**에 **詔委官**[3]**編定**하야 **倣開元四部**[4]하야 **著爲總目**하니 **公預焉**이라 **是歲**에 **再娶諫議大夫楊公**[5]**女**라

3월에 西京의 임기가 만료되어 襄城으로 돌아왔다. 5월에 京師로 갔다. 마침 前留守 王文康公이 樞密院에 들어가 공을 천거하여 試學士院으로 부름을 받았다. 閏6월 乙酉일에 宣德郎 試大理評事 겸 監察御史를 제수 받고 鎭南軍節度掌書記 館閣校勘에 充任되었다. 三館과 秘閣에 소장된 서적들에 脫落과 誤謬가 많아 7월 甲辰일에 詔命으로 委官에게 編定하게 하여 開元 때의 四部書目을 본떠서 總目을 만드니 공이 여기에 참여하였다. 이해에 諫議大夫 楊公의 딸을 再娶로 맞았다.

1) 〔原註〕 王文康公 : 曙
이름은 曙이다.
2) 三館 : 唐나라 때부터 두었던 昭文館, 集賢館, 史館으로, 宋나라가 그대로 이어받아 太宗 3년(979)에 합쳐서 모두 崇文院 안에 두었다.
3) 委官 : 특별한 사안으로 인해 임시로 선임한 관원이다.
4) 倣開元四部 : 開元은 唐 玄宗의 연호이다. 개원 5년(717)에 乾元殿에 學士를 모아 甲乙丙丁 四部의 서적을 經史子集의 四庫로 만들고 8명의 관원을 두어 관장하도록 하였다.(≪舊唐書≫ 卷47 〈經籍志下〉)
5) 〔原註〕 楊公 : 大雅
이름은 大雅이다.

景祐二年乙亥

경우 2년(1035, 인종13) 乙亥년 29세

是歲七月에 **公同産妹之夫張龜正死于襄城**하니 **謁告視之**라 **九月**에 **夫人楊氏卒**이라

이해 7월에 同腹 누이의 남편 張龜正이 襄城에서 죽으니 휴가를 청해 가서 살폈

다. 9월에 부인 楊氏가 卒하였다.

景祐三年丙子

경우 3년(1036, 인종14) 丙子년 30세

公年三十이라 **是歲**에 **天章閣待制權知開封府范仲淹**이 **言事忤宰相**하야 **落職**하야 **知饒州**라 **公切責司諫高若訥**하니 **若訥以其書聞**하야 **五月戊戌**에 **降爲峽州夷陵縣令**이라 **公自京師**로 **沿汴絶淮泝江**하야 **奉母夫人**하야 **赴貶所**하야 **十月至夷陵**이라

공의 나이 30세였다. 이해에 天章閣待制 權知開封府 范仲淹이 時事를 말하면서 宰相을 거슬러 파직되어 知饒州가 되었다. 공이 司諫 高若訥을 준절하게 책망하니 고약눌이 그 글을 聖上에게 아뢰어 5월 戊戌일에 강등되어 峽州 夷陵縣令이 되었다. 공이 京師에서 汴河를 따라 내려가 淮水를 건너 長江을 거슬러 올라가서 母夫人을 모시고 貶所로 향하여 10월에 夷陵에 이르렀다.

景祐四年丁丑

경우 4년(1037, 인종15) 丁丑년 31세

三月에 **謁告至許昌**하야 **娶薛簡肅公**[1)]**女**라 **是夏**에 **叔父都官卒**이라 **九月**에 **還夷陵**이라 **十二月壬辰**에 **移光化軍乾德縣令**이라

3월에 휴가를 청해 許昌에 이르러 薛簡肅公의 딸을 아내로 맞았다. 여름에 숙부 都官公이 卒하였다. 9월에 夷陵으로 돌아왔다. 12월 壬辰일에 光化軍 乾德縣令으로 자리를 옮겼다.

1)〔原註〕薛簡肅公 : 奎
이름은 奎이다.

寶元元年戊寅[1)]

寶元 원년(1038, 인종16) 戊寅년 32세

三月에 赴乾德이라 是歲에 胥夫人所生子夭라

3월에 乾德으로 부임하였다. 이해에 胥夫人이 낳은 아들이 요절하였다.

1)〔原註〕寶元元年戊寅：十一月改元
11월에 改元하였다.

寶元二年己卯

보원 2년(1039, 인종17) 己卯년 33세

二月에 知制誥謝希深[1)]出守鄧州에 梅聖兪將宰襄城하야 與希深偕行이라 五月에 公謁告往會하야 留旬日而還이라 六月甲申에 復(복)舊官하고 權武成軍節度判官廳公事라 公自乾德으로 奉母夫人하야 待次[2)]於南陽이라 冬에 暫如襄城이라

2월에 知制誥 謝希深이 知鄧州로 나가게 되었을 때 梅聖兪도 襄城縣令으로 나가게 되어 사희심과 함께 갔다. 5월에 공이 휴가를 청해 가서 이들과 모여 열흘을 머무르고 돌아왔다. 6월 甲申일에 옛 관직을 회복하고 權武成軍節度判官廳公事가 되었다. 공이 乾德에서 母夫人을 모시고 南陽에서 待次하였다. 겨울에 잠시 襄城에 갔다.

1)〔原註〕謝希深：絳
이름은 絳이다.
2) 待次：관리에게 관직을 임명한 후 차례에 따라 경력과 자격을 살펴 闕員에 補任하는 것이다. 또한 이 기간 동안 관리가 대기하는 것을 가리킨다.

康定元年庚辰[1)]

康定 원년(1040, 인종18) 庚辰년 34세

是春에 赴滑州라 時范文正公起爲陝西經略招討安撫使하야 辟(벽)公掌書記어늘 辭不就라 六月辛亥에 召還하야 復充館閣校勘하고 仍修崇文總目이라 十月에 轉太子中允이라 癸巳에 同修禮書[2)]라 是歲에 子發生이라

이해 봄에 滑州로 부임하였다. 당시 范文正公이 陜西經略招討安撫使로 기용되어 공을 掌書記로 초빙하였는데 사양하고 나아가지 않았다. 6월 辛亥일에 조정으로 불려 돌아가 다시 館閣校勘에 充任되고 이어서 ≪崇文總目≫을 編修하였다. 10월에 太子中允으로 升轉하였다. 癸巳일에 禮書를 공동 편수하였다. 이해에 아들 發이 태어났다.

1) 〔原註〕 康定元年庚辰 : 二月改元
　2월에 改元하였다.
2) 同修禮書 : ≪宋史全文≫ 卷7下에 따르면 이때 館閣校勘 刁約과 구양수에게 禮書를 함께 편수하게 하였다.

慶歷元年辛巳

慶歷 원년(1041, 인종19) 辛巳년 35세

五月庚戌에 **權同知太常禮院**한대 **以見**(현)**修崇文總目辭**하야 **許之**라 **八月乙酉**에 **許州對公事回**하야 **依舊供職**[1]이라 **十一月丙寅**에 **祀南郊**할새 **攝太常博士**[2]하야 **引終獻**이라 **十二月**에 **加騎都尉**라 **己丑**에 **崇文總目成**하야 **改集賢校理**라

5월 庚戌일에 權同知太常禮院이 되었는데 현재 ≪崇文總目≫을 편수 중이라는 이유로 사양하여 허락받았다. 8월 乙酉일에 許州에서 公事를 奏對하고 돌아와 예전대로 供職하였다. 11월 丙寅일에 南郊에서 제사를 지낼 때 攝太常博士가 되어 終獻官을 인도하였다. 12월에 騎都尉가 더해졌다. 己丑일에 ≪숭문총목≫이 완성되어 集賢校理로 改差되었다.

1) 〔原註〕 許州對公事回 依舊供職 : 曾孫建世編年載此, 未詳.
　曾孫 建世의 〈編年〉에 이 사실이 실려 있으나 상세한 내용은 알 수 없다.
2) 攝太常博士 : 攝은 攝職의 의미로 특정한 일을 위해 임시적으로 직무를 맡는 것이다. 본 연보에서는 대체적으로 祭禮 때 한시적으로 맡은 祭官의 職官에 이 표기가 많이 사용되고 있다.

慶歷二年壬午

경력 2년(1042, 인종20) 壬午년 36세

正月丁巳에 考試別頭擧人[1)]이라 三月丙辰에 御試進士應天以實不以文[2)]賦할새 公擬進一首하니 賜勅書奬諭라 四月丙子에 復差同知禮院이라 契丹遣泛使求關南地[3)]어늘 宰相呂夷簡薦富弼報聘하니 人皆危之라 公上書引顔眞卿使李希烈事[4)]하야 乞留弼한대 不報라 五月에 復應詔上書하야 極陳弊事라 八月에 請外하야 九月에 通判滑州하야 十月(上)〔至〕[5)]라

정월 丁巳일에 別頭 擧人을 考試하였다. 3월 丙辰일에 進士들에게 〈應天以實不以文〉이라는 주제로 賦를 짓게 하는 御試를 보일 때 공이 한 수를 擬作해 올리니 칭찬하는 勅書를 내려 표창하였다. 4월 丙子일에 다시 同知禮院에 差任되었다. 契丹이 泛使를 보내 關南의 땅을 요구하자 재상 呂夷簡이 富弼을 報聘使로 천거하니 사람들이 모두 위태롭게 여겼다. 공이 上書하여 顔眞卿이 李希烈에게 사신 갔던 일을 들어 부필을 만류할 것을 청하였는데 조정에서 답하지 않았다. 5월에 다시 詔命에 응해 上書하여 폐단을 낱낱이 아뢰었다. 8월에 외직을 청해 9월에 滑州通判이 되어 10월에 활주에 이르렀다.

1) 考試別頭擧人 : 唐宋 때에 과거 응시자가 試官과 親故 관계가 있거나 기타 이유로 避嫌의 사유가 있는 경우 이런 사람들에 대해 따로 치르던 시험을 別頭試라 했다.

2) 應天以實不以文 : 漢 哀帝 때 승상인 王嘉가 "신은 듣건대 백성을 감동시킬 때에는 행동으로 하고 말로 하지 않으며, 하늘에 응답할 때에는 실제로써 하고 겉치레로 하지 않는다고 합니다.〔臣聞動民以行不以言 應天以實不以文〕"라고 한 말에서 따온 것이다.(≪漢書≫ 卷45 〈蒯伍江息夫傳〉) 당시 구양수가 지은 글이 ≪文忠集≫ 권74 〈進擬御試應天以實不以文賦〉이다.

3) 契丹遣泛使求關南地 : 泛使는 宋代에 사용되던 용어로 他國에 파견되어 와서 임시로 사무를 처리하던 사신을 가리킨다. 關南은 지금의 河北省 雄縣 서남쪽에 있던 瓦橋關 남쪽을 가리킨다.

4) 顔眞卿使李希烈事 : 唐 德宗 때 李希烈이 汝州에서 반란을 일으키자 顔眞卿을

미워하던 盧杞가 안진경을 보내 반란군을 회유하자고 건의하였다. 사람들이 안진경을 만류하였으나 안진경은 皇命을 거역할 수 없다 하여 이희열에게 가서 그를 설득하였는데, 이희열의 회유와 협박에 굴하지 않고 충절을 지키다가 죽었다.(≪新唐書≫ 卷153 〈安眞卿列傳〉)

5) (上)〔至〕: 저본에는 '上'으로 되어 있으나, ≪文忠集≫에 의거하여 '至'로 바로잡았다.

慶歷三年癸未

경력 3년(1043, 인종21) 癸未년 37세

是歲에 **仁宗廣言路**하고 **修政事**하니 **人多薦公宜爲臺諫**이라 **三月**에 **召還**하야 **癸巳**에 **轉太常丞知諫院**이라 **四月**에 **至京**이라 **九月戊辰**에 **賜緋衣銀魚**[1]하고 **己巳**에 **同詳定國朝勳臣名次**하고 **丙戌**에 **同修三朝典故**라 **十月戊申**에 **擢同修起居注**[2]라 **十二月己亥**에 **召試知制誥**[3]어늘 **公辭**라 **辛丑**에 **有旨不試**하고 **直以右正言知制誥**하야 **仍供諫職**이라 **丁未**에 **同詳定編勅**[4]이라 **是月立春**에 **祭西太一宮**[5]할새 **爲獻官**하고 **尋例賜紫章服**[6]이라

이해에 仁宗이 言路를 넓히고 政事를 정비하니 사람들이 많이들 공을 臺諫으로 삼아 마땅하다고 천거하였다. 3월에 조정으로 불려 돌아와 癸巳일에 太常丞 知諫院으로 升轉하였다. 4월에 京師에 이르렀다. 9월 戊辰일에 緋衣와 銀魚를 하사받고 己巳일에 國朝勳臣의 명단을 공동으로 상세히 심사하여 정하고 丙戌일에 三朝(太祖·太宗·眞宗)의 典故를 공동 編修하였다. 10월 戊申일에 同修起居注에 발탁되었다. 12월 己亥일에 召試하여 知制誥를 삼으려 했는데 공이 사양하였다. 辛丑일에 聖旨로 시험을 거치지 않고 곧바로 右正言으로 知制誥를 삼아 그대로 諫官의 직임을 맡게 하였다. 丁未일에 編勅을 공동으로 상세히 심사하여 정하였다. 이달 立春에 西太一宮에 제사 지낼 때 獻官이 되고 곧 규례에 따라 紫章服을 하사받았다.

1) 緋衣銀魚 : 緋衣는 紅色의 관복으로 宋나라 때 4품은 짙은 緋色의 관복을 입고 5품은 옅은 緋色의 관복을 입었다. 銀魚는 銀魚符라고도 하는데, 은으로 만든

물고기 모양의 符信이다. 5품 이상의 관원이 차고 다니는 것으로 品級과 신분을 표시하기도 하고 宮門 및 城門을 출입하는 符信으로 쓰이기도 하였다.

2) 己巳同詳定國朝勳臣名次……擢同修起居注 : 이 구문에서 同詳定, 同修 등을 풀어 쓸지 관명으로 쓸지 원문의 구조만 두고 판단하기 어려운 점이 있다. 다만 同修起居注는 확실하게 ≪宋史≫ 〈職官志〉에 보이므로 관명으로 쓸 수 있다. 同詳定國朝勳臣名次와 同修三朝典故의 경우에도 國朝勳臣名次나 三朝典故를 편찬하는 임시적인 직무 앞에 同詳定, 同修를 붙여 쓴 관직명이라 볼 수도 있다. 宋代의 官制는 복잡하고 그 표기 역시 다단하므로 본 연보에서는 우선 〈직관지〉에 명확히 보이는 관직과 다수의 용례가 있는 경우 및 문맥에 따라 명사형 관직명으로 표기하고 그 외에는 풀어 번역하였다. ≪續資治通鑑長編≫ 권143에 따르면 이때 天章閣侍講 王洙와 함께 國朝勳臣의 名次를 상세하게 정하였고, ≪資治通鑑後編≫ 권53에 따르면 이때 富弼이 관원을 정해 三朝의 典故를 취합하여 책으로 만들 것을 청하여 그후 王洙와 余靖과 孫甫와 歐陽脩 등에게 명하여 ≪祖宗故實≫을 함께 편수하게 하였다.

3) 召試知制誥 : 특별히 황제가 관원을 불러 면대하여 시험해보고 관직을 내리는 것을 말한다. 宋代에 知制誥는 관례상 시험을 거쳐 선임되었다.

4) 編勅 : 宋나라 때 특히 勅命에 의해 成文된 법률을 가리키던 말로, 관습법에 해당하는 祖宗法에 대비되는 것이다.

5) 西太一宮 : 道家의 天神인 太一을 받드는 宮觀으로, 宋代에는 東太一宮과 西太一宮을 두었다.

6) 紫章服 : 자줏빛의 章服이다. 章服은 日月星辰 등을 수놓은 禮服으로 章은 장식의 단위가 된다. 天子는 12章이었고 신하들은 品級에 따라 9章, 7章, 5章, 3章의 차등이 있었다.

慶曆四年甲申

경력 4년(1044, 인종22) 甲申년 38세

三月庚午에 兼判登聞檢院[1)]이라 四月乙未에 押伴[2)]契丹賀生辰人使御筵於都亭驛하고 己亥에 命公使河東하야 計度(탁)廢麟州[3)]及盜鑄鐵錢立礬(반)課[4)]虧額利害라

七月에 **還京師**라 **八月甲午**에 **保州軍叛**하고 **契丹聲言討西夏**라 **癸卯**에 **除公龍圖閣直學士河北都轉運按察使**라 **九月**에 **三朝典故成書**하니 **以公嘗預編纂**으로 **賜詔獎諭**라 **十一月**에 **南郊恩**[5]하야 **進階朝散大夫**하고 **封信都縣開國子食邑五百戶**라

3월 庚午일에 判登聞檢院을 겸하였다. 4월 乙未일에 契丹의 賀生辰使에게 都亭驛에서 御筵을 베풀 때 押伴官이 되었고 己亥일에 공에게 명하여 河東에 가서 麟州의 廢置와 사사로이 鐵錢을 주조하는 일과 礬石에 부과하는 세금의 減額에 대한 利害관계를 파악하게 하였다. 7월에 京師로 돌아왔다. 8월 甲午일에 保州의 군사들이 반란을 일으켰고 거란은 西夏를 토벌하겠다고 공표하였다. 癸卯일에 공에게 龍圖閣直學士 河北都轉運按察使를 제수하였다. 9월에 三朝의 典故가 책으로 완성되니 공이 일찍이 편찬에 참여했으므로 詔命을 내려 獎諭하였다. 11월에 성상이 南郊에서 郊祭를 지낸 후 은혜를 베풀어 朝散大夫로 품계가 오르고 信都縣開國子 食邑 5백戶에 봉해졌다.

1) 登聞檢院 : 宋代에 門下省에 딸린 기관으로 관원과 백성들이 올린 章奏表疏를 관장하였다. 登聞檢院과 함께 登聞鼓院이 있었는데 먼저 등문고원에 上訴하고 이에 불복하면 등문검원으로 올라갔다.
2) 押伴 : 외국 사신을 인도하여 접대하는 일이다.
3) 廢麟州 : 麟州는 唐나라 때 설치한 행정구역으로 陝西省과 甘肅省의 경계에 있었으며 宋代에 西夏와 맞닿은 邊塞였다. 인주를 폐하는 일에 대해서는 〈先公事跡〉에 보인다.
4) 礬(반)課 : 礬石에 부과하는 세금이다. 반석은 유황이 함유된 광물의 일종으로 염료의 원료로 사용되었다.
5) 南郊恩 : 郊恩은 郊祭를 지내고 황제가 관례적으로 신하와 백성들에게 은택을 베푸는 것이다.

慶曆五年乙酉

경력 5년(1045, 인종23) 乙酉년 39세

是春에 **眞定帥田況移秦州**하니 **公權府事者三月**[1]이라 **時二府**[2]**杜正獻范文正韓忠**

獻富文忠公이 **以黨論相繼去**하니 **公上書辨之**라 **小人素已憾公**이러니 **會公孤甥張氏犯法**[3)]하니 **諫官錢明逸因以財産事及公**하야 **下開封鞫治**라 **府尹楊日嚴觀望傅會**하니 **上命戶部判官蘇安世入內供奉官王昭明監勘**하야 **得無他**어늘 **八月甲戌**에 **猶落龍圖閣直學士**하고 **罷都轉運按察使**하야 **降知制誥知滁**(저)**州**라 **十月甲戌**에 **至郡**이라 **是歲**에 **子奕生**이라

이해 봄에 眞定帥 田況이 秦州로 옮기니, 공이 府事를 權知한 지 석 달째였다. 당시 二府의 杜正獻公(杜衍)과 范文正公(范仲淹)과 韓忠獻公(韓琦)과 富文忠公(富弼)이 朋黨을 결성했다는 이유로 서로 이어서 조정을 떠나니 공이 上書하여 변론하였다. 소인들이 평소부터 공에게 유감을 품고 있었는데 때마침 공의 甥姪女 張氏가 犯法하자 諫官 錢明逸이 이를 빌미로 그 집 재산과 관련된 일을 공과 엮어 사건을 開封府에 내려 審理하게 하였다. 府尹 楊日嚴이 사태를 관망하면서 권세에 영합하니 성상이 戶部判官 蘇安世와 入內供奉官 王昭明에게 명해 조사하게 하여 별다른 혐의가 없음을 확인하였는데, 8월 甲戌일에 도리어 龍圖閣直學士와 都轉運按察使에서 파직되어 知制誥 知滁州로 좌천되었다. 10월 甲戌일에 滁州에 도착하였다. 이해 아들 奕이 태어났다.

1) 眞定帥田況移秦州 公權府事者三月 : 당시 知成德軍眞定府였던 田況이 保州의 반란을 평정하고 知秦州가 된 것을 가리킨다. 〈先公事跡〉에 근거할 때 보주 사건 당시 구양수는 權知鎭州府事로 있으면서 보주 사건의 사후 처리를 맡았다.

2) 二府 : 中書省과 樞密院이다.

3) 孤甥張氏犯法 : 孤甥이라 한 것은 당시 張氏의 부친 張龜正이 세상을 떠나 없는 상태였기 때문이다. 張龜正이 세상을 떠난 후 구양수의 누이는 죽은 남편의 전처 소생인 장씨를 데리고 구양수에게 의지하였고, 누이의 의붓딸인 장씨가 성장하자 구양수가 族兄의 아들 歐陽晟에게 시집보냈는데, 장씨가 구양성의 노비와 사통하는 일이 발생했다. 구양수의 政敵들이 이 일을 구양수와 연결시키려다 여의치 않자 마침내 구양수가 장귀정의 재산을 편취했다고 모함하였다. 〈先公事跡〉의 譯註에 자세하다.

慶歷六年丙戌

경력 6년(1046, 인종24) 丙戌년 40세

公在滁에 自號醉翁이라

공이 滁州에 있으면서 醉翁이라 自號하였다.

慶歷七年丁亥

경력 7년(1047, 인종25) 丁亥년 41세

十二月에 以南郊恩으로 加上騎都尉하고 進封開國伯하고 加食邑三百戶라 是歲에 子棐(비)生이라

12월에 성상이 南郊에서 郊祭를 지낸 후 은혜를 베풀어 上騎都尉를 더하고 開國伯을 進封하고 食邑 3백戶를 더하였다. 이해에 아들 棐가 태어났다.

慶歷八年戊子

경력 8년(1048, 인종26) 戊子년 42세

閏正月乙卯에 轉起居舍人하고 依舊知制誥하고 徙知揚州하야 二月庚寅에 至郡이라

閏정월 乙卯일에 起居舍人으로 升轉하고 예전대로 知制誥를 맡고 知揚州로 자리를 옮겨 2월 庚寅일에 고을에 도착하였다.

皇祐元年己丑

皇祐 원년(1049, 인종27) 己丑년 43세

正月丙午에 移知潁(영)州하야 二月丙子에 至郡하야 樂西湖之勝하야 將卜居焉이라 四月丙戌에 轉禮部郎中하고 八月辛未에 復龍圖閣直學士라 是歲에 子辯生이라

정월 丙午일에 知潁州로 옮겨 2월 丙子일에 고을에 도착하여 西湖의 勝景을 좋아하여 장차 그곳에 거주하려 하였다. 4월 丙戌일에 禮部郎中으로 升轉하고 8월 辛未일에 龍圖閣直學士로 복직하였다. 이해에 아들 辯이 태어났다.

皇祐二年庚寅

황우 2년(1050, 인종28) 庚寅년 44세

七月丙戌에 **改知應天府**하고 **兼南京留守司事**라 **己酉**에 **至府**라 **十月己未**에 **明堂覃恩**하야 **轉吏部郎中**하고 **加輕車都尉**[1)]라 **是歲**에 **約梅聖兪買田於潁**[2)]이라

7월 丙戌일에 知應天府로 改差되고 南京留守司事를 겸하였다. 己酉일에 府에 도착하였다. 10월 己未일에 성상이 明堂에서 은혜를 널리 베풀어 吏部郎中으로 升轉시키고 輕車都尉를 더하였다. 이해에 潁州에 전답을 사기로 梅聖兪(梅堯臣)와 약속하였다.

1) 明堂覃恩……加輕車都尉 : 이때 올린 謝表가 본 譯書 2책의 〈謝明堂覃恩轉官表〉이다.

2) 約梅聖兪買田於潁 : 구양수가 이때 應天府에 부임하면서 潁水를 거슬러 올라갔는데 潁州가 좋은 곳임을 알고 그리워하며 梅堯臣에게 시를 지어 보내기를 "장차 맑은 영수 가에 전답을 사서 그대와 함께 서로 짝하여 호미잡고 밭을 갈리.〔行當買田清潁上 與子相伴把鋤犁〕"라고 하였다.(≪文忠集≫ 卷5 〈寄聖兪〉)

皇祐三年辛卯

황우 3년(1051, 인종29) 辛卯년 45세

皇祐四年壬辰

황우 4년(1052, 인종30) 壬辰년 46세

三月壬戌에 丁母夫人憂하야 歸潁州라 四月에 起復(복)[1]舊官이어늘 公固辭하니 八月에 許之라

3월 壬戌일에 母夫人의 喪을 당하여 潁州로 돌아왔다. 4월에 이전 관직을 내려 起復시키자 공이 固辭하니 8월에 공의 뜻을 허락하였다.

1) 起復(복) : 부모의 喪中에 있는 관원을 다시 出仕시키는 것을 말한다.

皇祐五年癸巳

황우 5년(1053, 인종31) 癸巳년 47세

八月에 自潁州護母喪하야 歸葬吉州之瀧岡하고 胥楊二夫人祔焉이라 是冬에 復至潁이라

8월에 潁州에서 母夫人을 運柩하여 吉州의 瀧岡으로 돌아와 장사 지내고 胥夫人과 楊夫人을 祔葬하였다. 이해 겨울에 다시 영주로 왔다.

至和元年甲午[1]

至和 원년(1054, 인종32) 甲午년 48세

五月에 服闋(결)하야 除舊官職하야 赴闕이라 六月癸巳에 朝京師하야 乞郡이어늘 不許라 七月甲戌에 權判流內銓이라 會小人詐爲公奏請汰內侍하니 其徒怨怒하야 以胡宗堯不當改官事中公[2]하여 戊子에 出知同州라 判吏部南曹吳充이 爲公辨明이로대 不報라 知諫院范鎭一再極言하고 而參知政事劉沆方提擧修唐書에 亦乞留公修書라 八月丙午에 沆拜相하고 戊申에 詔公修唐書라 九月辛酉에 遷翰林學士하고 壬戌에 兼史館修撰하고 又差勾當三班院이라 十月乙巳에 朝饗景靈宮天興殿[3]할새 攝侍中하야 捧盤取水라 十二月庚戌에 臘饗孝惠孝章淑德章懷皇后廟[4]할새 攝太尉行事라

5월에 喪을 마치고 이전 관직을 제수 받고 대궐로 나아갔다. 6월 癸巳일에 京師에 入朝하여 지방 고을 자리를 청하였는데 허락받지 못했다. 7월 甲戌일에 權判流內銓이 되었다. 때마침 소인들이 공이 內侍들을 汰去할 것을 奏請했다고 날조하니

내시들이 원망하고 노여워하여 胡宗堯를 승진시켜 임명하는 것은 不當하다는 일로 공을 공격하여 戊子일에 知同州로 나갔다. 判吏部南曹 吳充이 공을 위해 변호하였으나 조정에서 답하지 않았다. 知諫院 范鎭이 여러 차례 極諫하고 參知政事 劉沆도 ≪唐書≫ 編修의 提擧로 있으면서 공을 조정에 머무르게 하여 ≪당서≫ 편수를 맡길 것을 청하였다. 8월 丙午일에 유항이 재상에 배수되고 戊申일에 詔命으로 공에게 ≪당서≫를 편수하게 하였다. 9월 辛酉일에 翰林學士로 승진하고 壬戌일에 史館修撰을 겸하고 또 勾當三班院에 差任되었다. 10월 乙巳일에 景靈宮 天興殿에 朝饗할 때 攝侍中이 되어 쟁반을 받들고 물을 받았다. 12월 庚戌일에 孝惠·孝章·淑德·章懷皇后의 사당에 臘饗할 때 攝太尉가 되어 祭事를 집행하였다.

1) 〔原註〕至和元年甲午 : 三月改元
 3월에 改元하였다.
2) 會小人詐爲公奏請汰內侍……以胡宗堯不當改官事中公 : 모두 〈先公事跡〉에 자세하다.
3) 朝饗景靈宮天興殿 : 朝饗은 朝享으로도 쓴다. 追享과 더불어 禘祫(체협)의 제사에 해당하며 遷廟한 遠祖의 신주와 아직 천묘하지 않은 近祖의 신주를 한곳에 모셔 놓고 지내는 大祭이다. 景靈宮은 宋 眞宗이 太祖가 臨御했던 곳이라 하여 궁을 세우고 天地와 社稷과 宗廟의 제사를 지낸 곳이다.
4) 孝惠孝章淑德章懷皇后廟 : 孝惠皇后와 孝章皇后는 太祖, 淑德皇后는 太宗, 章懷皇后는 眞宗의 황후이다.

至和二年乙未

지화 2년(1055, 仁宗33) 乙未년 49세

三月에 同孫抃考試諸司寺(시)監人吏라 六月己丑에 上書論宰相陳執中[1]하고 已而오 乞外하야 改翰林侍讀學士集賢殿修撰하고 出知蔡州라 侍御史趙抃知制誥劉敞上疏留公하니 七月戊午에 復領舊職이라 八月辛丑에 假右諫議大夫하고 充賀契丹國母生辰使하야 將持送仁宗御容이러니 會虜主殂(조)라 癸丑에 改充賀登位國信使라 十二月庚戌에 宿虜界松山이라

3월에 孫抃과 함께 여러 司, 寺, 監의 관리들을 考試하였다. 6월 己丑일에 上書하여 재상 陳執中을 論劾하고 얼마 뒤 외직을 청하여 翰林侍讀學士 集賢殿修撰으로 改差되고 知蔡州로 나갔다. 侍御史 趙抃과 知制誥 劉敞이 공을 조정에 머물게 해달라고 상소하니, 7월 戊午일에 다시 이전 관직을 받았다. 8월 辛丑일에 임시로 右諫議大夫가 되고 契丹 國母의 生辰을 축하하는 使節에 충원되어 장차 仁宗의 御容을 가지고 가서 전달하려 했는데 때마침 오랑캐 임금이 죽었다. 癸丑일에 거란 군주의 등극을 축하하는 國信使로 바꾸어 충원되었다. 12월 庚戌일에 오랑캐 국경인 松山에 묵었다.

1) 上書論宰相陳執中 : 〈先公事跡〉에 자세하다.

嘉祐元年丙申[1)]

嘉祐 원년(1056, 인종34) 丙申년 50세

公年五十이라 **二月甲辰**에 **使還**하야 **進北使語錄**이라 **閏三月丁亥**에 **判太常寺兼禮儀事**라 **孟夏薦饗**에 **攝太尉行事**라 **五月癸未**에 **知通進銀臺司兼門下封駁事**라 **乙未**에 **免勾當三班院**이라 **六月甲子**에 **奉勅祈晴醴泉觀**이라 **八月壬戌**에 **知益州張方平除三司使**하고 **甲子**에 **詔公權發遣[2)]三司公事**하야 **以俟其至**하고 **而命李淑代知銀臺司**라 **乙亥**에 **車駕詣景靈宮**하야 **朝拜天興殿**할새 **充贊導禮儀使**하고 **又朝謁眞宗及章懿太后神御殿[3)]**할새 **攝太常卿**이라 **九月辛卯**에 **大慶殿行恭謝禮[4)]**할새 **爲贊引太常卿**이라 **禮成**에 **加上輕車都尉**하고 **進封樂安郡開國侯**하고 **加食邑五百戶**라 **十二月**에 **被差押伴契丹賀正旦人使御筵於都亭驛**이라

공의 나이 50세였다. 2월 甲辰일에 使行에서 돌아와 ≪北使語錄≫을 올렸다. 閏3월 丁亥일에 判太常寺 兼禮儀事가 되었다. 孟夏에 祭享을 올릴 때 攝太尉가 되어 祭事를 집행하였다. 5월 癸未일에 知通進銀臺司 兼門下封駁事가 되었다. 乙未일에 勾當三班院에서 면직되었다. 6월 甲子일에 勅命을 받들어 醴泉觀에서 祈晴祭를 지냈다. 8월 壬戌일에 知益州 張方平을 三司使에 제수하고 甲子일에 詔命으로 공에게 權發遣三司公事를 맡게 하여 장방평이 도착할 때까지 기다리게 하고 李淑에게 명하

여 知銀臺司를 代理하게 하였다. 乙亥일에 성상의 車駕가 景靈宮에 가서 天興殿에 朝拜할 때 贊導禮儀使에 충원되고 또 眞宗과 章懿太后의 神御殿에 朝謁할 때 攝太常卿이 되었다. 9월 辛卯일에 大慶殿에서 恭謝禮를 행할 때 贊引과 太常卿이 되었다. 예를 다 거행하고 上輕車都尉가 더해지고 樂安郡 開國侯에 進封되고 食邑 5백 호가 더해졌다. 12월에 契丹의 賀正旦使에게 都亭驛에서 御筵을 베풀 때 押伴官으로 差任되었다.

1) 〔原註〕 嘉祐元年丙申 : 九月改元
 9월에 改元하였다.
2) 權發遣 : 맡은 직무보다 품계가 2등급이 낮을 때 관직 앞에 붙이는 명칭이다.
3) 神御殿 : 宗廟 이외의 별도의 사당인 原廟를 가리키는 말로, 선대 제왕의 御容과 신주를 봉안하고 歲時에 제사 지내던 곳이다.
4) 恭謝禮 : 황제가 거행하는 郊祭 등의 큰 의식이다.

嘉祐二年丁酉

가우 2년(1057, 인종35) 丁酉년 51세

正月癸未에 **權知禮部貢擧**하니 **賜御書文儒二字**라 **乙巳**에 **磨勘**[1)]하고 **轉右諫議大夫**라 **三月癸卯**에 **爲狄青**[2)]**發哀苑中**할새 **攝太常卿**이라 **六月丙寅**에 **福康公主**[3)]**進封兗**(연)**國公主**하고 **七月壬午**에 **命公攝禮部侍郎**하야 **以印授冊使**라 **乙未**에 **兼判尙書禮部**라 **九月己卯**에 **兼判秘閣秘書省**이라 **十一月辛巳**에 **權判史館**이라 **丙申**에 **權知審刑院**하고 **候胡宿回依舊**[4)]하야 **辛丑免**이라 **十二月辛亥**에 **權判三班院**이라 **癸亥**에 **權奉安明德元德章穆三后御容於啓聖院**[5)]하고 **車駕行酌獻禮**할새 **充禮儀使**라 **是月**에 **被差押伴契丹賀正旦人使御筵於都亭驛**이라

正月 癸未일에 權知禮部貢擧가 되니 성상이 “文儒” 두 글자를 적어 하사하였다. 乙巳일에 磨勘하고 右諫議大夫로 升轉하였다. 3월 癸卯일에 狄青을 위해 苑中에서 哀悼를 표할 때 攝太常卿을 맡았다. 6월 丙寅일에 福康公主를 兗國公主로 進封하고 7월 壬午일에 공에게 명하여 攝禮部侍郎이 되어 印章을 冊使에게 주게 하였다. 乙

未일에 判尙書禮部를 겸하였다. 9월 己卯일에 判秘閣秘書省을 겸하였다. 11월 辛巳일에 權判史館이 되었다. 丙申일에 權知審刑院이 되고 胡宿이 돌아와 예전대로 복귀하기를 기다려 辛丑일에 면직되었다. 12월 辛亥일에 權判三班院이 되었다. 癸亥일에 明德, 元德, 章穆 세 皇后의 御容을 啓聖院에 임시로 奉安하고 성상의 車駕가 酌獻禮를 행할 때 禮儀使에 충원되었다. 이달에 契丹의 賀正旦使에게 都亭驛에서 御筵을 베풀 때 押伴官으로 差任되었다.

1) 磨勘 : 마감은 관리의 功績을 심사하여 이에 따라 승진과 좌천을 결정하는 행위를 가리키기도 하고, 鄕試와 會試의 試券을 심사하는 일을 가리키기도 한다. 여기에서는 바로 앞에 知貢擧가 되었다고 한 말로 미루어보아 후자를 가리키는 것으로 보인다.
2) 狄靑 : 1008~1057. 汾州 西河 사람으로 字는 漢臣, 諡號는 武襄이다. 일반 兵卒 출신으로 발신하여 西夏와의 전쟁에서 혁혁하게 전공을 세웠다. 평민 출신으로 이례적으로 樞密副使에 발탁되었으며 儂智高의 난을 평정하여 樞密使에 올랐다. 빠른 출세와 병사들의 信望으로 인해 의심을 받아 지방관으로 좌천되었다가 얼마 후 죽었다.
3) 福康公主 : 仁宗의 長女이다.
4) 候胡宿回依舊 : ≪宋史≫ 卷12 〈仁宗紀〉에 따르면 이해 10월 乙巳일에 胡宿을 契丹으로 사신 보냈다. 이에 의거하면 호숙이 사신 가 있는 동안 구양수가 임시로 知審刑院이 되었던 듯하다.
5) 啓聖院 : 開封에 있는 宋 太宗의 탄생지에 세운 寺院이다.

嘉祐三年戊戌

가우 3년(1058, 인종36) 戊戌년 52세

正月壬午에 上幸興國寺及啓聖院하야 朝謁太祖太宗神御殿할새 攝太常卿이라 二月癸卯에 契丹遣使告其國母哀하니 差公館伴이라 三月辛未에 兼侍讀學士하니 以員多固辭不拜라 癸未에 充宗正寺(시)同修玉牒官이라 甲午에 同陳旭考試在京百司等人이라 六月庚戌에 加龍圖閣學士權知開封府라

정월 壬午일에 성상이 興國寺와 啓聖院에 거둥하여 太祖와 太宗의 神御殿에 朝謁할 때 攝太常卿을 맡았다. 2월 癸卯일에 契丹이 사신을 보내 國母喪을 알리니 공을 館伴使로 差任하였다. 3월 辛未일에 侍讀學士를 겸하게 하니, 인원이 많다는 이유로 固辭하고 肅拜하지 않았다. 癸未일에 宗正寺의 同修玉牒官에 충원되었다. 甲午일에 陳旭과 함께 京師의 여러 官司의 관리들을 考試하였다. 6월 庚戌일에 龍圖閣學士 權知開封府를 더하였다.

嘉祐四年己亥

가우 4년(1059, 인종37) 己亥년 53세

二月戊辰에 **免開封**하고 **轉給事中同提擧在京諸司庫務**라 **是月**에 **充御試進士詳定官**하니 **賜御書善經二字**라 **四月丁卯**에 **奏告今冬太廟親行**祫(협)**饗**[1]**之禮**라 **癸酉**에 **孟夏薦饗**할새 **竝攝太尉行事**라 **丙子**에 **兼充群牧使**라 **六月甲申**에 **刪定景祐廣樂記**[2]라 **九月丁酉**에 **奉勅祈晴相國寺**라 **十月壬申**에 **車駕朝饗景靈宮**하고 **癸酉**에 祫**饗太廟**할새 **竝攝侍中行事**라 **丁丑**에 **加護軍**하고 **食實封二百戶**라

3월 戊辰일에 知開封府에서 면직되고 給事中 同提擧在京諸司庫務로 升轉하였다. 이달에 御試進士詳定官에 충원되니 성상이 "善經" 두 글자를 적어 하사하였다. 4월 丁卯일에 上奏하여 이번 겨울에 太廟에서 祫饗의 예를 성상이 친히 행해야 함을 고하였다. 癸酉일에 孟夏의 歲時祭享을 올릴 때 攝太尉를 아울러 맡아 祭事를 집행하였다. 丙子일에 群牧使에 겸하여 충원되었다. 6월 甲申일에 ≪景祐廣樂記≫를 刪定하였다. 9월 丁酉일에 勅命을 받들어 相國寺에서 祈晴祭를 지냈다. 10월 壬申일에 성상이 景靈宮에서 朝饗을 올리고 癸酉일에 태묘에서 협향을 올릴 때 攝侍中을 아울러 맡아 제례를 행하였다. 丁丑일에 護軍이 더해지고 실제 食邑 3백戶에 봉해졌다.

1) 祫(협)饗 : 멀고 가까운 선대 조상의 신주를 모두 太廟에 모아놓고 거행하는 대규모 合祭이다.

2) 景祐廣樂記 : 翰林侍講學士 馮元등이 편찬한 것으로, 鍾律 등의 樂律을 재정비하여 기록한 책이다.

嘉祐五年庚子

가우 5년(1060, 인종38) 庚子년 54세

四月丁卯에 孟夏薦饗太廟할새 攝太尉行事라 七月戊戌에 上新修唐書二百五十卷하고 庚子에 推賞[1]하야 轉禮部侍郞이라 九月丁亥에 兼翰林侍讀學士라 十月庚午下元節[2]에 車駕朝拜景靈宮天興殿하고 朝謁眞宗及章懿太后神御殿할새 攝侍中이라 十一月辛丑에 拜樞密副使하고 加食邑五百戶食實封二百戶라 甲寅에 同修樞密院時政記라 十二月에 被差押伴契丹賀正旦人使御筵於都亭驛이라

4월 丁卯일에 太廟에 孟夏의 歲時祭享을 올릴 때 攝太尉로 祭事를 집행하였다. 7월 戊戌일에 새로 撰修한 ≪唐書≫ 250권을 올리고 庚子일에 推賞하여 禮部侍郎으로 升轉하였다. 9월 丁亥일에 翰林侍讀學士를 겸하였다. 10월 庚午일 下元節에 성상이 景靈宮 天興殿에 행차하여 朝拜하고 眞宗과 章懿太后의 神御殿에 朝謁할 때 攝侍中을 맡았다. 11월 辛丑일에 樞密副使에 배수하고 食邑 5백戶를 더하고 실제 식읍 2백호에 봉하였다. 甲寅일에 ≪樞密院時政記≫를 공동으로 찬수하였다. 12월에 契丹의 賀正旦使에게 都亭驛에서 御筵을 베풀 때 押伴官으로 差任되었다.

1) 推賞 : 관직을 승급시키고 賞給을 수여하는 것이다.
2) 下元節 : 음력 10월 15일에 해당하는 절기이다. 정월 15일인 上元節, 7월 15일인 中元節과 함께 三元節로 불렸으며 이날에 조상에게 제사를 지냈다.

嘉祐六年辛丑

가우 6년(1061, 인종39) 辛丑년 55세

三月戊申에 侍上幸後苑하야 賞花華景亭하고 釣魚涵曦(희)亭하고 遂宴太清樓라 閏八月辛丑에 轉戶部侍郞參知政事하고 進封開國公하고 加食邑五百戶食實封二百戶어늘 公辭轉官하니 許之라 九月庚申에 同修中書時政記라 十二月丙戌에 臘享太廟할새 攝太尉行事라

3월 戊申일에 後苑에 거둥하는 성상을 모시고서 華景亭에서 꽃을 감상하고 涵曦亭에서 낚시하고 太淸樓에서 연회를 가졌다. 閏8월 辛丑일에 戶部侍郎 參知政事로 升轉시키고 開國公을 進封하고 食邑 5백戶를 더하고 실제 식읍 2백호에 봉하였는데, 공이 관직의 승진은 사양하니 허락하였다. 9월 庚申일에 ≪中書時政記≫를 공동으로 撰修하였다. 12월 丙戌일에 太廟에 臘享을 올릴 때 攝太尉로 祭事를 집행하였다.

嘉祐七年壬寅

가우 7년(1062, 인종40) 壬寅년 56세

正月己酉朔에 大慶殿朝賀할새 攝侍中하야 承旨宣制라 三月乙卯에 祈雨南郊할새 攝太尉行事라 辛酉에 提擧三館秘閣寫校書籍하고 同譯經潤文[1]이라 四月壬午에 上嘉祐編勅이라 七月庚戌에 差充明堂鹵簿使[2]라 九月戊申에 文德殿奏請致齋[3]할새 攝侍中하야 奏中嚴外辦[4]이라 己酉에 朝饗景靈宮하고 庚戌에 朝饗太廟할새 立攝司徒라 辛亥에 大饗[5]明堂하고 己未에 進階正奉大夫하고 加柱國하고 仍賜推忠佐理功臣이라 十二月丙申에 上幸龍圖天章閣하야 召輔臣至待制三司副使以上臺諫官皇子宗室駙馬都尉管軍하야 觀三聖[6]御書하고 又幸寶文閣하야 親飛白書[7]하야 分賜群臣이라 公得雙幅大書歲字한대 下有御押하고 加以御寶하며 王珪夾題八字云 嘉祐御札賜歐陽修하고 仍於絹尾에 書翰林學士臣王珪奉聖旨題賜名이라 又出御制觀書詩一首하야 令群臣屬和[8]하고 遂宴群玉殿이라 庚子에 再召近臣及三館臣僚하야 赴天章閣하야 觀三朝瑞物太宗眞宗御集하고 次赴寶文閣하야 觀御飛白書하고 賜公金花牋[9]字하고 復燕群玉殿이라 後數日에 公以狀進詩謝[10]라

정월 己酉일 초하루에 大慶殿에서 朝賀할 때 攝侍中이 되어 聖旨를 받들어 制命을 선포하였다. 3월 乙卯일에 南郊에서 祈雨祭를 지낼 때 攝太尉로 祭事를 집행하였다. 辛酉일에 三館과 秘閣에서 書籍을 필사하고 교정하는 일을 관장하고 同譯經潤文이 되었다. 4월 壬午일에 ≪嘉祐編勅≫을 올렸다. 7월 庚戌일에 明堂鹵簿使로 차출되었다. 9월 戊申일에 文德殿에서 奏請致齋를 할 때 섭시중이 되어 中嚴과 外

辦을 아뢰었다. 己酉일에 景靈宮에서 朝饗하고 庚戌일에 太廟에서 조향할 때 모두 攝司徒를 맡았다. 辛亥일에 明堂에서 大饗을 올리고 己未일에 正奉大夫로 품계가 오르고 柱國이 더해지고 이어서 推忠佐理功臣을 하사받았다.

12월 丙申일에 성상이 龍圖閣과 天章閣에 거둥하여 輔臣과 待制, 三司의 副使 이상 관원, 臺諫官, 皇子, 宗室, 駙馬都尉, 管軍을 불러 三聖의 御書를 관람하고 또 寶文閣에 거둥하여 친히 飛白書를 써서 신하들에게 나누어 하사하였다. 공은 '歲'자를 큰 글씨로 쓴 雙幅을 얻었는데 아래에는 御押이 있고 御寶를 찍었으며, 王珪가 글자 곁에 "嘉祐御札賜歐陽脩(嘉祐御札을 歐陽脩에게 하사한다.)"라는 여덟 글자를 적고, 비단 끝에는 "翰林學士 臣 왕규가 聖旨를 받들어 하사받은 신하의 이름을 쓴다."라고 적었다. 또 성상이 지은 〈觀書〉 시 한 수를 꺼내어 신하들에게 화답하게 하고 마침내 群玉殿에서 연회를 열었다. 庚子일에 다시 近臣과 三館의 신료들을 불러 천장각으로 가서 三朝의 瑞物, 太宗과 眞宗의 御集을 관람하고 다음으로 보문각으로 가서 御飛白書를 관람하고 공에게 金花牋에 적은 글자를 하사하고 다시 군옥전에서 연회를 열었다. 며칠 뒤 공이 謝狀을 올려 시로 사례하였다.

1) 提擧三館秘閣寫校書籍 同譯經潤文 : "提擧三館秘閣"의 경우 다수의 용례가 있으므로 명사형 관직명으로 표기해도 무방하겠으나 "寫校書籍"과의 관계를 고려하여 우선 풀어 번역하였다. 宋代에는 傳法院이 있어 佛經의 번역과 윤문을 관장하였다.

2) 鹵簿使 : 鹵는 방패, 簿는 행렬의 차례를 기록한 장부를 뜻하며, 천자가 거둥할 때 따르는 의장과 행렬을 가리킨다. 鹵簿使는 이러한 일을 관장하는 직책이다.

3) 奏請致齋 : 祭禮에 앞서 황제에게 절차에 따라 齋戒하기를 奏請하는 것이다.

4) 中嚴外辦 : 中嚴은 齋戒하는 신호로 북을 칠 때 두 번째에 해당한다. 의식에 앞서 의식에 참여한 이들에게 재계를 위해 세 번 북을 치는 것을 嚴鼓라고 한다. 外辦은 바깥의 의식의 준비가 모두 갖추어져 거둥할 때가 되었음을 알리는 것이다.

5) 大饗 : 天地神明과 선조에게 올리는 大祭이다.

6) 三聖 : 宋 太祖, 太宗, 眞宗이다.

7) 飛白書 : 書法의 일종이다. 後漢 靈帝 때에 鴻都門을 장식하는 匠人이 白粉을 바르는 빗자루로 글자를 썼는데, 蔡邕이 이것을 보고 돌아가 만들었다고 한다. 필획 가운데 마치 실낱을 늘여놓은 것처럼 하얀 부분이 드러나 몽당붓으로 쓴 것 같이 보이는 서법이다.

8) 〔原註〕 又出御制觀書詩一首 令群臣屬和 : 公和篇在外集.*)
공이 화답한 시가 〈外集〉에 실려 있다.

*) 〔역주〕 公和篇在外集 : ≪文忠集≫ 卷57 〈外集7 觀龍圖閣三聖御書應制〉이다.

9) 金花牋 : 金泥를 박은 최상급의 牋紙이다.

10) 〔原註〕 公以狀進詩謝 : 狀在四六集, 詩在居士集.*)
謝狀은 四六集에 실려 있고 시는 居士集에 실려 있다.

*) 〔역주〕 狀在四六集 詩在居士集 : 狀은 ≪文忠集≫ 卷91 〈表奏書啓四六 謝賜飛白幷賜宴詩狀〉이고, 詩는 권13 〈居士集13 群玉殿賜宴〉이다.

按兩宴皆有賜書로대 而實錄及范蜀公東齋記事에 止載丙申有賜[1]하고 當時王岐公親奉詔爲序[2]에 亦不及庚子再賜하고 而實錄及序에 又不及館職預召하고 惟東齋記事言之라 公記陸子履家藏飛白字[3]에 明言群玉殿所賜하니 時子履任集賢校理하야 與東齋記事合이라 但不知是日公得何字나 其爲金花牋則無疑라 然陳無己六一堂圖書詩[4]에 乃云黃絹兩大字는 又何也오 韓忠獻公謝詩[5]云 鸞拂宮綃(초)[6]舞라하고 胡文恭公亦有謝御飛白扇子詩[7]하니 得非預坐者衆하야 所賜或不同耶아 實錄에 二十三日丙申二十七日庚子로대 而岐公序乃作戊申壬子하니 不應差誤如此니 殆傳寫訛耳[8]라

살펴보건대 두 연회 때 모두 글을 하사하였는데, ≪實錄≫과 范蜀公(范鎭)의 ≪東齋記事≫에는 丙申일에 하사한 일만 실려 있고, 당시 王岐公(王珪)이 친히 詔命을 받들어 지은 序文에도 庚子일에 재차 하사한 일은 언급하지 않았으며, ≪실록≫과 서문에는 또 館職의 신하들이 부름에 참여한 일은 언급하지 않았고 ≪동재기사≫에서만 언급하였다. 공이 陸子履(陸經)의 집에 보관된 飛白字에 記文을 쓰면서 群玉殿에서 하사받은 것이라고 분명히 말했는데, 당시 육자리는 集賢校理를 맡고 있어 ≪

동재기사≫의 내용과 부합한다. 다만 이날 공이 어떤 글자를 얻었는지는 모르나 그것이 金花牋에 쓴 것이라는 점은 의심할 것이 없다. 그러나 陳無己(陳師道)의 〈六一堂圖書詩〉에 "누른 비단의 두 大字"라고 한 것은 또 어째서인가? 韓忠獻公(韓琦)의 謝詩에 "난새는 宮綃를 스치며 춤춘다."라고 하였고 胡文恭公(胡宿)은 〈謝御飛白扇子〉 시를 지었으니, 자리에 참여한 사람들이 많아 하사한 물건이 혹 다른 것이 아니겠는가. ≪실록≫에는 23일 丙申일과 27일 庚子일이라고 되어 있는데, 岐公의 서문에는 戊申일과 壬子일이라고 되어 있으니 응당 이처럼 차이가 날 수는 없다. 분명 傳寫 과정의 착오일 것이다.

1) 范蜀公東齋記事 止載丙申有賜 : ≪東齋記事≫ 卷1에 보인다.
2) 王岐公親奉詔爲序 : ≪華陽集≫ 卷46 〈御製龍圖天章閣觀三聖御書詩序〉이다.
3) 公記陸子履家藏飛白字 : ≪文忠集≫ 卷40 〈仁宗御飛白記〉이다.
4) 陳無己六一堂圖書詩 : ≪後山集≫ 卷1 〈觀兗文忠公家六一堂圖書〉이다.
5) 韓忠獻公謝詩 : ≪安陽集≫ 卷9 〈天章閣觀御飛白五言十韻〉이다.
6) 宮綃(초) : 皇宮에서 만든 가볍고 얇은 비단이다.
7) 胡文恭公亦有謝御飛白扇子詩 : ≪文恭集≫ 卷1 〈謝御書飛白扇子歌〉이다.
8) 〔原註〕 按兩宴皆有賜書……殆傳寫訛耳 : 岐公再觀書詩,[*] "黃金塗紙看揮毫." 又司馬溫公涑水記聞, 亦載兩賜飛白.
   岐公의 〈再觀書〉 시에 "황금을 바른 종이에 글씨 쓰는 것을 보네."라고 하였고, 또 司馬溫公(司馬光)의 ≪涑水記聞≫에도 두 번 飛白을 하사한 일이 실려 있다.

*) 〔역주〕 岐公再觀書詩 : ≪華陽集≫ 卷2 〈再召至龍圖閣觀書〉이다.

是月에 **差押伴契丹賀正旦人使御筵於都亭驛**이라

이달에 都亭驛에서 契丹의 賀正旦使에게 御筵을 베풀 때 押伴官으로 차출되었다.

嘉祐八年癸卯

가우 8년(1063, 인종41) 癸卯년 57세

二月乙亥에 奉勅充沈貴妃冊禮使[1)]라 四月壬申에 英宗卽位라 甲戌에 奉勅書大行皇帝哀冊諡(시)寶라 甲申에 覃恩하야 轉戶部侍郎하고 進階金紫光祿大夫하고 加食邑五百戶하고 食實封二百戶하고 仍賜推忠協謀佐理功臣이라 乙酉에 奉勅篆受命寶하니 其文曰 皇帝恭膺天命之寶라 五月戊辰에 爲皇帝祈福於南郊할새 攝太尉行事라 七月戊申에 押伴契丹祭吊人使御筵於都亭驛이라 八月癸巳에 奉勅篆大行皇帝諡寶하니 其文曰 神文聖武明孝皇帝之寶라 十月乙酉에 增修太廟成하야 命告七室[2)]이라 十二月庚午에 押伴契丹賀正旦人使御筵於都亭驛이라

2월 乙亥일에 勅命을 받들어 沈貴妃冊禮使에 充任되었다. 4월 壬申일에 英宗이 즉위하였다. 甲戌일에 칙명을 받들어 大行皇帝(仁宗)의 哀冊과 諡寶를 썼다. 甲申일에 황제가 은택을 널리 베풀어 戶部侍郎으로 升轉하고 金紫光祿大夫로 품계가 오르고 食邑 5백戶가 더해지고 실제 식읍 2백호에 봉해지고 推忠協謀佐理功臣을 하사받았다. 乙酉일에 칙명을 받들어 受命寶를 篆字로 쓰니 "皇帝恭膺天命之寶"라는 글이었다. 5월 戊辰일에 황제를 위하여 南郊에서 복을 빌 때 攝太尉로 祭禮를 집행하였다. 7월 戊申일에 都亭驛에서 契丹의 祭吊使에게 御筵을 베풀 때 押伴官이 되었다. 8월 癸巳일에 칙명을 받들어 대행황제의 시보를 전자로 쓰니 "神文聖武明孝皇帝之寶"라는 글이었다. 10월 乙酉일에 太廟의 증축 수리가 완성되자 명하여 七室에 고하게 하였다. 12월 庚午일에 도정역에서 거란의 賀正旦使에게 어연을 베풀 때 압반관이 되었다.

1) 〔原註〕 二月乙亥 奉勅充沈貴妃冊禮使 : 不及行禮
　行禮에 이르지는 않았다.
2) 增修太廟成 命告七室 : ≪宋朝事實≫ 卷6에는 당시 太廟가 제도가 협소하여 이때 증축하여 수리하고서 七室에 다시 神主를 되돌렸는데 參知政事 歐陽脩에게 명하여 이를 고하게 한 것으로 되어 있다. ≪송조사실≫에는 10월 을유가 아니라 8월 을유로 되어 있다.

治平元年甲辰

治平 원년(1064, 英宗1) 甲辰년 58세

四月甲午에 奉勅祈雨社稷이라 閏五月戊辰에 特轉吏部侍郎이라 八月辛丑에 奉勅祈晴太社라 十二月壬子에 差押伴契丹賀正旦人使御筵於都亭驛이라

4월 甲午일에 勅命을 받들어 社稷에서 祈雨祭를 지냈다. 閏5월 戊辰일에 특명으로 吏部侍郎에 升轉되었다. 8월 辛丑일에 칙명을 받들어 太社에서 祈晴祭를 지냈다. 12월 壬子일에 都亭驛에서 契丹의 賀正旦使에게 御筵을 베풀 때 押伴官으로 차출되었다.

治平二年乙巳

치평 2년(1065, 영종2) 乙巳년 59세

是春에 上表乞外어늘 不允이라 四月辛丑景靈宮奉安仁宗御容에 車駕行酌獻之禮할새 攝侍中이라 八月에 以大雨水로 再乞避位어늘 不允이라 九月辛酉에 提擧編纂太常禮書百卷成에 詔名太常因革禮하고 賜銀絹이라 十一月庚午에 車駕朝饗景靈宮하고 辛未에 饗太廟하고 壬申에 祀南郊할새 攝司空行事라 進階光祿大夫하고 加上柱國食邑五百戶라

이해 봄에 表文을 올려 外職을 청하였는데 윤허하지 않았다. 4월 辛丑일에 景靈宮에 仁宗의 御容을 봉안하면서 성상이 거둥하여 酌獻禮를 행할 때 攝侍中이 되었다. 8월에 큰 비가 내린 일로 재차 辭職을 청하였는데 윤허하지 않았다. 9월 辛酉일에 太常禮書 100권의 편찬을 주관한 일이 완성되자 詔命으로 ≪太常因革禮≫라 이름하고 은과 비단을 하사하였다. 11월 庚午일에 성상이 경령궁에 거둥하여 朝饗을 올리고 辛未일에 太廟에 제향하고 壬申일에 南郊에 제사할 때 攝司空으로 祭禮를 집행하였다. 光祿大夫로 품계가 오르고 上柱國과 食邑 5백戶를 더하였다.

治平三年丙午

치평 3년(1066, 영종3) 丙午년 60세

三月三日에 賜上巳宴[1)]하니 時初頒明天曆에 適値丁巳라 是月에 以言者指濮(복)議[2)]

爲邪說하니 力求去어늘 不允이라 七月癸酉에 薦饗太廟할새 攝太尉行事라 十二月癸未에 奉勅篆皇帝尊號寶하니 其文曰 體乾膺曆文武廣孝皇帝之寶라 乙巳에 押伴契丹賀正旦人使御筵於都亭驛이라

3월 3일에 上巳宴을 내리니 당시 처음으로 ≪明天曆≫을 반포할 때가 마침 丁巳일이었다. 이달에 言官이 濮議를 邪說로 지목하니 공이 힘써 사직을 청하였는데 윤허하지 않았다. 7월 癸酉일에 太廟에 제향을 올릴 때 攝太尉로 祭禮를 집행하였다. 12월 癸未일에 勅命을 받들어 皇帝의 尊號寶를 篆字로 쓰니, "體乾膺曆文武廣孝皇帝之寶"라는 글이었다. 乙巳일에 都亭驛에서 契丹의 賀正旦使에게 御筵을 베풀 때 押伴官이 되었다.

1) 上巳宴 : 上巳는 節日의 하나로 음력 3월 上旬에 巳日이 드는 것이다. 이날 물가에서 몸을 씻고 놀면서 액운을 막았다.
2) 濮(복)議 : 英宗의 生父인 濮安懿王의 典禮에 대한 논의이다. 영종은 복안의왕의 열셋째 아들로 後嗣가 없는 仁宗의 뒤를 이어 즉위하였다. 즉위 후 영종은 생부의 崇奉을 의논하게 하였는데, 구양수 등은 복안의왕을 皇考라 불러야 한다 하였고 司馬光 등은 皇伯이라 불러야 한다고 하며 대립하였다.

治平四年丁未

치평 4년(1067, 영종4) 丁未년 61세

正月丁巳에 神宗卽位라 戊辰에 覃恩하야 轉尙書左丞하고 進階特進[1]하고 加食邑五百戶하고 食實封二百戶하고 仍賜推忠協謀同德佐理功臣이라 二月에 第三子棐登進士第라 是月에 御史彭思永蔣之奇以飛語汚公[2]하니 上察其誣하야 斥之어늘 公力求去라 三月壬申에 除觀文殿學士하고 轉刑部尙書知亳(박)州하고 改賜推誠保德崇仁翊戴功臣이라 閏三月辛巳에 宣簽書駐泊公事하고 陛辭에 乞便道[3]過潁少留하니 許之라 五月甲辰에 至亳이라 六月戊申에 視事라

정월 丁巳일에 神宗이 즉위하였다. 戊辰일에 황제가 널리 은혜를 베풀어 尙書左丞으로 升轉하고 特進으로 품계가 오르고 食邑 5백戶가 더해지고 실제 식읍 2백호

에 봉해지고 推忠協謀同德佐理功臣을 하사받았다. 2월에 셋째 아들 棐가 進士에 급제하였다. 이달에 御史 彭思永과 蔣之奇가 유언비어로 공을 더럽히니 성상이 誣陷임을 살피고 물리쳤는데 공이 힘써 사직을 청하였다. 3월 壬申일에 觀文殿學士에 제수되고 刑部尙書 知亳州로 升轉하고 推誠保德崇仁翊戴功臣으로 고쳐 하사받았다. 閏3월 辛巳일에 僉書宣徽院事 駐泊公事가 되고 하직 인사를 올릴 때 便道로 潁州에 들러 잠시 머물기를 청하니 허락하였다. 5월 甲辰일에 박주에 당도하였다. 6월 戊申일에 공무를 시작하였다.

1) 特進 : 散官의 品階 가운데 하나이다.
2) 御史彭思永蔣之奇以飛語汚公 : 〈先公事跡〉에 자세하다.
3) 便道 : 順路의 뜻으로, 원래 가는 행로에서 별도의 길을 통해 다른 곳에 들르는 것이다.

熙寧元年戊申

熙寧 원년(1068, 神宗1) 戊申년 62세

是歲에 連上表乞致仕어늘 不允이라 八月乙巳에 轉兵部尙書하고 改知青州하고 充京東東路安撫使라 九月丙申에 至青이라 十一月丁亥에 郊祀恩하야 加食邑五百戶하고 食實封二百戶라 是歲에 築第於潁이라

이해에 연이어 表文을 올려 致仕를 청했는데 윤허하지 않았다. 8월 乙巳일에 兵部尙書로 升轉하고 知青州로 改差되고 京東東路安撫使에 充任되었다. 9월 丙申일에 青州에 당도하였다. 11월 丁亥일에 성상이 郊祀를 지내고 은혜를 베풀어 食邑 5백戶를 더하고 실제 식읍 2백호에 봉했다. 이해에 潁州에 집을 지었다.

熙寧二年己酉

희녕 2년(1069, 신종2) 己酉년 63세

三月에 內侍王延慶便道傳宣撫問하고 仍賜香藥一銀合하고 又遞賜新校定前漢書하니 以公嘗預刊定也라 冬에 乞壽州便私計[1]어늘 不允이라

3월에 내시 王延慶이 便道로 와서 성상의 말을 전하며 慰問하고서 香藥 한 銀合을 하사하고 또 새로 교정한 ≪前漢書≫까지 하사하니 공이 이 책의 교정에 참여했기 때문이다. 겨울에 개인적인 생활의 편의를 위해 壽州의 관직을 청했는데 윤허하지 않았다.

1) 乞壽州便私計 : 壽州가 潁州와 가깝기 때문에 이런 청을 한 것이다.

熙寧三年庚戌

희녕 3년(1070, 신종3) 庚戌년 64세

四月壬申에 **除檢校太保宣徽南院使判太原府河東路經略安撫監牧使**하고 **兼竝代澤潞麟府嵐**(람)**石路兵馬都總管**이어늘 **公堅辭不受**라 **七月辛卯**에 **改知蔡州**라 **九月甲寅**에 **至蔡**라 **是歲**에 **更號六一居士**라

4월 壬申일에 檢校太保 宣徽南院使 判太原府 河東路經略安撫監牧使를 제수하고 代州・澤州・潞州・麟州・府州・嵐州・石州路의 兵馬都總管을 아울러 겸하게 했는데 공이 완고하게 사양하며 받지 않았다. 7월 辛卯일에 知蔡州로 改差되었다. 9월 甲寅일에 蔡州에 당도하였다. 이해에 六一居士로 호를 고쳤다.

熙寧四年辛亥

희녕 4년(1071, 신종4) 辛亥년 65세

公在蔡에 **累章告老**러니 **六月甲子**에 **以觀文殿學士太子少師致仕**하고 **七月**에 **歸潁**이라 **八月**에 **將祀明堂**할새 **詔赴闕陪位**어늘 **公上章乞免**하니 **從之**라 **禮成**에 **賜衣帶器幣牲餼**(희)라

공이 蔡州에서 여러 차례 소장을 올려 나이가 들어 사직해야 함을 고했는데 6월 甲子일에 觀文殿學士 太子少師로 致仕하고 7월에 潁州로 돌아왔다. 8월에 明堂에서 祭祀하려 할 때 詔命으로 궐에 나와 陪位하게 하였는데 공이 소장을 올려 임무를 면해달라 청하니 조정에서 따랐다. 명당의 제례를 지낸 후 공에게 옷과 띠와 기물과

폐백과 제사고기를 하사하였다.

熙寧五年壬子

희녕 5년(1072, 신종5) 壬子년 66세

閏七月庚午에 **公薨**이라 **八月丁亥**에 **贈太子太師**라

閏7월 庚午일에 공이 薨逝하였다. 8월 丁亥일에 太子太師를 증직하였다.

熙寧七年八月에 **諡文忠**[1)]이라

희녕 7년(1074, 신종7) 8월에 시호를 文忠이라 하였다.

1)〔原註〕諡文忠 : 諡議見附錄
諡議는 附錄에 보인다.

熙寧八年九月乙酉에 **葬開封府新鄭縣旌賢鄉**이라

희녕 8년(1075, 신종8) 9월 乙酉일에 開封府 新鄭縣 旌賢鄉에 장사 지냈다.

元豐三年十二月에 **以子升朝**[1)]하야 **遇大禮**하야 **贈太尉**라

元豐 3년(1080, 신종13) 12월에 아들이 조정에 나아가 국가의 大禮를 만나 太尉를 증직하였다.

1) 以子升朝 : 당시 奉議郎 輕車都尉였던 長子 歐陽發이다.

元豐八年十一月에 **贈太師**하고 **追封康國公**이라

元豐 원년(1085, 신종18) 12월에 太師를 증직하고 康國公을 追封하였다.

紹聖三年五月에 **追封**兗(연)**國公**이라

紹聖 3년(1096, 哲宗11) 5월에 兗國公을 追封하였다.

崇寧三年에 **追封秦國公**하고 **政和三年**에 **追封楚國公**[1)]이라

崇寧 3년(1104, 徽宗3)에 秦國公을 追封하고, 政和 3년(1113, 휘종13)에 楚國公을 追封하였다.

1)〔原註〕崇寧三年……追封楚國公 : 皆以子棐遇郊恩
모두 아들 棐가 郊恩을 만났기 때문이다.

文忠公年譜不一이요 **惟桐川薛齊誼廬陵孫謙益曾三異三家爲詳**하니 **雖用舊例**나 **每列其著述**에 **考文力之先後**라 **然篇章不容盡載**하니 **次序寧免疑混**이리오 **如公曾孫建世以告勅宣劄爲編年**도 **尙多差互**어늘 **況餘人乎**아 **今參稽衆譜**하고 **傍採史籍**하야 **而取正於公之文**이라 **凡居士集外集**은 **各於目錄**에 **題所撰歲月**하고 **而闕其不可知者**하며 **奏議表章之類**는 **則隨篇注之**하야 **定爲文集一百五十三卷**하니 **居士集五十卷**은 **公所定也**라 **故寘**(치)**于首**하고 **外集二十五卷次之**하고 **易童子問三卷**[1)]**外制集三卷內制集八卷表奏書啓四六集七卷奏議十八卷雜著述十九卷集古錄跋尾十卷又次之**하고 **書簡十卷終焉**이라 **考公行狀**컨대 **惟闕歸榮集一卷**이로대 **往往散在外集**이요 **更俟博求**라 **別有附錄五卷**하니 **紀公德業**이라 **此譜專敍出處**하되 **詞簡而事粗備**하니 **覽者當自得之**라

文忠公의 年譜는 한 종류가 아닌데 오직 桐川 薛齊誼와 廬陵 孫謙益과 曾三異 세 사람의 것이 상세하니, 비록 舊例를 준용하였으나 매번 著述을 나열하면서 문장력의 先後를 고찰하였다. 그러나 공의 저작이 다 실리지 못했으니 次序에 어찌 의심스럽고 혼란스러운 것이 없을 수 있겠는가. 공의 曾孫 建世가 勅書와 箚子로 연대 순서를 맞춘 것조차도 착오가 많거늘 하물며 나머지 사람이겠는가. 이제 여러 연보를 참고하고 史籍을 두루 채집한 다음 공의 글에 맞추어보았다. 무릇 〈居士集〉과 〈外集〉은 각각 목록에 작품을 지은 연도와 달을 적고, 알 수 없는 것은 빼놓았으며, 奏議와 表章 종류는 편마다 주석하여 문집 153권으로 撰定하였다.

〈거사집〉 50권은 공이 찬정한 것이므로 머리에 두고 〈외집〉 25권은 그 다음에 두

고 〈易童子問〉 3권, 〈外制集〉 3권, 〈內制集〉 8권, 〈表奏書啓四六集〉 7권, 〈奏議〉 18권, 〈雜著述〉 19권, 〈集古錄跋尾〉 10권은 또 그 다음에 두고 〈書簡〉 10권은 마지막에 두었다. 공의 行狀을 살펴보건대 오직 〈歸榮集〉 1권이 빠졌는데 왕왕 〈외집〉에 흩어져 있고 다시 널리 수집하기를 기다린다. 별도로 〈附錄〉 5권이 있으니 공의 德業을 기록하였다. 이 연보는 전적으로 공의 出處를 서술하되 글이 簡易하고 사적이 대강 갖추어져 있으니, 살펴보는 사람이 응당 스스로 알 수 있을 것이다.

1) 〔原註〕 易童子問三卷 : 詩本義別行於世
〈詩本義〉가 별도로 세상에 유행한다.

慶元二年二月十五日에 **郡人登仕郎胡柯**는 **謹記**하노라

慶元 2년(1196, 寧宗2) 2월 15일에 郡人 登仕郎 胡柯는 삼가 쓴다.

謚議 시호에 대한 의론

省司[1]準勅定謚라 據本家發到故推誠保德崇仁翊戴功臣觀文殿學士特進太子少師致仕上柱國樂安郡開國公食邑四千三百戶食實封一千二百戶贈太子太師歐陽某行狀하야 依例牒太常禮院擬謚라 今準回牒連到議狀하야 謚曰文忠이라 宣德郞守太常丞充集賢校理同知太常禮院李淸臣

省司는 勅命에 따라 謚號를 議定하였습니다. 本家에서 보내온 故推誠保德崇仁翊戴功臣 觀文殿學士 特進 太子少師로 致仕하고 上柱國 樂安郡開國公 食邑 4천 3백 戶 실제 식읍 1천 2백 호에 봉해진 贈太子太師 歐陽某의 行狀에 의거하여 규례대로 太常禮院에 移牒하여 시호를 擬定하게 하였습니다. 지금 回牒과 연이어 온 議狀에 따라 시호를 '文忠'이라 하였습니다.

宣德郞 守太常丞 充集賢校理 同知太常禮院 李淸臣

1) 省司 : 중앙정부의 각 省의 유관 官司이다.

公歸老於家하야 以疾不起라 將葬에 行狀上尙書省하고 移太常하야 請謚하니 太常合議曰 公維聖宋賢臣으로 一世學者之所師法이라 明於道德하고 見於文章하며 究覽六經群史諸子百氏하야 馳騁貫穿하야 述作千百萬言하야 以傳先王之遺意하니 其文卓然하야 自成一家하야 比司馬遷揚雄韓愈에 無所不及而有過之者라 方天下溺於末習하야 爲章句聲律之時에 聞公之風하고 一變爲古文하야 咸知趨尙根本하야 使朝廷文明不愧於三代漢唐者는 太師之功이라 於敎化治道爲最多하니 如太師眞可謂文矣로다 博士李淸臣得其議하야 則閱讀行狀하고 考按謚法하고 曰 唐韓愈李翺(고)權

德輿孫逖本朝楊憶이 皆謚文이니 太師固宜以文謚라하다 吏持衆議하야 白太常官長하니 官長有曰 文則信然하니 不復易(역)也라 然公平生好諫諍하니 當加獻爲文獻이요 無已則加忠爲文忠이라하니 衆相視曰 其如何오하고 則又合言曰 忠亦太師之大節이라 太師嘗參天下政事하야 進言仁宗하고 乞早下詔立皇子하야 使有明名定分하야 以安人心이라 及英宗繼體하고 今上卽皇帝位하야 兩預定策翊戴하야 有安社稷功이요 和裕內外하야 周旋兩宮閫(곤)하야 迄(흘)於英宗之視政[1]이라 蓋太師天性正直하고 心誠洞達하야 明白無所欺隱하고 不肯曲意順俗하야 以自求便安하며 好論列是非하고 分別賢不肖하야 不避人之怨誹狙嫉하야 忘身履危하야 以爲朝廷立事라 按謚法에 道德博聞曰文이요 廉方公正曰忠이니 今加忠以麗文이 宜爲當이라하다 衆以狀授清臣하야 爲謚議하니 清臣曰 不改於文而傅之以忠은 議者之盡也라 清臣其敢不從이리오하고 遂謚文忠이라 謹議라

공은 벼슬을 그만두고 집으로 돌아가 노년을 보내다가 병이 들어 일어나지 못하고 세상을 떠났습니다. 장차 장사 지낼 때 行狀을 尙書省에 올리고 太常禮院에 移牒하여 시호를 청하니 태상예원에서 협의하기를 "공은 성스러운 宋朝의 賢臣으로 당대 학자들이 모범으로 삼아 본받던 사람이다. 道德을 밝히고 문장에 드러내며 六經과 전대의 많은 역사와 諸子百家를 궁구하여 다 꿰뚫어 통하여 千百萬言을 저술하여 先王이 남긴 뜻을 전하였다. 그 문장이 우뚝하여 스스로 一家를 이루어 司馬遷과 揚雄과 韓愈에 비해 미치지 못하는 점은 없고 뛰어난 점은 있다. 바야흐로 천하가 末習에 빠져 章句와 聲律을 일삼던 때에 공의 風聲을 듣고는 一變하여 古文으로 변해 모두가 근본을 지향할 줄을 알게 되어서 조정의 文明이 三代와 漢나라 唐나라에 손색이 없게 한 것은 太師(歐陽脩)의 공로이다. 教化와 治道에 있어 공이 가장 많으니 태사와 같은 이는 참으로 '文'이라 이를 만하다."라고 하였습니다.

博士 李清臣이 이 의론을 받아보고서 행장을 읽어보고 諡法을 고찰한 다음 말하기를 "당나라의 韓愈, 李翺, 權德輿, 孫逖과 本朝의 楊憶의 시호가 모두 '문'이니 태사의 시호를 '문'으로 하는 것이 참으로 마땅하다."라고 하였습니다. 관리가 여러 사람의 의론을 가지고 태상예원의 官長에게 아뢰니, 관장이 말하기를 "'문'은 참으로 적

합하니 다시 바꿀 수 없다. 그러나 공은 평소 간쟁을 좋아하였으니 마땅히 '獻'을 더하여 '文獻'으로 하거나 그렇지 않으면 '忠'을 더하여 '文忠'이라 해야 한다."라고 하였습니다.

여러 사람이 서로 보면서 말하기를 "어떠한가?"라고 하고 다시 합의하기를 "'충'은 또한 태사의 大節이다. 태사는 일찍이 天下의 政事에 참여하여 仁宗에게 진언하였고 일찍 詔命을 내려 皇子를 세울 것을 청하여 名分을 분명하게 정해 인심을 편안하게 하였다. 英宗이 인종의 대를 잇고 今上(神宗)이 황제로 즉위할 때에 공이 두 번 다 계책을 정하여 輔翼하여 추대하는 일에 참여하여 사직을 안정시킨 공이 있고, 안팎을 온화하고 너그럽게 하여 兩宮을 주선하여 영종이 親政하게 하였다. 태사는 천성이 정직하고 진실한 마음이 툭 트여 명백하여 속이거나 숨기는 것이 없었고 뜻을 굽혀 시속에 따르면서 일신의 편안을 구하려 하지 않았다. 그리고 옳고 그름을 논변하고 어진 이와 불초한 이를 분별하기를 좋아하면서 다른 사람이 원망하여 헐뜯고 시기하는 것을 개의치 않아 자신의 안위는 신경 쓰지 않고서 위태로운 일을 마다하지 않음으로써 조정을 위해 정사를 바로 세웠다. 살펴보건대 諡法에 도덕이 있고 견문이 넓은 것을 '문'이라 하고 廉方하고 공정한 것을 '충'이라 하니, 지금 '충'을 더하여 '문'에 붙이는 것이 마땅할 것이다."라고 하였습니다.

여러 사람들이 議狀을 이청신에게 주어 諡議를 짓게 하니, 이청신이 말하기를 "'문'을 고치지 않고 '충'을 붙이는 것은 의론하는 자의 말이 더할 나위 없다. 청신이 어찌 감히 따르지 않겠는가."라고 하고 마침내 시호를 '문충'이라 하였습니다. 삼가 의론합니다.

1) 和裕內外……迄(흘)於英宗之親政 : 英宗의 즉위 초년에 慈聖太后가 垂簾聽政을 하였는데 이때 영종과 태후가 서로를 의심할 때 구양수가 두 宮을 오가며 주선하고 조정 안팎을 鎭撫하여 영종이 친정에 이르게 하였다. 〈先公事跡〉에 자세하다.

朝奉郎守尙書工部郎中充秘閣校理直舍人院兼同修起居注權判吏部流內銓騎都尉賜緋魚袋錢藻와 宣德郎守尙書刑部員外郎充集賢校理兼同修起居注權同判吏

部流內銓騎都尉賜緋魚袋竇卞은 伏準太常禮院諡議如前이라

朝奉郎 守尙書工部郎中 充秘閣校理 直舍人院 兼同修起居注 權判吏部流內銓 騎都尉 賜緋魚袋 錢藻와 宣德郎 守尙書刑部員外郎 充集賢校理 兼同修起居注 權同判吏部流內銓 騎都尉 賜緋魚袋 竇卞이 삼가 위와 같은 太常禮院의 諡議를 비준합니다.

天下文物繁盛之極에 學士大夫競夫鎪(수)刻組繪하야 日益靡靡하야 以汨沒於卓詭魁殊之說하야 而不復知淳古之爲正也라 於是時에 天下曰是라하고 太師曰非라하며 天下以爲韙(위)하고 太師以爲陋하니 學士大夫磨牙淬(쉬)爪하야 爭相出力하야 以致之危害어늘 太師不之顧曰 我道는 堯舜也요 我言은 孔子孟軻也니 而天下不我從하고 將焉往고하니라 然卒由太師而一歸於醇正이라 故仁義之言이 其華燁然하야 獨輝灼乎一代之盛하야 遠出二京之上[1]하니 嗚呼媺(미)哉라 大丈夫束帶立夫人之朝하야 所以大過人者는 大節立焉이니 不齪齪(착착)小節以求曲全이 可也라 怫(패)衆慮하고 彊君以難이 是爲大節이요 不徇世俗之論하고 而先識以制未形이 是爲大節이라 太師當嘉祐之間하야 協議建儲正名하야 挈天下之疑而泮之하야 萬世因而若維太山而安不危하니 斯之謂大節이라 諡(시)法에 道德博聞曰文이요 廉方公正曰忠이라 生平論譔(찬)文章하야 務明堯舜孔孟之教於已壞之後하니 可謂道德博聞矣요 排左右持祿取容之慮하야 特建萬世無窮之策하되 而自不以爲功하니 可謂廉方公正矣라 太常易(역)名曰文忠이라하니 庶乎天下有以知公議之不能泯也라

천하의 문물이 극도로 번성하자 學士大夫들이 다투어 문장을 工巧하게 조탁하여 날로 더욱 퇴폐해져 기이하고 독특함을 숭상하는 설에 골몰하여 더 이상 순박하고 예스런 正道를 알지 못하였습니다. 이러한 때에 천하 사람들은 이러한 습속을 옳다 하고 太師는 그르다 하였으며 천하 사람들은 이러한 습속을 바르게 여기고 태사는 비루하게 여기니, 학사대부들이 이를 갈고 손톱의 날을 세우면서 다투어 서로 힘을 내어 태사에게 危害를 끼쳤습니다. 그래도 태사는 개의치 않고 말하기를 "나의 도는 堯舜의 도이고 나의 말은 孔子와 孟軻의 말이니 천하가 나를 따르지 않고 장차 어디로 가겠는가."라고 하였습니다. 그러나 마침내 태사로 말미암아 사람들이 모두 醇正

한 풍조로 돌아왔습니다. 그러므로 仁義의 말들이 찬란하게 꽃피어 한 시대의 성대함이 유독 번뜩이고 멀리 兩漢의 위로 벗어나니, 아아! 아름답습니다.

대장부가 관디를 차고 人主의 조정에 서서 남들보다 크게 뛰어날 수 있는 것은 大節을 세우는 것이니, 자잘한 小節에 얽매여서 뜻을 굽혀 몸을 보전하려고 하지 않아야 합니다. 여러 사람의 뜻을 거스르고 임금에게 어려운 일을 해내기를 힘써 권하는 것이 대절이고, 세속의 논의를 따르지 않고 先見之明으로 일이 드러나기 전에 제어하는 것이 대절입니다. 태사는 嘉祐 연간에 儲位를 세워 명분을 바로잡는 것을 協議하여 천하 사람들이 의심하여 결정하지 못하는 문제를 해결하였습니다. 그리하여 만세토록 이를 말미암아 태산처럼 튼튼하게 안정되어 위태롭지 않게 되었으니 이를 일러 대절이라 합니다.

諡法에, 도덕이 있고 견문이 넓은 것을 '文'이라 하고 廉方하고 공정한 것을 '忠'이라 하였습니다. 일생동안 문장을 論著하여 성인의 가르침이 이미 무너진 후세에 堯舜과 孔孟의 가르침을 힘써 밝혔으니 도덕이 있고 견문이 넓다고 이를 만하고, 녹봉만 받아먹으면서 비위만 맞추는 황제 좌우의 신하들의 생각을 물리쳐서 만세토록 다함이 없는 계책을 우뚝하게 세우되 스스로 功으로 여기지 않았으니 염방하고 공정하다 이를 만합니다. 太常禮院에서 易名하여 '文忠'이라 하니 거의 천하 사람들이 公議는 泯滅할 수 없다는 사실을 알 것입니다.

1) 遠出二京之上 : 二京은 漢나라 때의 東京인 洛陽과 西京인 長安을 가리킨다. 이경을 벗어났다는 것은 文風이 秦漢시대의 古文으로 회귀하여 그보다 더 훌륭하게 되었다는 말이다.

省司準例於都亭驛集合省官同參詳하야 **皆協令式**하야 **請有司準例施行**하고 **謹詳定訖**에 **遂具狀中書門下取裁**하고 **奉宰臣判準申**하야 **謹具狀奏聞**하고 **伏候勅旨**라

省司는 규례대로 都亭驛에 省官이 집합해 같이 참작하여 심의하고 다함께 程式을 협의한 다음 有司가 규례대로 시행하기를 청하고 삼가 詳定을 마친 후 마침내 議狀을 갖추어 中書門下省에서 결재하고 宰臣의 승인을 받들어 삼가 奏狀을 갖추어 아뢰고 엎드려 勅旨를 기다립니다.

祭文(韓琦) 제문(한기)

韓忠獻王琦
忠獻王 韓琦

維熙寧五年歲次壬子某月某日에 具官[1]某謹遣三班奉職隨行指使李珪하야 以清酌庶羞之奠으로 致祭於少師永叔之靈하노라

熙寧 5년(1072, 神宗5) 歲次 壬子년 某月 某日에 具官 某는 삼가 三班奉職隨行指使 李珪를 보내 맑은 술과 여러 가지 祭需로 少師 永叔의 영령에 제사를 올립니다.

1) 具官 : 자신의 官爵을 써야할 자리에 구체적인 내용을 생략하고 관리의 인원 수나 채우고 있다는 뜻으로 겸손하게 쓴 말이다.

惟公之生은 粹稟元精하니 偶聖而出하야 逢辰以亨이라 歷事三朝하야 翼登太平하니 大名既遂하고 大功既成이라 年未及老에 深虞滿盈하야 連章得謝하야 潁第來寧이라 神當畀(비)以福祿하고 天宜錫(사)之壽齡이어늘 胡不憖(은)遺[1]하야 遽爾摧傾가 此冥理莫得致詰이니 而天下爲之失聲이라

공은 태어나실 때 순수하게 천지의 精氣를 받았으니 聖君과 짝하여 세상에 나와 때를 만나 형통하였습니다. 차례로 세 조정을 섬겨 태평성세를 이루도록 도우니 큰 이름 이루고 큰 공업을 이미 완성하였습니다. 年老하기도 전에 분수에 넘치게 가득 차는 것을 깊이 염려하여 연이어 소장을 올려 致仕를 허락받아 潁州의 집으로 돌아가 편안하셨습니다. 神明은 응당 공에게 복록을 주고 하늘은 마땅히 장수를 주어야 하거늘 어찌하여 元老를 남겨주지 않고서 갑자기 세상을 떠나게 한단 말입니까. 이는 幽冥의 이치라 따져 물을 수가 없는 것이니 천하 사람들이 공을 위해 목을 놓아

곡합니다.

1) 胡不慭(은)遺 : ≪詩經≫ 〈小雅 十月之交〉에 "원로 한 분을 남겨 두어서 우리 임금을 지키기를 원하지 않는구나.〔不慭遺一老 俾守我王〕"라고 하였다. 또 ≪春秋左氏傳≫ 哀公 16년에, 孔子가 세상을 떠났을 때 내린 魯 哀公의 弔辭에 "하늘이 나를 불쌍히 여기지 않으시어 원로 한 분을 세상에 남겨두어 나 한 사람을 도와 임금 자리에 있게 하기를 원하지 않는구나.〔旻天不弔 不慭遺一老 俾屛余一人以在位.〕"라고 탄식하였다.

嗚呼哀哉라 **公之文章**은 **獨步當世**라 **子長退之**가 **偉贍閎**(굉)**肆**러니 **曠無擬倫**이라가 **逮公始繼**라 **自唐之衰**로 **文弱無氣**러니 **降及五代**하야 **愈極頹敝**라 **唯公振之**하야 **坐還醇粹**하니 **復古之功**이 **在時莫二**라 **公雖云亡**이나 **其傳益貴**하니 **譬如天衢**에 **森布列緯**라 **海內瞻仰**에 **日高而偉**라

아아! 슬픕니다. 공의 문장은 당세에 독보적이었습니다. 司馬遷과 韓愈의 문장이 위대하고 풍부하며 드넓고 자유분방했는데 오랜 세월 필적할 이가 없다가 공에 이르러 비로소 이어졌습니다. 唐나라가 衰微한 이후로 문장이 나약하고 기세가 없어졌는데 五代로 내려와서는 더욱 극도로 쇠퇴하였습니다. 오직 공이 振作하여 앉아서 순수한 데로 돌이키시니 古文을 회복한 공로가 당대에 필적할 이 없었습니다. 공은 비록 돌아가셨으나 그 전하신 것 더욱 귀하니 비유하자면 광활한 하늘에 뭇별이 빽빽이 늘어서 있음과 같은지라 온 천하 사람들 우러러봄에 날이 갈수록 드높고 우뚝합니다.

公之諫諍은 **務傾大忠**이라 **在慶曆初**에 **職司帝聽**할새 **顔有必犯**하야 **闕無不縫**이라 **正路斯闢**(벽)하고 **奸萌輒攻**하니 **氣勁忘忤**하고 **行孤少同**이라 **於穆仁廟**가 **誠推至公**하니 **孰好孰惡**(오)오 **是焉則從**이라 **善得盡納**에 **治隨以隆**하니 **人畏淸議**하야 **知時不容**이라 **各礪名節**하야 **恬**(념)**乎處躬**하니 **二十年間**에 **由公變風**이라

공은 간쟁하면서 큰 충성을 쏟는 데 힘쓰셨습니다. 慶曆 초년에 諫官의 직무를 맡으셨을 때 반드시 御前에서 과감하게 간쟁하여 이지러진 것을 補修하지 않음이

없었습니다. 正路를 이에 열고 奸邪한 자가 蠢動할 때마다 공격하니 굳센 기운으로 남을 거스르는 것 개의치 않았고 외로운 행보는 함께하는 이가 적었습니다. 아! 거룩하신 仁宗께서는 참으로 지극한 공정함을 밀고 나아갔으니 누구를 좋아하며 누구를 미워하리오. 옳은 말을 따르셨습니다. 간언이 선하면 모두 받아들여져 다스림이 이에 따라 융성하니 사람들이 清議를 두려워하여 시대에 용납 받지 못할 것을 알았습니다. 각자 名節을 갈고 닦아 정숙하게 처신하니 20년 사이에 공을 말미암아 풍속이 바뀌었습니다.

公之功業은 其大可記라 屢殿藩垣하야 所至懷惠하고 嘗尹京邑에 沛有餘地라 早踐西掖하고 晚當內制하니 凡厥代言이 典謨[1])之懿요 凡厥出令이 風雷其勢[2])라 三代炳焉에 公辭無愧라 樞幄猷爲하야 台衡弼貳하고 撫御四夷하야 兵戈不試라 整齊百度하야 官師咸治하고 服勞一心하야 定策二帝라 中外以安하고 神人胥慰어늘 不校讒言하고 懇求去位라

공의 공업은 크게 기록할 만합니다. 여러 차례 지방관을 맡아 부임하는 곳마다 백성들이 은혜를 입었고 開封府尹이 되었을 적에는 넉넉히 여유가 있었습니다. 일찍이 中書省의 관직을 역임하고 만년에는 知制誥를 맡았으니 황제를 대신해 지은 詔書가 典謨처럼 훌륭하고 政令을 내는 것이 바람과 우레 같은 기세라 三代시절의 찬란함에 공의 글이 부끄럽지 않았습니다. 樞密院에서 국가의 계획을 세워 재상으로 황제를 보필하고 사방의 오랑캐를 鎭撫하여 병기를 쓸 일이 없었습니다. 온갖 법도를 整齊하여 百官이 모두 다스려졌고 한마음으로 부지런히 복무하여 두 황제(英宗과 神宗)를 옹립하였습니다. 中外가 편안하고 神明과 사람이 서로 안심하였는데 참소가 들어오자 시비를 따지지 않으시고 직위에서 물러나기를 간절히 청하셨습니다.

1) 典謨 : ≪書經≫의 〈堯典〉, 〈舜典〉, 〈大禹謨〉, 〈皐陶謨〉 등과 같이 帝王의 명령과 국가의 방침이 적힌 글을 말한다.

2) 凡厥出令 風雷其勢 : 風雷는 雷厲風飛와 같은 말로서 우레와 같이 맹렬하고 바람과 같이 빠르다는 뜻인데, 政事의 시행과 처리가 엄격하고도 신속한 것을

가리킨다. 韓愈의 〈潮州刺史謝上表〉에 "폐하께서는 즉위하신 이래로 몸소 천하의 정무를 듣고 결단하시어 하늘과 땅을 돌리듯 국면을 전환시키고, 중요한 일을 처리함에 우레처럼 맹렬하고 바람처럼 빠르며 해와 달처럼 밝게 살피셨습니다.〔陛下卽位以來 躬親聽斷 旋乾轉坤 關機闔開 雷厲(려)風飛 日月淸照〕"라고 하였다.

公之進退는 **遠邁前賢**이라 **合旣不苟**하고 **高惟戒顚**이라 **身雖公輔**나 **志則林泉**하니 **七十致政**이어늘 **乃先五年**이라 **上惜其去**어늘 **公祈益堅**하니 **卒遂其請**하야 **始終克全**이라

공의 進退는 前賢들보다 훨씬 훌륭하였습니다. 구차하게 세상과 합치되려 하지 않고 지위가 높아질수록 오직 顚敗할까 조심하셨습니다. 몸은 비록 大臣의 자리에 있었으나 뜻은 林泉에 두었으니 致仕는 일흔에 하는 법인데 이보다 5년을 빨리 하셨습니다. 성상께서 공의 떠남을 애석해 하시는데 공의 청은 더욱 굳건하니 마침내 그 청을 이루어주어 처음과 끝을 온전히 하였습니다.

嗚呼哀哉라 **余早接公**하야 **道同氣類**하니 **出處雖殊**나 **趣向何異**리오 **旣忝宰司**하야 **日親高誼**하니 **可否明白**하며 **襟懷坦易**(이)하고 **事貴窮理**하며 **言無飾僞**라 **或不知公**하야 **因罹謗忌**하니 **靑蠅好點**이나 **白璧奚累**[1)]리오

아아! 슬픕니다. 나는 일찍 공을 만나 道가 같고 氣象이 비슷했으니 出處는 비록 달랐으나 지향이 어찌 달랐겠습니까. 외람되이 재상을 맡고서 날마다 공의 드높은 의리를 직접 보니 可否가 분명하며 흉금이 평탄하고 일은 이치를 궁구함을 중히 여기며 말은 수식과 거짓이 없었습니다. 혹 공을 제대로 알지 못하는 이들이 있어 이 때문에 비방과 시기를 당하니 파리가 티를 만들기 좋아하나 흰 玉璧에 무슨 흠을 내겠습니까.

1) 靑蠅好點 白璧奚累 : 간사한 소인들이 결백한 군자를 헐뜯는다는 말이다. ≪詩經≫ 〈小雅 靑蠅〉에 "윙윙거리는 파리 울타리에 앉았네. 화락한 군자는 참소하는 말을 믿지 말지어다.〔營營靑蠅 止于樊 豈弟君子 無信讒言〕"라고 하였고, 唐나라 陳子昂의 〈宴胡楚眞禁所〉에 "파리가 한 점의 티를 만들어, 흰 옥벽이

마침내 억울하게 되었네.〔靑蠅一相點 白璧遂成冤〕”라고 하였다.

嗚呼哀哉라 **自公還事**로 **心慕神馳**로대 **徒憑翰墨**이오 **莫挹姿儀**라 **公嘗顧我**하야 **惠以新詩**하니 **雖亟**(극)**酬答**이나 **奈苦衰疲**오 **欲復爲問**이로대 **動已踰時**러니 **忽承訃音**에 **且駭且悲**라 **哀誠孰訴**리오 **肝膽幾墮**라 **公之逝矣**하니 **世鮮余知**로다 **不如從公**이니 **焉用生爲**리오 **遐修薄薦**하야 **奠公一巵**(치)하니 **魂兮有靈**이어든 **其來監茲**어다 **尙饗**하소서

아아! 슬픕니다. 공이 致仕하고부터 마음으로 흠모하고 그리워하였으나 그저 서로 서신만 주고받을 뿐 공의 풍모를 뵐 수는 없었습니다. 공은 일찍이 나를 사랑하여 고맙게도 새로 지은 시를 보내주셨으니 비록 서둘러 酬答하려 했으나 몹시 노쇠한 이 몸을 어이하겠습니까. 다시 안부를 묻고자 하였으나 매번 때를 넘겨 버렸는데 갑작스레 부음을 받들고서 놀랍고도 슬펐습니다. 애달픈 이 정성을 누구에게 하소연하리오. 肝膽이 땅에 떨어질 지경입니다. 공께서 세상을 떠나시니 세상에 나를 알아줄 이가 드뭅니다. 공을 따라가는 것만 못하니 제가 어찌 살겠습니까. 멀리서 변변찮은 제물을 갖추어 한 잔 술을 공에게 올리니 영령께서 계시거든 왕림하여 이 정성을 살피소서. 尙饗.

祭文(曾鞏) 제문(증공)

曾舍人鞏

舍人 曾鞏

維公學爲儒宗하고 材不世出이니 文章逸發하야 醇深炳蔚(위)라 體備韓馬하고 思兼莊屈하니 垂光簡編하야 焯(작)若星日이라 絶去刀尺하야 渾然天質하니 辭窮卷盡에 含意未卒이라 讀者心醒하야 開蒙愈疾[1)]하니 當代一人이라 顧無儔(주)匹이로다

공은 학문으로는 儒宗이 되고 재주는 세상에 다시 나오기 어려울 만큼 뛰어나니, 문장은 超逸하여 淳厚하고 精深하며 찬란하고 성대하였습니다. 文體는 韓愈와 司馬遷을 갖추고 사상은 莊周와 屈原을 겸하니 광채가 저술에 드리워져 해와 별처럼 빛났습니다. 인위적인 法式을 제거하여 다듬은 흔적 없이 자연스러우니 글이 다 끝나고 卷이 다 끝나도 그 含意는 다하지 않았습니다. 읽는 자는 마음이 깨여 蒙昧함이 開導되고 몸의 병이 낫는 듯하니 공은 당대의 일인자라 아무도 필적할 이가 없었습니다.

1) 開蒙愈疾 : 글을 읽고서 몸의 병이 사라진 대표적인 故事로 평소 두통을 앓던 曹操가 陳琳의 격문을 읽고 나서 "이 글이 내 병을 치유해주었다.〔此愈我病〕"라고 한 것을 들 수 있다.(≪三國志≫ 卷21 〈陳琳傳〉) 이와 같이 구양수의 글이 읽는 사람의 마음을 탁 트이게 해주었다는 말이다.

諫垣抗議에 氣震回遹(휼)하고 鼓行無前에 跋疐(치)非恤[1)]이러니 世僞難勝하야 孤堅竟窒이라 紫微玉堂에 獨當大筆하니 二典三謨가 生明藏室[2)]이라 頓挫彌厲하야 誠純志壹이라 斟酌損益[3)]하야 論思得失이라 經體慮萌[4)]에 沃心造膝하니 帝曰汝賢이라 引

登輔弼이라

諫官으로 直諫할 때는 그 기세가 간사하고 편벽된 소인들을 떨게 하고 거침없이 전진하여 낭패를 볼까 근심하지 않으시더니 세상의 거짓됨이 건잡을 수 없어 외로이 굳은 지조 지키다 끝내 곤액을 당하셨습니다. 궁궐의 玉堂에서 홀로 국가의 문장 담당하시니 二典과 三謨가 藏室에서 밝은 빛을 발하였습니다. 좌절을 당해도 더욱 떨치고 일어나 정성과 뜻이 순일하니 참작하고 損益하여 국가의 得失을 의론하였습니다. 政事를 경영할 방책이 떠오르면 황제 앞에 가까이 나아가 啓導하니 황제께서 "그대가 현명하다."라 하시고 이끌어 보필의 자리에 올리셨습니다.

1) 跋疐(치)非恤：跋疐는 ≪詩經≫ 〈豳風 狼跋〉에 "이리가 앞으로 가다가 자기 턱을 밟고, 뒷걸음치다가 자기 꼬리를 밟아 넘어지네.〔狼跋其胡 載疐其尾〕"라고 한 데서 온 말로, 사람이 진퇴양난의 어려운 처지를 당하는 것을 비유한다.
2) 二典三謨 生明藏室：二典三謨는 ≪書經≫의 〈堯典〉, 〈舜典〉과 〈大禹謨〉, 〈皐陶謨〉, 〈益稷〉을 말하며 帝王의 治世의 글을 가리킨다. 藏室은 궁중의 藏書室을 가리킨다. 後漢 때 궁중의 장서실인 東觀의 별칭을 老氏藏室이라 하였는데, 이는 옛날 老子가 周나라에서 藏室柱下史를 맡았기 때문에 붙은 명칭이다.
3) 斟酌損益：時宜를 잘 헤아리고 참작하며 加減하는 것이다. 諸葛亮의 〈出師表〉에 "斟酌하고 損益해서 忠言을 올리고 다 아뢰는 것으로 말하면 郭攸之와 費禕와 董允 등의 책임입니다.〔至於斟酌損益 進盡忠言 則攸之禕允之任也〕"라고 하였다.
4) 經體慮萌：經體는 국가의 政事를 경영한다는 말이다. 體는 政體로 곧 政事이다. 王安石의 〈觀文殿學士知江寧府謝上表〉에 "나라의 정사를 경영하고 나라의 元首인 군주를 보필한다.〔經體贊元〕"라는 표현이 보인다.

公在廟堂에 **尊明道術**하고 **淸淨簡易**(이)하야 **仁民愛物**이라 **斂不煩苛**하야 **令無迫猝**하니 **棲置木索**하야 **里安戶逸**이라 櫝(독)**斂兵革**하야 **天淸地謐**하니 **日進昌言**하야 **從容密勿**하고 **開建國本**하야 **情忠力悉**이라 **卯未之歲**에 **龍駕**飆欻(표홀)[1]하니 **再拯大艱**하야 **垂紳秉笏**[2]이라 **乾坤正位**하고 **上下有秩**하니 **功被社稷**이 **等夷召畢**[3]이라

공은 조정에 계시면서 道術을 높여 밝히고 淸淨하고 簡易하여 백성과 사물을 사랑하셨습니다. 세금을 가혹하게 거두지 않아 독촉함이 없게 하니 刑具가 쓰이지 않고 버려져 백성들이 편안하였습니다. 戰亂이 그쳐 천지가 안정되니 날마다 훌륭한 간언을 올리며 주선하고 부지런히 힘썼고 國本을 세워 충성된 마음으로 온 힘을 다하셨습니다. 卯未의 해에 황제께서 돌연 승하하시니 두 차례나 나라의 큰 어려움 구제하면서 큰 띠를 드리우고 홀을 잡으셨습니다. 천지가 바로잡히고 상하가 질서가 생기니 社稷에 끼친 공로는 召公, 畢公과 같습니다.

1) 卯未之歲 龍駕飄欻(표홀) : 癸卯년인 1063년에 仁宗이, 丁未년인 1067년에 英宗이 승하한 것을 말한다.
2) 垂紳秉笏 : 重臣으로 조정을 지키면서 社稷을 안정시켰다는 말이다. 본 譯書 3책의 〈相州晝錦堂記〉에서 歐陽脩가 韓琦를 묘사하면서 "큰일을 만나 중대한 의론을 결정할 때에 이르러서는 큰 띠를 드리우고 홀을 바르게 잡고서 목소리와 안색이 변하지 않고도 천하를 태산처럼 안정시켰으니 社稷의 신하라 이를 만하다.〔至於臨大事決大議 垂紳正笏 不動聲色 而措天下於泰山之安 可謂社稷之臣矣〕"라고 하였다.
3) 等夷召畢 : 召公과 畢公은 모두 周 武王을 보필한 열 사람의 훌륭한 신하에 들면서 成王의 顧命을 받은 大臣이기도 하다.

公在廟堂에 **總持紀律**하야 **一用公直**하야 **兩忘猜**昵(시닐)이라 **不挾朋比**하고 **不虞**訕(산)嫉이라 **獨立不回**하야 **其剛**仡仡(흘흘)이라 **愛養人材**하야 **獎成誘掖**하야 **甄拔寒素**하고 **振興滯屈**하야 **以爲己任**하야 **無有廢**咈이라

공은 조정에 계시면서 기강을 총괄하여 한결같이 공정하고 정직하게 처사하여 시기하는 사람과 친밀한 사람을 모두 잊었습니다. 자기편 사람의 힘을 믿고 함부로 굴지 않았고 반대쪽 사람의 비난을 개의치 않았으며 홀로 正道를 지키며 삿되지 않아 그 강건한 모습이 굳세었습니다. 인재를 사랑하고 길러 장려하여 성취시키고 이끌어주면서 한미한 이를 선발하고 침체된 이를 振作하여 이것을 자신의 임무로 여기며 방치한 적이 없었습니다.

維公平生에 愷悌忠實하야 內外洞徹하야 初終若一이라 年始六十에 懇辭冕黻(불)하야 連章累歲하야 乃兪所乞이라 放意丘樊하야 脫遺羈馽(칩)하야 沈浸圖史하고 左右琴瑟하니 志氣浩然하야 不陋蓬蓽이라 意謂百齡하고 重休累吉하야 還斡鼎軸하야 贊微計密이러니 云胡傾殂하야 慭(은)遺則弗고 聞訃失聲하야 眥(자)淚橫溢이라

공은 평소 화락하고 忠實하여 안팎이 막힘없이 환하게 통하여 始終如一하셨습니다. 막 예순의 나이가 되자 관직을 간절히 사양하여 몇 해 동안 연이어 소장을 올려 마침내 황제께서 공의 바람을 윤허하셨습니다. 산림에 마음을 풀어놓고서 벼슬에 매인 신세에서 벗어나 圖書와 史籍에 침잠하고 좌우에 琴瑟을 두니 志氣가 浩然하여 오두막을 누추하게 여기지 않았습니다. 백세까지 장수하며 복록이 겹쳐서 다시 재상을 맡아 精微하고 周密하게 국정을 돌보리라 생각했는데 어찌하여 명이 다하여 하늘은 나라의 원로를 남겨두지 않는단 말입니까. 부음을 듣고 목이 메여 눈물이 펑펑 쏟아집니다.

戇(당)冥不敏이 早蒙振拔하야 言繇公誨하고 行繇公率이라 戴德不酬하야 懷情獨鬱하니 西望輀(이)車에 莫持紖紼(진발)이라 維公犖犖(낙락)하야 德義譔述이 爲後世法하야 終天不沒하리니 託辭敍心에 曷能髣髴(방불)가 嗚呼哀哉라 尙饗하소서

어리석고 불민한 제가 일찍 발탁을 받아 공의 가르침대로 말하고 공이 이끄는 대로 행동하였습니다. 은덕을 갚지 못하여 마음이 유독 울울하니 서쪽으로 상여를 멀리 바라볼 뿐 상여 끈을 잡지 못합니다. 공은 우뚝이 뛰어나시어 德義와 저술이 후세의 법이 되어 영원토록 사라지지 않으리니 제문에 의탁하여 이 마음을 펼침에 어찌 髣髴하게나마 서술할 수 있으리까. 아아! 슬픕니다. 尙饗.

參考圖版 目錄 및 出處

≪唐宋八大家文抄 歐陽脩≫ 總目次

QR코드를 스캔하면 ≪唐宋八大家文抄 歐陽脩≫의 總目次를 볼 수 있습니다.

責任飜譯者

李相夏

啓明大學校 中語中文學科 졸업
高麗大學校 大學院 國語國文學科 文學博士
民族文化推進會 부설 常任硏究員 졸업
朝鮮大學校 漢文學科 敎授 역임
韓國古典飜譯院 부설 古典飜譯敎育院 敎授(現)

論著 및 譯書

〈漢文古典 文集飜譯의 특성과 문제점〉〈≪朱子書節要≫가 조선조에 끼친 영향〉
〈退溪·南明의 시와 대조적인 학문성향〉 등
≪寒洲 李震相의 主理論 硏究≫ ≪냉담가계≫ ≪挹翠軒遺稿≫ ≪月沙集≫
≪容齋集≫ ≪鵝溪遺稿≫ ≪石洲集≫ 등

共同飜譯者

邊球鎰

高麗大學校 國語國文學科 졸업
高麗大學校 大學院 國語國文學科 文學碩士
民族文化推進會 부설 硏修部 졸업
韓國古典飜譯院 부설 專門課程 졸업
韓國古典飜譯院 硏究員(現)

論著 및 譯書
〈谿谷 張維 散文 硏究〉
≪東川遺稿≫ ≪滄溪集1≫(이상 共譯) 등

李承炫

嶺南大學教 國語國文學科 졸업
成均館大學教 大學院 韓國漢文學 博士 수료
韓國古典飜譯院 부설 古典飜譯教育院 硏修課程 졸업
韓國古典飜譯院 硏究員 역임
成均館大學教 大同文化硏究院 圈域別據點硏究所 硏究員(現)

論著 및 譯書
〈金時習의 張良贊의 裏面〉〈草衣 意恂의 詩文學 硏究〉〈紀里叢話 硏究〉〈徐瀅修의 明皐全集 詩稿를 通해 본 原텍스트 毀損〉등
≪校勘標點 承政院日記(仁祖41)≫(공저) ≪韓國文集叢刊便覽≫(공저)
≪滄溪集≫, ≪東川遺稿≫, ≪孤山遺稿≫, ≪明皐全集≫ 등 번역

東洋古典譯註叢書 49-3

譯註 唐宋八大家文鈔 歐陽脩7 정가 33,000원

2020년 08월 10일 초판 발행
2024년 02월 28일 초판 3쇄

著　　者 歐陽脩
責任譯註 李相夏
共同譯註 邊球鎰 李承炫
企劃編輯 東洋古典飜譯編輯委員會
常任原文校閱 吳圭根
潤　　文 南賢熙
校　　訂 李承俊 李孝宰

發 行 人 郭成文

發 行 處 社團法人 傳統文化硏究會

등록 : 1989. 7. 3. 제1-936호
서울시 종로구 삼일대로 428 낙원빌딩 411호
전화 : (02)762-8401　전송 : (02)747-0083
전자우편 : juntong@juntong.or.kr
홈페이지 : juntong.or.kr
사이버書堂 : cyberseodang.or.kr
온라인서점 : book.cyberseodang.or.kr

인쇄처 : 한국법령정보주식회사(02-462-3860)
총　판 : 한국출판협동조합(070-7119-1750)

ISBN 979-11-5794-269-5 94080
978-89-85395-71-7(세트)

※ 이 책은 2020년도 교육부 고전문헌 국역지원사업 지원비에 의해 초판 간행.

전통문화연구회 도서목록

범례 : 周易正義 1~4〔全15〕- 전체 15책 계획, 현재 1~4책만 간행된 경우

新編 基礎漢文教材

新編 四字小學·推句 고전교육연구실 編譯 11,000원
新編 啓蒙篇·童蒙先習 고전교육연구실 編譯 11,000원
新編 明心寶鑑 李祉坤·元周用 譯註 15,000원
新編 擊蒙要訣 咸賢贊 譯註 12,000원
新編 註解千字文 李忠九 譯註 13,000원
新編 原文으로 읽는 故事成語 元周用 編譯 15,000원
新編 唐音註解選 權卿相 譯註 22,000원

漢文讀解捷徑시리즈

漢文독해 기본패턴 고전교육연구실 著 15,000원
四書독해첩경 고전교육연구실 著 20,000원
한문독해첩경 -文學篇 朴相水·李和春 외 著 15,000원
한문독해첩경 - 史學篇 朴相水·李和春 외 著 15,000원
한문독해첩경 - 哲學篇 朴相水·李和春 외 著 15,000원

五書五經讀本

論語集註 上·下 鄭太鉉 譯註 合 50,000원
孟子集註 上·下 田炳秀·金東柱 譯註 合 60,000원
大學·中庸集註 李光虎·田炳秀 譯註 15,000원
小學集註 上·下 李忠九 外 譯註 合 50,000원
詩經集傳 上·中·下 朴小東 譯註 合 90,000원
書經集傳 上·中·下 金東柱 譯註 合 90,000원
周易傳義 元·亨·利·貞 崔英辰 外 譯註 合 120,000원
詳說 古文眞寶大全後集 上·下 李相夏 外 譯註 合 64,000원
春秋左氏傳 上·中·下 許鎬九 外 譯註 合 109,000원
禮記 上·中·下 成百曉 外 譯註 合 90,000원

東洋古典國譯叢書

大學·中庸集註 -개정증보판 成百曉 譯註 10,000원
論語集註 -개정증보판 成百曉 譯註 27,000원
孟子集註 -개정증보판 成百曉 譯註 30,000원
詩經集傳 上·下 成百曉 譯註 合 70,000원
書經集傳 上·下 成百曉 譯註 合 70,000원
周易傳義 上·下 成百曉 譯註 合 80,000원
小學集註 成百曉 譯註 30,000원
古文眞寶 後集 成百曉 譯註 32,000원

東洋古典譯註叢書

〈經部〉

〔十三經注疏〕
周易正義 1~4 成百曉·申相厚 譯註 合 139,000원
尙書正義 1~7 金東柱 譯註 合 228,000원
毛詩正義 1~8〔全15〕 朴小東 外 譯註 合 259,000원
禮記正義 1~2, 中庸·大學 李光虎 外 譯註 合 77,000원
論語注疏 1~3 鄭太鉉·李聖敏 譯註 合 107,000원
孟子注疏 1~4〔全5〕 崔彩基·梁基正 譯註 合 119,000원
孝經注疏 鄭太鉉·姜珉廷 譯註 30,000원
周禮注疏 1~4〔全15〕 金容天·朴禮慶 譯註 合 122,000원
春秋左傳正義 1~2〔全18〕 許鎬九 外 譯註 合 59,000원
春秋公羊傳注疏 1〔全7〕 許鎬九 外 譯註 37,000원

春秋左氏傳 1~8 鄭太鉉 譯註 合 244,000원
禮記集說大全 1~5〔全10〕 辛承云 外 譯註 合 160,000원
東萊博議 1~5 鄭太鉉·金炳愛 譯註 合 153,000원
韓詩外傳 1~2 許敬震 外 譯註 合 62,000원
說文解字注 1~4〔全20〕 李忠九 外 譯註 合 141,000원

〈史部〉

思政殿訓義 資治通鑑綱目 1~22〔全39〕 辛承云 外 譯註 合 671,000원
通鑑節要 1~9 成百曉 譯註 合 275,000원
唐陸宣公奏議 1~2 沈慶昊·金愚政 譯註 合 80,000원
貞觀政要集論 1~4 李忠九 外 譯註 合 102,000원
列女傳補注 1~2 崔秉準·孔勤植 譯註 合 68,000원
歷代君鑑 1~4 洪起殷·全百燦 譯註 合 135,000원

〈子部〉

孔子家語 1~2 許敬震 外 譯註 合 71,000원
管子 1~3〔全4〕 李錫明·金帝蘭 譯註 合 91,000원
近思錄集解 1~3 成百曉 譯註 合 96,000원
老子道德經注 金是天 譯註 30,000원
大學衍義 1~5〔全7〕 辛承云 外 譯註 合 144,000원
墨子閒詁 1~6〔全7〕 李相夏 外 譯註 合 212,000원
說苑 1~2 許鎬九 譯註 合 50,000원
世說新語補 1~5 金鎭玉 外 譯註 合 171,000원
荀子集解 1~7 宋基采 譯註 合 224,000원
心經附註 成百曉 譯註 35,000원
顔氏家訓 1~2 鄭在書·盧瞟熙 譯註 合 47,000원
揚子法言 1〔全2〕 朴勝珠 譯註 24,000원

列子鬳齋口義	崔秉準·孔勤植·權憲俊 共譯	34,000원
二程全書 1~6〔全10〕	崔錫起·姜導顯 譯註	合 205,000원
莊子 1~4	安炳周·田好根 共譯	合 113,000원
政經·牧民心鑑	洪起殷·全百燦 譯註	27,000원
韓非子集解 1~5	許鎬九 外 譯註	合 174,000원

〔武經七書直解〕

孫武子直解·吳子直解	成百曉·李蘭洙 譯註	35,000원
六韜直解·三略直解	成百曉·李鍾德 譯註	26,000원
尉繚子直解·李衛公問對直解	成百曉·李蘭洙 譯註	26,000원
司馬法直解	成百曉·李蘭洙 譯註	26,000원

〈集部〉

古文眞寶 前集	成百曉 譯註	30,000원
唐詩三百首 1~3	宋載卲 外 譯註	各 25,000원~36,000원

唐宋八大家文抄

韓愈 1~3	鄭太鉉 譯註	合 78,000원
柳宗元 1~2	宋基采 譯註	合 44,000원
歐陽脩 1~7	李相夏 譯註	合 203,000원
蘇洵	李章佑 外 譯註	25,000원
蘇軾 1~5	成百曉 譯註	合 110,000원
蘇轍 1~3	金東柱 譯註	合 64,000원
王安石 1~2	申用浩·許鎬九 共譯	合 45,000원
曾鞏	宋基采 譯註	25,000원

明淸八大家文鈔

歸有光·方苞	李相夏 外 譯註	35,000원
劉大櫆·姚鼐	李相夏 外 譯註	35,000원
梅曾亮·曾國藩	李相夏 外 譯註	38,000원

東洋古典新譯

당시선	송재소·최경렬·김영죽 편역	22,000원
손자병법	성백효 역주	14,000원
장자	안병주·전호근·김형석 역주	13,000원
고문진보 후집	신용호 번역	28,000원
노자도덕경	김시천 역주	15,000원
고문진보 전집 上·下	신용호 번역	合 44,000원
신식 비문척독	박상수 번역	25,000원

동양문화총서

동양사상 해설과 원전	정규훈 外 저	22,000원
화합의 길 《중용》 읽기	금장태 저	20,000원
호설과 시장	신용호 저	20,000원
어느 노학자의 젊은 시절	심재기 저	22,000원

문화문고

경전으로 본 세계종교 그리스도교	이정배 편저	10,000원
〃 도교	이강수 편역	10,000원
〃 천도교	윤석산 외 편저	10,000원
〃 힌두교	길희성 편역	10,000원
〃 유교	이기동 편저	10,000원
〃 불교	김용표 편저	10,000원
〃 이슬람	김영경 편역	10,000원
논어·대학·중용	조수익·박승주 공역	10,000원
맹자	조수익·박승주 공역	10,000원
소학	박승주·조수익 공역	10,000원
십구사략 1~2	정광호 저	合 24,000원
무경칠서 손자병법·오자병법	성백효 역	10,000원
〃 육도·삼략	성백효 역	10,000원
〃 사마법·울료자·이위공문대	성백효 역	10,000원
당시선	송재소·최경렬·김영죽 편역	10,000원
한문문법	이상진 저	10,000원
한자한문전통교재	조수익·이성민 공역	10,000원
士小節 선비 집안의 작은 예절	이동희 편역	12,000원
儒學이란 무엇인가	이동희 저	10,000원
동아시아의 유교와 전통문화	이동희 저	13,000원
현대인, 동양고전에서 길을 찾다	이동희 저	10,000원
100자에 담긴 한자문화 이야기	김경수 저	12,000원
우리 설화 1~2	김동주 편역	合 20,000원
대한민국 국무총리	이재원 저	10,000원
백운거사 이규보의 문학인생	신용호 저	14,000원